제2판

SPSS를 이용한 통계학

조완현 · 손영숙 · 박정수 · 백장선
나명환 · 박은식 · 김민수 · 김희정 지음

KM 경문사

머 | 리 | 말

인간의 능력은 한이 없습니다. 마음만 먹으면 무엇이나 못할 일이 없습니다. 수세기 전만 해도 인간이 상상도 못했던 일을 오늘날 인간은 하고 있습니다. 요즈음, 우리들은 '정보의 홍수'라는 용어를 자주 접하게 됩니다. 이것은 현대사회의 발전과 더불어 통계와 관련된 정보와 자료들이 주체할 수 없을 만큼 늘어나고 있다는 의미입니다. 교육, 산업, 금융, 교통, 체신, 범죄 등 분야를 가리지 않고 온갖 자료들이 쏟아집니다.

통계학은 이와 같은 자료들을 수집하고 요약, 정리하며 그 정보를 바탕으로 미래를 예측하고 불확실한 사실에 대한 결론이나 일반적인 규칙성을 추구하는 학문입니다. 그래서 통계학의 필요성은 공학, 농학, 인문학, 의학, 자연과학 등 거의 모든 분야에 파급되어 각 분야에 맞는 자료분석기법을 제시합니다. 즉, 통계학은 실용적 학문이므로 이론적 연구도 중요하지만 실제의 현상에 응용할 수 있는 적응력을 필요로 합니다.

지식이 세상을 살아가는 사람들의 하나의 도구이듯이, 통계도 결국은 인류애 실천을 위한 하나의 길잡이라고 볼 수 있습니다. 통계는 시원한 샘물이 어디에 있는가를 알릴 뿐 거기에 데려다 주지는 않습니다. 거기에 찾아가는 것은 인간 스스로 할 일입니다.

통계학을 공부하는 우리는 통계와 인간이라는 두 가지 몸을 함께 가지고 있으므로 통계의 등불을 켜는 일과 통계가 밝히고 있는 길을 올바르게 가는 두 가지 할 일이 있다고 하겠습니다. 우리가 매일 일하고 공부하는 것은 인간과 이 세계를 사랑하기 때문이 아니겠습니까?

이 교재는 통계학의 개념과 실용성을 바탕으로 하였고, SPSS 통계 패키지를 활용하여 자료분석 방법들을 기술하고 있으므로 새롭게 대학에 입학하는 신입생 여러분에게 적절하다고 생각합니다. 여러분들의 노력이 충분하다면 통계학을 이해하는 좋은 도구가 될 것입니다. 우리들의 교재가 여러분의 미래에 큰 도움이 되었으면 하는 마음은 끝이 없습니다.

끝으로 이 교재가 완성되기까지 노고를 아끼지 않으신 학과 교수님들께 깊은 감사를 드리며 본 책을 출판해주신 경문사에도 깊은 감사를 드립니다.

2010년 2월
저자 일동

CONTENTS

제5장 | 여러 가지 분포

제6장 | 통계적 추론

제7장 | 두 모집단의 비교

제8장 | 범주형 자료분석

제 1 장

통계학의 기본개념

1.1 통계학의 정의

통계학이란 우리들에게 무엇을 의미하는가? 이것은 각종 게임에서 배팅하는 평균금액이나 갤럽의 여론조사결과 또는 실업률의 동향과 제품의 불량률 등을 연상하게 하는가? 또는 단순히 여러 가지 현상들에서 일어나는 다양한 사건들에 대한 해결방법들의 모임을 의미하는가? 여러분이 통계학이란 경영학, 정치학, 물리학 또는 사회과학 등 응용범위가 아주 광범위한 의미 있고 유용한 과학이라고 생각하기를 바람과 동시에 또한 사람들이 통계학을 잘못 적용한 경우에도 통계학은 신뢰할 수 있는 학문이라는 것으로 인식하여 주기를 희망한다. 그리고 학교생활에서나 직장생활 또는 모든 일상생활에서 여러분들이 비판적 사고를 하는데 있어서 통계학은 아주 중요한 역할을 할 수 있는 학문으로 인식해주기를 희망한다.

생활백과사전은 통계학이란 자료를 수집하고, 분류하거나 분석하여 자료가 갖고 있는 정보를 해석하는 문제를 다루는 과학이라고 정의하고 있다. 따라서 통계학자는 그저 경마게임이나 야구게임에서 투자하는 평균배팅금액을 계산하거나 갤럽의 여론조사결과를 단지 표로 작성하는 단순한 작업을 수행하는 인력만은 아니다. 전문적인 통계학자는 통계적 과학으로 훈련된 사람들이다. 이들은 자료 속에 들어 있는 수치적 정보를 추출하고, 이들을 평가하며 또한 이것으로부터 결론을 추론하는 작업을 수행할 수 있는 전문 인력을 말한다. 더 나아가서, 통계인들은 주어진 문제에 어떠한 정보가 적절한가를 결정하거나 연구로부터 유출된 결론들이 신뢰할 수 있는 정보인가를 확인할 수 있어야 한다.

통계학 (statistics)

통계학은 자료과학이다. 이것은 관련된 정보를 수집하고 분류하며 요약하고 분석하여 해석을 내리고 또한 미래에 일어나는 불확실한 사건들에 대한 과학적 판단이나 예측을 내릴 수 있는 방법을 제시하는 학문이다.

따라서 통계학은 사회, 자연 및 인간생활의 온갖 현상을 연구하기 위하여 불확실성이 내포된 자료의 선택, 관찰, 분석을 통하여 의사결정에 필요한 정보의 획득과 처리방법을 연구하는 학문이라고 말할 수 있다.

1.2 통계학의 영역

통계학은 많은 사람들에게 수치적 해석을 의미한다. 이 경우에 월별가계수입, 심장이식수술의 성공률, 특정범죄의 발생비율 등 이러한 모든 사실들은 어떤 현상에 대한 통계적 기술로 표현한다. 보통 자료는 우리가 파악하고 싶은 특성을 갖는 대용량의 개체를 갖는 집단으로부터 선택된다. 우리는 이러한 선택과정을 **표본추출**(sampling)이라고 부른다. 예를 들어 비디오 대여점을 이용하는 모든 고객들의 평균연령을 추정하기 위하여 대여점을 방문하는 모든 고객 중 일부분을 표본으로 추출하여 연령을 조사한 자료로부터 평균연령을 계산할 수 있고, 이러한 추정값은 적당한 연령그룹에 대한 특정상품의 광고 전략을 수행하는데 이용될 수 있다.

이때 통계학은 두 가지 서로 다른 처리과정을 포함하고 있다. 이들은 각각 수집된 자료집합에 대한 기술과 표본 추출된 자료를 기준으로 여러 가지 결과를 도출하는 것이다. 따라서 통계학의 응용은 두 영역으로 구분되는데 이들은 각각 **기술통계학**과 **추론통계학**이다.

기술통계학 (descriptive statistics)

기술통계학은 자료집합 속에 들어 있는 특정한 패턴을 찾아내고, 자료로부터 발견되는 정보를 요약하며 도출된 정보들을 편리한 형태로 표현하는데 이용할 수 있는 수치적이고 그래프적인 방법들을 말한다.

추론통계학 (inferential statistics)

추론통계학은 대용량의 자료에 대한 추정, 의사결정, 예측 또는 다른 일반화를 생산하기 위하여 표본자료를 적절히 처리하는 방법들을 말한다.

다음으로 우리는 통계학이 응용되는 두 가지 실제적인 문제를 생각해보자.

예제 1.1 닐슨사회조사기관에서는 1998년의 처음 6개월 동안 사람들이 사용한 신용카드의 사용실적을 조사하였다. 각자가 구입한 상품금액과 사용한 카드의 종류를 기록하였다. 이들 결과를 그림으로 도식한 것이 다음 [그림 1.1]에 주어져 있다. 이 그림으로부터 우리는 구매고객의 절반 정도가 비자카드를 사용하고 있으며 또한 고객의 사분의 일 정도가 마스터카드를 사용함을 알 수 있다. 이와 같이 [그림 1.1]은 각 고객들이 사용하는 카드의 종류에 대한 정보를 제공할 수 있으므로 우리는 그래프가 기술통계학의 한 가지 방법으로 활용될 수 있음을 알 수 있다.

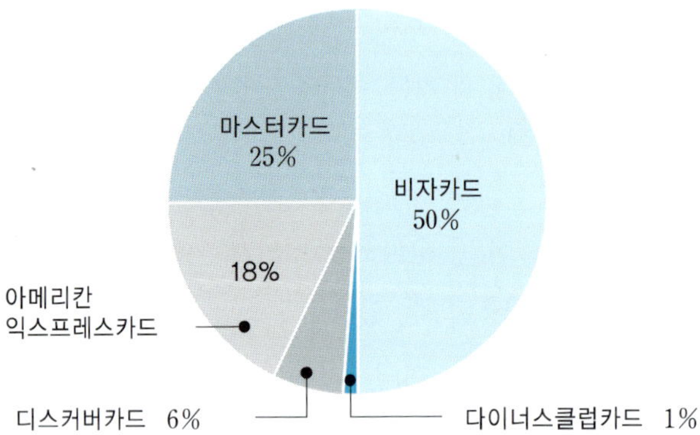

[그림 1.1] 고객들이 사용하는 신용카드의 종류

▣

예제 1.2 하루에 대략 50만 개의 전구를 생산하는 제조회사가 있다고 하자. 이 회사는 하루에 생산되는 전구 중에서 몇 개가 불량품으로 생산되는지를 알고자 한다. 이 문제를 해결하는 방법으로 우리는 이 공장에서 생산되는 모든 전구를 다 검사할 수 있지만 이러한 작업은 비용이 많이 들 뿐만 아니라 시간도 많이 걸린다. 따라서 우리는 생산되는 모든 전구를 전부 조사하지 않고, 이중 일부분을 선택하여 결함이 있는 전구를 파악한다. 만약 우리가 1,000개의 전구를 선택하여 불량률을 조사했다면 이 값은 전체 제품의 불량률에 아주 가까운 값이라고 볼 수 있으며 이들 두 값의 차이는 그렇게 크지 않을 것으로 생각된다. 따라서 우리가 전체 집단의 불량률을 추정할 때 전부를 사용하지 않고 그중 일부분만을 사용하여 추정할 수 있는 사실은 앞으로 우리가 배우게 될 추론통계학의 이론에 근거하여 그 타당성을 제시할 수 있다. ▣

지금까지 고찰한 두 가지 실제적인 응용문제들은 통계학이 자료를 분석하는데 어떻게 응용될 수 있는가를 보여주고 있다. 첫 번째 예제는 기술통계학의 적용사례이고, 두 번째 예제는 추론통계학이 적용되는 사례들이다.

1.3 통계학의 기본개념

통계적 방법은 특별히 모집단에 대한 연구, 분석 및 해석을 실시하는데 아주 유용한 기법이다.

모집단 (population)

모집단은 연구의 관심이 되는 모든 개체(예를 들어 사람, 개체, 사건)들의 모임 또는 집단을 말한다.

예를 들어서 모집단은 (1) 산업현장에서 근무하고 있는 모든 근로자들을 포함하거나 (2) 특정 지역구에 거주하는 모든 유권자들을 포함하거나 (3) 에이즈에 감염된 모든 사람들을 포함하거나 (4) 특정 생산라인에서 제조되는 모든 자동차들을 포함하거나 (5) 항공기 수리보수공장에서 교환 가능한 모든 부품들을 포함하거나 (6) 한 해 동안 맥도날드 햄버거 가게에서 판매한 모든 식사들의 총집합이거나 (7) 여름 휴가철 동안 전국 모든 고속도로에서 교통사고의 수 등을 포함한다. 여기서 처음 세 집단 (1)~(3)은 사람들의 모임이고, 다음 두 집단 (4)~(5)는 개체들의 모임이다. 그리고 여섯 번째 집단 (6)은 처리나 거래행위들의 모임이고, 일곱 번째 집단 (7)은 사건들의 모임이다. 또한 각 집단들은 모집단에 속하는 모든 개체들을 포함하고 있다.

모집단을 연구하는데 있어서 우리는 모집단에 속하는 각 개체들에 대하여 하나 또는 그이상의 성격이나 성질들에 관심이 있다. 우리는 이러한 성격들을 변량들이라고 부른다. 예를 들어 우리는 나이, 성별 그리고 사람들의 교육기간 등을 표현하는 변량들에 대하여 관심이 있다.

변량 또는 변수 (variables)

변량은 모집단의 각 개체들에 대한 성격이나 성질을 말한다.

변량이란 이름은 모집단에 속하는 각 개체들에 대하여 그들의 고유한 성격들이 개체마다 약간씩 달라질 수 있다는 의미에서 유래한 용어이다. 특별한 변량을 연구하는데 있어서 이 변량의 값을 수치적으로 표현할 수 있다면 그 성질을 파악하는데 크게 도움이 된다. 그러나 종종 수치적인 표현이 실제적으로 가능하지 않는 경우가 있다. 따라서 측정의 가정은 통계적 연구에서 중요한 보조 역할을 수행한다. **측정**(measurement)은 개개의 모집단에 속하는 개체들에 대하여 변량에 수치적인 값을 대응시키는 과정이다. 예를 들어 등록된 유권자들에게 대통령의 능력을 10점 척도로 평가하여 점수를 부여하도록 요구할 수 있다. 또는 각 근로자들에게 "당신은 나이가 얼마입니까?"라고 물어봄으로서 근로자의 노동연령을 측정할 수 있다. 다른 경우로는 측정이 속도측정기, 줄자 또는 컴퍼스 등의 도구들의 사용을 통해서 이루어지기도 한다.

만약에 연구하고자 하는 모집단이 작다고 하면 모집단에 속하는 모든 개체들에 대하여 변량의 값을 측정하는 것이 가능하다. 예들 들어서 만약 우리 대학에 입학하는 신입생들의 수학능력시험성적을 조사한다고 하면 이것은 적어도 처리할 수 있는 가능한 작업이다. 이 경우에 모집단에 속하는 모든 개체들에 대하여 이들의 변량값을 전부 측정하는 과정을 **전수조사** 또는 **센서스**(census)라고 부른다. 그러나 보통의 경우에는 우리에게 관심이 있는 모집단의 크기가 너무 방대하다. 이들 대용량의 모집단들은 수천 개 또는 수만 개 그리고 심지어는 무한개의 개체들을 포함할 수 있다. 대용량 모집단의 예로서는 위에서 기술한 집단들이 될 수 있으며 또한 우리 대학을 졸업한 모든 동창들의 모임이 될 수도 있다. 그리고 새로운 팩스기계를 구입할 수 있는 모든 잠정적인 고객들의 모임이 될 수 있으며 우체국에서 취급되는 모든 일등급 우편의 모임들이 될 수 있다. 그러한 모집단에 대하여 전수조사를 실시하다는 것은 시간적으로나 금전적으로 너무 많은 손실을 입게 될 수 있다. 따라서 합리적인 대안으로 모집단의 구성단위 중 일부분을 선택하여 조사하게 된다.

표본 (sample)

표본은 모집단에 속하는 개체들의 일부분이다.

예를 들어서 대통령 선거기간에 3천5백만 모든 유권자들의 여론을 전부 조사하기보다는 1,500명의 유권자들을 뽑아서 이들의 생각을 질문한다. 만약 우리가 대통령 후보의 선호도를 변량으로 관심이 있다면 표본으로 추출된 각 유권자들에게 선호하는 후보자를 기록하게 한다.

표본에 포함되어 있는 개체들에 대하여 변량값이 측정되고 나면 그 측정자료는 기술적인 방법이나 추론적인 방법을 사용하여 분석 요약된다. 예를 들어 여론분석가는 1,500명의 유권자들의 투표성향을 파악하는데 관심이 있을 수 있다. 그러나 더욱 보편적으로 표본에 포함되어 있는 정보를 유권자 전체집단인 모집단의 추론을 실시하는데 이용하려고 한다.

통계적 추론(statistical inference)

통계적 추론은 표본에 포함되어 있는 정보를 기초로 하여 모집단에 대한 추정, 예측, 또는 다른 일반화를 수행하는 과정이다.

즉, 우리는 대용량의 모집단에 대한 정보를 파악하기 위해서 소수의 표본에 포함된 정보를 이용한다. 따라서 1,500명의 유권자들의 표본으로부터 선거관리위원회는 이번 선거에서 투표에 참여한 모든 유권자들의 비율을 추정할 수 있다.

예제 1.3 사회학자들은 특정한 대도시의 한 가구당 한 해에 벌어들이는 수입의 총액이 2천5백만 원 이하라고 주장한다. 이들의 가정을 검증하기 위하여 그 도시에서 거주하고 있는 500가구를 임의로 추출하여 수입을 조사하였다.

(1) 모집단을 기술하여라.

(2) 관심 있는 변량을 기술하여라.

(3) 표본을 기술하여라.

(4) 추론을 기술하여라.

풀이 (1) 모집단은 사회학자들이 관심이 있는 개체들의 집합인데 여기서는 도시에 거주하는 모든 가구들의 모임이 된다.

(2) 각 가구의 한 해 전체의 수입이 관심이 있는 변량이다.

(3) 표본은 모집단의 부분집합이 되어야 한다. 이 경우에는 사회학자들에 의해서 추출된 500가구들이 표본에 해당된다.

(4) 관심이 있는 추론은 500가구로 구성된 표본의 정보를 그 도시에 거주하고 있는 모든 가구의 모집단까지 일반화하는 것을 의미한다. 특별히 사회학자들은 도시에 거주하고 있는 가구들의 한 해 수입이 2천5백만 원 이하인가를 결정하기 위하여 각 가구의 평균수입을 추정하기를 원한다. ▣

예제 1.4 콜라전쟁이라는 잘 알려진 용어는 그들의 시장 마케팅 광고에서 보여준 코카콜라회사와 펩시회사 사이의 경쟁적인 광고캠페인 행사로부터 유래한 말이다.

그들의 광고 선전은 영화나 TV의 스타들과 락비디오 가수들 그리고 유명한 운동선수들을 동원하여 자사제품의 맛이 상대회사제품의 맛보다 월등히 좋다고 광고한다. 이때 펩시의 광고 선전의 일부분으로 1,000명의 콜라 소비자들에게 눈을 가리고 콜라를 맛보게 한다고 하자. 그리고 각 소비자는 브랜드 A와 B 중 어느 것이 맛있는가를 응답하기로 하자.

(1) 모집단을 기술하여라.

(2) 관심이 있는 변량을 기술하여라.

(3) 표본을 기술하여라.

(4) 추론을 기술하여라.

풀이 (1) 관심 있는 모집단은 모든 소비자들의 집합이다.

(2) 펩시회사가 측정을 원하는 성격은 소비자들의 콜라선호도이다. 따라서 콜라선호도가 관심 있는 변량값이 된다.

(3) 표본은 모든 콜라소비자들의 집단으로부터 추출된 1,000명의 콜라소비자들이 된다.

(4) 관심 있는 추론은 1,000명의 소비자들의 콜라선호도를 모든 소비자들의 집단으로 일반화하는 것이다. 특별히 표본에서 소비자들의 선호도는 각 브랜드를 선호하는 모든 소비자들의 선호도에 대한 적절한 추정량을 제공한다. ▣

지금까지의 정의와 예제들은 추론통계학의 문제에 대한 다섯 가지 원소 중 네 가지를 설명하고 있다. 이들은 각각 모집단, 관심 있는 변량, 표본 그리고 추론이다. 그리고 추론을 실시하는 데 있어서 다섯 번째 요소는 **신뢰도**(reliability)이다. 이것은 추론이 얼마나 정확한가를 의미한다. 모집단에 대한 추론이 정확한 것이라고 확신할 수 있는 방법은 모집단 전체를 표본 속으로 포함시키는 것이다. 그러나 여러 가지 제약조건 때문에 모집단 전체를 가지고 작업을 수행할 수 없고 따라서 모집단의 일부분을 사용하여 추론을 실시한다. 그러므로 추론에는 항상 불확실성(uncertainty)을 내포하게 된다. 최종적으로 가능하다면 언제든지 각 추론에 대하여 신뢰도를 결정하고 이것을 밝히는 것이 중요한 일이 된다. 그때 신뢰도는 추측통계학의 문제에서 다섯 번째 요소가 된다. 기술통계학과 추측통계학의 문제에서 사용되는 필수 요소들을 요약하면 다음과 같다.

기술통계학 문제의 네 가지 요소

1. 관심 있는 모집단 또는 표본
2. 탐구하고 싶은 하나 또는 그 이상의 변량(모집단의 성격)
3. 표, 그림, 또는 수치적 자료요약 방법
4. 자료 속의 특정한 패턴의 발견

추론통계학 문제의 다섯 가지 요소

1. 관심 있는 모집단
2. 탐색하고 싶은 하나 또는 그 이상의 변량
3. 모집단을 대표할 수 있는 표본
4. 표본의 정보를 기초한 모집단에 대한 추론
5. 추론에 대한 신뢰도의 측도

자연과학 현상, 경영활동, 국가정부의 운영과 관련된 자료의 수집에 있어서 통계학의 역할은 과거 수십 년간 놀랄 만하게 증가하고 있다. 날마다 미디어 매체는 우리들에게 정치적으로, 경제적으로, 사회적으로 일어나는 모든 사실들을 알려주고 있다. 또한 정부가 의약품이나 제품의 품질을 정확하게 검증하기를 강조하면서 우리들은 수집된 자료를 지능적으로 평가할 수 있는 능력이 요구되고 있다. 그러므로 우리들 각자는 자료의 의미를 이성적으로 해석할 수 있는 능력을 개발해야 한다. 이러한 능력은 합리적 의사결정이나 추론 그리고 일반화를 원활히 수행할 수 있도록 하는데 큰 도움을 줄 수 있다. 아마도 통계학이 여러분의 비평적 사고를 실시하는데 많은 도움을 줄 수 있을 것으로 생각된다.

통계적 사고 (statistical thinking)

통계적 사고는 자료를 평가하는데 이성적 생각을 적용하는 것을 포함하고, 또한 그들로부터 추론을 비평적으로 할 수 있도록 하는 것을 말한다.

1.4 통계학이 이용되는 분야

응용분야 1: 환경에 위협이 되는 산성비

산성비의 구성 요소는 황산과 질산이다. 비를 구성하는 이 산성화된 요소의 근원은 불에 탈 때 대기 속으로 황과 질소산화물을 배출하는 탄화수소 연료이다. 산성비의 영향은 광범위하다. 이 영향 중 일부를 다음과 같이 나열할 수 있다.

(1) 눈이 녹는 봄쯤에 내리는 산성비는 물고기가 성공적인 산란을 할 수 없도록 산란 지역에 피해를 준다. 산성비로 오염된 연못과 호수에 서식하는 생물들은 사라지기 시작했다.

(2) 산성비는 여러 종류의 나무를 약하게 하여 해충에 의한 피해를 입게 하고, 병에 더욱 쉽게 걸리게 한다.

(3) 산성비로 오염된 지역에서 식물 생장에 중요한 영양소는 땅 속에서 분해된다.

(4) 사람이 만든 구조물 또한 산성비에 영향을 받는다. 전문가들은 산성비가 빌딩과 다른 구조물에 막대한 피해를 준다고 추정한다.

산성비와 관련된 문제는 해결하기가 그리 쉽지 않다. 미국 국립과학재단은 황산화물 방출을 50% 감소하도록 충고하고 있다. 고황연료는 황산화물 방출에 중요한 원인이지만 여러 나라에서 석탄에 의존하고 있으므로 저황연료로의 전환은 쉬운 일이 아니다. 오히려 불순물 제거방법이 개발되어 오염물질인 산화합물이 대기 속으로 퍼져나가기 전에 제거해야 한다. 내연기관 연료 또한 산성비의 구성요소인 질산과 황산의 근원이다. 분명히 더 좋은 배출조절기가 자동차에 필요하다. 석탄을 태우는 용광로와 자동차에서 산화합물 배출을 줄이기 위해서는 불순물 제거와 배출조절기를 더 많이 사용해야 할 뿐만 아니라 유용한 에너지원을 사용할 수 있도록 신기술을 개발해야만 한다. 통계학과 통계학자들은 대기 조건을 관찰하고, 배출조절기의 효능을 검사하며, 새로운 제어 기술과 대체에너지 개발에 중요한 역할을 담당할 것이다.

응용분야 2: 새로운 약의 효능에 대한 판단

소아마비 예방을 위한 쇼크 백신의 개발과 검사는 통계학이 실제 문제에 어떻게 활용되는가에 대한 놀라운 예를 제공한다. 1954년 여름 미국에서는 소아마비가 크게 유행하였다. 비록 비교적 적은 수의 아이들이 해마다 희생을 당했지만 소아마비 발생의 패턴은 예측할 수 없고, 불구 또는 죽음의 가능성 때문에 많은 관심을 불러일으켰다. 오늘날 극소수의 어린이만 소아마비에 걸린다는 사실은 소아마비의 감소를 가져온 백신과 검사프로그램이 큰 성공을 거두었음을 보여준다.

어떤 약의 효과를 알아보기 위해 사람에 대한 실험(임상실험)을 하는 것은 일반적인 일이다. 일부 임상실험에서 실험대상의 선택은 무작위로 이루어지며, 반은 약을 주고 나머지 반은 의학적 효력이 없는 위약(僞藥)을 준다. 한 가지 통계적 문제는 임상실험의 전체대상의 수를 얼마로 할 것인가이다. 이 문제는 쇼크 백신 검사에서 특히 중요했다. 예전의 자료는 어린이 10만 명당 50명 이하의 발생률을 나타냈기 때문이다. 그러므로 백신으로 치료된 사람과 위약을 받은 사람들의 발생률 차이를 알기 위해 임상실험에서는 많은 대상이 포함되어야 했다.

통계학자의 도움으로 1954년에 시작된 쇼크 임상실험에서 40만 명의 어린이 중 반은 무작위로 백신을 주고, 나머지 반은 위약을 주도록 결정되었다. 그렇게 많은 사람을 대상으로 임상실험이 실시된 적이 없었다. 공립학교의 예방접종을 통하여 어린이 40만 명이 소아마비에 걸린 아이들의 수를 결정하기 위해 여름 내내 관찰되었다. 비록 임상실험에서 40만 명에 대하여 200명 이하의 소아마비 환자가 나타났지만 위약을 투약한 그룹에서는 백신그룹보다 3배의 소아마비환자가 나타났다. 몇 가지 통계적 계산결과는 쇼크 소아미비 백신의 우수성을 나타내주는 데 충분했다. 그러나 이 결론은 통계학자와 과학자들이 그렇게 많은 임상실험을 계획하거나 행하지 않았다면 가능하지 않았을 것이다. 이와 같이 통계학은 피임약, 암치료 기관, 약의 개발과 검사 등에서 중요한 역할을 한다.

응용분야 3: 새로운 에너지원의 탐색

1973~1974년의 석유파동과 중동전쟁은 우리에게 에너지 부족이라는 문제에 주의를 기울이게 했고, 결국 에너지 공급문제를 야기했다. 현대와 미래의 전세계 수요를 감당할 가능한 에너지원은 방대한 석탄, 석유, 원자력, 천연가스, 태양에너지 그리고 새로운 대체에너지를 포함한다. 예를 들어 메탄올과 에탄올은 화석연료가 점차 사라질 때 옥탄가를 높이는 중요한 기여자가 될지도 모른다. 알코올은 또한 수입원료의 의존도를 줄여 준다. 우리는 과연 어느 자원의 개발에 투자해야 할 것인가? 최소의 비용으로 어느 에너지원에서 생산할 것인가? 각각의 자원은 삶의 질이나 환경에 어떤 좋지 않은 영향을 미칠 것인가? 어느 자원이 위험한 부작용을 초래하는가? 이런저런 문제는 실험을 통해 답해야 한다. 통계학자들은 실험을 계획하고 실험에서 나온 자료를 해석하는 데 도움을 줄 것이다.

응용분야 4: 여론과 선호도 조사

여론, 소비자 선호도, 선거 여론조사는 흔히 쟁점사항, 상품 또는 관심 있는 후보자에 대한 국민의 의견 또는 선호도를 알기 위해 사용된다. 예를 들어 다음 문제와 관련된 여론조사의 결과들을 심심치 않게 접한다.

(1) 경기 전망에 대한 소비자들의 불안감

(2) 다가오는 선거에서 후보자들에 대한 선호도

(3) 특정 상품에 대한 선호도 조사(예를 들어 국산차와 수입 자동차, 커피와 전통음료)

(4) 금주의 인기가요

이러한 여론조사에서 많은 문제가 생길 수 있다. 얼마나 많은 사람을 조사할 것인가? 어떤 질문을 할 것인가? 각각의 사람들이 똑같은 질문을 받을 것인가? 조사대상을 어떻게 선택할 것인가? 이러한 여론조사의 결과를 믿을 수 있는가? 이 결과들은 대부분의 사람들의 의견을 반영하는가? 소비자를 위한 의견과 선호도에 대한 여론조사는 통계학을 중요하게 현실적으로 적용한 것이다.

1.5 SPSS의 사용법

SPSS(Statistical Package for Social Science)는 통계자료의 입력과 관리 및 통계분석을 목적으로 통계전문가가 아닌 일반사용자들도 쉽게 사용활 수 있도록 개발된 통계 소프트웨어이다.

1.5.1 SPSS 시작과 종료

SPSS가 설치된 PC에서 SPSS를 시작하는 방법은 다음 [그림 1.2]와 같이 두 가지 방법으로 이루어진다. 첫째 윈도우 화면의 왼쪽 아래에 있는 시작 버튼을 누른 다음 모든 프로그램과 SPSS를 찾아 차례로 클릭하거나, 둘째 윈도우의 바탕 화면에 설치되어 있는 SPSS 아이콘을 더블 클릭하면 실행된다.

[그림 1.2] SPSS 프로그램의 시작방법

또한 SPSS를 종료하려면 SPSS 편집기 화면에서 [그림 1.3]과 같이 '파일(F) → 종료(X)'를 선택하거나 또는 화면 오른쪽 끝의 '☒' 부분을 클릭하면 된다.

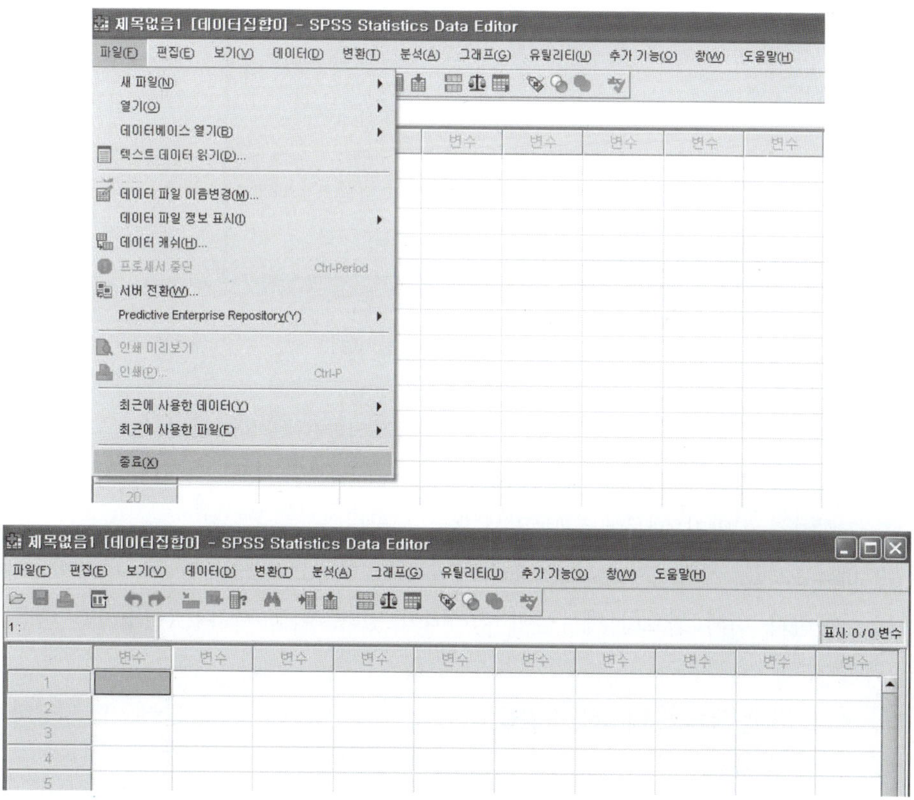

[그림 1.3] SPSS의 종료방법

1.5.2 SPSS의 기초화면

SPSS를 처음 실행하면 [그림 1.4]와 같은 초기화면이 나타난다. 그림에서 번호가 부여된 각 요소 또는 메뉴에 대한 역할을 알아보자.

①→
②→
③→
④→

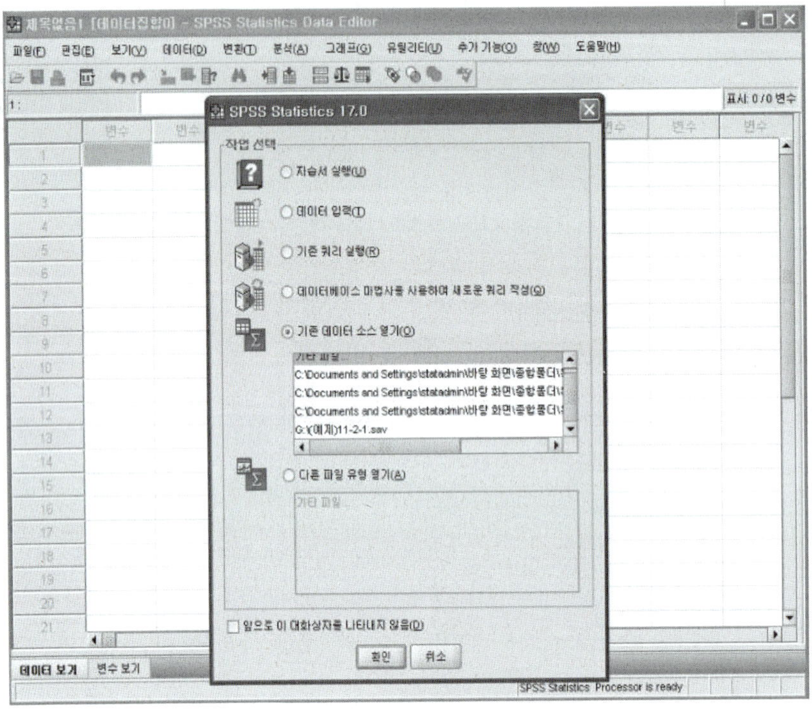

↑ ↑
⑤ ⑥

[그림 1.4] SPSS의 초기화면

① **제목표시줄**: 화면의 가장 위에 위치한 제목표시줄은 SPSS 창의 이름과 파일 이름을 표시한다. 초기화면에서는 SPSS 데이터 편집기 창이 보이며, 현재 자료를 저장하지 않았기 때문에 '제목없음'으로 나타난다.

② **메뉴표시줄**: 제목표시줄 바로 아래에 위치한 메뉴표시줄은 SPSS 자료편집기를 이용하기 위해 필요한 메뉴들이 정리되어 있다. 이들 메뉴를 설명하면 다음과 같다.

- 파일(F): 새로운 데이터 파일을 작성하거나 작성된 파일을 불러오고 저장하는 기능을 수행
- 편집(E): 파일을 편집 및 복사하는 기능을 수행

- 보기(V): 도구상자(toolbox)나 그리드라인(grid line) 등을 화면에 표시하는 기능을 수행
- 데이터(D): 변수를 정의하거나 자료를 선택할 때 사용
- 변환(T): 새로운 변수를 만들거나 변수값 변환 등의 기능을 수행
- 분석(A): 선택된 데이터에 대한 통계 분석 절차를 선택하여 수행
- 그래프(G): 그림이나 도표를 작성할 때 사용
- 유틸리티(U): 파일이나 변수의 정보를 표시
- 창(W): 윈도우(window) 창 메뉴를 표시
- 도움말(H): SPSS에 관한 도움말 메뉴를 제공

③ **도구모음줄**: 도구상자(toolbox)는 일반적으로 많이 사용되는 파일열기, 저장하기. 인쇄하기 등의 명령어를 그림도구로 표시하고 있다.

④ **행 및 변수표시줄**: 이것은 현재 활성화된 셀의 행 번호와 변수명이 표시되는 곳이다.

⑤ **데이터 보기탭**: 데이터가 수록된 시트를 활성화한다.

⑥ **변수 보기탭**: 데이터 시트에 있는 변수명과 변수의 특성을 수록한 시트를 활성화한다.

1.5.3 자료의 입력과 저장

SPSS에서 자료를 입력하는 방법으로는 외부의 파일을 읽어 들이는 방법과 SPSS에서 직접 입력하는 방법이 있다. 만약 이미 형성된 자료 파일이나 SPSS 파일(확장자가 **.sav)이 있으면 [그림 1.4]와 같은 SPSS 초기화면에서 기존 데이터 소스열기에서 파일의 이름들이 나열되어 있을 것이며, 그 중 원하는 파일 하나를 선택한 후 '확인'을 클릭하여 불러온다. 또한 [그림 1.5]에서처럼 메뉴에서 '파일(F)→열기(O)→데이터(A)'를 선택해서 [그림 1.6]과 같은 데이터 열기 대화상자가 나타나면 읽어 들이고자 하는 자료를 포함하는 파일이름을 지정해서 '열기'버튼을 클릭하면 지정한 파일을 읽어 들일 수 있다. 읽어 들일 수 있는 외부 파일의 형태는 확장자가 **.sav인 SPSS 전용 파일, 확장자가 .txt나 .dat와 같은 일반적인 텍스트 파일, 확장자가 .xls인 Excel 파일 그리고 SAS 파일 등이다.

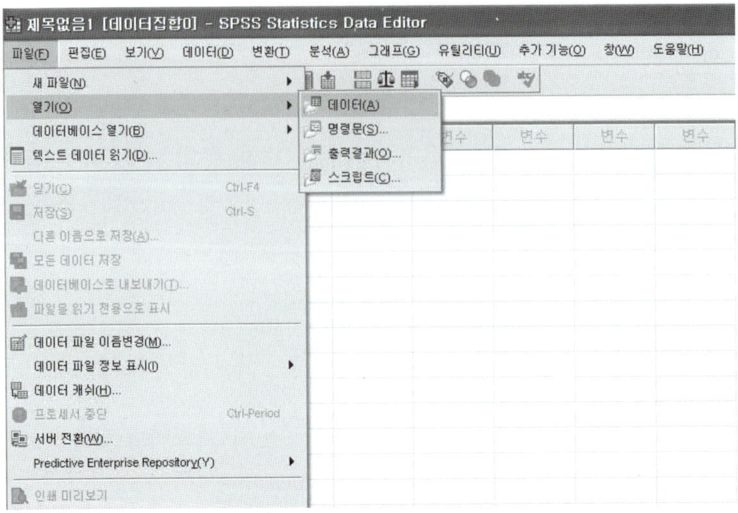

[그림 1.5] 자료 파일 입력

[그림 1.6] 입력하고 싶은 자료 파일의 선택

만약 이미 형성된 자료가 외부에 없다면 다음 [그림 1.7]과 같은 데이터 편집기 창을 이용하여 자료를 직접 입력하여야 한다.

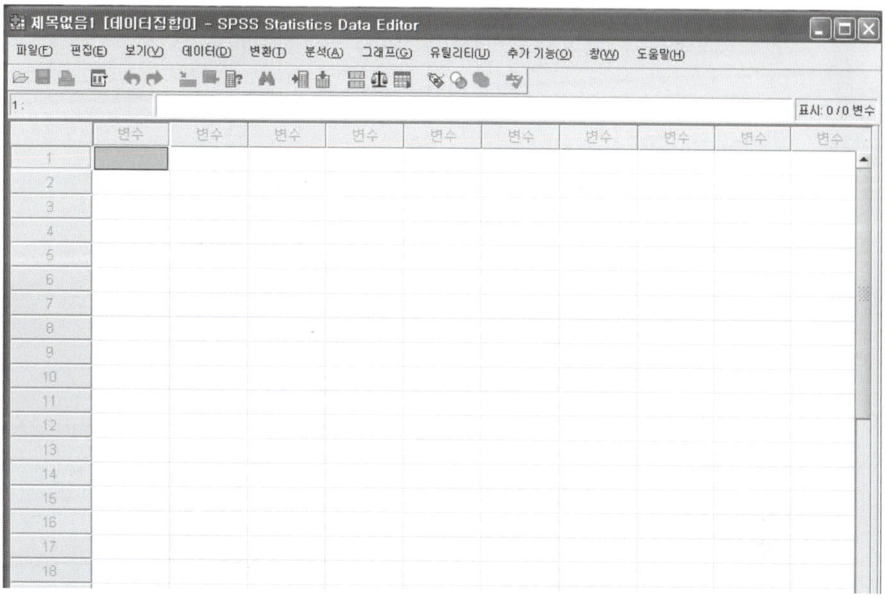

[그림 1.7] 데이터 편집기 창

자료 입력의 방법을 연습하기 위하여 다음의 자료를 사용해보자.

어느 대학에서 통계학 과목을 수강하는 학생 중 20명을 뽑아서 다음의 설문 문항에 대한 조사를 실시하였다.

(1) 성별은 무엇인가? :
① 남자 ② 여자

(2) 학년은 무엇인가? :
① 1학년 ② 2학년 ③ 3학년 ④ 4학년

(3) 졸업 후 진로의 희망분야는 무엇인가? :
① 취직 ② 대학원 ③ 군입대 ④ 해외유학

(4) 중간고사 시험성적은 얼마인가? : ( ) 점

위의 설문 문항에 대한 20명의 학생들의 응답내용이 다음 [표 1.1]에 주어져 있다.

[표 1.1] 설문 문항에 대한 응답내용

번호	성별	학년	진로	중간성적
1	남	2	군입대	85
2	남	4	취업	92
3	여	3	대학원	95
4	남	1	해외유학	88
5	여	3	취업	78
6	여	4	취업	67
7	남	2	군입대	75
8	남	3	대학원	92
9	여	4	해외유학	64
10	여	1	취업	96
11	여	3	대학원	77
12	남	2	취업	83
13	여	4	취업	69
14	남	1	군입대	73
15	남	3	해외유학	86
16	여	4	취업	92
17	여	2	대학원	98
18	남	1	대학원	84
19	여	4	취업	78
20	남	3	취업	67

자료를 SPSS에서 직접 입력하기 위해서는 데이터 편집기 창에서 변수 보기탭을 클릭하여 나타나는 창에서 변수이름을 [그림 1.8]과 같이 입력한 다음 디폴트로 나타나는 변수들의 특성을 다음과 같이 수정한다.

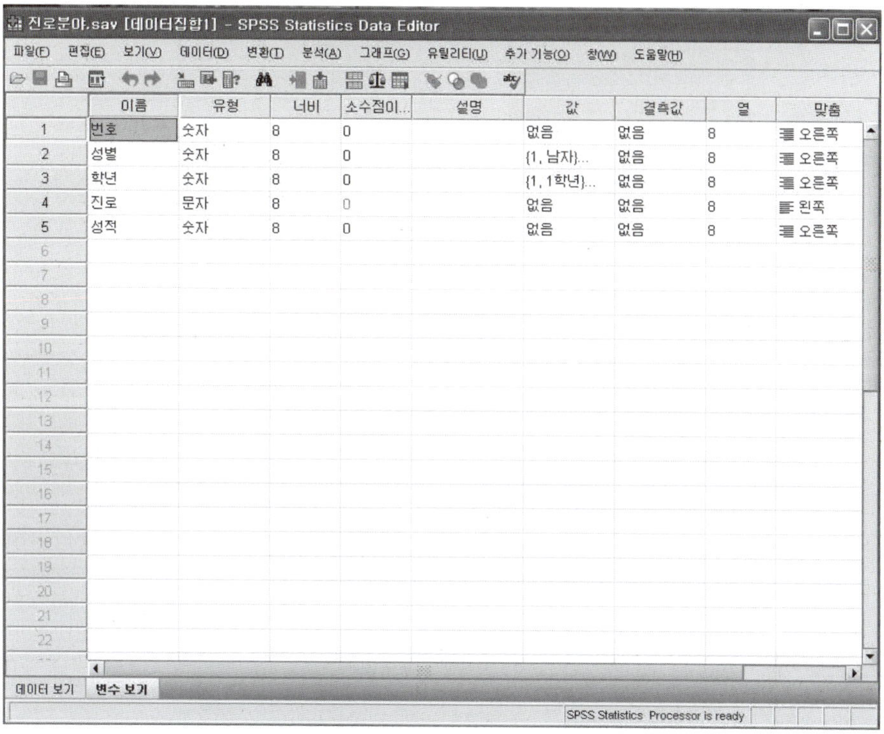

[그림 1.8] 변수 보기창에서 변수 이름 및 특성 입력

① 자료에서는 모든 숫자가 정수이므로 '소수점 이하 자리'를 0으로 수정한다. 이를 위해 숫자 0을 직접 입력하거나 화살표를 이용하여 원하는 자릿수를 지정한다.

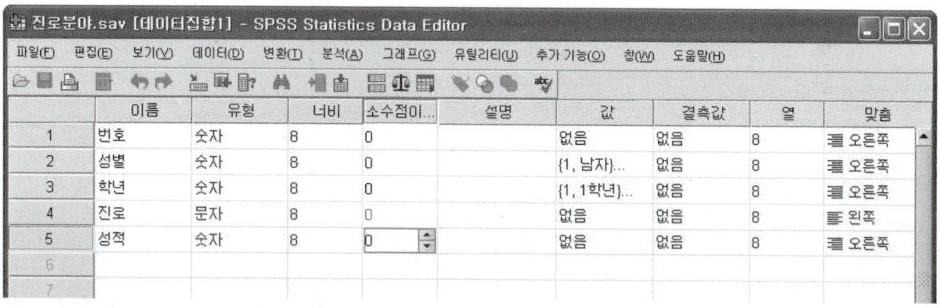

[그림 1.9] 소수점 이하 자릿수 수정방법

② 성별의 값을 지정하기 위해 해당 셀이 활성화된 상태에서 '점선' 버튼을 클릭하면 [그림 1.10]과 같은 입력창이 나타난다. 여기서 값과 설명을 입력하고, '추가' 버튼을 클릭하면 값의 설명이 입력된다.

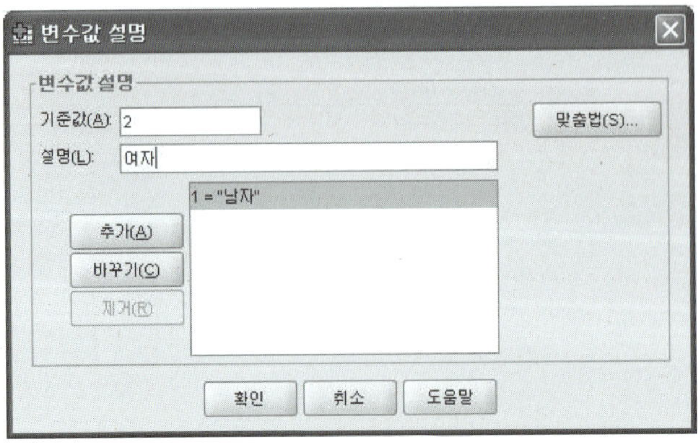

[그림 1.10] 변수값 설명

③ 진로의 변수 유형을 문자열로 바꾸기 위해 해당 셀을 활성화시키고, '점선' 버튼을 클릭하면 [그림 1.11]와 같은 입력창이 나타난다. 여기서 '문자열'을 선택하고 '확인' 버튼을 클릭하면 변수 유형이 입력된다.

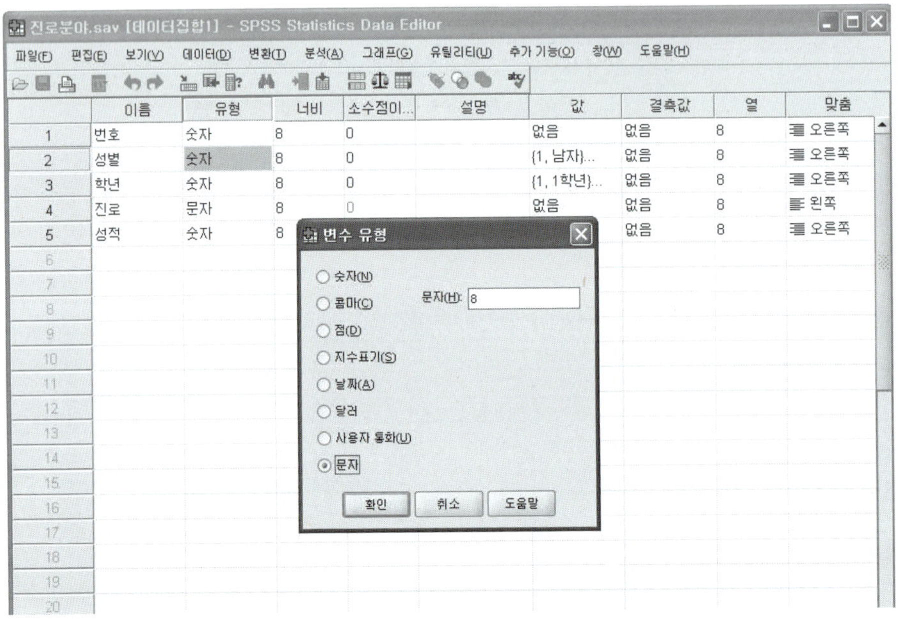

[그림 1.11] 변수의 유형지정

④ 진로의 척도는 명목형이다. 따라서 해당 셀을 활성화시키고, '화살표(▼)' 버튼을 클릭한 상태에서 [그림 1.12]과 같이 '명목데이터'를 선택한다.

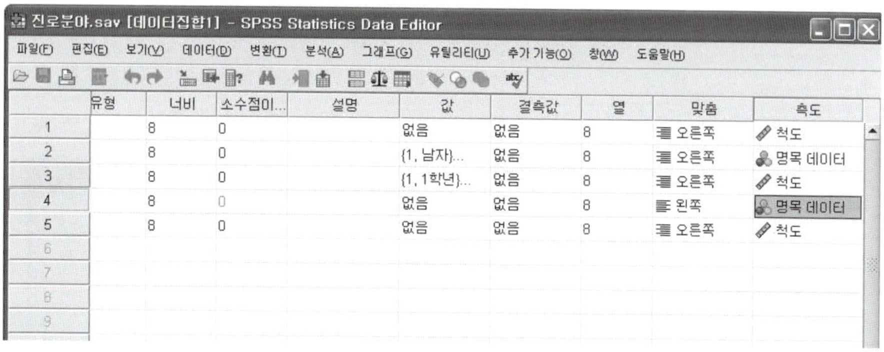

[그림 1.12] 변수척도의 지정

다시 '데이터 보기창'으로 와서 [표 1.1]의 데이터를 [그림 1.13]과 같이 입력한다.

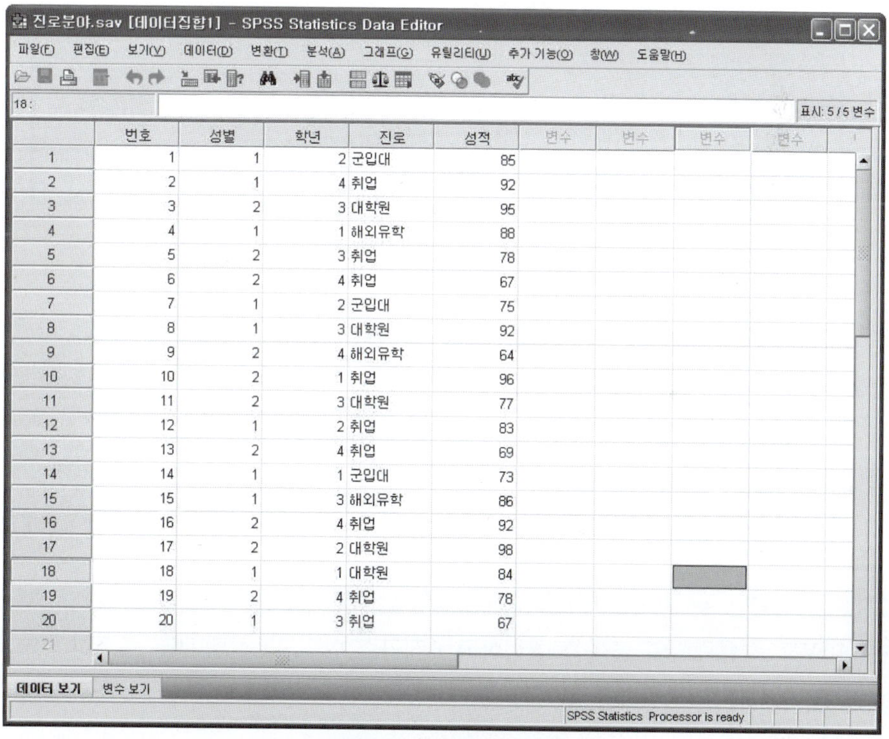

[그림 1.13] 데이터의 입력

이제 입력을 완료하고 메뉴에서 '다른 이름으로 저장'을 선택하면 [그림 1.14]와 같이 '데이타를 다른 이름으로 저장' 창이 나타난다. 이곳에서 저장위치를 지정해주고, 파일이름으로 진로분야를 입력한 다음 '저장' 버튼을 클릭하면 데이터가 파일로 저장된다.

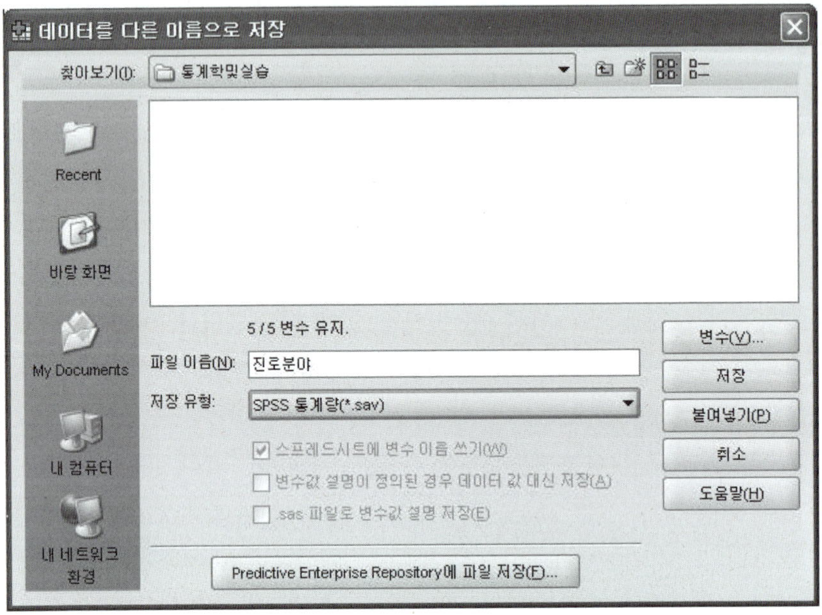

[그림 1.14] 데이터의 저장

이 책에서 사용되는 데이터 파일을 저장하기 위한 폴더(Folder)를 만들고, 그 폴더를 '저장 위치'로 지정해주면 나중에 다시 사용하기 편리할 것이다.

1.5.4 자료의 수정 및 편집

(1) 관측값의 추가

자료를 입력한 후 관측값(행)를 추가하고자 한다면, [그림 1.15]처럼 추가할 행의 번호를 마우스로 클릭하여 블록을 설정하고, '케이스 삽입'을 선택한다. 추가하고자 하는 관측값을 입력하여 케이스를 추가할 수 있다.

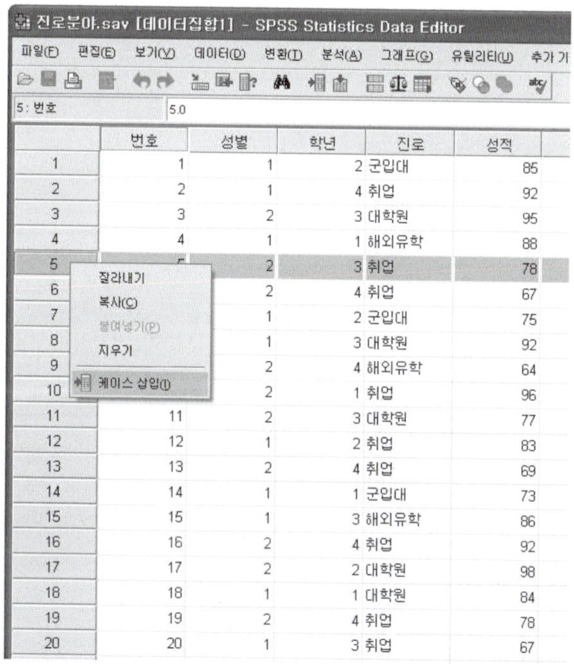

	번호	성별	학년	진로	성적
1	1	1	2	군입대	85
2	2	1	4	취업	92
3	3	2	3	대학원	95
4	4	1	1	해외유학	88
5	5	2	3	취업	78
6		2	4	취업	67
7		1	2	군입대	75
8		1	3	대학원	92
9		2	4	해외유학	64
10		2	1	취업	96
11	11	2	3	대학원	77
12	12	1	2	취업	83
13	13	2	4	취업	69
14	14	1	1	군입대	73
15	15	1	3	해외유학	86
16	16	2	4	취업	92
17	17	2	2	대학원	98
18	18	1	1	대학원	84
19	19	2	4	취업	78
20	20	1	3	취업	67

	번호	성별	학년	진로	성적
1	1	1	2	군입대	85
2	2	1	4	취업	92
3	3	2	3	대학원	95
4	4	1	1	해외유학	88
5	.	.	.		.
6	5	2	3	취업	78
7	6	2	4	취업	67
8	7	1	2	군입대	75
9	8	1	3	대학원	92
10	9	2	4	해외유학	64
11	10	2	1	취업	96
12	11	2	3	대학원	77
13	12	1	2	취업	83
14	13	2	4	취업	69
15	14	1	1	군입대	73
16	15	1	3	해외유학	86
17	16	2	4	취업	92
18	17	2	2	대학원	98
19	18	1	1	대학원	84
20	19	2	4	취업	78

[그림 1.15] 관측값의 삽입

(2) 관측값이나 변수의 삭제

자료를 입력한 후 관측값(행)이나 변수(열)를 삭제하고자 한다면 [그림 1.16]처럼 해당 행이나 열의 번호를 마우스로 클릭하여 블록을 설정한 후, '지우기' 버튼을 선택한다. 실수로 삭제한 케이스나 변수를 다시 살리기 위해서는 메뉴의 '편집(E)'과 '케이스 삭제 복구(U)'를 클릭하면 된다.

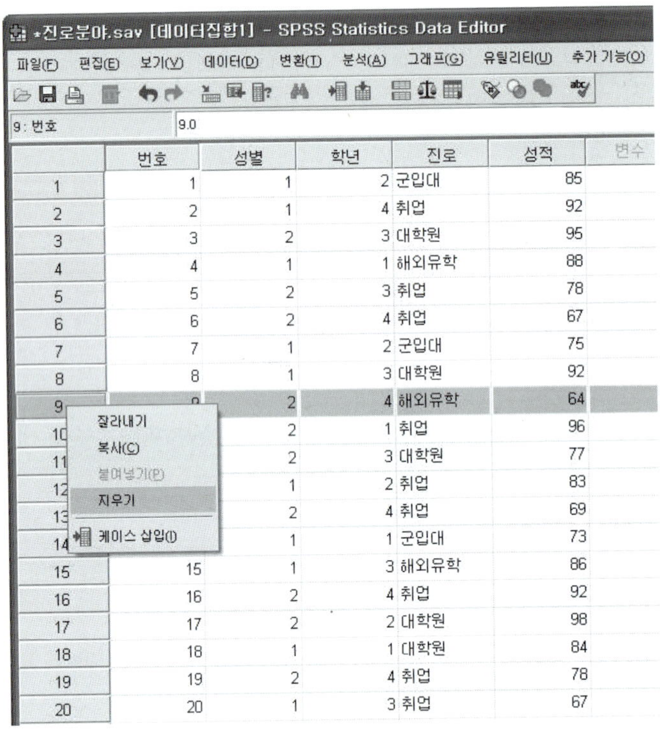

[그림 1.16] 관측값의 삭제

(3) 새로운 변수의 삽입과 편집

입력된 자료에서 새로운 변수를 만들고 편집할 수도 있다. 예를 들어 학생들의 학과를 표현하는 새로운 변수를 만든다고 하면 원하는 열을 마우스로 클릭하여 블록을 설정하고 오른쪽 버튼을 클릭하여 팝업메뉴(pop-up menu) 중 '변수 삽입'을 선택한다.

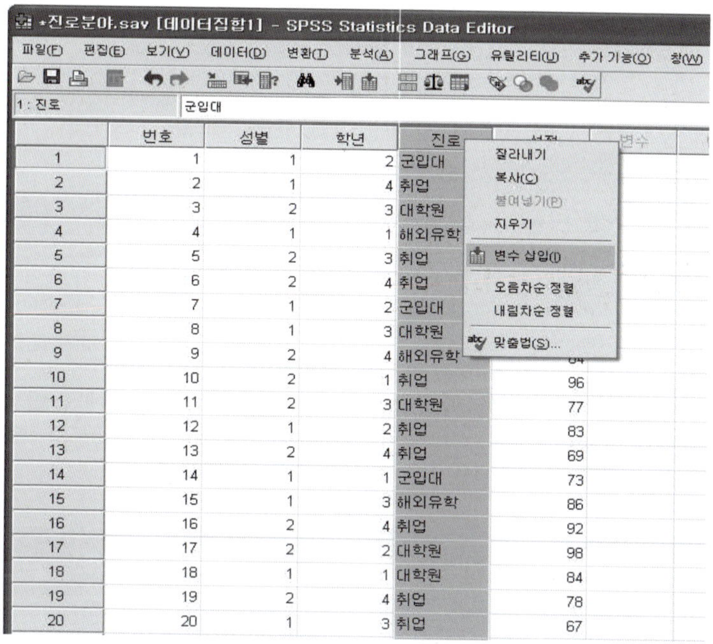

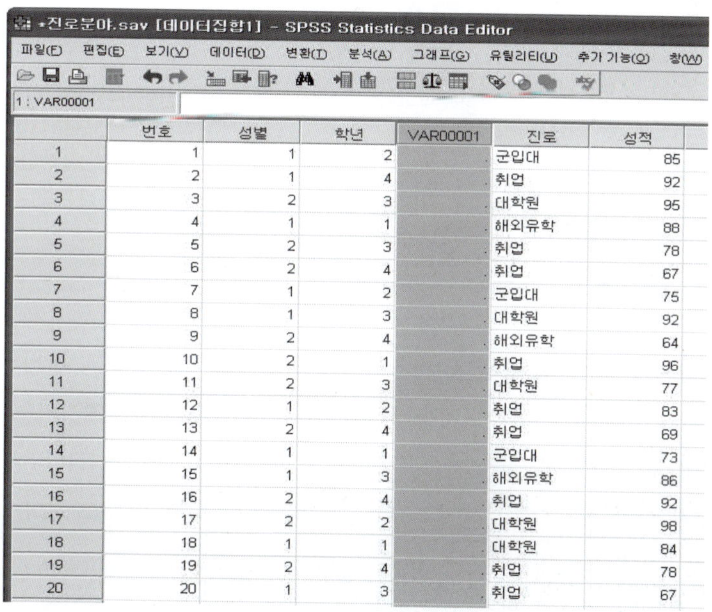

[그림 1.17] 새로운 변수의 삽입과정-1

다음으로 '변수 보기탭'을 클릭하여 [그림 1.18]과 같이 새로운 변수이름과 유형 자릿수 및 설명 등을 클릭하여 자료를 입력하여 새로운 변수를 생성할 수 있다.

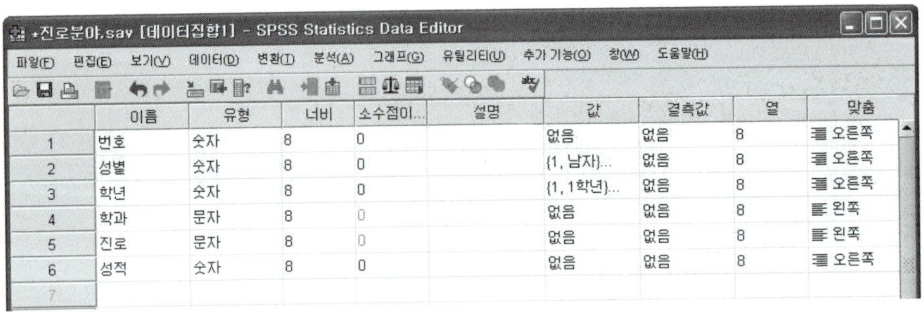

[그림 1.18] 새로운 변수의 삽입과정-2

그리고 다시 '데이터 보기탭'을 클릭하여 새롭게 생성된 변수에 해당 관측값을 추가하여 변수의 생성을 마친다.

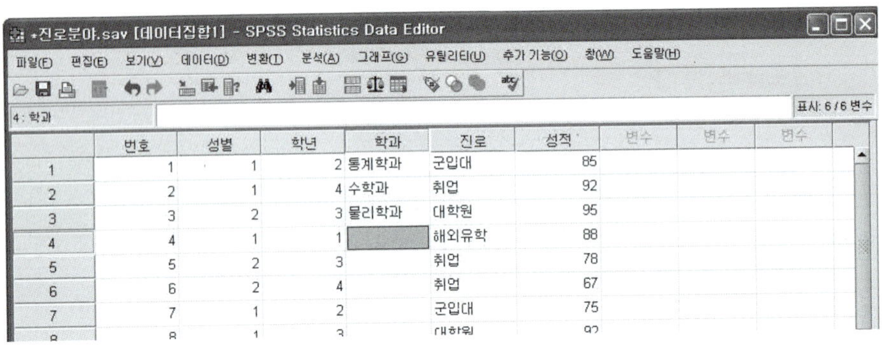

[그림 1.19] 새로운 변수의 삽입과정-3

1.5.5 SPSS의 창

SPSS에서 사용하는 창으로는 데이터 편집기 창, 뷰어 창, 명령문 편집기 창, 도표 편집기 창, 피벗 편집기 창 그리고 텍스트 출력결과 창이 있으나, 여기서는 데이터 편집기 창, 뷰어 창 그리고 명령문 편집기 창에 대해서만 설명하기로 한다. 여기서 데이터 편집기 창과 뷰어 창 그리고 명령문 편집기 창에서 생성된 파일은 확장자들이 각각 .sav와 .spo와 .sps를 갖는다.

[표 1.2] SPSS 창과 확장자

해당 창	데이터 편집기	뷰어	명령문 편집기
확장자	*.sav	*.spo	*.sps

(1) 데이터 편집기 창

이것은 SPSS를 시작하면 그 초기화면에 나타나며, 이 창을 이용하여 사용자가 분석하고자 하는 자료를 입력하고 편집할 수 있다. 이 창에서 생성되어 저장된 모든 파일은 확장자가 *.sav이다.

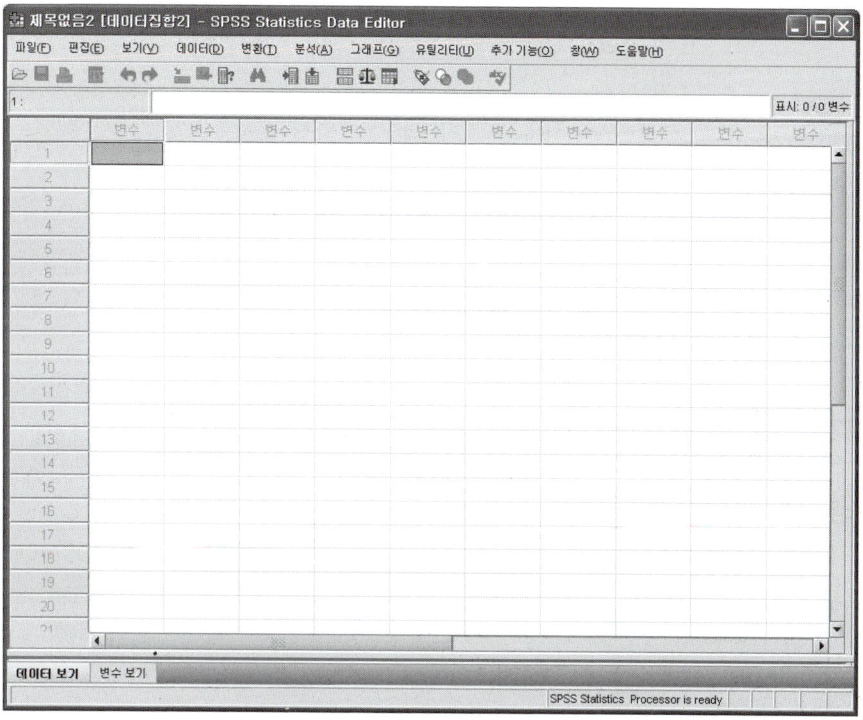

[그림 1.20] 데이터 편집기 창

(2) 출력결과의 뷰어 창

자료를 입력한 후 적절한 통계절차를 수행하면 SPSS의 출력 결과가 나타나는 새로운 창이 열리는데, 이 창이 뷰어 창이다. 다음 [그림 1.21]은 진로문제의 예제에서 성적에 대하여 기술통계 처리한 후에 얻게 된 뷰어 창이다. 이 창에서 볼 수 있듯이 뷰어 창에는 데이터 편집기 창처럼 컨트롤 메뉴 버튼, 제목표시줄 등이 있으며, 크게 왼쪽 화면과 오른쪽 화면으로 나누어져 있다. 왼쪽 화면은 결과물의 목차를 나타내고, 오른쪽 화면은 SPSS의 출력결과들이다.

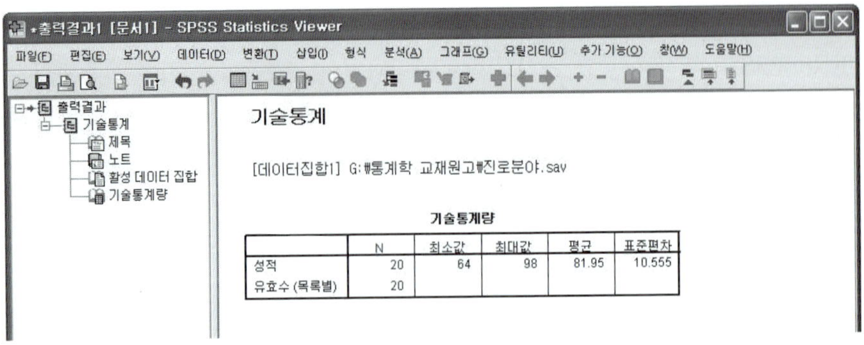

[그림 1.21] 뷰어 창

다음으로 SPSS 뷰어 창에서 주어지는 결과물을 편집하고 파일로 저장하는 과정에 대하여 간단히 알아보자.

① 수정과 편집

수정 또는 편집하고자 하는 결과를 마우스로 선택한 후 마우스를 더블 클릭하면 [그림 1.22]과 같은 점선이 나타난다. 이 후 수정하고자 하는 부분에 커서를 두고 마우스로 더블 클릭한 후 수정하면 된다.

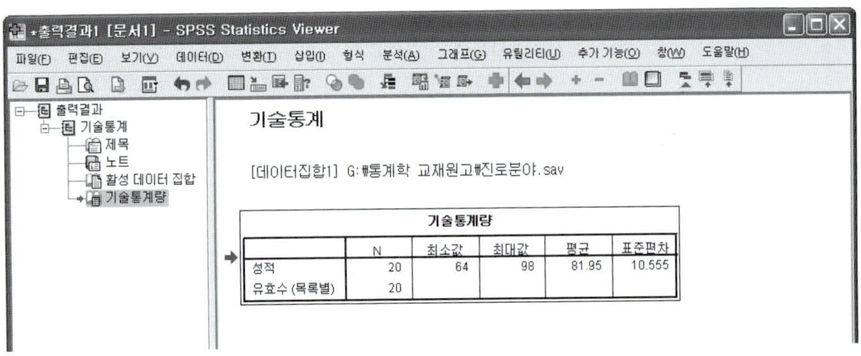

[그림 1.22] 뷰어 창에서 수정과 편집

예를 들어서 [그림 1.22]에서 N을 표본의 크기로 수정하기 위해서는 N 위에 커서를 두고 마우스를 더블 클릭하여 얻은 화면에서 N을 백스페이스(Backspace)로 지우고 '표본의 크기'를 입력하면 [그림 1.23]의 결과를 얻을 수 있다. 비슷한 방법으로 출력 결과의 표에서 불필요한 행이나 열을 삭제할 수 있다.

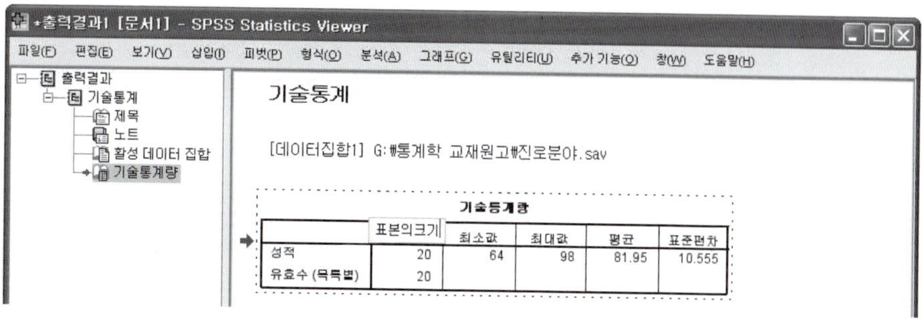

[그림 1.23] 뷰어 창에서 수정과 편집

② 결과의 저장

필요한 수정 및 편집을 한 후 결과를 저장하기 위해서는 [그림 1.24]과 같이 파일메뉴에서 '다른 이름으로 저장(A)'을 선택함으로써 확장자가 .spo인 SPSS 전용 파일로 저장할 수 있다.

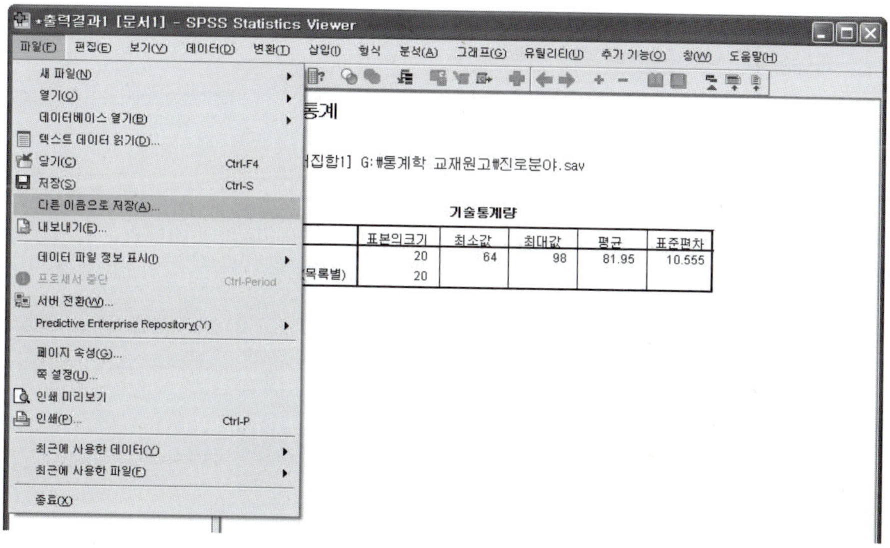

[그림 1.24] 뷰어 창에서 수정된 결과의 저장

③ 결과를 다른 프로그램에 붙이기

결과물을 HWP 파일과 같은 다른 프로그램에 붙이고자 한다면 필요한 결과를 마우스로 선택한 후 [그림 1.25]과 같이 메뉴에서 '편집'과 개체 '복사'를 선택한 후 다른 프로그램에서 마우스의 오른쪽 버튼을 사용한 팝업메뉴에서 '붙이기'를 사용한다.

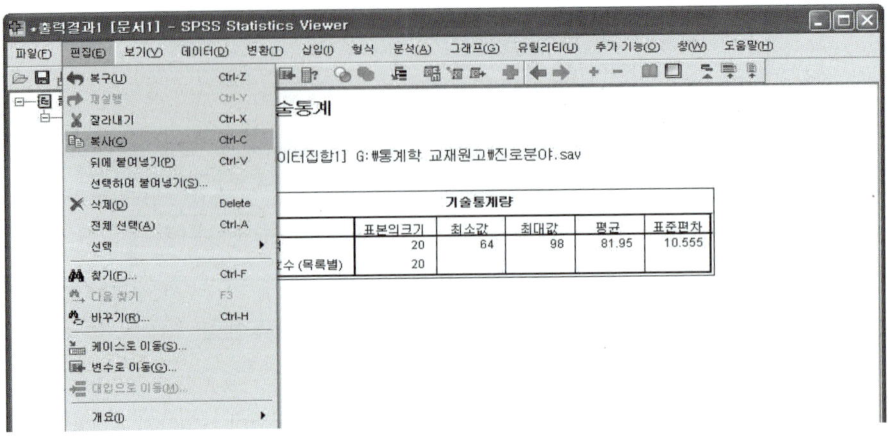

[그림 1.25] 뷰어 창에서 결과물 복사하기

(3) 명령문 편집기 창

이 창은 사용자가 메뉴를 이용하지 않고 직접 통계처리 명령어를 입력할 수 있도록 한다. 명령문 프로그램을 새로이 작성하기 위해서는 [그림 1.26]의 왼쪽 그림과 같이 파일메뉴에서 '새 파일(N)'와 '명령문(S)'을 클릭하면 [그림 1.26]의 오른쪽 그림과 같이 빈 명령문 편집기 창이 나타나며, 여기서 명령문을 입력한 후 메뉴의 '실행(R)'을 선택하면 출력결과 창이 생성된다.

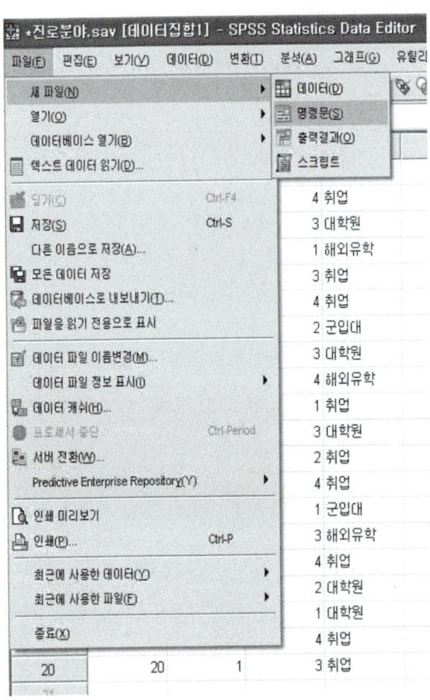

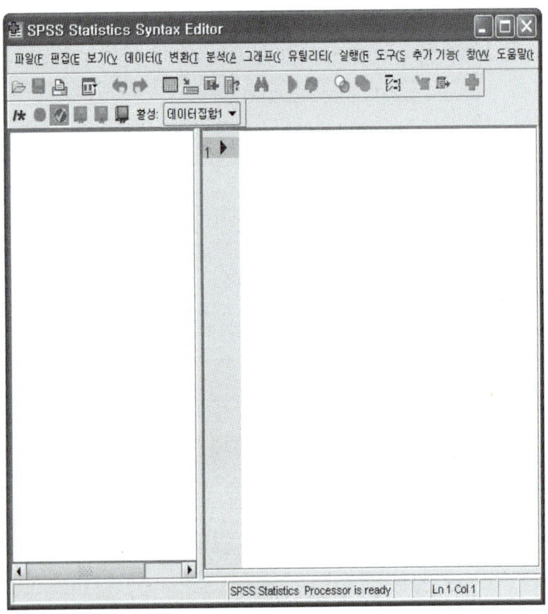

[그림 1.26] 명령문 편집기창

프로그램 작성시 필요한 명령어는 SPSS 데이터 편집기의 메뉴에서 적절한 통계분석 절차를 선택한 후 얻게 되는 대화상자에 있는 '명령문' 단추를 실행하여 볼 수 있다. 이 창은 초보자보다는 SPSS 명령어에 익숙해 진 사람에게 유용하기 때문에 여기서는 더 이상의 설명은 생략하기로 한다.

또한 이미 작성된 명령문 파일이 외부에 존재하는 경우 [그림 1.27]의 왼쪽과 같이 메뉴의 파일에서 '열기(O)', '명령문(S)'을 클릭하여 [그림 1.27]의 오른쪽과 같은 화면을 얻으면 찾는 위치와 파일 이름을 지정하여 불러올 수 있다.

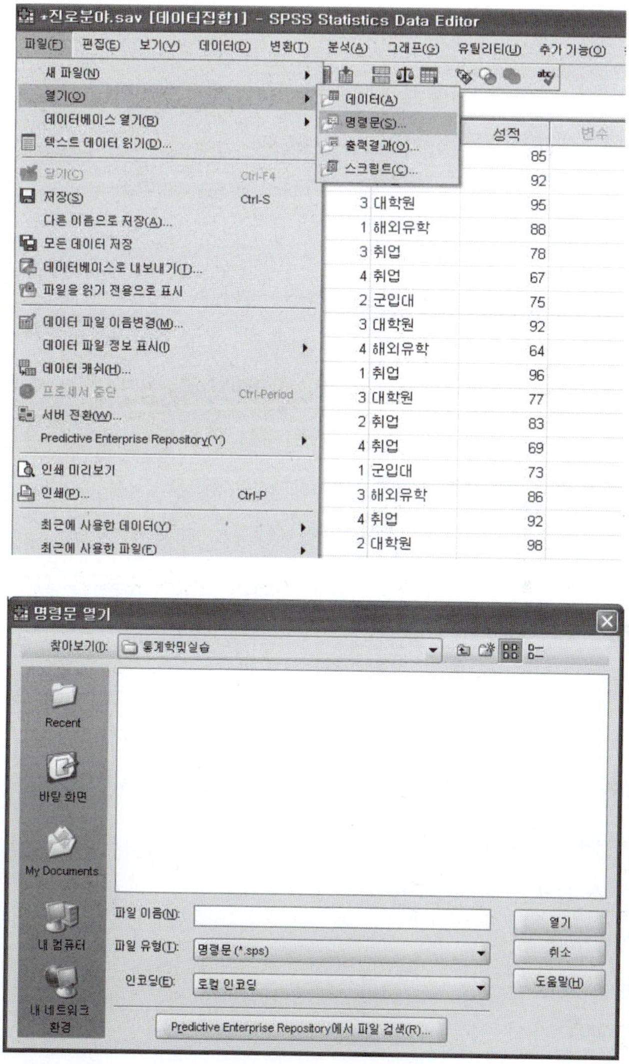

[그림 1.27] 명령문 파일 불러오기

제1장 연습문제

01 다음의 개념을 기술하여라.

(1) 통계학이란 무엇인가?

(2) 기술통계학과 추측통계학의 차이점을 설명하여라.

(3) 추측통계분석의 다섯 가지 요소를 기술하여라.

(4) 모집단과 변량을 정의하여라.

(5) 모집단과 표본은 어떻게 다른지를 설명하여라.

(6) 통계적 사고를 정의하여라.

02 잃어버린 물건(예: 자동차 키)을 놓고 갔던 장소를 기억하는데 남성 또는 여성 중 누가 더 숙달되어 있는가? 플로리다 대학교 심리학 교수 로빈 웨스트(Robin West)에 따르면, 여성들이 실제로 물건들을 찾는 능력이 더 있음을 보였다. 대략 300명의 남성과 여성들이 이 연구에 참여했으며, 컴퓨터 화면에 나타난 12개의 방이 있는 가상의 집에 각 사람들은 20개의 공통된 물체를 두었다. 삼십분 뒤에, 각 실험자들에게 어디에 물체들을 두었는지 연상하도록 질문을 하였다. 각 물체에 대해서 연상 변수는 '네' 또는 '아니오'로 측정되었다.

(1) 심리학 교수에게 있어 관심 있는 모집단(또는 표본)을 확인하여라.

(2) 연구는 서술적이거나 추론적인 통계량을 포함하는가? 설명하여라.

03 2000명에게 클린턴 대통령의 1999년 탄핵 시도가 공정하게 수행되었는지를 묻는 여론조사가 이루어졌다. 2000명은 무작위로 전화번호를 눌러 선택되었고 전화상에서 질문하였다.

(1) 관련 모집단은 무엇인가?

(2) 관심변수는 무엇인가?

(3) 표본은 무엇인가?

(4) 여론에게 관심 있는 추론은 무엇인가?

(5) 어떤 데이터 수집방법이 사용되었는가?

(6) 표본이 대표가 될 가능성은 얼마나 되는가?

04 한 식품회사는 새로운 간식 마케팅을 고려하고 있다. 소비자들이 상품에 어떻게 반응하는지 알기 위해, 회사는 한 교외의 쇼핑몰에서 무작위로 선택된 100명의 쇼핑객을 표본으로 하여 시식 테스트를 수행하였다. 쇼핑객들은 간식을 맛보고 다음과 같은 정보를 요청하는 짧은 질의응답을 작성하도록 요구되었다.

(1) 당신의 나이는 몇인가요?

(2) 당신은 일반적으로 가족을 위해 식품을 구매합니까?

(3) 가족의 수는 얼마인가요?

(4) 당신은 1에서 10까지의 척도에서 1이 가장 낮은 맛이고 10이 가장 높은 맛일 때, 간식의 맛을 어떻게 평가하십니까?

(5) 간식이 마켓에서 이용가능하다면, 당신은 구매하시겠습니까?

(6) (5)번에서 '네'라고 응답했다면, 얼마나 자주 상품을 구매하시겠습니까?

이때 데이터의 수집방법을 기술하고, 각 질문들에 대해 발생된 데이터들을 분류하여라.

05 사회조사 연구자는 218개 백화점 임원들 각각에게 질의응답을 실시하였고, 직업 만족점수와 근무성적에 대한 평점을 얻었다. 그들은 높은 직업 만족점수를 가진 사람들은 높은 근무성적의 평점을 갖기 쉽다고 결론내렸다.

(1) 표본이 선택된 것으로부터 모집단은 무엇인가?

(2) 저자에 의해 측정된 변수는 무엇인가?

(3) 표본을 확인하여라.

(4) 사용된 데이터 수집방법을 확인하여라.

(5) 저자에 의해 어떤 추론이 이루어지는가?

06 십대들이 그들의 부모와 가장 토론하길 원하는 주제를 결정하기 위해 갤럽 청소년 여론조사가 수행되었다. 결과는 46%가 가족의 재정상태를, 37%가 학교, 그리고 17%는 종교에 대해 얘기하고자 하는 것으로 나타났다. 설문조사는 특정지역에 거주하는 십대들로부터 무작위로 선택된 505명의 십대들의 표본에 기초하였다.

(1) 표본을 설명하여라.
(2) 표본이 선택된 것으로부터 모집단을 설명하여라.
(3) 표본은 모집단을 대표하는가?
(4) 관심 있는 변수는 무엇인가?
(5) 어떻게 추론이 표현되는가?
(6) 신문은 여론조사이기 때문에 조사결과에 (±3%) 오차를 준다. 오차의 목적은 무엇이며 뜻은 무엇인가?

07 어느 스포츠과학 위원회는 축구에서 자주 공을 헤딩하는 것은 선수의 지능 지수(IQ)를 낮춘다는 연구를 발표하였다. 심리학자들은 일주일에 5시간씩 연습하는 14~29세 사이 60명의 남성 축구 선수들을 검사하였다. 경기당 한번 또는 그 미만으로 헤딩하는 선수들이 평균 112의 지능 지수를 갖는 반면에, 한 경기에서 10번이나 그 이상 헤딩하는 선수들은 평균 103의 지능 지수를 가졌다.

(1) 심리학자가 관심 있는 모집단을 설명하여라.
(2) 관심 있는 변수를 확인하여라.
(3) 표본을 설명하여라.
(4) 심리학자에 의해 추론된 것은 무엇인가?
(5) (4)번에서의 추론이 오해를 일으킬지도 모르는 가능한 이유를 논의하여라.

08 어느 의과대학의 외과 연구자 그룹은 아프로틴인 약이 피부 교체 수술을 받은 화상 환자들의 혈액 손실을 줄이는데 효과가 있다고 믿고 있다. 14명의 화상 환자들의 임상 실험에서, 절반은 무작위로 약을 받았고, 나머지는 위약을 받았다. 환자들의 혈액 손실의 예비 분석은 약을 받는 그룹은 상당한 출혈의 감소를 보였다고 밝혔다.

(1) 이 연구에서 사용된 데이터 수집방법을 확인하여라.
(2) 연구는 서술적이거나 추론적인 통계량을 포함하는가? 설명하여라.
(3) 연구자에게 관심 있는 모집단(또는 표본)은 무엇인가?

09 첫해 화학과 학생들은 기본 용액의 2 mg를 중화하기 위해 필요한 염산의 양을 결정하는 실험을 수행한다. 학생들은 2 mg 용액의 5분할을 준비하고 각각에 염

산의 알려진 농축액을 더한다. 용액의 중화를 하기 위해 필요한 염산의 양은 각각 5개의 부분에 기록된다.

(1) 학생이 관심 있는 모집단을 설명하여라.

(2) 관심 있는 변수는 무엇인가?

(3) 표본을 설명하여라.

(4) 데이터 수집 방법을 설명하여라.

10 이번 학기에 당신의 통계학 과목을 수강한 모든 학생들의 성적을 고려해보자. 이 집단의 현재 평균평점에 관심이 있다고 가정하자.

(1) 모집단과 관심 있는 변수를 정의하여라.

(2) 모든 학생들의 평균평점을 결정한다고 가정하자. 이것은 모집단인가 표본인가?

(3) 10명의 학생의 평균평점을 결정한다고 가정하자. 이것은 모집단인가 표본인가?

(4) 만약 10명의 학생들의 평균평점을 결정하고 평균을 계산한다면, 이것은 전체의 평균평점의 추정치로서 얼마나 높은 신뢰도를 갖는가?

11 2차 세계 대전 동안 독일 나치당의 유대인 대학살은 영화, 책 그리고 전쟁 생존자들과의 집중 인터뷰를 통해 잘 기록되었다. 그러나 최근 로퍼 여론조사 기관은 미국 거주자들 5명 중 1명은 대학살이 실제로 발생했다는 것을 의심한다고 밝혔다. 100명 이상의 성인들과 고등학생들은 "유대인들에 대한 나치당의 대학살은 결코 일어나지 않았다는 것에 대해 가능한 것처럼 또는 불가능한 것처럼 보이는가?"라는 질문을 받았다. 성인의 22%와 고등학생의 20%는 "가능하다"라고 응답했다.

(1) 여론 조사원에게 관심 있는 모집단은 무엇인가?

(2) 관심 있는 변수는 무엇인가?

(3) 표본을 설명하여라.

(4) 사용된 데이터 수집방법을 설명하여라.

(5) 여론조사원에 의해 추론된 것은 무엇인가?

(6) 추론의 신뢰도를 논평하여라.

제 2 장

자료의 기술적 요약방법

2.1 자료의 분류

사람이나 개체가 갖는 일반적인 속성을 수치적인 값으로 표현하는 것을 변량이라 부르고, 이러한 변량이 특정 개인이나 개체를 나타내는 실제 수치값을 취할 때 이들을 자료(data)라고 한다. 예를 들어서 사람들의 신장, 성별, 연봉 등은 사람들의 속성을 표현하는 변량들이며, 특정인에 대한 신장, 성별 그리고 연봉은 그 특정인에 해당하는 변수값 또는 자료이다. 이러한 변량 또는 자료는 크게 두 가지 형태로 분류되는데 이들은 양적 자료와 질적 자료로 구분된다.

양적 자료 (quantitative data)

양적 자료는 산술적 연산이 적용될 수 있는 수치적 값을 취하는 자료이다.

예를 들어 센티미터로 표시된 신장이나, 원 단위로 표현된 월급 등 숫자로 측정된 변수값들은 양적 자료의 예라 할 수 있다. 개체들의 수나 비율 역시 마찬가지다. 대부분의 통계적 방법은 이 같은 양적 자료의 분석에 적합하다.

질적 자료 (qualitative data)

질적 자료는 개인이나 개체가 어느 특정한 범주에 속하는 것만을 알려주는 기록의 형태를 취하는 자료이다.

예를 들어 질적 자료의 예로서는 개인의 성별이나 선호하는 정당, 자동차 제조회사 등을 들 수 있다. 질적 자료의 값들은 종종 여성이면 1, 남성이면 0과 같은 숫자로 표기되기도 한다. 그러나 이와 같은 0과 1로 이루어진 자료로부터 '평균성별'을 구한다는 것은 의미가 없다. 일반적으로 질적 자료에 대하여 산술적 연산을 하는 것은 무의미하다. 더욱이 여성인 경우에는 F, 남성인 경우에는 M과 같이 표지(label)를 사용하는 것이 숫자보다는 더욱 명확하다.

예제 2.1 화학물질을 제조하는 공장에서는 종종 DDT와 같은 독성폐기물질을 가까운 강이나 개울로 불법적으로 흘려버리곤 한다. 이러한 독성 폐기물들은 강이나 강둑에 서식하고 있는 식물이나 동물들에게 치명적인 영향을 미칠 수 있다. 환경부에서는 영산강과 이것의 세 가지 상류지역인 장성군, 담양군, 광산구 지역에 살고 있는 어류에 대하여 연구를 진행하고 있다. 이때 전체 144마리의 고기를 잡아서 다음의 변량들을 각각 측정하였다.

(1) 각 고기가 잡힌 지역을 조사한다.

(2) 잡힌 고기의 종류(매기, 붕어, 미꾸라지)들을 알아본다.

(3) 각 고기의 길이를 측정한다.

(4) 각 고기에서 DDT의 오염농도를 측정한다.

이들 측정된 4개의 변량들이 질적인지 양적인지를 분류하여라.

풀이 길이, 무게 그리고 DDT 농도 등은 양적 변량이다. 왜냐하면 이들은 수치적 측도로 표현되기 때문이다. 하지만 거주지역이나 어종의 종류는 양적인 값으로 표현될 수 없다. 이들은 몇 개의 범주중 하나로 분류된다. 따라서 거주지역이나 어종은 질적 변량이 된다. ▣

다음으로 1,000명의 대학신입생들에 대하여 수학능력시험성적을 기초로 하여 이들의 수리적 능력을 평가하고자 한다. 이 경우에 1,000명의 자료를 어떻게 기술할 수 있을까? 가장 관심 있는 특성은 수학능력시험점수이거나 이들 점수들의 분포, 가장 최고점과 최하점, 자료의 분포형태 그리고 자료가 비정상적인 점수를 포함하고 있는가 등의 것들이다. 그런데 이들에 대한 정보를 도출해내기는 그렇게 쉬운 일이 아니다. 왜냐하면 1,000명의 학생들의 점수는 우리가 쉽게 그 내용을 파악하기에는 매우 많은 정보를 가지고 있기 때문이다. 따라서 이러한 방대한 자료를 포괄적으로 요약하고 기술할 수 있는 적당한 방법들이 요구된다. 또한 이러한 방법들은 통계적 추론을 실시하는 기본적인 요소가 되기도 한다. 그리고 대부분의 모집단은 대용량의 자료로 나타난다. 결론적으로 우리는 대용량의 자료를 요약할 수 있는 방법들이 필요하며 이러한 방법으로부터 도출된 다양한 정보는 모집단에 대한 추론을 실시할 때 중요한 요소가 되기도 한다.

자료를 기술하는 방법에는 두 가지가 있는데 이들은 각각 그래프적 방법과 수치적 방법이다. 이러한 두 가지 방법들은 통계학에서 중요한 역할을 수행하고 있다. 따라서 이 장에서는 자료를 요약하는 다양한 기술적인 방법들에 대한 구체적인 내용을 알아보도록 하자.

2.2 질적 자료를 요약하는 그래프적 방법

한국대학신문사는 창간 19돌을 맞이하여 대학생들의 의식조사를 실시하였다. 일반적으로 대학생들이 선호하는 외국계 기업을 조사하여 그중 일부분을 발췌한 결과가 다음의 [표 2.1]과 같다.

[표 2.1] 25명의 대학생들이 선호하는 외국계 기업

MS코리아	모토로라	기타	르노삼성	소니코리아
기타	MS코리아	모토로라	소니코리아	르노삼성
지엠대우	소니코리아	르노삼성	기타	모토로라
소니코리아	기타	르노삼성	소니코리아	기타
기타	지엠대우	기타	기타	소니코리아

이 자료에 대하여 관심이 있는 변량은 선호하는 외국계 기업의 종류이며 이러한 자료의 성격은 질적 특성으로 표현된다. 즉, 질적 자료는 수치적인 값으로 표현되지 않고, 계급(class)이라고 부르는 몇 개의 범주로 나타난다. 이 자료에 대한 가능한 계급의 종류는 모두 여섯 가지이다. 이러한 질적 자료를 두 가지 방법으로 요약할 수 있는데 이들은 각각 계급도수(class frequency)와 계급상대도수(class relative frequency)이다. 계급도수는 관측 자료에서 특정한 계급에 속하는 관측치의 개수를 말하며 계급상대도수는 전체 도수에 대한 각 계급에 속하는 관측값들의 수의 비율을 표현한다.

계급, 계급도수, 계급상대도수

계급은 질적 자료가 분류되는 특정한 범주를 말한다.
계급도수는 질적 자료에서 특정한 계급에 속하는 관측값들의 수를 말한다.
계급상대도수는 질적 자료에서 계급의 도수를 관측된 총 개체의 수로 나눈 값이다.

[표 2.1]의 자료를 고려해보면 대학생들이 선호하는 외국계 기업으로는 지엠대우가 2회, MS코리아가 2회, 모토로라가 3회, 르노삼성이 4회, 소니코리아가 6회 그리고 기타가 8회 등으로 나타난다. 이들 결과를 표로 요약하면 다음의 [표 2.2]를 얻을 수 있다.

[표 2.2] 대학생들이 선호하는 외국계 기업에 대한 도수분포표

	도수	상대도수	누적상대도수
소니코리아	6	0.24	0.24
르노삼성	4	0.16	0.4
모토로라	3	0.12	0.52
MS코리아	2	0.08	0.6
지엠대우	2	0.08	0.68
기타	8	0.32	1
합계	25	1	

[표 2.2]는 여섯 개의 각 계급에 대한 도수와 상대도수 그리고 누적상대도수를 보여주고 있다. 먼저 각 계급의 상대도수는 그 계급의 도수를 총 관측도수로 나눈 값으로 주어짐을 알 수 있고, 각 계급의 누적상대도수는 그 계급까지의 상대도수를 더한 것으로 주어진다. 따라서 각 계급에 대한 상대도수들은 다음과 같이 계산된다.

$$\text{소니코리아: } \frac{6}{25}=0.24,\ \text{르노삼성: } \frac{4}{25}=0.16,\ \cdots,\ \text{기타 : } \frac{8}{25}=0.32$$

이들 상대도수로부터 우리는 설문조사에 참여한 총 25명의 대학생 중에서 기타를 제외하면 소니코리아기업이 24%의 비율로 가장 선호되는 기업으로 주어지는 것을 알 수 있다.

다음으로 [표 2.2]에 주어진 도수분포표가 [표 2.1]의 자료를 적절하게 잘 기술하고 있다고 해도 또 다른 자료의 요약방법인 그래프적 표현방법을 요구한다. 다음의 [그림 2.1]과 [그림 2.2]는 질적 자료를 기술하는데 가장 널리 사용되고 있는 두 가지 그래프적 표현방법을 보여주고 있다. 이들은 각각 **막대그림**(Bar chart)과 **원도표**(Pie chart)이다. [그림 2.1]은 막대그림의 형태로 대학생들의 선호기업을 표현한 것이다. 이 그림에서 각 계급에 대한 막대의 높이는 그 계급에 대응되는 계급도수와 같다. 이때 또 다른 방법으로 막대의 높이를 계급의 상대도수에 비례하게 표현할 수도 있다.

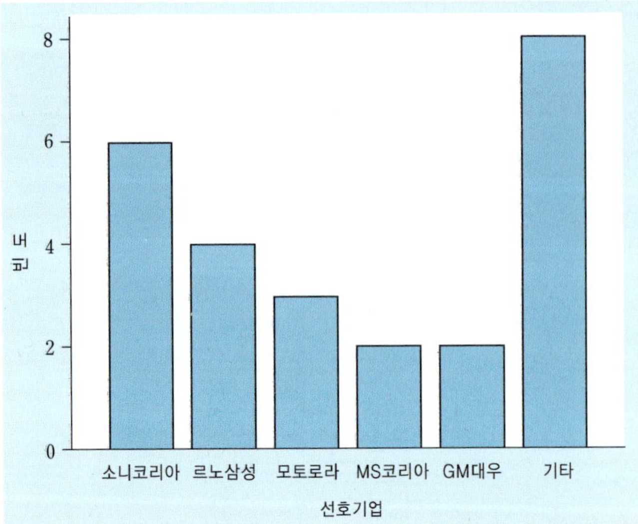

[그림 2.1] 대학생들의 기업선호도에 대한 막대그림

반면에 [그림 2.2]는 똑같은 자료에 대하여 각 계급의 상대도수를 사용하여 원도표 또는 파이그림(pie chart) 형태로 표현한 결과를 보여주고 있다. 이 그림에서 파이는 360°의 원을 보여주고 있으며 각 계급에 대응되는 파이조각의 크기는 상대도수에 비례하게 주어진다. 예를 들어서 소니코리아에 대응되는 파이조각의 크기는 360° 중의 24%에 해당되는 86.4°으로 주어진다.

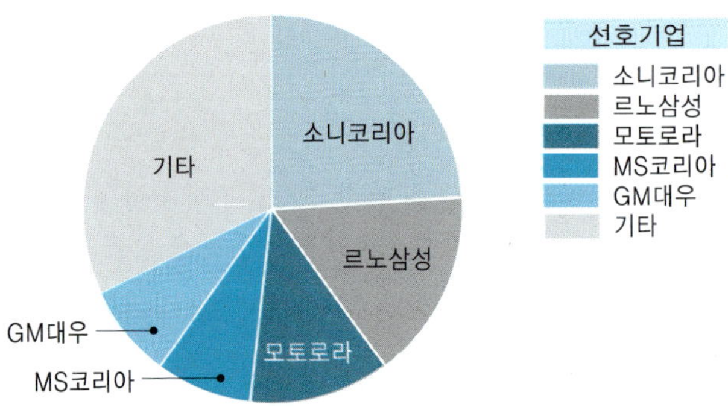

[그림 2.2] 대학생들의 기업선호도에 대한 원도표

다음으로 그래프적 표현결과의 해석을 요구하는 실제적인 예제를 살펴보기로 하자.

예제 2.2 다음의 자료는 20명의 학생들에게 새롭게 개발된 상품을 알게 된 매체에 대하여 앙케트조사를 실시한 결과이다.

1. TV의 광고	2. 라디오 광고	3. 신문의 광고
4. 광고전단지의 광고	5. 아는 사람의 소개	6. 기타

3 5 6 2 1 2 4 3 2 3 3 5 6 3 3 2 1 1 2 3

풀이 먼저 주어진 자료들에 대하여 도수와 상대도수를 사용한 도수분포표를 작성해 보자.

[표 2.3] 학생들이 새로운 상품을 접하게 되는 매체들에 대한 도수분포표

	도수	상대도수	누적상대도수
TV광고	3	0.15	0.15
라디오광고	5	0.25	0.4
신문광고	7	0.35	0.75
광고지광고	1	0.05	0.8
지인소개	2	0.1	0.9
기타	2	0.1	1
합계	20	1	

이 결과로부터 학생들이 새로운 상품을 접하게 되는 매체는 신문광고가 35%로 가장 높고, 다음으로 라디오광고 25%, TV광고 15%, 지인소개 10%, 기타10% 순으로 나타남을 알 수 있다. 또한 이들 자료들에 대하여 막대그림과 원도표를 작성하면 [그림 2.3]과 같은 결과를 얻을 수 있다.

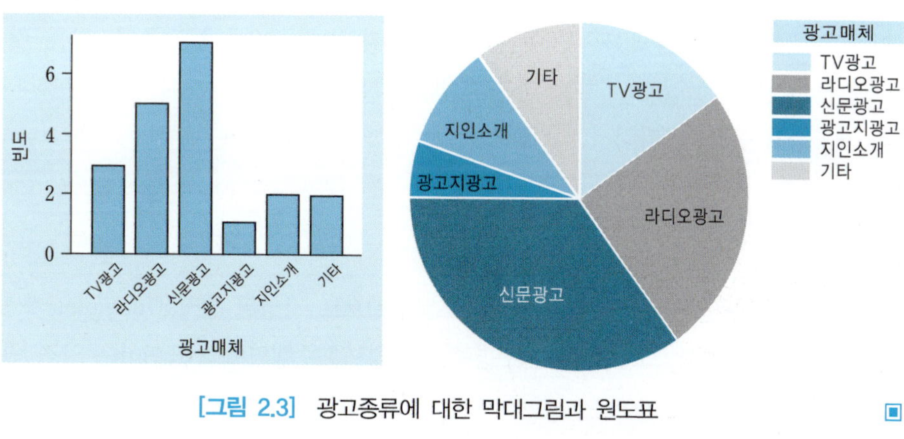

[그림 2.3] 광고종류에 대한 막대그림과 원도표 ▣

2.3 양적 자료를 요약하는 그래프적 방법

양적 자료는 수치적인 값으로 측정된다. 이러한 자료에 들어 있는 특정한 패턴을 기술하거나 요약하거나 탐색하기 위해서 우리는 세 가지의 그래프적 방법을 사용할 수 있다. 이들은 각각 점도표, 줄기와 잎의 그림 그리고 히스토그램이다.

예를 들어 환경보호단체는 새로 개발된 모든 자동차들의 평균주행연비를 알아보기 위해서 포괄적인 검사를 실시하였다. 다음의 [표 2.4]에 주어진 100개의 측정값들은 어떤 새로운 모델의 자동차들에 대하여 주행연비검사를 실시한 결과를 나타내고 있다. 이때 우리는 이와 같이 비교적 많은 자료 속에 있는 정보를 어떻게 요약할 수 있을까?

[표 2.4] 100대의 자동차들의 주행연비자료

36.3	41	36.9	37.1	44.9	36.8	30	37.2	42.1	36.7
32.7	37.3	41.2	36.6	32.9	36.5	33.2	37.4	37.5	33.6
40.5	36.5	37.6	33.9	40.2	36.4	37.7	37.7	40	34.2
36.2	37.9	36	37.9	35.9	38.2	38.3	35.7	35.6	35.1
38.5	39	35.5	34.8	38.6	39.4	35.3	34.4	38.8	39.7
36.3	36.8	32.5	36.4	40.5	36.6	36.1	38.2	38.4	39.3
41	31.8	37.3	33.1	37	37.6	37	38.7	39	35.8
37	37	40.7	37.4	37.1	37.8	35.9	35.6	36.7	34.5
37.1	40.3	36.7	37	33.9	40.1	38	35.2	34.8	39.5
39.9	36.9	32.9	33.8	39.8	34	36.8	35	38.1	36.9

주어진 자료에 대한 가시적 고찰은 몇 가지 분명한 결과를 보여준다. 예를 들어 주행연비의 대부분의 값은 30%대이며 아주 작은 자료만이 40%대로 주어진다는 것이다. 그러나 이것은 자료를 요약하는 다른 방법을 사용하지 않고는 보다 많은 부가적 정보를 제공하지 못한다. 따라서 하나의 적절한 방법이 점도표이다.

2.3.1 점도표

100개의 주행연비자료에 대한 SPSS 프로그램으로 작성된 점도표(dot plot)가 [그림 2.4]에 주어져 있다. [그림 2.4]의 수평축은 1갤론당 주행연비를 표현하는 양적 변량의 범위를 표현한다.

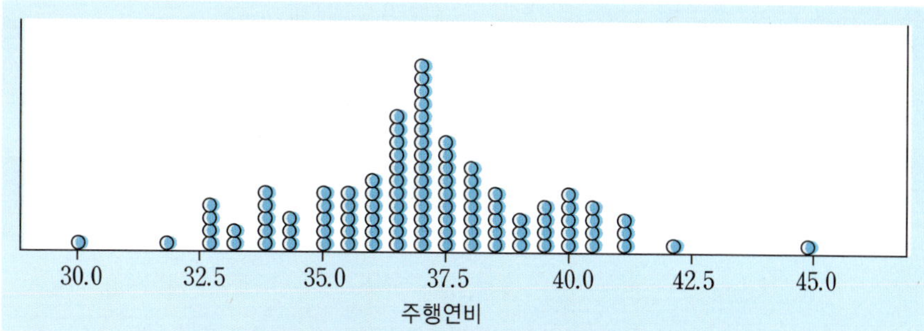

[그림 2.4] 100대의 자동차에 대한 주행연비에 대한 SPSS 점도표

이 그림으로부터 우리는 100대의 자동차들의 주행연비들이 대략적으로 30.0에서 45.0까지 분포하고 있음을 알 수 있다. 또한 이들 자료들이 중심점을 기준으로 좌우대칭분포를 따름을 알 수 있다.

2.3.2 줄기와 잎의 그림

줄기와 잎의 그림(stem-and-leaf display) 또는 줄기그림은 원래의 자료수치값들을 포함하여 분포의 모양을 간단히 나타낼 수 있는 그래프이다. 줄기와 잎의 그림은 영보다 큰 관측값들에 적합하다.

예제 2.3 다음은 중견간부 회사원 29명의 월급에 대한 자료이다.

(단위: 십만 원)

19.1	19.8	18.0	19.2	19.5	17.3	20.0	20.3	19.6	18.5	18.1	19.7	18.4	17.6	20.2
19.7	22.2	19.1	21.1	19.3	20.8	21.2	21.0	18.7	19.9	18.7	22.1	18.4	20.4	

풀이 위의 자료에 대한 줄기그림은 다음 절차에 따라 그린다.

단계 1. 각 관측값을 줄기(이 경우 정수부분 두 자리)와 잎(소수 한 자리)으로 분리한다. 그러므로 첫 번째 관측값 19.1의 줄기는 19이고 잎은 1이다. 줄기는 필요한 자릿수만큼 가질 수 있으나 잎은 한 자리만 차지하도록 한다.

단계 2. 줄기들을 위에서 아래로 오름차순으로 나열하고, 줄기의 오른쪽에 수직선을 긋고 그 오른쪽에 잎을 첨가한다.

단계 3. 잎들을 왼쪽에서 오른쪽으로 오름차순으로 재배열한다.

위의 순서에 따라 그리면 다음과 같은 줄기그림을 얻게 된다.

17	3	6								
18	0	1	4	4	5	7	7			
19	1	1	2	3	5	6	7	7	8	9
20	0	2	3	4	8					
21	0	1	2							
22	1	2								

[그림 2.5] 중견간부 회사원들의 월급에 대한 줄기그림

▣

줄기와 잎의 그림을 통하여 자료분포를 표현함으로써 다음과 같은 중요한 특징을 탐지할 수 있다. 첫째, 줄기그림의 양끝 어느 쪽으로부터 자료의 절반까지 세어 봄으로써 분포의 중심을 알아낼 수 있다. 19.6보다 적은 월급을 받는 사람이 14명이고 19.6보다 많은 월급을 받는 사람이 14명이므로 19.6은 이 월급 분포의 중심이다(이와 같은 분포의 중심 측도를 **중앙값**(median)이라 부른다). 둘째, 분포의 전체적인 모양을 가늠해볼 수 있다. 줄기그림을 관측값의 큰 값이 오른쪽에 오도록 바로 세웠을 때 분포의 봉우리가 한 개인가 여러 개인가? 분포가 좌우 대칭인가 혹은 한쪽 방향으로 기울어져 있는가? 분포의 중심보다 작고 큰 부분이 각각 상대방의 모습과 같을 때 분포가 대칭이라고 말한다. 또한 분포의 오른쪽 꼬리가 왼쪽 꼬리보다 훨씬 더 길 때 그 분포는 오른쪽으로 기울어졌다고 한다. 셋째, 분포의 전체적인 모양으로부터 현저한 차이를 보이는 **이상치**(outlier)라 부르는 관측값들을 포착할 수 있다. 위의 예제 자료에서는 이상치가 존재하지 않음을 알 수 있다.

다음은 경력 5년의 회사원 15명에 대한 월급에 대한 줄기와 잎의 그림이다. 이 자료의 21.5는 보통의 자료 값들로부터 멀리 떨어져 있으므로 이상점이다. 이상치가 발견되

13	3	4			
14	5	7	9		
15	0	2	3	6	8
16	4	6	7		
17	2				
18					
19					
20					
21	5				

[그림 2.6] 경력 5년의 회사원들의 월급에 대한 줄기그림

면 어떻게 이것이 발생했는지 알아보아야 한다. 보통 이상점들은 자료를 기록할 때 실수 때문에 종종 발생되거나 측정도구의 잘못 또는 비정상적인 환경 때문에 발생하기도 한다.

또한 두 가지 서로 관련된 분포를 비교할 때는 공통 줄기를 가진 **등맞댄 줄기와 잎의 그림**(back-to-back stemplot)이 유용하다. 각 면의 잎들은 공통 줄기로부터 순서대로 붙여 나아간다. 다음은 중견간부와 경력 5년의 두 가지 월급 자료를 비교하기 위한 등맞댄 줄기그림이다.

										13	3	4			
										14	5	7	9		
										15	0	2	3	6	8
										16	4	6	7		
								6	3	17	2				
			7	7	5	4	4	1	0	18					
9	8	7	7	6	5	3	2	1	1	19					
					8	4	3	2	0	20					
							2	1	0	21	5				
								2	1	22					

↑ 중견간부 ↑ 경력 5년

[그림 2.7] 두 자료에 대한 등맞댄 줄기그림

이 그림으로부터 우리는 중견간부와 경력 5년의 회사원들의 간의 월급차이가 뚜렷함을 알 수 있다.

2.3.3 히스토그램

줄기그림은 관측값들의 실제 수치들을 표현할 수 있으므로 자료를 자세히 검토해 볼 수 있는 장점이 있다. 그러나 대용량 자료에 줄기그림을 적용하면 이러한 특징은 도리어 단점으로 작용한다. 더욱이 어떤 적절한 절단에 의하여 관측값들을 그룹(줄기)으로 구분하는 것이 아니라 단지 수 체계에 의하여 결정하여 그림을 그린 것이다.

반면에 히스토그램(histogram)은 이러한 제약이 없다. 히스토그램은 변수가 취할 수 있는 값의 범위를 몇 개의 구간으로 나누고 각 구간에 속하는 관측값들의 수(혹은 비율)만을 표현한 것이다. 구간의 너비가 동일하도록 구간들을 설정하면 히스토그램을 그리는 것은 무척 단순하다. 히스토그램을 그리기 위해서는 먼저 주어진 자료에 대하여 도수분포표를 작성해야 한다. 이것을 작성하는 방법은 먼저 서로 인접한 자료들을 집단화하여 전체 자료집합을 몇 개의 그룹으로 나누고, 각 그룹에 속하는 개체들을 구하여 표로 작성한다. 도수분포표를 작성하는 절차를 다음의 예제를 통하여 구체적으로 알아보자.

예제 2.4 새로운 사료로 사육한 병아리 100마리를 8주 후에 관찰하여 증가된 몸무게를 측정한 결과가 [표 2.5]에 정리되었다. [표 2.5]를 살펴보면 최소 3.6(g)에서 최대 4.9(g)까지 몸무게가 늘어났다는 것을 알 수 있다.

[표 2.5] 100마리의 병아리의 증가 몸무게

3.7	4.2	4.4	4.4	4.3	4.2	4.4	4.8	4.9	4.4
4.2	3.8	4.2	4.4	4.6	3.9	4.3	4.5	4.8	3.9
4.7	4.2	4.2	4.8	4.5	3.6	4.1	4.3	3.9	4.2
4.0	4.2	4.0	4.5	4.4	4.1	4.0	4.0	3.8	4.6
4.9	3.8	4.3	4.3	3.9	3.8	4.7	3.9	4.0	4.2
4.3	4.7	4.1	4.0	4.6	4.4	4.6	4.4	4.9	4.4
4.0	3.9	4.5	4.3	3.8	4.1	4.3	4.2	4.5	4.4
4.2	4.7	3.8	4.5	4.0	4.2	4.1	4.0	4.7	4.1
4.7	4.1	4.8	4.1	4.3	4.7	4.2	4.1	4.4	4.8
4.1	4.9	4.3	4.4	4.4	4.3	4.6	4.5	4.6	4.0

풀이 이 자료에 대하여 도수분포표를 작성하는 요령을 단계별로 알아보자.

단계 1. 자료의 최대값과 최소값을 찾아서 자료의 **범위**를 구한다. 이 자료의 최대값은 4.9이고, 최소값은 3.6이므로 자료의 범위는 (4.9−3.6)=1.3이다.

단계 2. 자료의 크기에 따라 5에서 20까지 **계급**의 개수를 정하고, 계급의 폭을 결정한다. 만약 계급의 개수를 10으로 취하면 계급의 너비는

$$\frac{(4.9-3.6)}{10} = 0.13 \approx 0.14$$

이 된다.

단계 3. 위에서 정한 계급의 수만큼 동일한 간격의 **계급구간**을 정한다.
첫 번째 계급의 하측 경계값을 정해야 하는데 어떤 측정값도 계급의 경계점에 놓이지 않게 하기 위하여 자료의 최소값보다 조금 작은 값을 선택한다. 많은 경우에 측정값의 최소단위의 반을 자료의 최소값으로부터 뺀 값을 많이 사용한다. 이 자료에서 첫 번째 계급의 하측 경계값은 3.55가 된다. 따라서 첫 번째 계급은 3.55−3.69이고, 두 번째 계급은 3.69−3.83이고 나머지 계급들을 똑같은 요령으로 구한다.

단계 4. 각 계급에 속하는 관측 값들의 개수를 세어서 **도수**를 계산한다. 그리고 각 계급에 대한 도수를 총 관측값의 수로 나누워서 **상대도수**를 구한다. 이들을 표로 정리한 것을 **도수분포표**라 부른다.

다음의 [표 2.6]은 도수분포표의 작성요령을 사용하여 만든 병아리 몸무게의 증가자료에 대한 도수분포표이다.

[표 2.6] 병아리의 증가 몸무게 자료의 도수분포표

계급번호	계급구간	도수	상대도수
1	3.55−3.69	1	0.01
2	3.69−3.83	7	0.07
3	3.83−3.97	6	0.06
4	3.97−4.11	20	0.2
5	4.11−4.25	13	0.13
6	4.25−4.39	11	0.11
7	4.39−4.53	20	0.2
8	4.53−4.67	6	0.06
9	4.67−4.81	12	0.12
10	4.81−4.95	4	0.04
합계		$n=100$	1.00

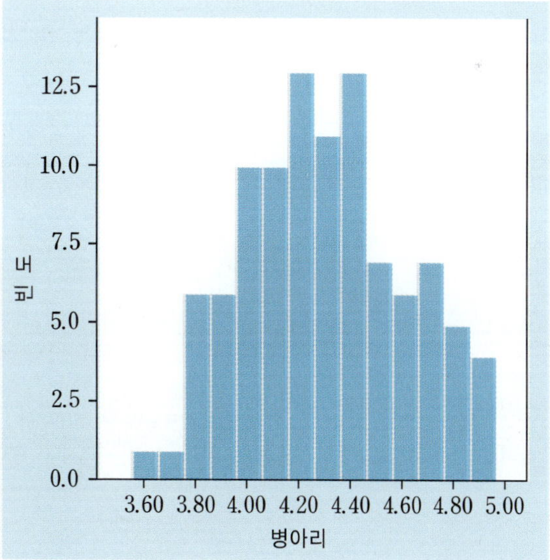

[그림 2.8] 병아리 증가 몸무게 자료의 히스토그램

위에서 구한 도수분포표를 바탕으로 히스토그램을 작성한 그림이 [그림 2.8]에 주어져 있다. 여기서 가로축은 증가 몸무게를, 세로축은 도수를 나타낸다. 이 그림으로부터 우리는 자료가 중심값을 기준으로 좌우대칭분포를 따르고 있음을 알 수 있다. ▣

2.4 중심적인 경향을 표현하는 수치적 측도

앞 절에서는 그래프를 이용하여 자료의 분포상태를 요약 표현하는 방법을 다루었다. 이 절에서는 수치적인 측도를 통하여 자료를 요약 기술하는 방법들을 논의하겠으며, 이는 그래프를 통한 표현방법에 비하여 다음과 같은 몇 가지 장점을 가지고 있기 때문이다. 첫째, 우리가 다루는 자료는 일반적으로 모집단으로부터 일부 추출한 표본자료로서 이를 이용하여 모집단의 특성을 파악하려는 것이다. 그러나 표본자료를 이용한 히스토그램이 모집단의 분포상태와 유사하다고 말하기가 쉽지 않다. 따라서 그래프를 이용한 방법은 통계적 추론에 적합하지 않다. 둘째, 수치적 기술측도가 갖는 편리성이다. 적절한 그래프나 히스토그램을 항상 가지고 다닐 수는 없으므로 그러한 그림을 마음속에서 재구성할 수 있는 몇 가지 수치, 즉 수치적 기술측도들을 이용하는 것이 편리하다.

이 절에서는 주어진 자료의 중심이 어디인가를 나타내는 **중심위치의 측도**(measure of center)와 각 관측값들이 중심위치로부터 얼마나 흩어져 분포되어 있는가를 나타내는 **산포의 측도**(measure of spread)를 다룬다. 또한 몇 가지 수학적인 측도를 이용하여 작성되는 **상자그림**(boxplot)이라는 자료의 요약 기술방법을 소개하고, 마지막으로 관측값의 단위변화에 따른 수치적 측도들의 변화에 대하여 언급한다.

2.4.1 평균

양적 자료의 중심위치를 표현하는 측도로서 가장 많이 쓰이는 것은 **평균**(mean) 혹은 **산술평균**이다. n개의 관측값을 $x_1,\ x_2,\ \cdots,\ x_n$이라 할 때 평균은 다음과 같이 정의된다.

평균 (mean)

양적 자료의 평균은 측정값들의 총합을 그 자료에 포함된 관측값들의 수로 나눈 값이다. 우리는 측정값들의 **모평균**과 **표본평균**을 다음과 같이 계산한다.

$$\text{모평균: } \mu = \frac{1}{N}(x_1 + x_2 + \cdots + x_N) = \frac{1}{N}\sum_{i=1}^{N} x_i$$

$$\text{표본평균: } \bar{x} = \frac{1}{n}(x_1 + x_2 + \cdots + x_n) = \frac{1}{n}\sum_{i=1}^{n} x_i$$

예제 2.5 A회사 영업부서 일반 직원 11명의 월급이 다음과 같다. (단위: 만 원)

120	155	165	130	140	160	150	170	135	145	180

A회사 직원들의 평균월급을 구하여라.

$$\bar{x} = \frac{1}{11}(120 + 115 + \cdots + 180) = \frac{1650}{11} = 150 \text{ (만 원)}$$

이다. 또한 B회사 영업부 직원 6명의 월급이 다음과 같다.

135	140	145	142	138	350

B회사 직원의 평균월급을 구하여라.

$$\bar{x} = \frac{1}{6}(135 + 140 + \cdots + 350) = \frac{1050}{6} = 175 \text{ (만 원)}$$

이들 두 값을 비교하면 A회사보다 B회사의 평균월급이 더 많다. 또한 B회사의 월급자료를 자세히 살펴보면 마지막 관측값 350만 원이 이상치임을 알 수 있다. 이 관측값을 제외하고 나머지 다섯 명의 평균월급을 다시 계산하면 140(만 원)이다. 한 개의 이상치가 평균을 25만 원이나 높게 만든 것이다. 이것은 표본평균이 이상점들에 대하여 크게 영향을 많이 받는다는 특성을 보여주고 있다. ▣

2.4.2 중앙값

앞의 예에서 알 수 있듯이 평균은 이상치와 같이 다른 관측값에 비하여 아주 크거나 아주 작은 몇 개의 극단적인 관측값에 많은 영향을 받는다. 또한 이상치가 없는 기울어진 분포의 경우 긴꼬리 쪽으로 평균이 위치하게 된다. 평균과는 다르게 극단적인 관측값에 영향을 받지 않은 중심위치의 측도로는 **절사평균**(trimmed mean)과 **중앙값**(median)이 있다. 절사평균은 보통 아주 크거나 작은 양쪽 각각 5%의 극단값들을 제거하고 나머지 관측값들의 산술평균으로 정의한다. 중앙값은 자료의 절반이 그 값보다 작고 나머지 절반은 그 값보다 큰 분포의 가장 가운데에 위치하는 측정값이다. 중앙값은 다음과 같이 계산된다.

중앙값 (median)

양적 자료의 중앙값은 측정자료를 크기순서로 배열하였을 때 가장 중앙에 위치하는 측정값이다. 표본중앙값은 다음과 같이 계산한다.

1. 만약 표본의 수(n)가 홀수이면, 중앙값 M은 $\frac{(n+1)}{2}$번째 관측값이다.
2. 만약 표본의 수(n)가 짝수이면, 중앙값 M은 $\frac{n}{2}$번째와 $\frac{n}{2}+1$번째 두 관측값들의 평균이다.

예제 2.6 예제 2.5에 있는 자료의 중앙값을 구해보자. A회사 자료를 크기순으로 재배열하면 다음과 같다.

120	130	135	140	145	150	155	160	165	170	180

따라서 자료의 개수가 $n=11$로서 홀수이므로 중앙값 M은 $\frac{(n+1)}{2}=\frac{12}{2}=6$번째 관측 값인 150만 원임을 알 수 있다. 또한 B회사 자료를 크기순으로 배열하면 다음과 같다.

135	138	140	142	145	350

따라서 이 자료의 개수가 $n=6$으로서 짝수이므로 중앙값 M은 $\frac{n}{2}=\frac{6}{2}=3$번째 관측값과 $\frac{n}{2}+1=4$번째 관측값들의 평균이다. 즉, 중앙값은 다음과 같다.

$$M=\frac{(140+142)}{2}=141(\text{만 원})$$

참고적으로 줄기그림은 원자료를 크기순으로 재배열하여 작성되므로 줄기그림으로부터 쉽게 중앙값을 계산할 수 있다는 것을 알 수 있다. 또한 중앙값은 이상치와 같은 극단적인 관측값의 영향을 전혀 받지 않는다는 것이다. 위의 예제에서 알 수 있는 것과 같이 B회사 직원 월급자료 중 350만 원이라는 관측값은 단지 중앙값보다 큰 하나의 자료에 불과하며, 그것이 심지어 1000만 원이라 하더라도 중앙값은 변하지 않을 것이다. ▣

2.4.3 최빈값

세 번째로 중심위치의 측도로서 측정자료의 최빈값(mode)이 있다.

최빈값 (mode)

자료의 최빈값은 측정자료 중에서 가장 많이 출현하는 측정값으로 정의되며, 일반적으로 범주형 자료나 그룹화된 양적 자료에서 동시에 사용된다.

예제 2.7 새로운 상표의 바비큐 소스에 대한 맛을 10점 척도로 10명의 소비자들에게서 측정한 자료이다. 이들 10개의 순위자료에 대한 최빈값을 구하여라.

8	7	9	6	8	10	9	9	5	7

풀이 9점 척도가 가장 많이 나타났으므로 이 자료의 최빈값은 9가 된다. ▣

위 예제의 자료는 실제적으로 질적 자료의 성격을 보여주고 있다. 최빈값은 특별히 질적 자료를 기술하는데 유용한 측정값이다. 또한 최빈값이 양적 자료를 요약하는데 사용될 수 있는데 이 경우는 자료들이 밀접하게 집중되어 있는 영역을 표현하는 값으로 나타난다. 그리고 그룹화된 양적 자료는 도수분포표처럼 원자료를 몇 개의 계급으로 그룹화하여 각 계급의 도수로 표현된 것이므로 원래의 관측값은 알 수 없다. 따라서 실제로 가장 빈번하게 출현된 관측값으로 최빈값을 계산할 수 없으므로 이 경우 최대도수를 갖는 계급의 중간값으로 최빈값을 정의한다.

2.4.4 평균과 중앙값의 관계

측정자료에서 평균과 중앙값은 분포의 형태에 따라서 달라진다. 먼저 좌우대칭분포에서는 평균과 중앙값이 일치하지만 비대칭분포에서는 이들이 서로 다르게 주어진다. 우 비대칭일 때는 평균값이 중앙값보다 크지만 반대로 좌 비대칭일 때는 중앙값이 평균값보다 크게 주어진다. 이들의 관계를 그림으로 표현하면 다음과 같은 결과를 얻을 수 있다.

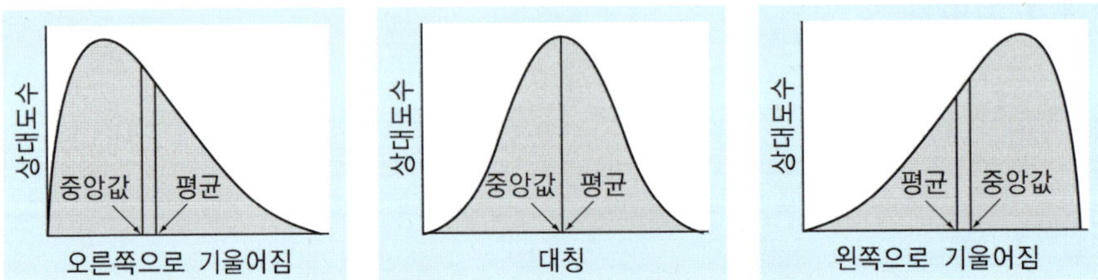

[그림 2.9] 평균과 중앙값의 관계

2.5 산포도 경향을 표현하는 수치적 측도

두 나라의 개인소득에 대한 중앙값이 동일하다 하더라도 만약 한 나라의 국민은 부자와 가난한 계층으로 확연히 구분되어 있는 반면, 나머지 나라는 모두 동일 소득계층으로 구성되었다면 분명히 두 나라의 소득분포는 매우 상이할 것이다. 따라서 주어진 자료에 대하여 아무리 간결하게 요약한다고 하더라도 중심위치만으로는 충분하지 않으며 산포된 정도, 즉 얼마나 변동적인지에 대한 기술이 필요하다.

2.5.1 범위

일반적으로 양적 자료의 가장 간단한 산포도의 측도는 이들의 범위가 된다.

범위 (range)

양적 자료의 범위는 자료의 최대값에서 자료의 최소값을 뺀 값으로 주어진다.

범위는 가장 계산하기 쉽고 이해하기 쉬운 값이다. 그러나 자료의 집합이 클 때는 자료의 분포의 측도로서는 부적절한 값이 될 수 있다. 그 이유는 두 자료가 똑같은 범위를 가진다고 할지라도 이들의 산포도는 다르게 주어질 수 있기 때문이다. 이러한 현상을 다음의 가상적인 예제에서 관찰할 수 있다. 그림에 보이는 두 자료의 분포는 동일한 범위를 갖고 있지만 두 번째 자료에 있는 측정값들이 분포의 중심영역에 더 집중되어 있는 것을 알 수 있다. 결론적으로 두 번째 자료가 첫 번째 자료보다는 변동량이 더 작음을 알 수 있다. 따라서 우리는 이러한 변동량의 차이를 보여줄 수 있는 또 다른 산포도의 측도가 필요하다.

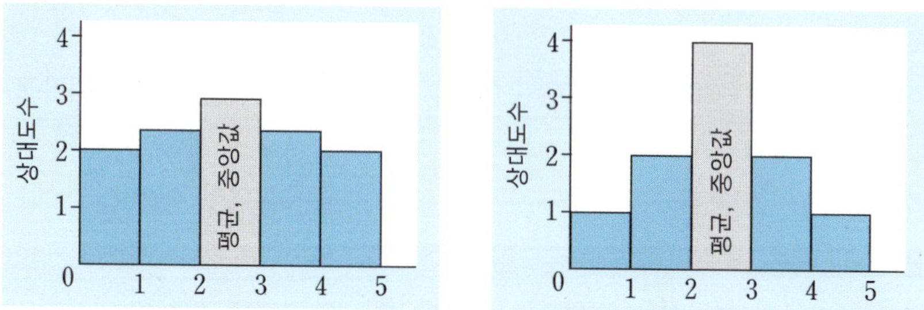

[그림 2.10] 가상적인 두 자료의 분포

2.5.2 분산과 표준편차

자료의 산포에 대한 측도로서 가장 보편적으로 쓰이는 것은 표준편차(standard deviation)이다. 표준편차는 평균을 중심으로 측정값들이 얼마나 멀리 분포하는가를 나타내는 측도로서 그 평균을 기준으로 한 산포의 측도이다. 표준편차를 정의하기 위해서는 먼저 자료의 분산(variance)을 고려해야 한다. 왜냐하면 편차는 측정값과 평균의 차이로 정의되며 이들은 양의 값도 될 수 있고, 음의 값도 될 수 있다. 따라서 이들 편차들의 총합은 항상 영이 된다. 그러므로 편차들을 측정값과 중심과의 거리를 나타내는 값으로 이들은 항상 양의 값으로 표현되어야 한다. 따라서 이들을 양수로 만드는 방법 중에 하나는 이들의 제곱을 취하는 방법이 이용되며 이들 제곱된 편차들의 평균을 표본분산이라고 부른다.

표본분산

n개의 관측값들의 표본에 대한 분산은 평균으로부터 거리의 제곱의 총합을 $(n-1)$로 나눈 값이다. 기호로는 s^2으로 표현하고 다음과 같은 수식으로 계산된다.

$$s^2 = \frac{1}{n-1}\sum_{i=1}^{n}(x_i - \overline{x})^2$$

위에서 분산이 각 관측값과 평균과의 제곱편차들의 산술평균이라고 했는데, 이것을 계산할 때 n으로 나누지 않고 왜 $n-1$로 나누었는지 의문을 가질 수 있다. 그 이유는 편차 $(x_i - \overline{x})$의 총합이 항상 0이기 때문에 처음 $n-1$개의 편차만 알면 마지막 편차는 자동적으로 계산된다. 따라서 $n-1$개의 편차는 서로 상관이 없이 자유롭게 값을 취할 수 있으나 나머지 한 개는 그것들에 종속적이다. 분산은 제곱편차들의 합을 자유롭게 변할 수 있는 제곱편차의 개수 $n-1$로 나누어 산술평균을 계산한 것이다. 이때의 $n-1$을 분산 혹은 표준편차의 **자유도**라 부른다.

두 번째로 자료의 변동량을 표현하는 중요한 측도로 자료의 분산을 이용하여 표준편차를 계산하는 것이다.

표본표준편차

표본표준편차 s는 표본분산 s^2의 양의 제곱근이다.

$$s = \sqrt{s^2}$$

모집단의 분산을 기호 σ^2으로 나타내며 이것은 모평균 μ으로부터 자료에 속하는 모든 측정단위들에 대한 거리의 제곱들의 평균이다. 또한 σ는 모집단의 표준편차로서 이 값의 제곱근이다.

분산과 표준편차에 대한 기호

s^2 = 표본분산	s = 표본표준편차
σ^2 = 모집단의 분산	σ = 모집단의 표준편차

예제 2.8 어떤 전기불에 실험쥐들이 반응하는 시간을 기록하여 다음 자료를 얻었다.

$$5,\ 4,\ 3,\ 1,\ 3$$

이들 자료들에 대한 분산과 표준편차를 계산하여라.

풀이 이 반응시간에 대한 평균은

$$\bar{x} = \frac{1}{n}\sum x_i = \frac{16}{5} = 3.2$$

이다. 분산공식을 이용하여 분산을 구하면

$$s^2 = \frac{1}{4}[(5-3.2)^2 + (4-3.2)^2 + \cdots + (3-3.2)^2] = \frac{8.80}{4} = 2.2$$

이며, 따라서 표준편차는 $s = \sqrt{2.2} = 1.483$이다. ▣

위의 예제에서 분산을 계산할 때 앞에서 정의한 분산공식에 따라 먼저 평균을 구하고 각 관측 값으로부터 평균값의 편차를 일일이 계산하였다. 이러한 불편함을 다소 제거할 수 있도록 다음과 같은 간편한 분산 계산공식이 있다.

$$s^2 = \frac{1}{n-1}\left[\sum x_i^2 - \frac{1}{n}\left(\sum x_i\right)^2\right].$$

다음으로는 표준편차의 몇 가지 성질에 대하여 공부해보자. 통계학에서 계산을 정확히 하는 것도 중요하지만 무엇을, 그리고 왜 하는가하는 본질적인 면에 더욱 신경을 써야 한다. 지금 우리는 자료의 산포를 측정하는 한 가지 방법으로서 분산 및 표준편차에 관하여 공부하고 있다. 표준편차는 산포의 측도로서 다음과 같은 성질을 가지고 있다. 첫째, 표준편차는 평균을 기준으로 자료가 얼마나 산포되어 있는가를 측정하는 도구이며, 따라서 평균이 중심위치의 측도로 사용될 때에만 사용된다. 둘째, 산포가 전혀 없을 때는 $s = 0$이다. 즉 이 경우는 모든 관측값이 동일한 값을 가지게 된다. 그렇지 않으면 표준편차는 항상 영보다 크게 된다.

또한 표준편차는 극단적인 값들에 대하여 민감하며, 기울어진 분포 자료에 대하여도 산포의 측도로서 그다지 적합하지 못함에도 불구하고 왜 항상 통계적인 분석에 등장하는가? 일반적으로 여러 분포들의 산포의 측도로서 표준편차가 그리 유용한 측도가 아니라는 것은 사실이다. 그러나 많은 통계적 방법들이 특수한 형태의 분포에 유효하도록 각각 개발되어 사용되고 있으며 표준편차도 이에 해당된다.

2.6 자료의 상대적 위치를 나타내는 측도

우리는 지금까지 양적 자료의 일반적인 특성을 표현하는 중심적 경향의 측도와 산포도의 측도에 대해서 알아보았다. 추가적으로 여기서 우리는 특별한 관측값이 주어진 자료집합에서 어느 지점에 위치하는지를 나타내는 **상대적 위치의 측도**에 대하서 알아보고자 한다.

2.6.1 백분위수

측정값의 상대적 위치를 표현하는 한 가지 측도로는 이것의 **백분위 순위**가 있다. 예를 들어 만약에 당신이 특정과목에서 80점을 받았다면 당신은 같이 수강하는 반에서 다른 학생들과 비교하여 어느 정도 위치에 있는지를 알고 싶어 한다. 만약에 지도교사가 당신에게 당신 점수는 반에서 90번째 백분위수에 위치한다고 알려주었다면 이것은 학생들의 점수들 중 90%가 당신 점수보다 낮고, 10%만이 당신 점수보다 높다는 사실을 의미한다. 이와 같이 백분위 순위는 대용량 자료에서 각 측정값들의 위치를 의미한다. 이 값을 구하는 것은 자료의 중위수를 구하는 절차와 비슷하게 이루어진다. 측정값들을 크기순서로 배열한 다음 각 백분위수에 해당되는 위치를 정의하는 법칙을 사용하여 측정값을 결정한다.

백분위수

크기 n개의 관측값들에 대하여 제 p백분위수(p-th percentile)는 전체자료의 $p\%$가 이 값보다 작거나 같고, $(100-p)\%$가 이 값보다 크거나 같은 값으로 정의된다.

예제 2.9 어느 소규모 슈퍼마켓에서 손님들이 상품을 구입하기 위하여 지불한 물품 구입액에 대한 자료를 다음과 같이 크기순으로 재배열하였다.

(단위 : 천원)

2	2	2	8	9	10	11	11	12	12	13	13	14	14	14	15	15	16	17	18	18	18	19	19	20
20	20	21	23	26	27	28	29	30	31	32	33	33	34	36	37	39	40	43	45	52	61	63	64	67

이 자료에 대하여 중앙값과 제25백분위수 그리고 제95백분위수를 구하여라.

풀이 먼저 총 관측값의 수가 $n = 50$개이고, 중앙값은 제50백분위수에 해당되므로 이 값의 위치는 $\frac{(50+1)}{2} = 25.5$이며 이것은 25번째 측정값과 26번째 측정값의 중간이므로 이들의 평균으로 주어진다. 따라서 중앙값은 20과 20의 평균인 20이 된다.

두 번째로 제25백분위수는 이 값의 위치가 $(50+1)\times\frac{25}{100} = 12.75$이며 이것은 12번째와 13번째의 3/4지점에 위치한다. 따라서 이 값은 13과 14의 3/4지점인 13.75이다.

세 번째로 제95백분위수는 이 값의 위치가 $(50+1)\times\frac{95}{100} = 48.45$이며 이것은 48번째와 49번째의 0.45지점에 위치한다. 따라서 이 값은 63과 64의 0.45지점인 63.45이다. ▣

2.6.2 표준화점수 또는 z-점수

모집단에서 상대적 위치를 나타내는 또 다른 측도로 z-점수가 있다. z-점수는 측정값들의 상대적 위치를 결정하기 위하여 자료집합의 평균과 표준편차를 사용한다.

z-점수

측정값 x에 대한 표본 z-점수: $z = \frac{(x-\bar{x})}{s}$

측정값 x에 대한 모집단 z-점수: $z = \frac{(x-\mu)}{\sigma}$

예제 2.10 위의 소규모 슈퍼마켓에서 손님들이 상품을 구입하기 위하여 지불한 물품 구입액에 대한 자료에서 3만 3천원에 대한 z-점수를 구해보자.

풀이 먼저 평균과 표준편차를 각각 구하면 다음과 같다.

$$\bar{x} = 25.12, \ s = 16.23$$

따라서 3만 3천원에 대한 z-점수는 다음과 같다.

$$z = \frac{(33 - 25.12)}{16.23} = 0.49$$

▣

2.7 이상점의 탐색

2.7.1 이상점

종종 자료집합에서 보통의 측정값과 일치하지 않거나 특별하게 크거나 작은 관측값을 찾아내는 것은 중요한 작업이 된다. 주어진 측정값과 비교하여 상대적으로 특별하게 크거나 작은 관측값을 **이상점(outlier)**이라 부른다.

이상점들은 다음의 몇 가지 이유 중 하나에 의해서 발생한다. 첫 번째, 이상점과 관련된 측정방법이 잘못되어서 일어난다. 예를 들어 측정값을 생성하는 측정기기가 잘못 작동하거나 실험가가 측정값을 잘못 기록하거나 컴퓨터 자료를 잘못 입력함으로서 일어난다. 두 번째, 이상점은 잘못 분류한 결과에 의해서 발생한다. 즉, 측정이 모집단이 다른 표본들에 대해서 잘못 관측됨으로서 발생하는 경우이다. 세 번째, 이상점과 연관된 측정값이 표본과 똑같은 모집단으로부터 정확하게 관측되었다고 해도 이 값이 관측될 가능성이 매우 낮은 경우에 발생하는 경우에 해당된다. 이런 이상점은 상대도수분포가 한쪽으로 심하게 기울어진 분포로부터 나타난다.

이상점 (outlier)

관측값이나 측정값이 다른 값들과 비교하여 비정상적으로 작거나 큰 값을 **이상점**이라 부른다. 이상점은 다음의 각 경우 중 하나에 의해서 일어난다.

1. 측정값이 관측되고 기록되고 컴퓨터에 입력되는 과정에서 잘못이 일어나는 경우
2. 측정값이 다른 모집단으로부터 출현하는 경우
3. 측정값이 바르게 관측되었으나 아주 드물게 일어나는 경우

이상점을 탐색하는 방법은 두 가지 방법이 유용하게 사용되는데 이들은 그래프적 방법과 수치적 방법이다. 그래프적 방법은 **상자그림**(box plot)이고 수치적 방법은 z-점수이다.

2.7.2 사분위수

상자그림은 자료집합의 **사분위수**(quartile)에 기초한다. 사분위수는 자료집합을 사등분했을 때 각 지점에 위치하는 측정값들이다. 제1사분위수(Q_1)는 제25백분위수이며, 제2사분위수는 중앙값(M)이고, 제3사분위수(Q_3)는 제75백분위수이다.

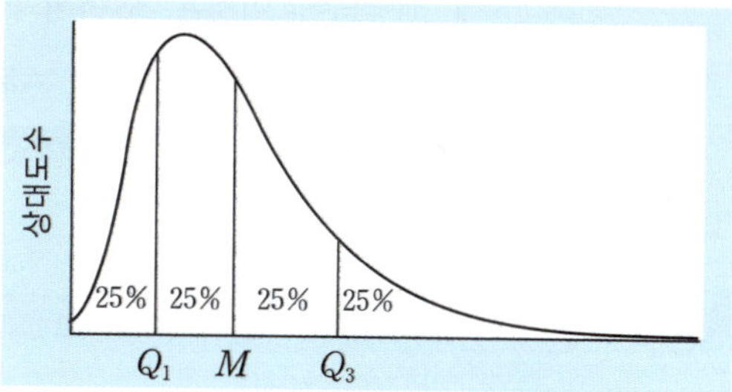

[그림 2.11] 자료집합의 사분위수

사분위수

자료를 크기순으로 배열한 다음 사등분한다.
제1사분위수 Q_1은 제25백분위수이다.
제3사분위수 Q_3은 제75백분위수이다.

상자그림은 제1사분위수와 제3사분위수의 거리인 사분위범위(IQR)를 사용하여 작성할 수 있다.

사분위범위

사분위범위는 제1사분위수와 제3사분위수의 거리이다.

$$\text{IQR} = Q_3 - Q_1$$

예제 2.11 [예제 2.9]의 소규모 슈퍼마켓에서 손님들이 지불한 물품 구입액의 자료에서 사분위수들과 사분위범위를 구하여라.

2	2	2	8	9	10	11	11	12	12	13	13	14	14	14	15	15	16	17	18	18	18	19	19	20
20	20	21	23	26	27	28	29	30	31	32	33	33	34	36	37	39	40	43	45	52	61	63	64	67

풀이 제1사분위수는 제25백분수이므로 이 값의 위치가 $(50+1)\times\frac{25}{100}=12.75$에 해당되며 이것은 12번째와 13번째의 3/4지점에 위치한다. 따라서 제1사분위수는 13과 14의 3/4지점인 $Q_1=13.75$이다. 마찬가지로 제3사분위수는 제75백분위이고, 이것은 $(50+1)\times\frac{75}{100}=38.25$에 해당되며 이것은 38번째와 39번째의 1/4 지점에 위치한다. 따라서 제3사분위수는 33과 34의 1/4 지점인 $Q_3=33.25$이다. 또한 제1사분위수와 제3사분위수 사이의 거리가 사분위수 범위이고, 이것은 $IQR=Q_3-Q_1=33.25-13.75=19.5$로 주어진다. ▣

2.7.3 상자그림

일반적으로 상자그림을 작성하기 위해서는 다섯 가지 자료의 요약통계량이 필요하며 이들은 각각 제1사분위수 (Q_1), 중위수(M), 제3사분위수(Q_3) 그리고 분포의 꼬리부분의 정보를 갖고 있는 최소값과 최대값들이다. 이와 같은 다섯 가지 통계량을 다섯 숫자 요약이라 부른다.

다섯 숫자 요약

분포의 다섯 숫자 요약은 다음의 순서대로 정리된 다섯 가지 통계량으로 구성된다.

최소값, Q_1, M, Q_3, 최대값

예제 2.12 예제 2.11의 슈퍼마켓 자료에서 다섯 숫자 요약은 각각 다음과 같다.

최소값: 2, 제1사분위수: 13.75, 중위수: 20, 제3사분위수: 33.25, 최대값: 67

▣

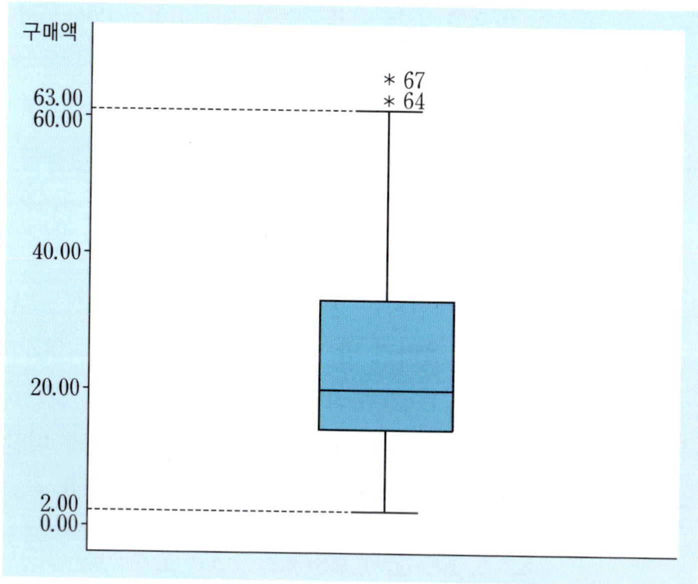

[그림 2.12] 슈퍼마켓자료에 대한 상자그림

다음으로 예제 2.12의 슈퍼마켓 자료에서 다섯 숫자 요약을 사용하여 상자그림을 작성한 결과가 다음의 [그림 2.12]에 주어져 있다.

상자그림을 작성하기 위해서는 먼저 제1사분위수와 제3사분위수를 이용하여 직사각형 모양의 상자를 그린다. 이때 직사각형의 밑변과 윗변을 제1사분위수와 제3사분위수로 취하는데 이들을 **경첩**(Hinges)이라고 부른다. 그리고 직사각형 상자 안에 자료의 중위수를 직선으로 표시한다. 두 번째로 상자그림의 꼬리부분에 대한 경계값을 구성하기 위하여 **안쪽 울타리**와 **바깥쪽 울타리**라고 불리는 두 가지 극한값을 사용한다. 안쪽 울타리는 경첩으로부터 1.5배의 사분위범위(1.5*IQR)의 거리에 위치한다. 그리고 상자의 경첩으로부터 길게 수직선을 그리는데 이들을 **수염**(Whikers)이라고 부른다. 이들은 각각 자료의 안쪽 울타리 안에 있는 극단 값들까지 확장하여 그린다. 예를 들어 슈퍼마켓 자료의 위쪽의 안쪽 울타리의 값은 다음과 같이 주어진다.

$$\text{위쪽의 안쪽 울타리} = \text{위쪽 경첩} + 1.5 * IQR = 33.25 + 1.5 * 19.5 = 62.5$$

따라서 이 울타리 안에 있는 가장 큰 측정값은 63이 되고, 이 값까지 위쪽 수염을 그린다. 같은 방법으로 아래쪽 수염은 아래쪽 경첩부터 2까지 그리는데 이 값은 아래쪽의 안쪽 울타리 13.75−29.25=−15.5 안에 있다.

일반적으로 안쪽 울타리 밖으로 있는 측정값들을 **의사이상점**(Potential outlier)으로 관주한다. 왜냐하면 이들은 상대적으로 자주 일어나지 않는 극단 값들을 의미하기 때문이다. 실제적으로 한쪽으로 기울어진 분포에서 관측값들의 1% 미만만이 안쪽 울타리 밖으로 떨어진다. 슈퍼마켓자료에서는 측정값 64와 67의 두 측정값들이 안쪽 울타리 밖으로 떨어짐을 알 수 있고, 이들을 의사이상점으로 관주하며 기호 *(asterisk)로 표시한다.

그리고 또 다른 가상의 울타리인 두 종류의 바깥쪽 울타리들은 상자의 끝에서 3(IQR) 거리에 위치한다. 바깥쪽 울타리 밖으로 떨어지는 측정값은 0(Zero)으로 표기하며 이들은 특별한 분석을 요구하는 매우 극단적인 측정값이 된다. 일반적으로 왼쪽이나 오른쪽 등 한쪽 방향으로 기울어진 분포에서 측정값들의 0.01% 미만만이 바깥쪽 울타리 밖으로 떨어지기 때문에 이들 측정값들은 **이상점**으로 생각할 수 있다.

이상점을 탐색하는 경우 외에도 상자그림은 자료집합에서 산포도에 대한 유용한 정보를 제공한다. 상자그림의 작성요령과 이들을 해석하는 요령을 다음 상자에서 요약하였다.

상자그림 작성요령

(1) 제1사분위수(Q_1)와 제3사분위수(Q_3)인 경첩을 직사각형의 변으로 하여 상자를 그린다. 그리고 자료의 중위수를 상자 안에 직선으로 표시한다.

(2) 먼저 사분위범위(IQR)를 계산하고, 각 경첩으로부터 1.5(IQR) 거리에 있는 점들을 안쪽 울타리로 표시한다. 그리고 각 경첩으로부터 안쪽 울타리 안에 있는 극단 점까지 직선(수염)을 그린다.

(3) 두 번째 울타리인 바깥쪽 울타리를 경첩으로부터 3(IQR) 거리에 표시한다. 그리고 안쪽 울타리와 바깥쪽 울타리안에 존재하는 측정값들을 *로 표시하고, 바깥쪽 울타리 밖으로 떨어지는 측정값들을 0으로 표시한다.

상자그림의 해석

(1) 상자의 길이를 표현하는 사분위범위(IQR)는 표본자료의 산포도의 측도이고, 이들은 두 표본자료를 비교할 때 유용하게 사용된다.

(2) 수염의 길이를 관찰하여 한쪽이 다른 쪽보다 길게 주어지면 자료들은 수염이

긴 방향으로 기울어진 분포를 따른다.

(3) 울타리 밖으로 떨어지는 관측값들을 관찰하여 안쪽 울타리 밖으로 떨어지는 관측값들을 의사이상점으로 바깥쪽 울타리 밖으로 떨어지는 관측값들을 이상점으로 생각한다.

예제 2.13 실험심리학 수업에서 30명 학생들은 그들 각자의 다양한 방법을 사용하여 생쥐가 미로를 통과하는 훈련을 실시하였다. 학기말에 가서 각 학생들이 훈련시킨 생쥐가 미로를 통과하는 시간을 측정하였다. 다음의 자료는 이들이 소요하는 시간을 보여주고 있다. 이들 자료들에 대하여 상자그림을 그려라.

1.97	0.6	4.02	3.02	1.15	6.06	4.44	2.02	3.37	3.65
1.74	2.75	3.81	9.7	8.29	5.63	5.21	4.55	7.60	3.16
3.77	5.36	1.06	1.71	2.47	4.25	1.93	5.15	2.06	1.65

풀이 위의 자료에 대하여 SPSS 프로그램을 이용하여 상자그림을 작성한 결과는 다음과 같이 주어진다.

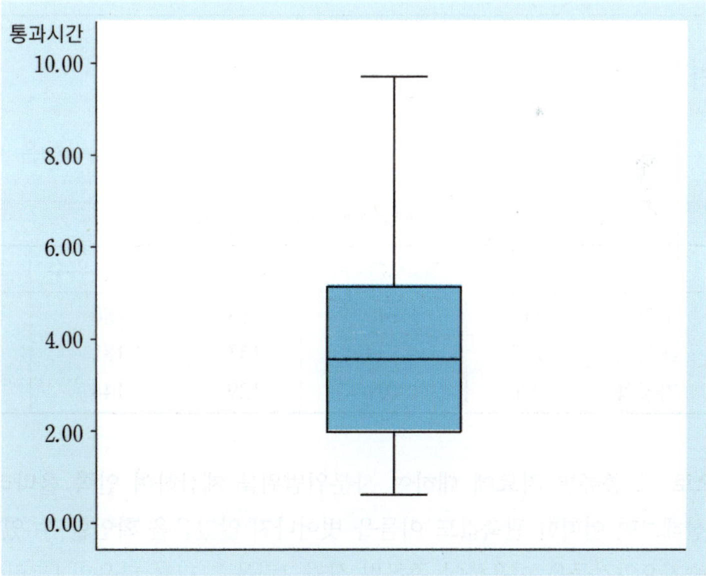

[그림 2.13] 생쥐의 미로통과 시간에 대한 상자그림

이 그림으로부터 우리는 자료의 분포가 오른쪽으로 기울어진 비대칭분포를 따름을 알 수 있다. ▣

또한 상자그림은 여러 자료들의 분포를 비교하는 데 매우 유용하다. 다음 예제를 통하여 이를 살펴보기로 한다.

예제 2.14 어린이들이 좋아하는 핫도그는 그 내용에 따라 소고기, 혼합육(소고기+돼지고기), 가금육(poultry) 등 세 가지 종류가 있다. 저열량이 건강에 유익하다고 사람들이 생각하고 있으므로 소비자 단체에서는 세 종류 핫도그의 열량간에 어떤 차이가 있는지 조사하기로 하였다. 세 종류 핫도그의 열량에 대하여 여러 제품을 조사한 결과 다음과 같다.

소고기	186	181	176	149	184	190	158	139	175	148
	152	111	141	153	190	157	131	149	135	132
혼합육	173	191	182	190	172	147	146	139	175	136
	179	153	107	195	135	140	138			
가금육	129	132	102	106	94	102	87	99	170	113
	135	142	86	143	152	146	144			

이들 자료에 대한 다섯 숫자요약과 상자그림을 그려라.

풀이 먼저 이들 자료에 대한 다섯 숫자요약에 사용되는 통계량들은 다음과 같다.

[표 2.6] 세 자료에 대한 다섯 숫자요약

	최소값	제1사분위수	중앙값	제3사분위수	최대값
소고기	111	140	153	180	190
혼합육	107	139	153	181	195
가금육	86	101	129	144	170

다음으로 각 종류별 자료에 대하여 사분위범위를 계산하여 안쪽 울타리값(1.5×IQR)을 계산해보면 어떠한 관측값도 이들을 벗어나지 않았음을 확인할 수 있다. 또한 위의 다섯 숫자요약값들을 이용하여 종류별 상자그림을 그리면 다음의 [그림 2.14]를 얻을 수 있다.

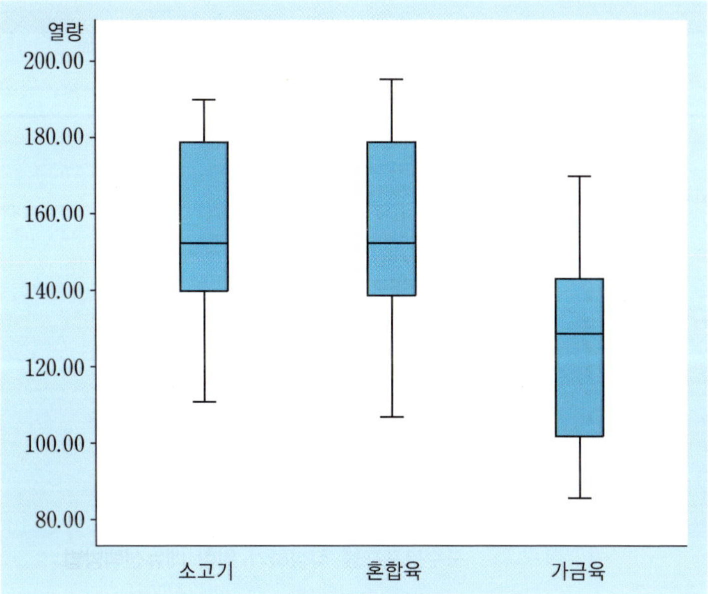

[그림 2.14] 핫도그 열량에 대한 상자그림

이 그림을 통하여 가금육 핫도그가 다른 종류의 핫도그보다 전체적으로 열량이 낮음을 알 수 있다. 그리고 가금육 핫도그의 열량 중앙값은 다른 종류의 제1사분위수보다도 낮다. 또한 각 종류의 핫도그마다 제품별 산포도가 크므로 단순히 한 가금육 핫도그를 먹는다고 해서 다른 종류보다 낮은 열량을 섭취한다고는 볼 수 없다. ▣

2.8 SPSS 실습

2.8.1 도수분포표

첫째로 예제 2.2에 주어진 20명의 학생들의 새 상품을 접하게 된 매체에 대한 설문조사 자료에 대하여 SPSS를 이용하여 도수분포표를 작성하기 위해서는 먼저 SPSS 데이터 편집기창에 자료파일인 광고매체 .sav를 열어놓고, 다음 [그림 2.15]와 같이 메뉴에서 '분석(A)→기술통계량(E)→빈도분석(F)'을 차례로 선택한다.

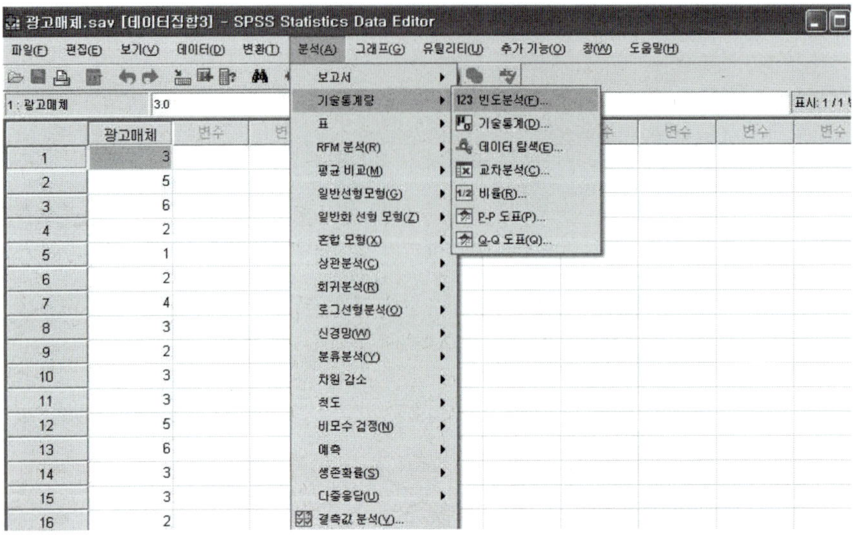

[그림 2.15] 도수분포표를 작성하기 위한 메뉴선택방법

그때 다음과 같은 빈도분석 대화상자를 얻게 된다. 이 대화상자의 왼쪽 창에서 광고매체변수를 선택하여 선택버튼 '▶'을 클릭하면 선택된 변수가 오른쪽 변수창으로 이동하게 된다.

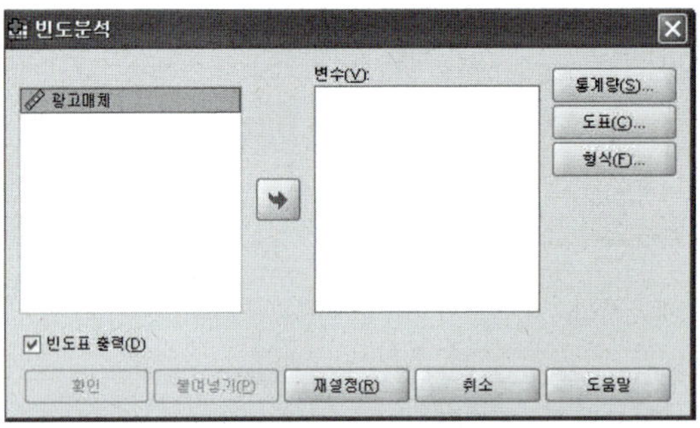

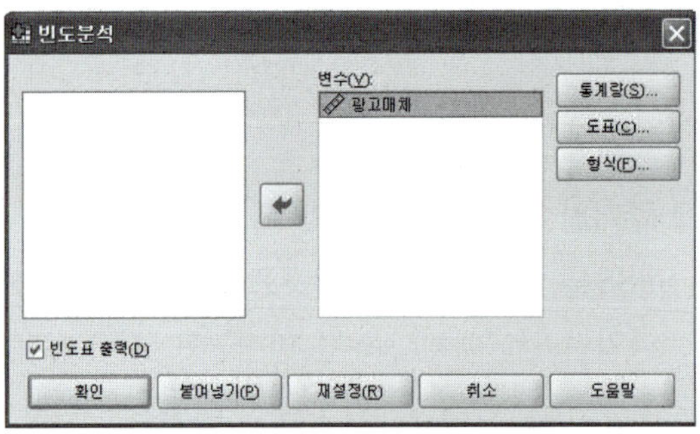

[그림 2.16] 빈도분석 대화상자

여기서 확인버튼을 클릭하면 SPSS 뷰어창 화면이 새로 열리면서 다음과 같은 출력결과가 나타난다.

		빈도	퍼센트	유효 퍼센트	누적퍼센트
유효	TV광고	3	15.0	15.0	15.0
	라디오광고	5	25.0	25.0	40.0
	신문광고	7	35.0	35.0	75.0
	광고지광고	1	5.0	5.0	80.0
	지인소개	2	10.0	10.0	90.0
	기타	2	10.0	10.0	100.0
	합계	20	100.0	100.0	

[그림 2.17] 빈도분석 결과

2.8.2 막대그림

둘째로 똑같은 예제 2.2에 주어진 자료에 대하여 막대그림을 작성하기 위해서는 다음 [그림 2.18]과 같이 메뉴에서 '그래프(G) → 레거시 대화 상자(L) → 막대도표(B)'를 선택한다. 그때 우리는 [그림 2.20]의 왼쪽과 같이 막대도표 대화상자를 얻게 된다.

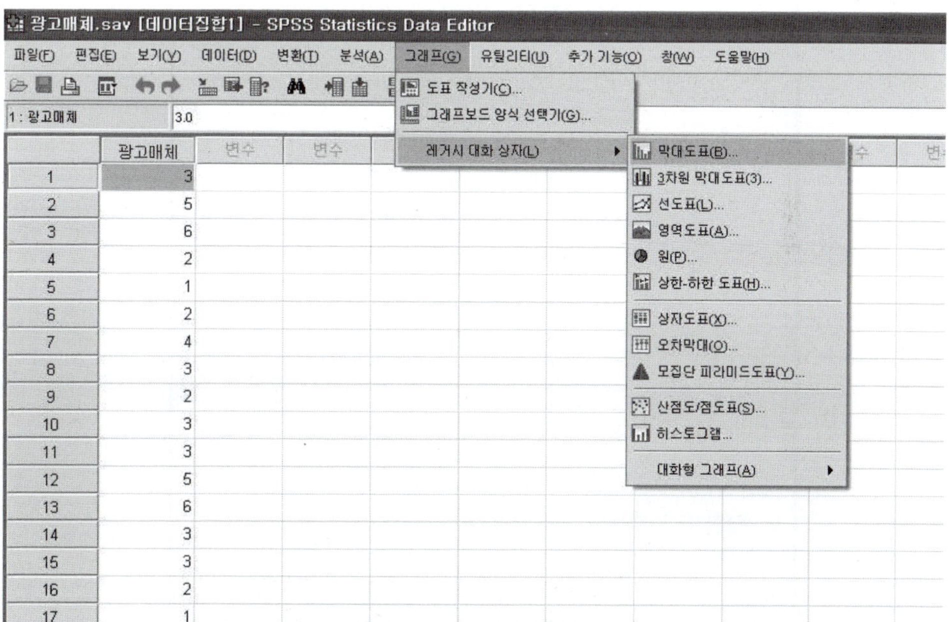

[그림 2.18] 막대그림을 작성하는 방법

이 막대도표 대화상자는 단순 메뉴와 케이스 집단들의 요약값이 선택되어 있다. 이때 정의버튼 '정의'을 클릭하면 우리는 [그림 2.19] 같이 단순막대도표 정의 대화상자를 얻게 된다. 이 대화상자의 왼쪽 창에 있는 광고매체 변수를 클릭한 후에 '범주축(X)' 창에 있는 버튼을 클릭하여 선택된 변수를 오른쪽 창으로 보낸다.

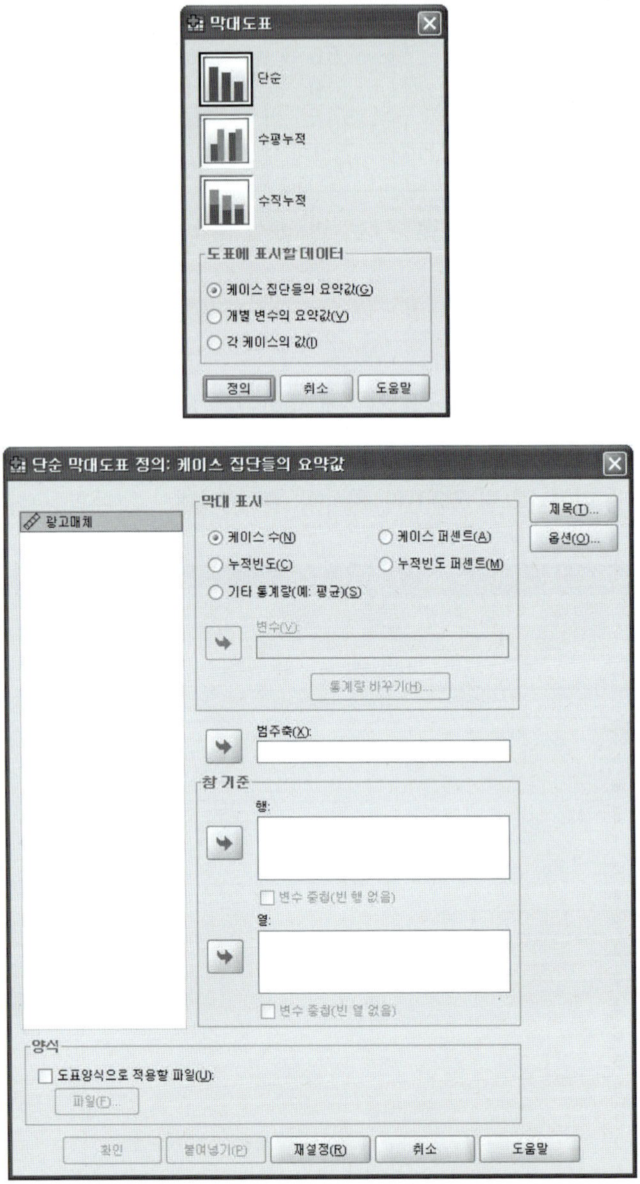

[그림 2.19] 막대도표와 단순막대도표 정의 대화상자

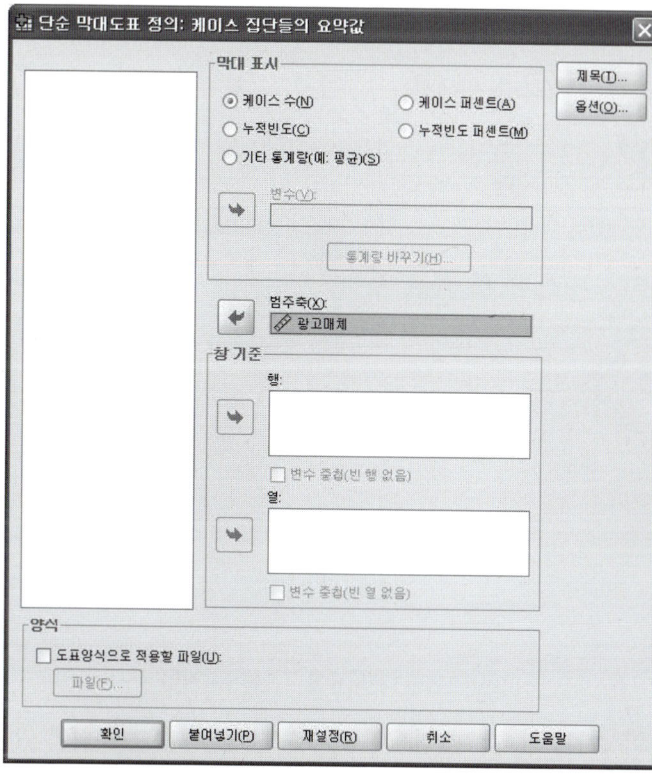

[그림 2.20] 막대도표를 위한 변수선택 그림

이 대화상자에서 '확인' 버튼을 클릭하면 SPSS 뷰어 창에 우리가 원하는 막대그림을 얻게 된다.

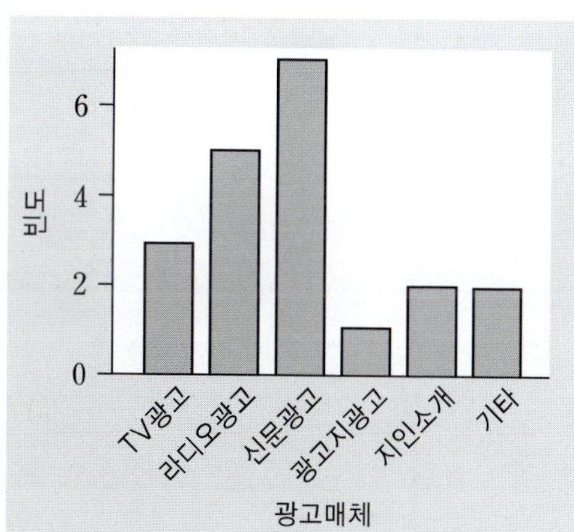

[그림 2.21] 광고매체에 대한 막대그림

2.8.3 원도표

셋째로, 원도표를 작성하기 위해서는 [그림 2.22]와 같이 메뉴에서 '그래프(G)→레거시 대화 상자(L) → 원도표(E)'를 선택한다. 그때 우리는 [그림 2.23]의 왼쪽과 같이 원도표 대화상자를 얻게 된다.

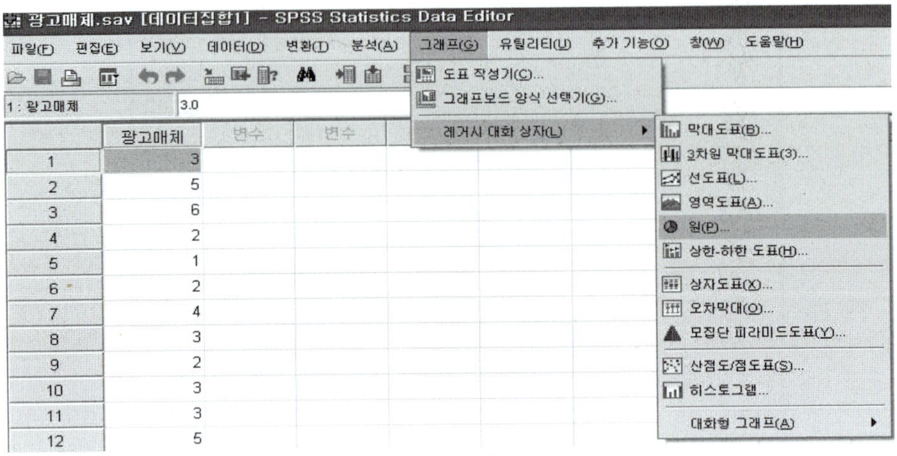

[그림 2.22] 원도표를 작성하는 방법

이 원도표 대화상자는 케이스 집단들의 요약값이 자동으로 선택되어 있다. 이때 정의 버튼 '정의'을 클릭하면 우리는 [그림 2.23]의 오른쪽과 같이 원도표 정의 대화상자를 얻게 된다. 이 대화상자의 왼쪽 창에 있는 광고매체 변수를 클릭한 후에 범주측에 있는 버튼을 클릭하여 선택된 변수를 오른쪽 창으로 보낸다.

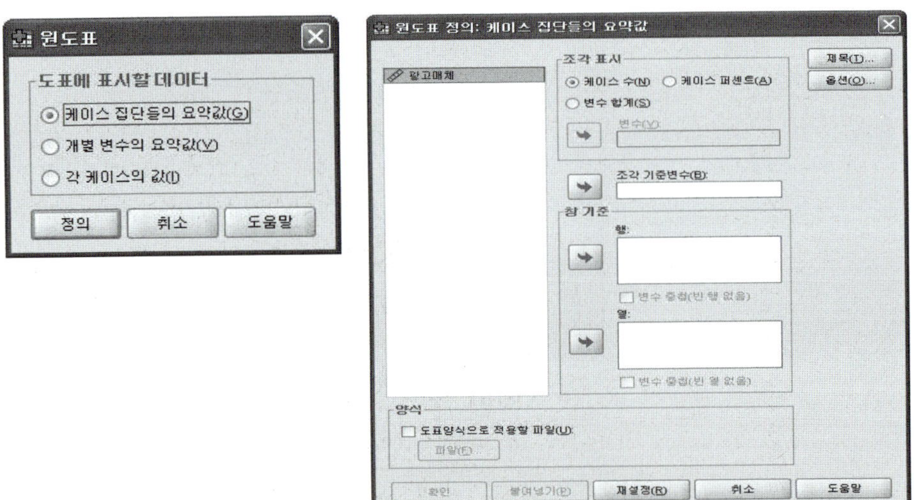

[그림 2.23] 원도표와 원도표 대화상자

다음으로 '확인' 버튼을 클릭하면 우리가 원하는 원도표를 얻을 수 있다.

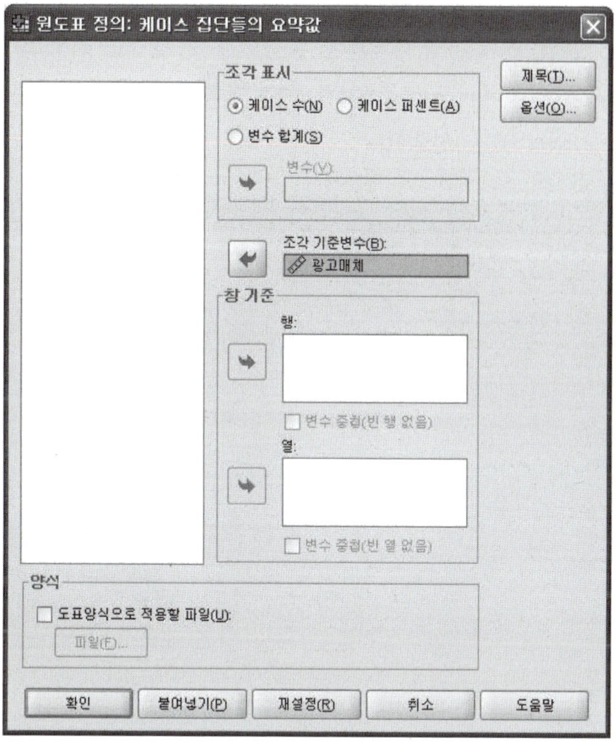

[그림 2.24] 원도표를 위한 변수선택그림

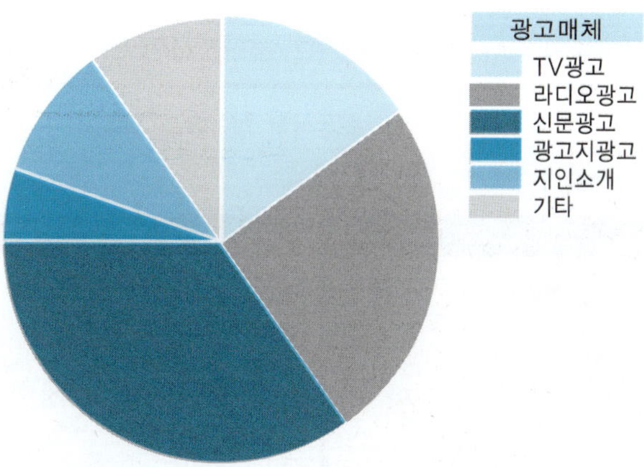

[그림 2.25] 광고매체에 대한 원도표

2.8.4 점도표

다음으로 [표 2.4]에 주어진 100대의 새로운 모델의 자동차들에 대하여 주행연비검사를 실시한 관측값들에 대하여 점도표를 작성하기 위해서는 먼저 SPSS 데이터 편집기 창에서 자료를 입력하고, [그림 2.26]과 같이 메뉴에서 '그래프(G)→레거시 대화 상자(L)→산점도/점도표(S)'를 선택한다.

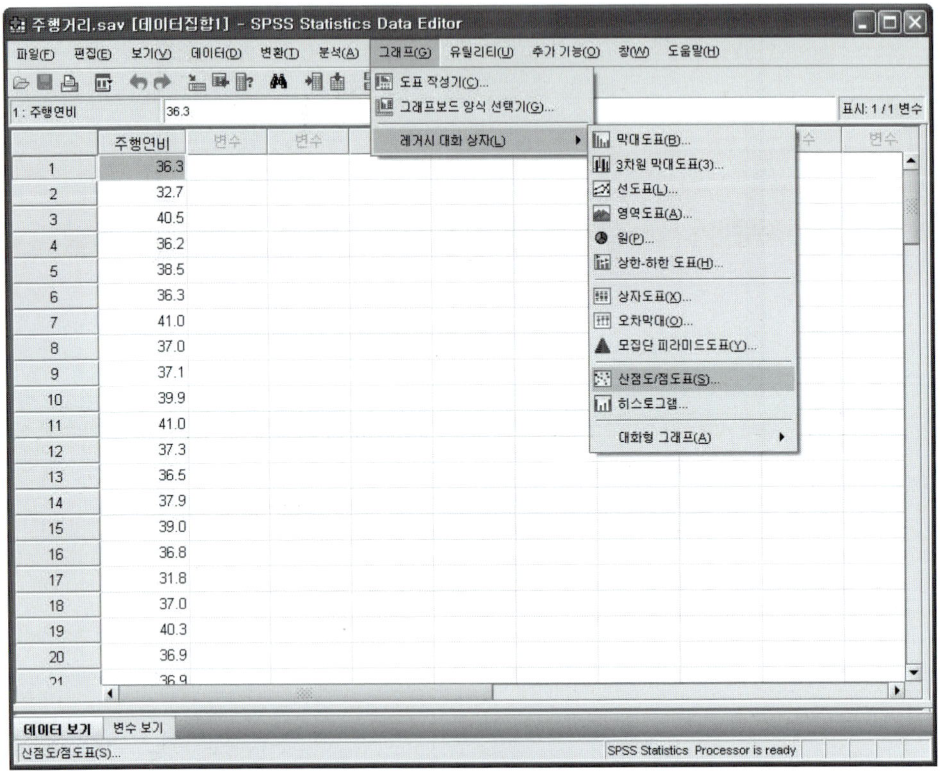

[그림 2.26] 점도표를 작성하는 방법

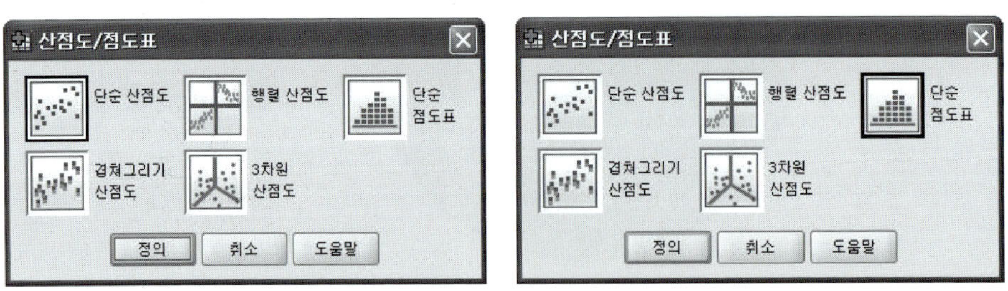

[그림 2.27] 산점도/점도표 대화상자

그때 우리는 [그림 2.27]의 왼쪽과 같이 산점도/점도표 대화상자를 얻게 된다. 이 대화상자에서 자동으로 단순산점도가 활성화되어있다. 따라서 점도표를 얻기 위해서는 [그림 2.28]의 오른쪽과 같이 단순점도표를 클릭하여 활성화시킨 다음에 정의버튼을 클릭하면 [그림 2.28]와 같이 단순점도표 정의 대화상자를 얻게 된다.

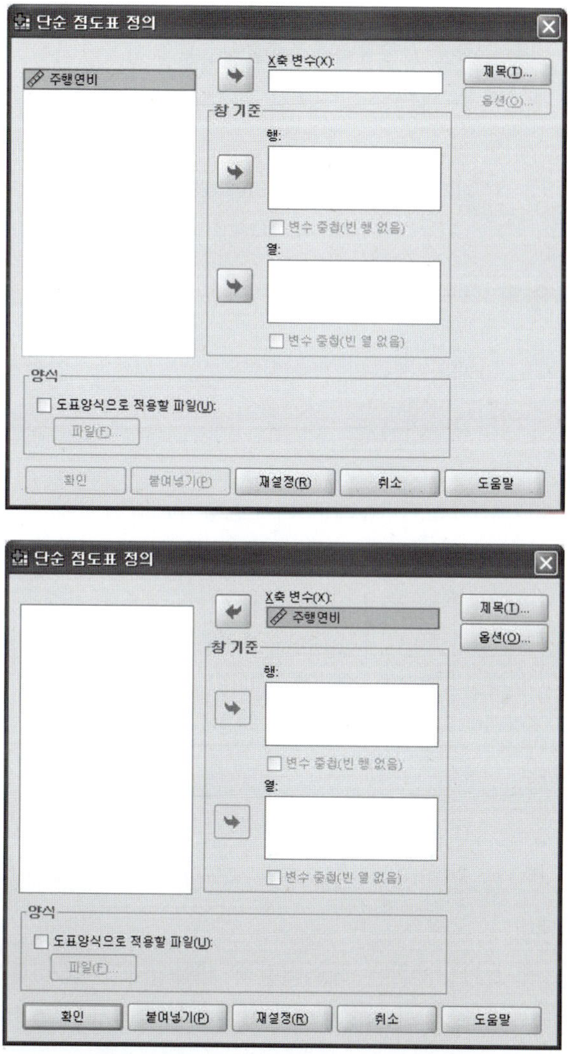

[그림 2.28] 단순 점도표 정의 대화상자

이 대화상자의 왼쪽 창에 있는 주행연비 변수를 클릭한 후에 화살표버튼 ‘ ’을 클릭하여 오른쪽의 X축 변수 창으로 보낸다. 그리고 확인버튼을 클릭하면 우리가 원하는 점도표를 얻을 수 있다.

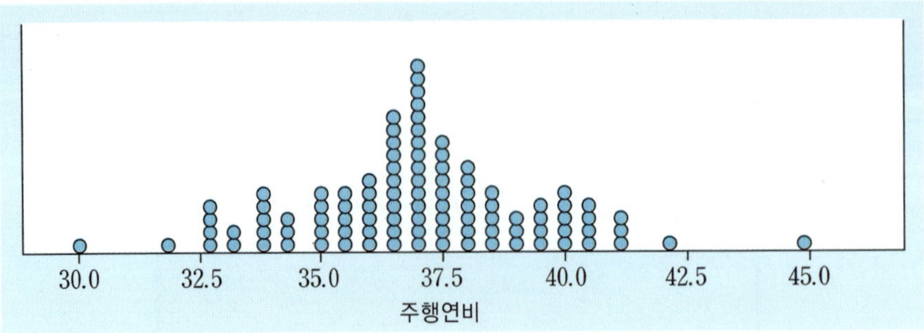

[그림 2.29] 주행연비에 대한 산점도

2.8.5 줄기와 잎의 그림

다음의 자료는 어느 마케팅 전문가가 슈퍼마켓을 방문하는 연속적인 50명의 고객들이 상품을 얼마나 구입하였는지를 조사한 것이다.

[표 2.7] 슈퍼마켓에서 상품 구매액 (단위 : 천원)

2.32	6.61	6.90	8.04	9.45	10.26	11.34	11.63	12.66	12.95
13.67	13.72	14.35	14.52	14.55	15.01	15.33	16.55	17.15	18.22
18.30	18.71	19.54	19.55	20.58	20.89	20.91	21.13	23.85	26.04
27.07	28.76	29.15	30.54	31.99	32.82	33.26	33.80	34.76	36.22
37.52	39.28	40.80	43.97	45.58	52.36	61.57	63.85	64.30	69.49

이 자료에 대하여 줄기그림을 작성하기 위해서는 다음 [그림 2.30]과 같이 SPSS 데이터 편집기창에 자료를 입력하고 메뉴에서 '분석(A)→기술통계량(E)→데이터 탐색(E)'를 차례로 선택한다.

이때 우리는 [그림 2.31]과 같은 데이터탐색 대화상자를 얻게 된다. 이 대화상자의 왼쪽 창에 있는 상품구매액을 선택하고 버튼 '▸'을 클릭하여 종속변수창으로 옮긴다. 그리고 도표버튼 '도표(L)...'을 클릭하면 다음과 같은 '데이터 탐색: 도표' 대화상자를 얻는다.

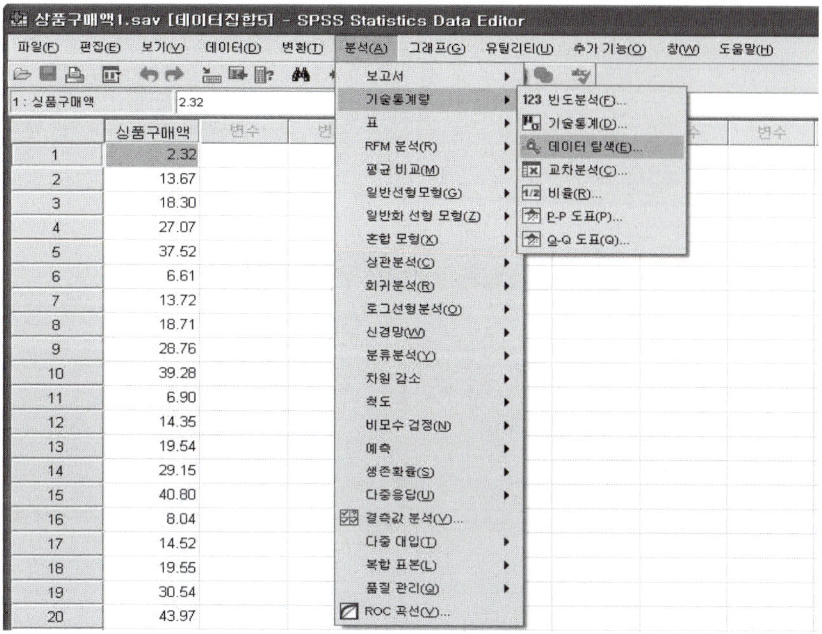

[그림 2.30] 줄기그림 작성방법

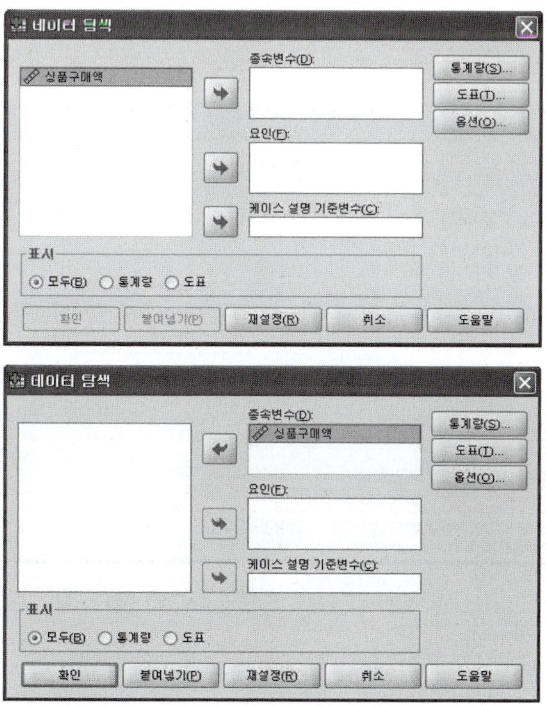

[그림 2.31] 데이터탐색 대화상자

다음으로 '데이터 탐색: 도표' 대화상자의 기술통계 메뉴상자의 '줄기와 잎그림(S)' 버튼을 클릭하고 계속버튼 '계속'을 클릭하면 다음과 같이 '데이터 탐색' 대화상자가 다시 나타난다. 여기서 '확인' 버튼을 클릭하면 [그림 2.32]와 같은 줄기그림을 얻을 수 있다.

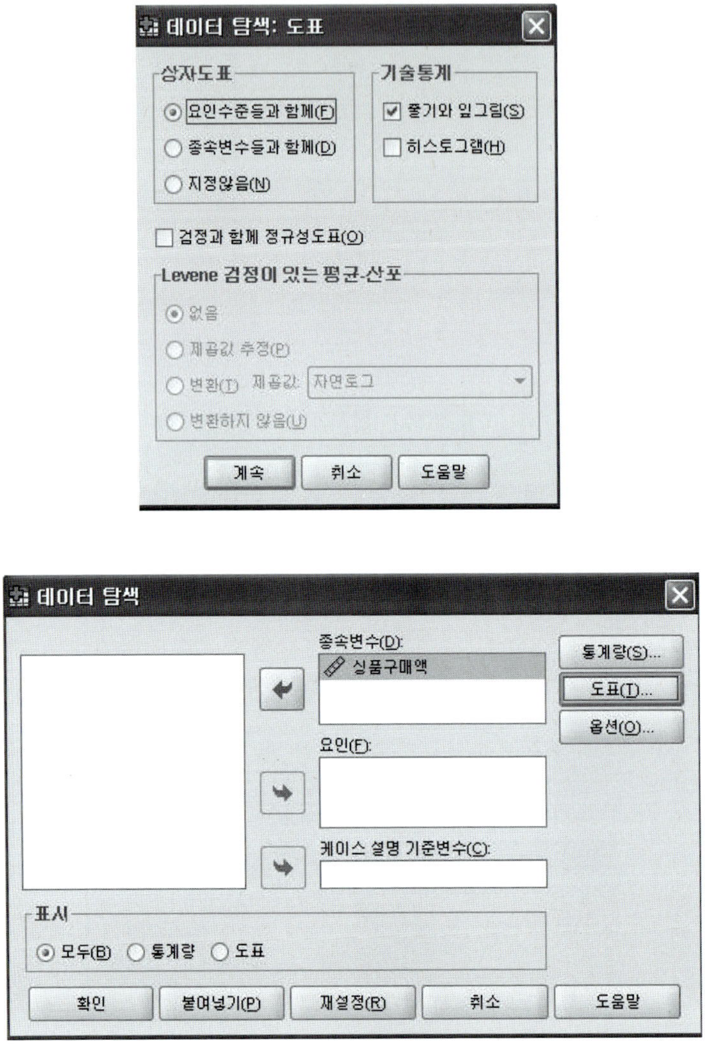

[그림 2.32] 데이터 탐색: 도표와 데이터 탐색 대화상자

```
싱품구매액 Stem-and-Leaf Plot
 Frequency     Stem &  Leaf
     1.00        0 .  2
     4.00        0 .  6689
    10.00        1 .  0112233444
     9.00        1 .  556788899
     5.00        2 .  00013
     4.00        2 .  6789
     6.00        3 .  012334
     3.00        3 .  679
     2.00        4 .  03
     1.00        4 .  5
     1.00        5 .  2
      .00        5 .
     1.00        6 .  1
     3.00 Extremes    (>=64)
Stem width:      10.00
Each leaf:        1 case(s)
```

[그림 2.33] 상품구입액에 대한 줄기그림

2.8.6 히스토그램

또한 위의 슈퍼마켓에서 지출한 상품구입액에 대한 자료에 대하여 히스토그램을 그리기 위해서는 먼저 메뉴에서 '그래프(G)→레거시 대화 상자(L)→히스토그램'을 차례로 선택한다.

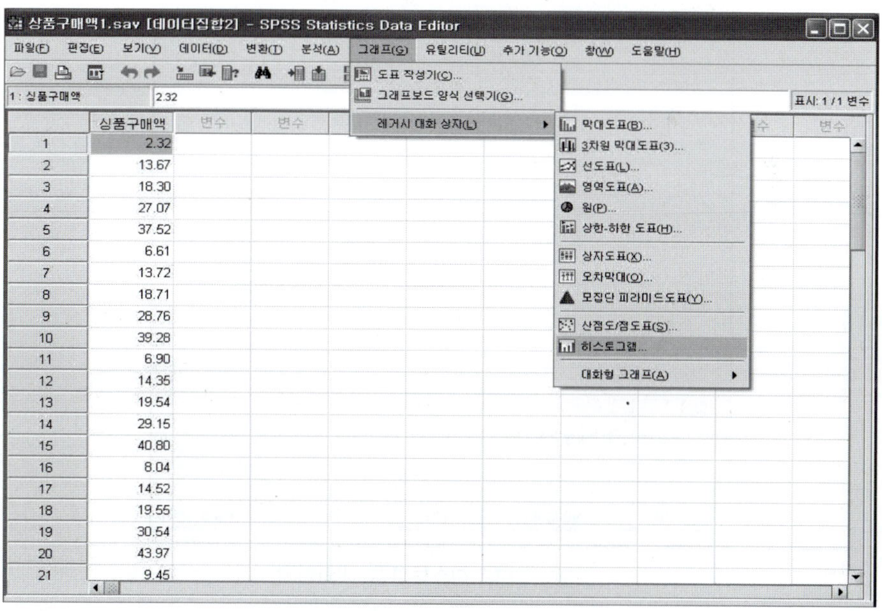

[그림 2.34] 히스토그램 작성방법

이때 우리는 [그림 2.35]와 같은 히스토그램 대화상자를 얻게 된다. 이 대화상자의 왼쪽창에 있는 상품구매액을 선택하고 화살표버튼 ‘▸’을 클릭하여 오른쪽 변수창으로 옮긴다. 그리고 확인버튼을 클릭하면 다음과 같은 히스토그램을 얻는다.

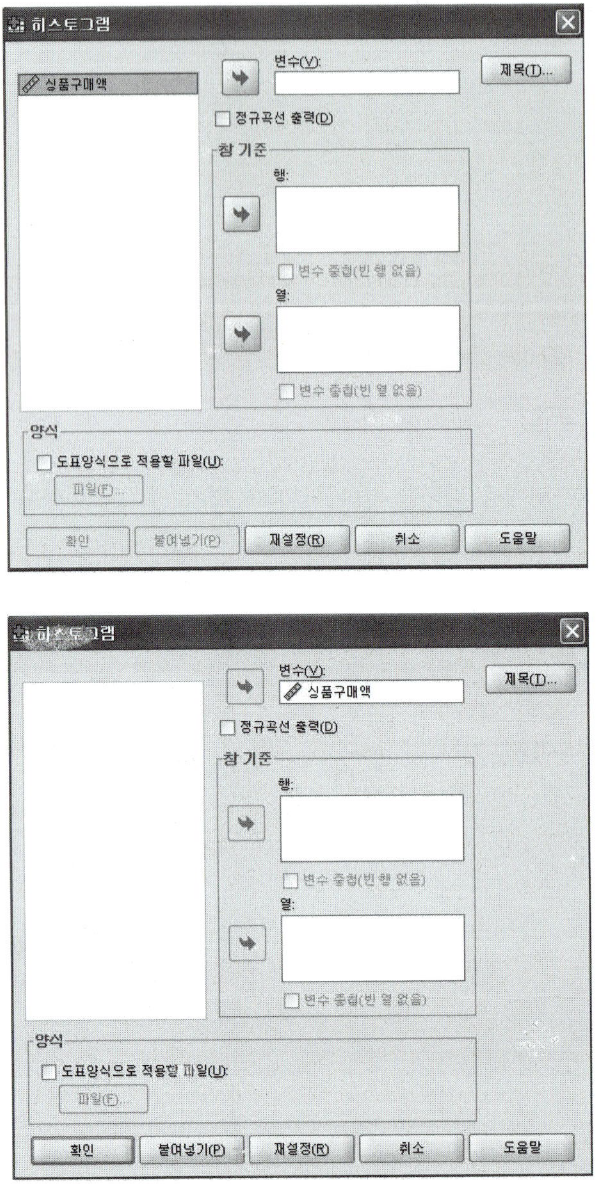

[그림 2.35] 히스토그램 대화상자

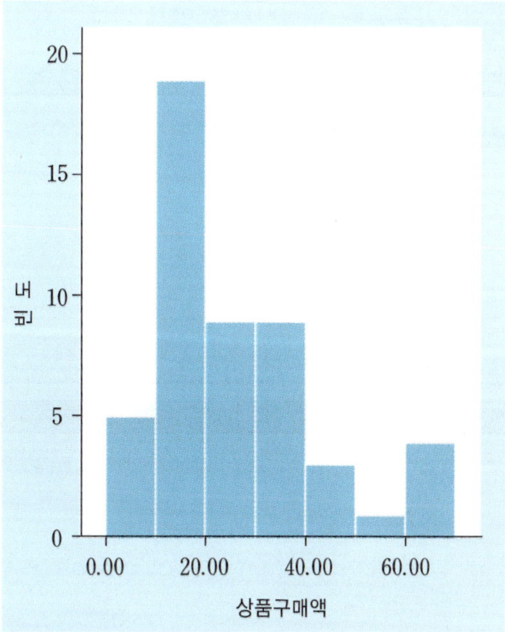

[그림 2.36] 상품구매액에 대한 히스토그램

2.8.7 중심과 산포도의 측도

평균과 분산 등 수치적인 측도를 사용하여 자료를 요약하기 위해서는 다음 [그림 2.37]과 같이 데이터 편집기 메뉴에서 '분석(A) →기술통계량→ 기술통계(D)'을 차례로 선택한다.

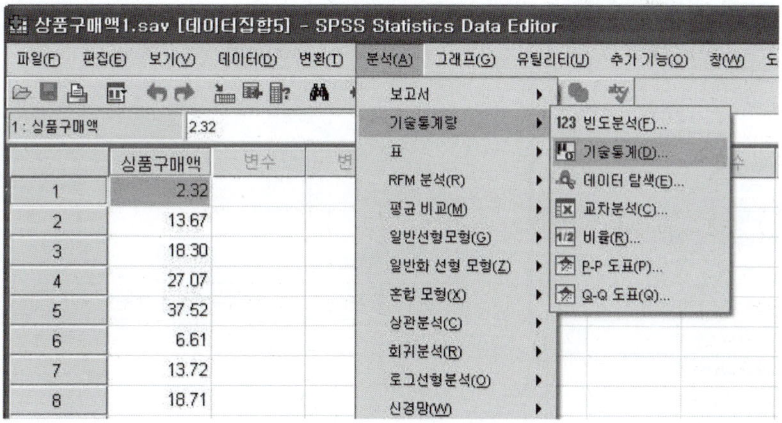

[그림 2.37] 기술통계량 작성화면

그러면 우리는 다음의 '기술통계' 대화상자를 얻게 된다.

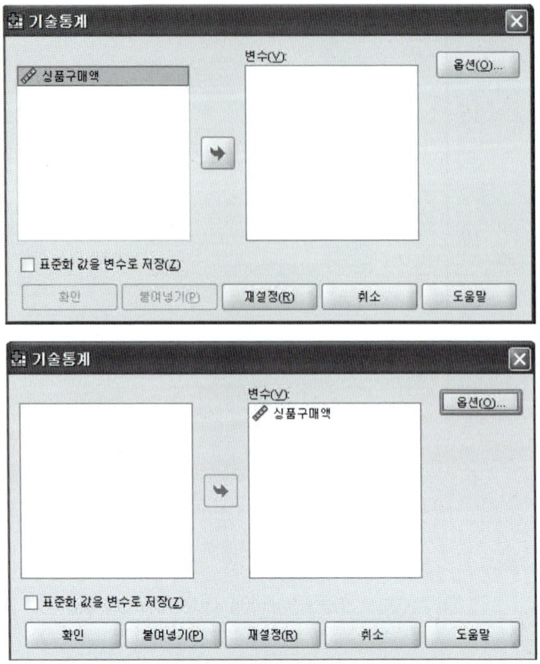

[그림 2.38] 기술통계 대화상자

기술통계 대화상자의 왼쪽 창에 있는 상품구매액 변수를 선택하고 화살표 버튼을 클릭하여 오른쪽 변수 창으로 보낸 다음 '옵션' 버튼을 클릭하면 [그림 2.39]과 같이 '기술통계: 옵션' 대화상자를 얻게 된다.

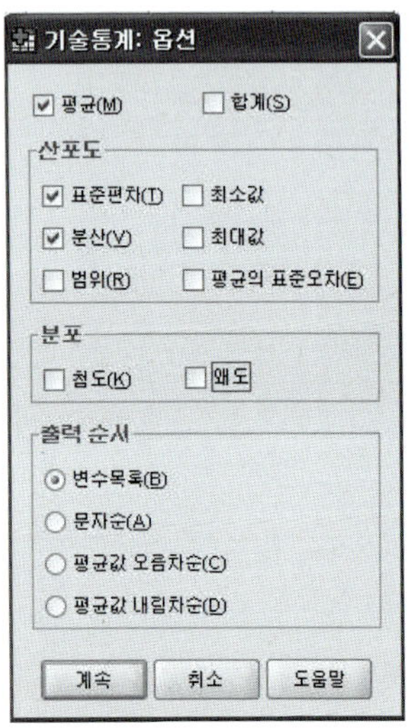

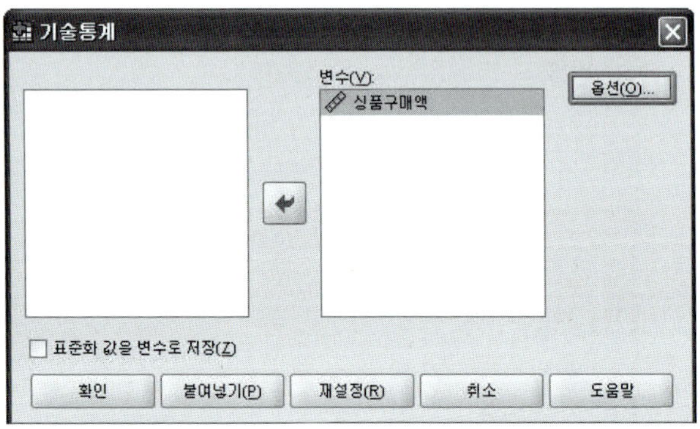

[그림 2.39] 기술통계: 옵션 대화상자

이 ‘기술통계: 옵션’ 대화상자에서 평균, 산포도, 분포 등 분석가가 필요한 기술통계량들을 차례로 클릭하고 ‘계속’ 버튼을 선택하면 다시 기술통계 대화상자로 돌아오고, 여기서 확인버튼을 클릭하면 SPSS 뷰어 창에 다음 [그림 2.40]과 같이 다양한 기술통계량들이 출력된다.

	N	평균	표준편차	분산
상품구매액 유효수(목록별)	50 50	25.8364	16.15334	260.931

[그림 2.40] 상품구매액에 대한 다양한 기술통계량

2.8.8 상대적 위치의 측도

앞의 슈퍼마켓에서 지출한 상품구입액에 대한 자료에 대하여 SPSS 프로그램을 사용하여 관측된 측정값들에 대하여 백분위수를 계산하기 위해서는 메뉴에서 ‘분석(A)→표→통계표 작성(C)’을 차례로 선택한다.

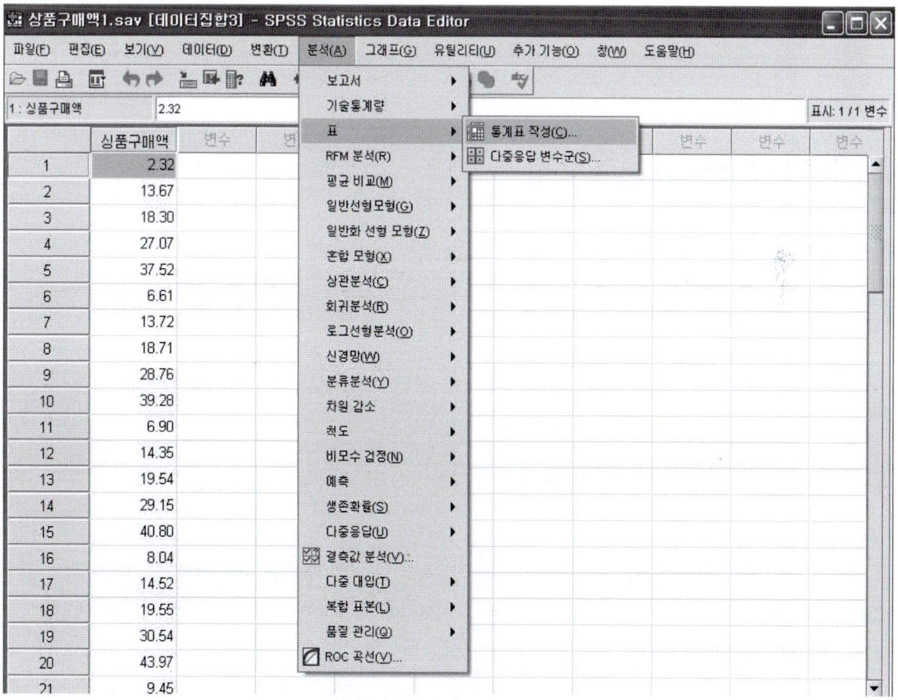

[그림 2.41] 백분위수 작성화면

그러면 우리는 다음의 통계표 작성 대화상자를 얻게 된다. [그림 2.42]의 왼쪽에 있는 통계표 작성 대화상자의 왼쪽의 변수 창에 있는 상품구매액 변수를 드레그하여 오

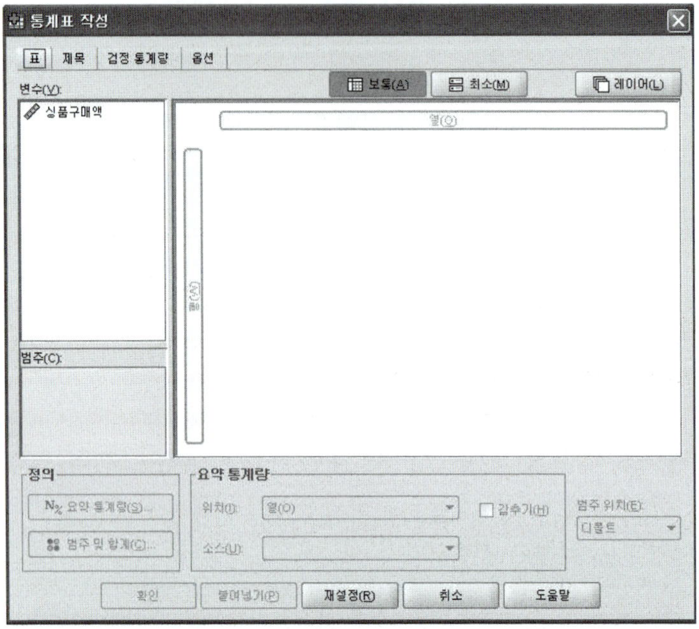

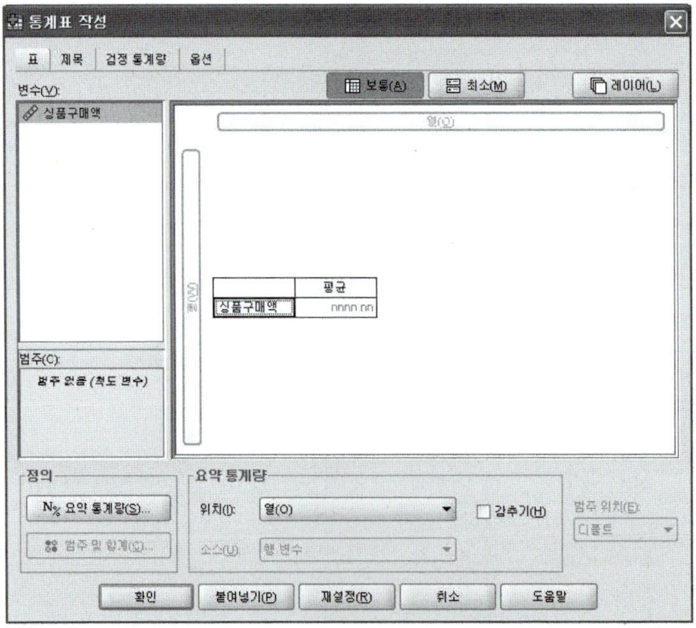

[그림 2.42] 통계표 작성 대화상자

른쪽 창의 행 버튼에 위치시키면 [그림 2.42]의 오른쪽에 있는 통계표 작성 대화상자가 나타나며 이 대화상자의 요약 통계량 버튼이 활성화된다. 이것을 클릭하면 다음 [그림 2.43]과 같이 요약 통계 대화상자를 얻게 된다.

이 요약 통계 대화상자에서 통계량 창의 분석가가 필요한 백분위수들을 클릭하여 오른쪽에 있는 표시창으로 옮기면 우리는 오른쪽에 있는 요약 통계 대화상자를 얻게 되고 여기서 선택한 항목에 적용 버튼이 활성화된다.

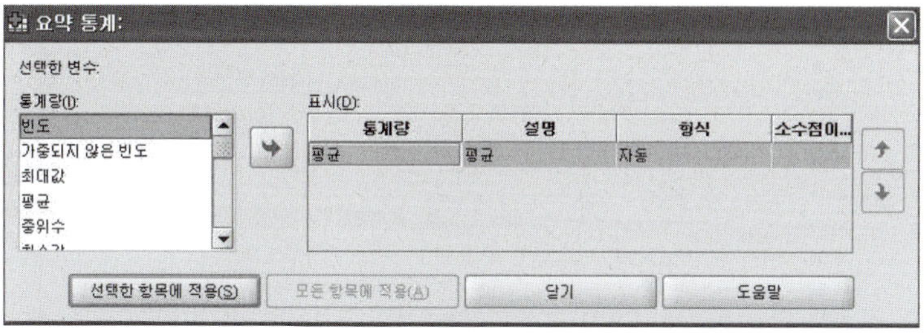

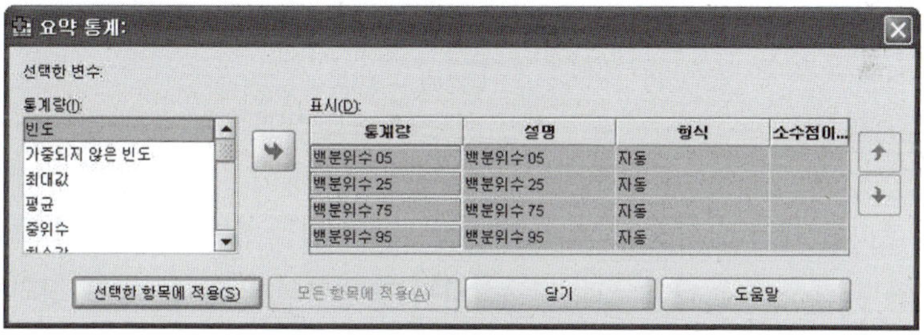

[그림 2.43] 요약 통계 대화상자

이때 우리가 이 버튼을 선택하면 원하는 백분위수들이 SPSS 뷰어 창에 다음 [그림 2.44]과 같이 다양한 출력결과를 얻게 된다.

	백분위수 05	백분위수 25	백분위수 75	백분위수 95
상품구매액	6.90	14.35	33.80	63.85

[그림 2.44] 백분위수 계산결과

2.8.9 상자그림

주어진 자료에 대하여 상자그림을 작성하기 위해서는 메뉴에서 '그래프(G)→레거시 대화 상자(L)→상자도표(X)'를 차례로 선택한다.

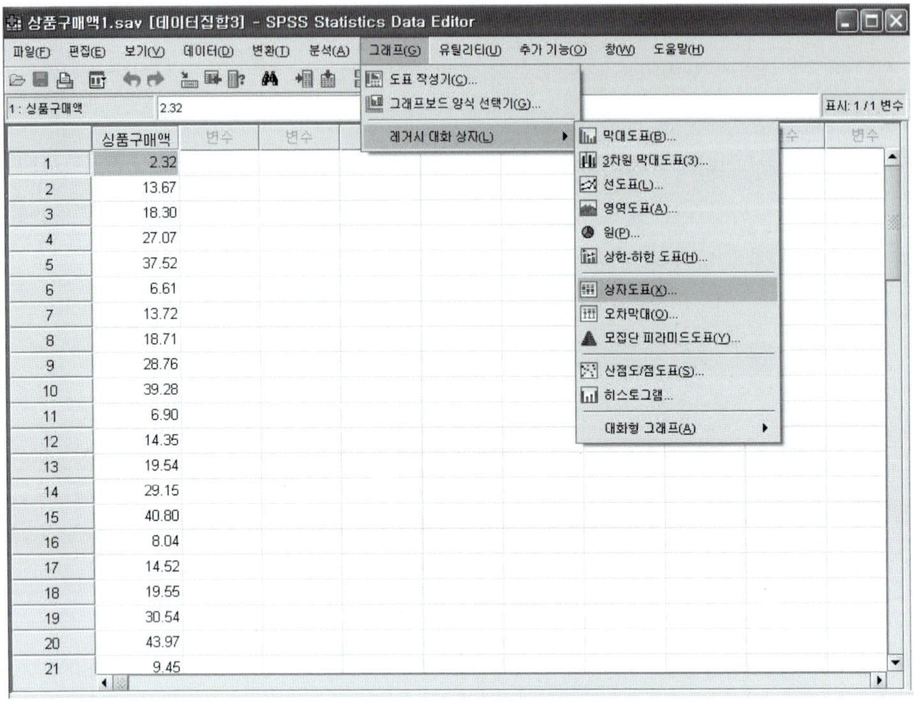

[그림 2.45] 상자도표 작성화면

그러면 우리는 다음의 단순 상자도표 작성 대화상자를 얻게 된다. [그림 2.46]에 있는 상자도표 대화상자가 나타나고, 단순상자가 활성화되어 있다. 이때 정의 버튼을 선택하면 [그림 2.47]에 있는 단순 상자도표 정의 대화상자가 나타난다.

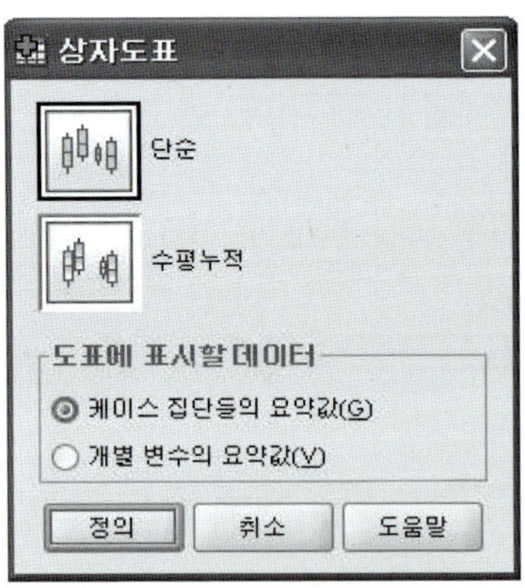

[그림 2.46] 상자도표 대화상자

이 대화상자에서 상품구매액 변수를 선택하여 오른쪽 변수 창에 옮기고 '확인' 버튼을 클릭하면 우리가 원하는 상자그림이 SPSS 뷰어 창에 다음 [그림 2.48]과 같이 상자그림을 얻게 된다.

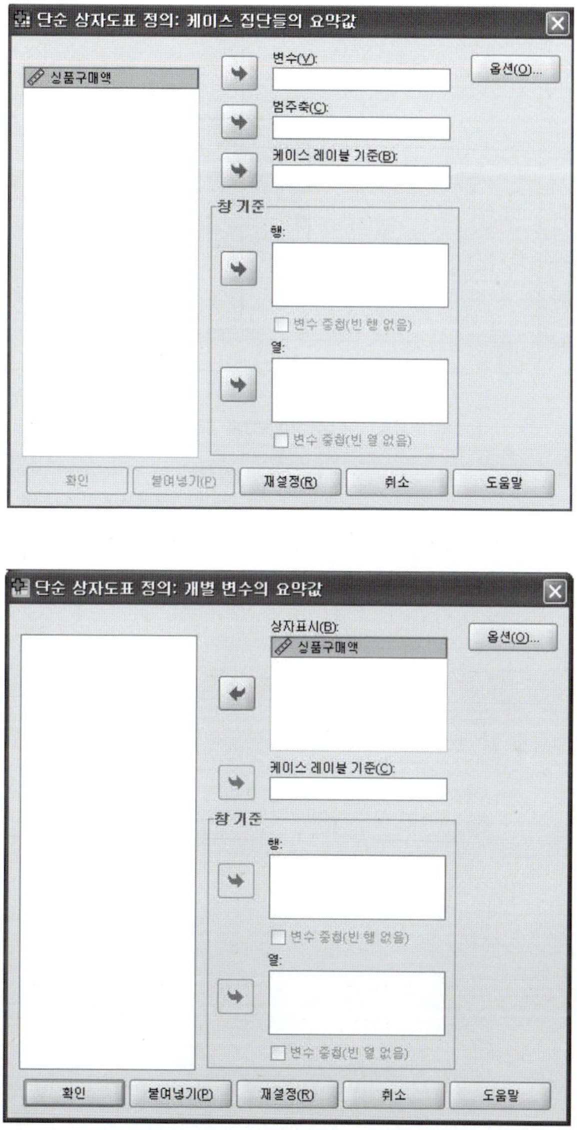

[그림 2.47] 단순 상자도표 대화상자

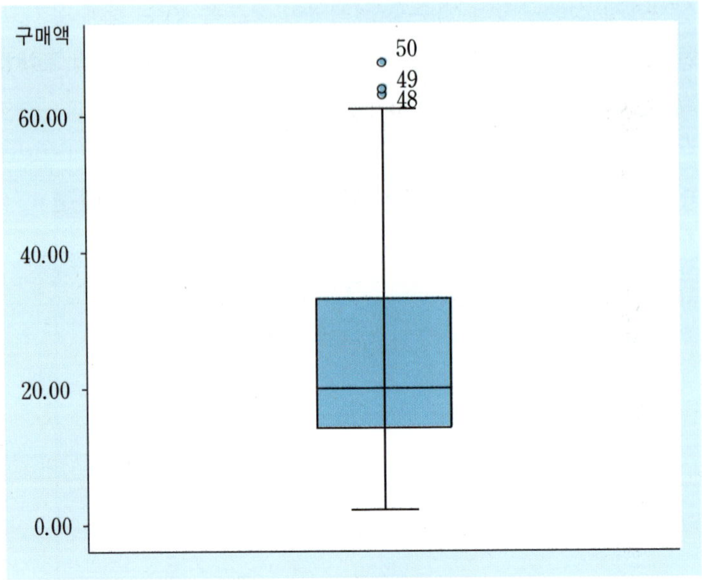

[그림 2.48] 상품구매액에 대한 상자그림

제 2 장 연습문제

01 각 표본 단위들을 네 개의 범주 A, B, C, D 중 하나로 분류한 데이터 집합을 가지고 있다고 가정하자. 이 데이터들로 구성되는 컴퓨터 데이터베이스를 만들 계획이며, 데이터들을 A=1, B=2, C=3, D=4로 코딩하기로 결정하였다. A, B, C, D로 분류된 데이터들은 질적인가 양적인가? 데이터를 1, 2, 3, 4로 입력하였을 때 이들은 양적인가 질적인가? 당신의 답변을 설명하여라.

02 대학들은 입학을 허락하고 여러 가지 장학금을 결정하기 전에, 지원자들에 대한 여러 가지 정보의 양을 필요로 하고 있다. 대학 지원에서 필요한 다음과 같은 종류의 각 데이터들을 양적 변수 또는 질적 변수로 분류하여라.

(1) 고등학교 평점
(2) 고등학교 반 석차
(3) 지원자의 성별
(4) 부모님의 수입
(5) 지원자의 연령

03 질적 변수 또는 양적 변수로 다음의 예제 데이터를 분류하여라.

(1) 각 30개 도시의 수영장 물의 박테리아 수
(2) 슈퍼마켓에서 각 200명 쇼핑객들의 직업
(3) 한 도시블록에 살고 있는 각 사람들의 결혼 상태
(4) 각 100개의 중고차들의 자동차 정비 사이의 시간

04 미국에 있는 모든 고속도로 교량들은 정기적으로 구조적 결함을 위해 미국 연방 간선 도로국(Federal Highway Administration)에 의해 점검받는다. 연방 간선 도로국 조사로부터 얻어진 데이터는 국립 교량 재고조사(National Bridge Inventory)에서 수집된다. 국립 교량 재고조사에 의해 보존되는 거의 100개의 변수들 중 몇 개는 아래에 열거되어 있다. 각 변수들을 양적 또는 질적 변수로 분류하여라.

(1) 최대 교각 사이의 거리

(2) 차선의 수

(3) 통행세를 받는 다리(네 또는 아니오)

(4) 평균 하루 교통량

(5) 갑판의 상태(좋다, 적정하다, 나쁘다)

(6) 우회로 길이

(7) 길의 종류

05 세 개의 계급(X, Y, Z)을 갖는 질적 변수를 모집단으로부터 무작위로 추출한 20개의 개체들에 대하여 이들의 성질을 측정하여 다음의 자료들을 얻었다.

Y X X Z X Y Y Y X X Z X Y Y X Z Y Y Y X

(1) 도수와 상대도수분포표를 작성하여라.

(2) 막대그래프와 원도표를 그려라.

06 남부플로리다 대학의 모피트 암 센터는 1년에 25,000명이 넘는 환자들을 치료한다. 아래의 그래프는 2002년 회계연도 동안 모피트 암센타의 환자들에게서 치료된 암의 종류를 나타낸다.

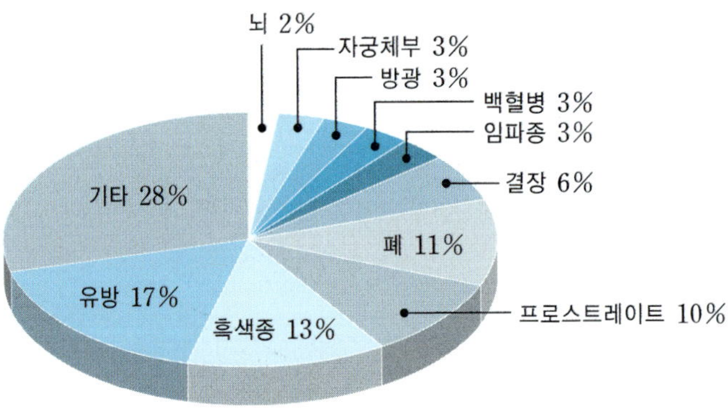

(1) 어떤 종류의 그래프인가?

(2) 모피트에서 어떤 종류의 암이 가장 많이 치료되었는가?

(3) 흑색종, 임파종, 또는 백혈병은 모피트의 환자들에게서 몇 퍼센트가 치료되었는가?

07 동전 수집가는 앨범을 만들기 위해 필요한 동전들의 발행일을 조사하였다. 조사에 사용된 자료는 2,000개 동전들로 구성된 표본으로 주어졌으며 이들의 발행일을 조사하여 다음의 표에 요약되었다.

발행일	숫자
1960년 이전	18
1960년대	125
1970년대	330
1980년대	727
1990년대	800

(1) 조사를 위한 실험단위를 확인하여라.

(2) 측정된 변수를 확인하여라.

(3) 발행일이 1960년대인 동전들의 비율은 얼마인가?

(4) 2,000개의 추출된 동전들의 발행일 분포를 설명하기 위한 원도표를 그려라.

08 세계 코뿔소 연합은 아프리카와 아시아지역에서 야생으로 살고 있는 코뿔소의 수가 17,470마리 정도 있다고 추정하였다. 코뿔소의 각 종별 숫자의 분포는 다음의 표에 보고되었다.

코뿔소 종	개체수 추정
African Black	3,610
African White	11,100
(Asian) Sumatran	300
(Asian) Javan	60
(Asian) Indian	2,400
총계	17,470

(1) 자료에 대한 상대도수표를 작성하여라.

(2) 막대그래프로 상대도수들을 보여라.

(3) 17,470마리의 코뿔소 중에서 아프리카 코뿔소들의 비율와 아시아 코뿔소들의 비율은 얼마인가?

09 심리학 저널(Dec. 2002)에 따르면, 미시건 대학의 공중보건 연구원들은 중장년층들이 느끼는 역할 중에서 그들에게 가장 중요하다는 것을 조사하였다. 다음의 표는 65세 이상 성인 1,102명의 표본들에 의해 확인된 가장 두드러진 역할을 요

약하였다.

가장 두드러진 역할	숫자
배우자	424
부모	269
조부모	148
다른 친척	59
친구	73
주부	59
가족부양자	34
자원봉사자, 회원, 교회신도	36
총계	1,102

(1) 표에 요약된 질적 변수를 설명하여라. 변수와 연관된 범주들을 부여하여라.

(2) 표에 있는 숫자들은 도수인가 상대도수인가?

(3) 표에 있는 정보들을 막대그래프로 나타내라.

(4) 중장년층 어른들의 역할 중 가장 높은 비율을 갖는 역할은 무엇인가? 역할들과 관련된 상대도수들을 해석하여라.

10 "Made in the Korea"는 많은 상품 광고나 상표에서 언급된 선전 문구이다. 광고주들은 소비자들이 100% 한국노동자와 재료로 제조됐다고 믿기를 원한다. "Made in the Korea"가 전형적인 소비자들에게 의미하는 것은 무엇인가? 이 질문에 대답하기 위해, 마케팅 교수들은 특정 쇼핑몰에서 실험을 수행하였다. 그들은 쇼핑몰에 들어오는 네 번째 입장객에게 조사에 참여할 것을 요청하였다. 총 106명의 쇼핑객들이 질문에 대답하는데 동의하였다. " 'Made in the Korea'는 한국노동자와 재료의 몇 퍼센트를 의미하는가?" 106명 쇼핑객들의 응답은 다음 표에 요약되었다.

"Made in the Korea"의 반응	쇼핑객 수
100%	64
75∼99%	20
50∼74%	18
50% 미만	4

(1) 어떤 종류의 자료 수집 방법이 사용되었는가?

(2) 어떤 종류의 변수, 질적 또는 양적 변수가 측정되었는가?

(3) 그래프 형태로 표에 있는 자료들을 나타내어라.

11 벤포드의 법칙에 따르면, 어떤 숫자(1, 2, 3, ⋯, 9)는 다른 수들보다 무작위로 선택되는 숫자들 중에서 첫 번째로 의미 있는 숫자로 선택되는 경향이 있다. 예를 들어, 법칙은 숫자 '1'이 첫 번째 숫자로 선택되기 쉽다(30%)고 예측하였다. 벤포드의 법칙을 테스트하기 위해 미국의 과학자들에 의하여 보고된 연구에 따르면, 743명의 대학교 신입생들은 무작위로 여섯 자리의 숫자를 쓸 것을 요청받았다. 각 숫자의 첫 번째 의미 있는 숫자는 기록되었고 다음의 표에 분포가 요약되었다.

첫 번째 숫자	발생 빈도
1	109
2	75
3	77
4	99
5	72
6	117
7	89
8	62
9	43
총계	743

(1) 적절한 그래프를 이용하여 어림짐작한 자료의 첫 번째 숫자를 설명하여라.
(2) 그래프는 벤포드의 법칙을 입증하는가? 설명하여라.

12 상대도수표에 요약된 500개의 측정값들에 대해 상대도수 히스토그램을 그려라.

계급 구간	상대도수
0.5∼2.5	0.10
2.5∼4.5	0.15
4.5∼6.5	0.25
6.5∼8.5	0.20
8.5∼10.5	0.05
10.5∼12.5	0.10
12.5∼14.5	0.10
14.5∼16.5	0.05

13 진도라고 불리는 지진의 세기는 리처척도(Richer scale)를 사용하여 정량적으로 측정된다. 진도 7.0이나 그 이상은 대형지진으로 고려되는 반면에, 진도 3.0 이하는 매우 작은 지진으로 고려된다. 국립 지진 정보 센터는 2003년에 세계적으로 31,366건의 지진을 찾아냈다. 이런 지진들의 진도는 다음의 표에 요약되었다. 자료를 그래프로 나타내라.

진 도	지진 횟수
8.0～9.9	1
7.0～7.9	14
6.0～6.9	140
5.0～5.9	1160
4.0～4.9	8419
3.0～3.9	7705
2.0～2.9	7723
1.0～1.9	2471
0.1～0.9	128
진도 없음	3605
합계	31366

14 하와이 대학교 학생들의 일본어 독서 이해 수준을 향상시키기 위한 외국어 서적 독서 실험을 참조하여라. 14명의 학생들이 2학기 일본어 과정에서의 10주간의 독서 프로그램에 참가했다. 각 학생들에 의해 읽혀진 책의 수와 학생들의 과목 성적이 다음 표에 제시되었다.

책의 수	과목 학점	책의 수	과목 학점
53	A	30	A
42	A	28	B
40	A	24	A
40	B	22	C
39	A	21	B
34	A	20	B
34	A	16	B

(1) 학생들이 읽은 책의 수를 줄기-잎 그림으로 표현하여라.

(2) 과정에서 A학점을 받은 학생들에 대응하는 잎들을 강조하여라. 학생들에 대해 어떤 추론을 할 수 있는가?

15 사후 간격(Postmortem interval: PMI)은 사망과 부검 사이의 경과된 시간으로 정의된다. 인간의 시체에 대한 의학적 연구를 수행할 때, PMI에 대한 지식은 필수적인 것으로 고려된다. 다음 표의 자료들는 최근 연구에서 부검으로 인해 획득된 22명의 뇌표본에 대한 PMI들이다.

5.5	14.5	6.0	5.5	5.3	5.8	11.0	6.1
7.0	14.5	10.4	4.6	4.3	7.2	10.5	6.5
3.3	7.0	4.1	6.2	10.4	4.9		

(1) 이들 자료에 대한 점도표를 그려라.

(2) 이들 자료에 대한 줄기 잎 그림을 그려라.

(3) 이들 자료에 대한 히스토그램을 그려라.

(4) (1)~(3)번의 세 가지 종류의 그래프 중에 더 유익한 것은 무엇인가?

16 미국통계학회에서 심리학 실험 자료가 조사되고 분석되었다. 실험에 참여한 여학생들로부터 두 가지 표본이 얻어졌다. 한 표본은 섭식장애 과식증을 앓고 있는 것으로 알려진 11명의 학생들로 구성되었고, 다른 표본들은 정상 식사 습관을 갖고 있는 14명의 학생들로 구성되었다. 각 학생들은 "부정적인 평가에 대한 두려움" 점수가 매겨지는 질의응답을 작성하였다(점수가 높을수록 부정적인 평가에 대한 두려움이 높다). 자료는 아래의 표에 제시되었다.

폭식증 학생	21 13 10 20 25 19 16 21 24 13 14
정상 학생	13 6 16 13 8 19 23 18 11 19 7 10 15 20

(1) 25명의 여학생들의 점수에 대한 점도표와 줄기 잎 그림을 그려라.

(2) (1)번의 그래프에서, 폭식증 학생을 강조하여라. 폭식증은 부정적인 평가에 대한 두려움이 더 큰 것으로 나타났는가? 설명하여라.

17 자동차 배기가스 분출로 인한 오염을 줄이기 위해 세 가지의 촉매 변환기들이 새로운 차량에 설치되었다. 그러나 변환기들은 무심코 공기 중의 암모니아 수준을 증가시키고 있다. 환경기술연구소는 샌프란시스코 고속도로 터널의 출구 램프 근처의 암모니아 수준에 대한 연구를 출간하였다. 다음 표의 자료는 여름에 오후 주행시간동안 무작위로 선택된 8대 차량들에 대한 암모니아 양을 나타낸다.

1.53	1.50	1.37	1.51	1.55	1.42	1.41	1.48

(1) 터널 공기 중의 하루 암모니아 수준의 평균을 찾아라.

(2) 암모니아 수준의 중위수를 찾아라.

(3) (1)번과 (2)번에서 획득된 값들을 해석하여라.

18 이끼의 방사능 수준을 통제하기 위한 알래스카 대학의 연구를 참고하여라. 각 9개의 이끼 표본에 대해 방사능 물질 세슘-137의 양은 다음 표에 제시되었다.

지 역	세슘-137의 양		
Bethel	−5.50	−5.00	
Eagle Summit	−4.15	−4.85	
Moose Pass	−6.05		
Turnagain Pass	−5.00		
Wickersham Dome	−4.10	−4.50	−4.60

(1) 방사능 수준의 평균, 중위수, 최빈수를 찾아라.

(2) (1)번에서 각 중심 경향의 측정값들을 해석하여라.

19 지질학회에서는 몽골의 개미들에 대해 처음으로 포괄적인 연구에 대한 기사를 발표하였다. 식물학자들은 씨앗 미끼들을 11개의 실험 지역에 놓고 각 지역에 모인 개미 종들을 관찰하였다. 각 실험 지역에서 기록된 자료들은 아래의 표에 제공된다.

장소	지역	연 강수량 (mm)	하루 최고 온도	총 식물비율	개미 종들의 수	종의 다양성 지표
1	건조한 초원	196	5.7	40	3	0.89
2	건조한 초원	196	5.7	52	3	0.83
3	건조한 초원	179	7.0	40	52	1.31
4	건조한 초원	197	8.0	43	7	1.48
5	건조한 초원	149	8.5	27	5	0.97
6	고비 사막	112	10.7	30	49	0.46
7	고비 사막	125	11.4	16	5	1.23
8	고비 사막	99	10.9	30	4	0
9	고비 사막	125	11.4	56	4	0.76
10	고비 사막	84	11.4	22	5	1.26
11	고비 사막	115	11.4	14	4	0.69

(1) 11개 지역에서 발견된 개미 종들의 숫자에 대한 평균, 중위수, 최빈수를 찾아라.

(2) 중심 경향 측정값들 중 어떤 값을 개미 종들의 분포를 설명하는 중심 숫자로 당신은 추천하겠는가? 설명하여라.

(3) 5개의 건조한 초원지역에서 총 식물들의 비율에 대한 평균, 중위수, 최빈수를 찾아라.

(4) 6개의 고비 사막지역에서 총 식물들의 비율에 대한 평균, 중위수, 최빈수를 찾아라.

(5) (3)번과 (4)번의 결과에 기초하여 2개의 지역에서 총 식물들의 비율 분포에 차이가 있는가?

20 눈의 굴절 현상을 측정하는 전통적인 방법은 다음의 세 개의 양적 변수인 (1)근시양, (2)난시양, (3)난시축들을 포함한다. 안경 연구자들은 굴절의 세 가지 측정의 다양성을 연구하였다. 25개의 성공적인 굴절측정이 100명 이상의 대학생들의 눈에서 획득되었다. 25명의 특정학생들의 왼쪽 눈의 난시양을 측정결과가 다음 표에 제시되었다.

0.08	0.08	1.07	0.09	0.16	0.04	0.07	0.17	0.11
0.06	0.2	0.17	0.20	0.12	0.17	0.09	0.07	0.16
0.15	0.16	0.09	0.06	0.10	0.21	0.06		

(1) 자료의 중심경향의 측정값들을 찾고 이 값들을 해석하여라.

(2) 자료가 다른 측정값들과 비교하여 현저하게 큰 하나의 난시양 측정값을 포함하고 있음을 주의하여라. 측정값을 찾아라(이 값을 이상치라고 한다).

(3) (2)번에서 자료로부터 이상치를 제거하고 중심경향의 측정값들을 다시 계산하여라. 어떤 값이 이상치 제거에 의해 가장 영향을 받는가?

21 포춘(Fortune)지는 미국에서 가장 영향력 있는 CEO 25명의 남성들의 연령을 조사하여 발표하였다.

연 령												
59	61	38	69	61	60	54	60	57	78	62	69	48
59	59	64	61	52	57	45	59	79	73	47	63	

(1) 25명의 남성에 대한 연령의 범위를 구하여라.
(2) 25명의 남성에 대한 연령의 분산을 구하여라.
(3) 25명의 남성에 대한 연령의 표준편차를 구하여라.
(4) 자료에서 가장 높은 연령이 생략되었을 때, 표준편차는 증가하는가? 감소하는가?

22 미국의 각 20개의 주에서 현재 활발하게 운영되는 원자력 발전소들의 수에 대한 자료가 다음과 같다.

원자력 발전소의 수																			
5	3	4	5	4	13	1	2	1	1	1	6	5	2	9	7	3	4	1	3

(1) 자료의 범위, 분산, 표준편차를 찾아라.
(2) 자료에서 가장 큰 값을 제거하고 (1)번을 반복하여라.
(3) 자료에서 가장 큰 값과 가장 작은 값을 제거하고 (1)번을 반복하여라. 두 측정값들의 감소가 (1)번에서 발견된 변동의 측정에 어떤 영향을 미쳤는가?

23 어떻게 외부의 환경이 성적에 영향을 주는지에 대한 연구을 위하여 펜실베니아주의 대학 교수들은 예비 심리학 학생들의 큰 그룹에 중간고사의 두 가지 다른 형태를 주었다. 시험의 질문들은 동일하고 같은 순서였지만, 한 시험지는 빨간 종이에 다른 시험지는 파란 종이에 인쇄되었다. 시험에서 어려운 질문들만 등급을 매기고, 연구자들은 빨간 시험지의 점수가 평균 39%, 표준편차 12%를 갖는데 반하여, 파란 시험지의 점수는 평균 53%, 표준편차 15%의 분포를 갖는 것을 발견했다.(두 분포가 대칭이고 언덕 모양이라고 가정하자.)

(1) 파란 시험지를 받은 학생들의 표준편차에 대해 해석하여라.
(2) 빨간 시험지를 받은 학생들의 표준편차에 대해 해석하여라.
(3) 연구에 참가한 학생들의 그룹으로부터 학생이 무작위로 선택되었고, 어려운 질문에서의 학생의 점수가 20%라고 가정하자. 어떤 시험지 형태를 학생들이 더 선호할 것 같은가, 파란 또는 빨강 시험지? 설명하여라.

24 한 대학에서 학생들은 전통적인 학업성적보다 각 학기말에 표준화 점수값(z)를 받는다. 모든 학생들의 누적된 학업의 평균과 표준편차는 각각 2.7과 0.5이다.

(1) 학업점수에 대응하는 다음의 표준화 점수값(z)들을 번역하여라.

$$z=2.0,\quad z=-1.0,\quad z=0.5,\quad z=-2.5$$

(2) −1.6 아래의 표준화 점수값(z)을 가진 학생들은 낙제구간에 놓여진다. 대응하는 낙제 학업성적은 무엇인가?

(3) 대학 총장은 상위 16%의 학생들을 우등생으로, 상위 2.5%의 학생들은 최우등생으로 졸업시키고자 한다. 표준화 점수값(z)와 학업성적점수를 구하여라.

25 아래의 수평의 상자 도표를 고려하여라.

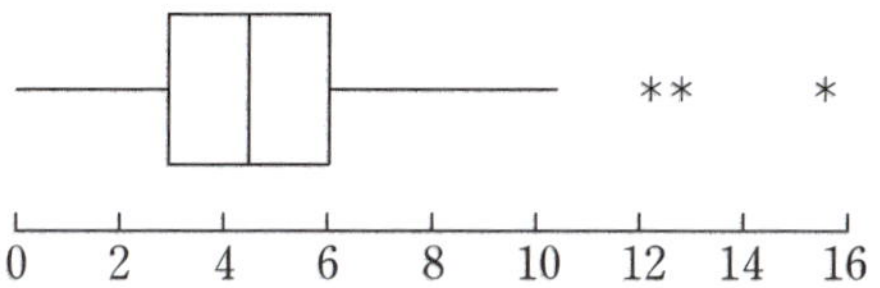

(1) 대략적으로 자료의 중위수는 무엇인가?

(2) 대략적으로 자료의 제1사분위수와 제3사분위수는 무엇인가?

(3) 자료에서 사분위수 범위는 무엇인가?

(4) 자료가 왼쪽으로 기울어졌는가, 오른쪽으로 기울어졌는가, 또는 대칭인가?

(5) 자료에서 몇 퍼센트의 측정값들이 중위수의 오른쪽에 놓여 있는가? 제3사분위수의 왼쪽에는 몇 퍼센트의 측정값들이 놓여있는가?

(6) 자료에서 이상치들을 확인하여라.

26 다음의 두 표본 자료들을 고려하여라.

표본 A			표본 B		
121	171	158	171	152	170
173	184	163	168	169	171
157	85	145	190	183	185
165	172	196	140	173	206
170	159	172	172	174	169
161	187	100	199	151	180
142	166	171	167	170	188

(1) 각 표본들에 대해 상자도표를 그려라.

(2) 두 자료들에 존재하는 이상치를 확인하여라.

27 다음의 표는 최근에 모대학의 경영전문대학원을 졸업한 50명의 졸업생들에 대한 초임의 연봉을 조사한 자료가 다음과 같다.

(단위: 백만 원)

61.1	48.5	47.0	49.1	43.5
50.8	62.3	50.0	65.4	58.0
53.2	39.9	49.1	75.0	51.2
41.7	40.0	53.0	39.6	49.6
55.2	54.9	62.5	35.0	50.3
41.5	56.0	55.5	70.0	59.2
39.2	47.0	58.2	59.0	60.8
72.3	55.0	41.4	51.5	63.0
48.4	61.7	45.3	63.2	41.5
47.0	43.2	44.6	47.7	58.6

(1) 다섯 숫자 요약 통계량(최소값, 제25백분위수, 중위수, 제75백분위수, 최대값)을 계산하여라.

(2) 자료에 대한 상자도표를 그리고 이상치를 확인하여라.

제 3 장

확 률

3.1 확률의 정의
3.2 확률의 기본 법칙
3.3 조건부 확률
3.4 독립사상
3.5 전확률의 법칙
3.6 베이즈 공식과 사후 확률
연습문제

본 장에서는 확률의 정의로부터 시작하여 확률의 기본 법칙과 조건부 확률, 사건의 독립성, 전확률의 법칙, 베이즈 공식 등을 다룬다.

하나의 동전을 던질 때 앞면이 나올지 뒷면이 나올지는 알 수 없다. 그러나 수없이 반복해서 동전을 던져 보면 앞면이 나올 가능성이 50%가 됨을 알 수 있다. 단 한 번의 시행으로부터 나올 결과를 예측할 수는 없지만 여러 번 반복할 때 이 결과들은 어떤 규칙적인 패턴을 가지게 되는데 이러한 현상을 **확률적 현상**이라 한다. 동전 던지기, 주사위 던지기, 카드 놀이나 숫자원판 돌리기 등을 반복시행하면 확률적 현상을 쉽게 발견할 수 있다. 확률의 수리적 정의를 위하여 라플라스의 고전적 확률의 정의로부터 시작한다.

3.1 확률의 정의

3.1.1 확률실험과 사상

우리는 어떤 미지의 대상 또는 사건에 대한 확률을 계산하고자 한다. 이를 위하여 확률실험을 생각한다. 여기서 확률실험이란 물리적인 실험도 포함하지만, 일반적으로 계산하고자 하는 확률이 적용되는 어떤 미지의 대상 또는 사건을 이루는 기본행위를 말한다. 이때, 확률실험의 모든 가능한 실험결과들의 집합을 표본공간(sample space)라 하고, 관심 있는 실험결과들의 집합을 **사상** 또는 **사건**(event)이라고 한다. 예를 들면 주사위를 1회 던졌을 때 표본공간은 $S=\{1,2,3,4,5,6\}$이고 사상은 $A=\{1,3,5\}$으로 사상은 항상 표본공간의 부분집합이다.

표본공간, 사상

표본공간: 표본추출이나 통계실험을 통해 얻어진 가능한 모든 결과로 S, Ω 로 표시한다.

사　　상: 표본공간 S의 부분집합을 사상 또는 사건이라 하며 A, B, C 등을 이용해서 표시한다.

공집합 ϕ는 불가능한 사상이며 S는 확실한 사상이라고도 부른다. 표본공간을 이루는 단일원소를 근원사상 또는 표본공간의 원소라고 부르며 e_i로 표기한다.

우리가 이미 알고 있는 집합에 대한 여러 가지 연산을 이용하여 다음과 같은 새로운 형태의 사건들을 고려할 수 있다.

(i) $A \cup B$는 A가 발생하거나 B가 발생(또는 양쪽 모두 발생)하는 사상이다.

(ii) $A \cap B$는 A와 B가 동시에 발생하는 사상이다.

(iii) A^c는 A가 발생하지 않는 사상이다.

두 사건 A와 B가 공통된 부분이 없을 때, 즉 $A \cap B = \phi$일 때 서로 배반적(munually exclusive)이라 부른다. 즉 A와 B가 동시에 일어나지는 않을 때 서로 배반적이다.

3.1.2 고전적 확률

라플라스는 그의 저서에서 확률을 다음과 같이 정의하였다.

고전적 확률 (라플라스의 정의)

n개의 근원사상으로 구성된 표본공간 S가 있고, 각 근원사상의 발생가능성은 같고 어느 두 경우도 동시에 발생하지 않는다고 가정할 때 어떤 m개의 근원사상으로 구성된 사상 E가 일어날 확률은 $P(E) = \dfrac{m}{n}$로 정의한다.

이와 같은 라플라스의 정의에 의한 확률을 선험적 확률(a priori probability) 또는 수학적 확률이라 부르기도 한다. 여기서 '같은 정도로 가능하다'에 대하여 논리적으로 완전한 설명을 부여하기는 쉽지 않다. 이런 곤란은 모든 과학 특히 수학에서 기초가 되는 여러 가지 개념을 설명할 때 자주 만나게 된다. 정의란 어떤 어귀로 다른 어귀를 설명하는 것이므로, 모든 어귀를 정의하려 한다는 것은 분명히 불가능한 일이며, 따라서 과학은 정의할 수 없는 약간의 어귀를 함유할 수밖에 없다. 확률론에서도 마찬가지인데, 우리는 확률론의 기초가 되는 '같은 정도로 가능하다'를 정의하지 않고 승인한다는 입장을 취한다.

라플라스의 고전적 확률에 대해서 좀더 구체적으로 알아보자. 어떤 실험 또는 시행에서 일어날 수 있는 모든 근원 사상의 경우의 수가 n가지이며 이들은 모두 같은 정도로 발생한다고 하자. 이때 사상 A가 일어나는 경우의 수가 m가지이면 사상 A의 확률 $P(A)$는 다음과 같이 정의한다:

$$P(A)=\frac{m}{n}.$$

예를 들어 한 개의 주사위를 던질 때 나타나는 눈의 수는 여섯 가지이며 어느 눈도 같은 정도로 발생한다. 이때 6의 눈이 나타나는 경우를 A 사상이라면 사상 A가 일어날 확률은 $\frac{1}{6}$이다.

예제 3.1 '구분이 되는' 두 개의 주사위를 동시에 던질 때 두 주사위의 눈의 합이 7이 될 확률을 구하여라.

풀이 두 주사위를 던질 때 발생하는 모든 가능한 결과들의 집합인 표본공간

$$\begin{aligned}S=\{&(1,\ 1),\ (1,\ 2),\ (1,\ 3),\ (1,\ 4),\ (1,\ 5),\ (1,\ 6),\\ &(2,\ 1),\ (2,\ 2),\ (2,\ 3),\ (2,\ 4),\ (2,\ 5),\ (2,\ 6),\\ &\quad\vdots \qquad\qquad \vdots \qquad\qquad \vdots\\ &(6,\ 1),\ (6,\ 2),\ (6,\ 3),\ (6,\ 4),\ (6,\ 5),\ (6,\ 6)\}\end{aligned}$$

이다. 따라서 나타날 수 있는 경우는 모두 36가지이다. 이 중 두 주사위의 합이 7이 되는 사상 A는 $\{(1,\ 6),\ (2,\ 5),\ (3,\ 4),\ (4,\ 3),\ (5,\ 2),\ (6,\ 1)\}$로 6가지이다. 따라서 구하는 확률은 $P(A)=\frac{m}{n}=\frac{6}{36}=\frac{1}{6}$이다. ▣

위 예제 3.1에서 (1, 6)과 (6, 1), (2, 5)와 (5, 2), (3, 4)와 (4, 3)을 서로 다른 경우로 구별하였음을 유의하여야 한다. 만약 이들 조합을 구별하지 않으면(즉 (1, 6)과 (6, 1)을 구별하지 않으면) 가능한 경우는 총 21가지이다. 그러나 이들은 발생 정도가 같음을 보장할 수 없기 때문에, 우리는 (1, 6)과 (6, 1)을 다른 경우로 구별한다(이들을 구별하면 발생 정도가 같게 됨을 실제로 확인할 수 있다). 위에서 '구분이 되는' 두 개의 주사위라고 한 이유가 바로 이 때문이다. 이 고전적 확률의 정의가 의미를 가지기 위해서는 첫째로, 실험에서 발생 가능한 모든 경우의 수가 유한개이고 둘째로, 각 경우는 발생 정도가 모두 같아야 한다는 두 조건을 만족해야 한다.

다음으로, 구간 [0, 3] 위의 임의의 두 점 a, b를 택할 때 두 점 a, b 모두

$1 \le a \le 2$, $1 \le b \le 2$일 확률을 생각해보자. 이들은 발생 가능한 경우의 수가 셀 수 없는 무한개이므로 고전적 정의를 곧바로 적용할 수 없다. 또한 확률의 고전적 정의는 관측이나 실험에 기초를 두지 않고 논리적인 추론에 의해 정의되기 때문에 다음과 같이 경험으로만 파악할 수 있는 문제에도 적용될 수 없다.

(1) 편의된(biased) 주사위에서 6의 눈이 나올 확률
(2) 신생아가 생후 1년 이내에 죽을 확률
(3) 어떤 부품의 생산 공정이 불량품을 만들 확률.

따라서 이를 해결하기 위해 상대도수(relative frequency)에 의한 새로운 확률의 정의(통계적 확률 또는 경험적 확률)가 필요하다.

3.1.3 경험적 확률

고전적 정의가 실험이나 관측에 기초를 두지 않은 선험적 확률인 것에 반하여 경험적 확률은 관찰된 사실에 기초한다. 이 경험적 확률을 통계적 확률이라고도 부른다. 똑같은 조건 아래서 n회 반복 시행했을 때, 사상 A가 m회 일어났다면 상대도수는 $\frac{m}{n}$이다. 이 $\frac{m}{n}$에서 n이 충분히 커져서 어떤 일정한 값 p와 차이가 매우 적어질 때 이 일정한 값 p를 사상 A의 확률로 정한다.

경험적 확률

사상 A가 일어날 확률 $P(A)$는

$$P(A) = \lim_{n \to \infty} \frac{m}{n} = p$$

로 정의한다.

예를 들어, 주사위를 던져서 6의 눈이 나올 확률이 $\frac{1}{6}$이라 함은 주사위를 여러 번 시행하여 상대도수를 구하면 $\frac{1}{6}$이 예상되고 이 일정한 값 $\frac{1}{6}$과 실제 상대도수와의 차가 n이 클 때 극히 작음을 의미한다.

상대도수에 의한 접근은 첫째로 같은 조건 아래서 반복적으로 되풀이 시행이 가능해야 하고, 둘째로 $\frac{m}{n}$에서 n이 충분히 클 때 거의 일정한 값이 되어야 한다는 두

가지 전제 조건이 필요하다.

3.1.4 공리적 확률

공리적 확률이란 표본공간의 부분집합에 부여된 세 개의 공리(axiom)를 만족하는 함수로 정의하는 좀더 수학적인 접근이다. 이때 표본공간 S의 부분집합으로 된 사상 A의 확률을 $P(A)$로 표기한다. 다음과 같은 특성을 만족하는 함수 $P(\cdot)$를 확률이라고 정의한다.

확률의 공리

공리 1. $P(A) \geq 0$

공리 2. $P(S) = 1$

공리 3. $A_1, A_2, \cdots, A_k, \cdots$에서 어느 두 개도 서로 배반인 사상이라면,

$$P(A_1 \cup A_2 \cup \cdots \cup A_k \cup \cdots) = P(A_1) + P(A_2) + \cdots + P(A_k) + \cdots = \sum_{i=1}^{\infty} P(A_i)$$

이다.

공리 1과 공리 2는 사상 A에 0보다 크거나 같은 실수값을 부여하며, 이들의 공리로부터 $P(A) \leq 1$을 알 수 있다. 결국 확률은 0과 1 사이의 실수값을 취하지 않으면 안 된다. 전사상 S은 반드시 일어나는 사상이므로, 확실히 일어나는 사상의 확률은 1임을 공리 2는 말하고 있다.

공리 3은 확률이 **가법적**임을 나타낸다. 공리 3의 특별한 경우로 두 개의 사상에 대해 생각하면 다음과 같다. A_1과 A_2가 배반이면, 즉 $A_1 \cap A_2 = \phi$이면 $P(A_1 \cup A_2) = P(A_1) + P(A_2)$이다. $P(A)$을 A의 면적으로 해석하면, A_1와 A_2가 서로 배반인 경우 공리 3이 성립함은 자명하다.

위의 세 조건을 만족하는 확률을 **공리적 확률**(axiomatic probability)이라 부른다. 공리적 확률은 고전적 또는 경험적 확률에서 필요한 전체조건이 없으며, 확률로서 갖는 기본적 성질을 세 개의 공리로서 요구하고 있을 뿐이다. 이 세 개의 공리는, 종래의 어떤 입장과도 조화를 이룬다. 즉 공리적 확률은 고전적 확률과 경험적 확률의 특성 및 기본법칙을 수용하면서 수학적으로 더 편리한 도구이다.

예를 들어 상대도수의 입장에서 생각하면 사상 A_i의 상대도수 $\frac{n_i}{n}$은 음이 아니고,

전사상의 상대도수 $\frac{n}{n}$은 1이고, A_1, A_2가 서로 배반사상이면, $A_1 \cup A_2$ 사상은 도수 n_1+n_2를 갖으며, 따라서 $\frac{n_1+n_2}{n} = \frac{n_1}{n} + \frac{n_2}{n}$와 같다.

이상으로 우리는 확률에 대한 세 가지 정의인 고전적 확률, 경험적 확률, 공리적 확률을 공부했다. 이들은 모두 객관적 확률인데 반해서 차후 베이즈 공식을 공부하면서 주관적 확률에 대해서 논의할 것이다. 주관적 확률은 객관적 확률에만 의존하지 않고 관련 분야의 전문가가 자신의 식견에 기초하여 주관적으로 확률을 부여하거나 설정하는 확률을 말한다.

3.2 확률의 기본 법칙

공리적 확률을 정의하는데 쓰인 공리계(공리 1, 2, 3)는 확률이론을 세우는데 기초가 된다. 또한 기존의 경험적 확률과 고전적 확률의 특성을 모두 포함하는 포괄적인 정의이다.

공리계로부터 유도할 수 있는 기본적인 확률의 성질을 알아보자. 이들은 공리계로부터 유도되기 이전에 이미 확률의 성질로 알려져 있다.

확률의 성질

(1) $P(\phi)=0$

(2) $P(A^c)=1-P(A)$

(3) $0 \le P(A) \le 1$

(4) 사상 A가 사상 B에 포함$(A \subset B)$되면, $P(A) \le P(B)$

(5) $A \subset B$이면 $P(B-A)=P(B)-P(A)$

증명 우선 $S=\phi \cup S$과 $\phi \cap S=\phi$에 주목하여 공리 3을 이용하면, $P(S)=P(\phi)+P(S)$로 쓸 수가 있으므로, 이것으로부터 (1)이 얻어진다. 단, $S=A \cup A^c$, $A \cap A^c=\phi$이므로, 역시 공리 3으로부터 $P(S)=P(A)+P(A^c)$가 얻어지고 공리

2로부터 $P(S)=1$이므로 (2)가 얻어진다. 이 결과를 이용하면, A^c도 S의 부분집합이므로 공리 1로부터 $P(A^c)\ge 0$이다. 그런데 $P(A^c)=1-P(A)\ge 0$이므로 $P(A)\le 1$가 얻어지고 이것과 공리 1로부터 (3)이 성립한다.

다음으로 A가 B에 포함될 때에는 $B=A\cup(A^c\cap B)$, $A\cap(A^c\cap B)=\phi$로 표시하므로, 공리 3을 이용하여 $P(B)=P(A)+P(A^c\cap B)$로 쓰고, 공리 1로부터 $P(A^c\cap B)\ge 0$이므로, $P(B)\ge P(A)$가 얻어진다.

(5) $(B-A)\cup A=B$이고, $(B-A)$와 A는 서로 배반이므로, $P(B)=P(B-A)+P(A)$이다. 따라서 $P(B-A)=P(B)-P(A)$이다. ▣

다음으로 우리는 확률의 덧셈법칙에 대하여 알아보자.

확률의 덧셈법칙

$$P(A\cup B)=P(A)+P(B)-P(A\cap B)$$

증명 $A\cup B=A\cup(B-(A\cap B))$인데 $B\supset(A\cap B)$이므로 $P(B-(A\cap B))=P(B)-P(A\cap B)$이다. 또한 A와 $(B-(A\cap B))$가 서로 배반인 점을 이용하면 $P(A\cup B)=P(A)+P(B-(A\cap B))=P(A)+P(B)-P(A\cap B)$이다. ▣

예제 3.2 0부터 9까지의 난수 중 하나의 난수를 선택하는 확률실험에서 다음과 같이 사상들을 정의해보자.

$A=$선택된 난수가 0, $B=$선택된 난수가 짝수,
$C=$선택된 난수가 3의 배수, $D=$선택된 난수가 홀수.

이때 $P(A^c)$, $P(A\cup D)$, $P(B\cup C)$를 구하여라.

풀이 이때 사상 A, B, C, D는 다음과 같이 근원사상으로 이루어져 있다.

$$A=\{0\},\ B=\{0, 2, 4, 6, 8\},\ C=\{0, 3, 6, 9\},\ D=\{1, 3, 5, 7, 9\}$$

그러면 A의 여사상은 $A^c=\{1, 2, 3, 4, 5, 6, 7, 8, 9\}$이며, 모든 근원사상의 발생확률은 $\frac{1}{10}$이므로

$$P(A^c)=1-P(A)=1-P(\{0\})=1-1/10=9/10$$

이다. 또한 A와 D는 배반사상이므로 $A \cap D = \phi$이고 $A \cup D = \{0, 1, 3, 5, 7, 9\}$이다. 따라서

$$P(A \cup D) = P(A) + P(D) = 1/10 + 5/10 = 6/10$$

이다. 또한 $B \cap C = \{0, 6\}$이고 $B \cup C = \{0, 2, 3, 4, 6, 8, 9\}$이므로

$$\begin{aligned} P(B \cup C) &= P(B) + P(C) - P(B \cap C) \\ &= 5/10 + 4/10 - 2/10 = 7/10 \end{aligned}$$

이 성립한다. ▣

3.3 조건부 확률

이 절에서는 기존의 확률 개념에 추가하여 조건부 확률(conditional probability)이라는 새로운 정의를 배운다. 이 개념은 앞으로 매우 중요하고 유용하게 쓰이므로 잘 알아두기 바란다.

예를 들어 주사위를 한번 던질 때 홀수가 나올 확률은 $\frac{1}{2}$이다. 그러나 만약 주사위를 던진 결과, 나온 눈의 수가 4 이상이라는 사실을 안다면 그것이 홀수일 확률은 $\frac{1}{2}$이 될 수는 없다. 왜냐하면 눈의 수가 4 이상이라는 상황에서는 모든 가능한 실험 결과의 집합, 즉 표본공간은 $S = \{1, 2, 3, 4, 5, 6\}$이 아닌 $S_1 = \{4, 5, 6\}$이기 때문이다. [그림 3.1]은 이와 같이 표본공간이 바뀌었음을 나타내어 준다.

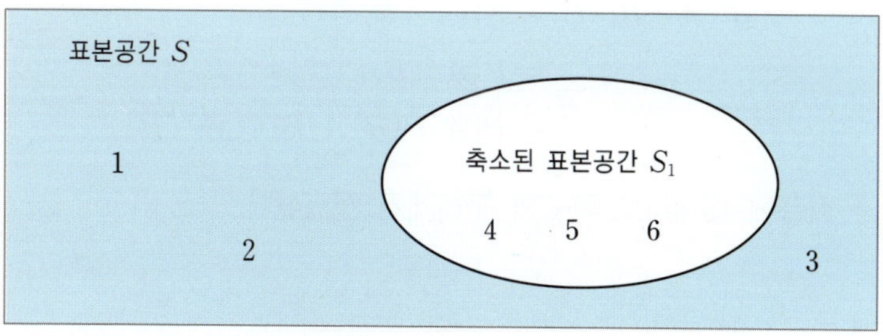

[그림 3.1] 원 표본공간 (S)와 축소된 표본공간 (S_1)

이제 [그림 3.1]에서 눈의 수가 4 이상일 때 홀수가 나올 확률은 $\frac{1}{3}$ 임을 알 수 있다. 이러한 확률을 눈의 수가 4 이상인 사상 B가 주어졌을 때 눈의 수가 홀수인 사상 A의 조건부 확률이라고 한다. 사상 B가 주어졌을 때 사상 A의 조건부 확률을 $P(A|B)$로 표기한다. 위에서 논의한 바와 같이 원래의 표본공간을 축소시킨 상태에서의 조건부 확률은 다음과 같이 정의한다.

조건부 확률 (conditional probability)

사상 B가 일어났을 때의 사상 A의 조건부 확률은

$$P(A|B) = \frac{P(A \cap B)}{P(B)} \quad (\text{단, } P(B) > 0)$$

이다.

이를 변형하면 $P(A \cap B) = P(B)P(A|B)$와 같이 된다. 이를 확률의 **곱셈의 법칙**이라고 한다.

확률의 곱셈법칙

$P(A) > 0$이고 $P(B) > 0$이면

$$P(A \cap B) = P(B) \cdot P(A|B), \quad P(A \cap B) = P(A) \cdot P(B|A)$$

이다.

다음으로 조건부 확률의 곱의 법칙을 세 사상 A, B, C에 대하여 확장하면 다음과 같다:

$$\begin{aligned} P(A \cap B \cap C) &= P((A \cap B) \cap C) \\ &= P(A \cap B)P(C|A \cap B) \\ &= P(A)P(B|A)P(C|A \cap B) \end{aligned}$$

이다. 조건부 확률에 대해서도 확률의 공리계가 성립된다.

예제 3.3 한 개의 동전을 두 번 던지는 확률실험에서 표본공간 $S = \{(H, H), (H, T), (T, H), (T, T)\}$에 있는 4개의 사상이 일어날 확률이 모두 같다고 가정하

면, 첫 번째 던져서 H가 나왔다는 조건하에 두 번째 던진 것이 H가 나올 조건부 확률을 생각해보자.

풀이 $B=\{(H,\ H),\ (H,\ T)\}$는 처음 던진 것이 H가 나오는 사상이라 하고, $A=\{(H,\ H),\ (T,\ H)\}$는 두 번째에 던진 것이 H가 나오는 사상이라 하자. 그때 요구되는 확률은 다음과 같이 주어진다.

$$P(A\mid B)=\frac{P(A\cap B)}{P(B)}=\frac{P(\{(H,H)\})}{P(\{(H,H),(H,T)\})}=\frac{1/4}{2/4}=\frac{1}{2}$$ ▣

3.4 독립사상

앞 절에서 생각한 바와 같이 $P(A\mid B)$는 일반적으로 $P(A)$와 같지 않다. 다시 말하면 사상 B가 발생하면 사상 A가 발생하는데 변화를 일으킨다. 특별한 경우로서 $P(A\mid B)$는 $P(A)$와 같은 경우가 있는데 이를 사상 A는 사상 B와 독립(independent)이라 한다. 즉 사상 B가 발생했음에도 사상 A가 발생할 확률에 변화를 주지 않는다면 두 사상 A와 B는 서로 독립이라고 정의한다. 다시 말해서 A와 B가 독립이면

$$P(A\cap B)=P(A\mid B)P(B)=P(A)P(B)$$

인 결과가 얻어진다. 이때 위 식은 두 사상 A와 B에 대하여 대칭이므로 A와 B가 독립이면 언제나 사상 B와 A는 독립이다. 두 사상 A와 B가 독립이 아니면 종속(dependent)이라고 한다.

두 개의 독립 사상의 곱의 법칙은

$$P(A\cap B)=P(A)P(B)$$

이다. 또한 두 사상 A와 B에 대하여 $P(B\mid A)\neq P(B)$일 때 A와 B는 서로 종속이다.

세 사상 $A,\ B,\ C$에 대하여

$$P(A\cap B)=P(A)P(B),\ \ P(A\cap C)=P(A)P(C),\ \ P(B\cap C)=P(B)P(C)$$

이고

$$P(A \cap B \cap C) = P(A)P(B)P(C)$$

가 성립할 때, 세 사상 A, B, C를 서로 독립이라 한다.

예제 3.4 하나의 주사위를 던져서 나오는 눈의 수를 관측하는 확률실험에서 다음과 같이 사상을 정의하자.

$$A = \{1, 2, 3\}, \ B = \{2, 4, 6\}, \ C = \phi$$

이때 사상 A, B, C는 서로 독립인가?

풀이 $P(A) = \frac{3}{6} = \frac{1}{2}$, $P(B) = \frac{3}{6} = \frac{1}{2}$, $P(C) = 0$이다. 또한 $A \cap B \cap C = \phi$이다. 그리고 $P(A \cap B \cap C) = P(A)P(B)P(C) = 0$이다. 그러나 $A \cap B = \{2\}$이고

$$P(A \cap B) = \frac{1}{6} \neq P(A)P(B) = \left(\frac{1}{2}\right)\left(\frac{1}{2}\right) = \frac{1}{4}$$

이다. 따라서 사상 A와 B는 독립이 아니다. 그러나 A와 C, B와 C는 독립이다

■

세 사상의 독립성

$P(A \cap B \cap C) = P(A)P(B)P(C)$가 만족된다고 해서 사상 A, B, C가 독립인 것은 아님을 보여준다. 즉 $P(A \cap B) = P(A)P(B)$, $P(B \cap C) = P(B)P(C)$, $P(A \cap C) = P(A)P(C)$라는 조건이 추가적으로 필요하다.

예제 3.5 두 명의 사수 갑과 을이 동시에 과녁에 총을 쏘려고 한다. 두 사수가 과녁에 명중시킬 확률은 각각 0.7, 0.6이라 할 때 두 명 모두가 과녁에 명중시킬 확률은 얼마인가?

풀이 사수 갑과 을이 과녁에 명중시키는 사상을 각각 A, B라 하자. 두 사수가 동시에 총을 쏘므로 서로의 결과에 영향을 받지 않아 사상 A와 B는 서로 독립이라고 할 수 있다. 따라서

$$P(A \cap B) = P(A) \times P(B) = 0.7 \times 0.6 = 0.42$$

이다. ▣

예제 3.6 독립시행이 무한히 연속으로 행해진다고 가정하자. 각 시행이 성공할 확률 P와 실패할 확률 $1-P$를 가질 때 적어도 한번의 성공이 최초 n번 시행에서 일어날 확률은 얼마인가?

풀이 최초 n번 시행에서 적어도 한번 성공을 계산하기 위해서는 여사상의 확률을 이용하는 것이 쉽다. 즉, 최초 n번 시행에서 한 번도 성공하지 못할 확률을 계산하면 된다. E_i를 i번째 시행에서 실패할 경우의 사상이라 하면, n번 시행까지 한 번도 성공하지 못할 확률은, 사상 E_i들의 독립성에 의해

$$P(E_1 \cap E_2 \cap \cdots \cap E_n) = P(E_1)P(E_2)\cdots P(E_n) = (1-p)^n$$

이다. 따라서 구하는 확률은 $1-(1-p)^n$이다. ▣

3.5 전확률의 법칙

이 절에서는 앞에서 배운 내용을 바탕으로, 확률을 효율적으로 계산하는데 사용되는 확률의 분할법칙과 전확률의 법칙에 대해서 공부하겠다.

사상 B_1, B_2, $\cdots$가 서로 배반이고, S가 표본공간일 때

$$\bigcup_{i=1}^{\infty} B_i = S$$

이면, 사상 $B_1, B_2, \cdots$을 표본공간 S의 분할(partition)이라 한다. 간단한 경우로 사상 B_1과 B_2가 표본공간 S의 분할이라고 하면 $A \cap B$와 $A \cap B^C$가 서로 배반이므로 다음과 같은 확률의 분할법칙이 성립함을 알 수 있다.

확률의 분할 법칙

$$P(A) = P(A \cap B) + P(A \cap B^c)$$
$$= P(A|B)P(B) + P(A|B^c)P(B^c)$$

이 확률의 분할 법칙을 일반화시키면 다음의 전확률의 법칙을 얻을 수 있다.

전확률의 법칙 (formula of total probability)

S가 표본공간일 때 $B_1, B_2, \cdots, B_n$가 서로 배반사상이고 $S = \bigcup_{i=1}^{n} B_i$이면, 임의의 사상 A에 대하여

$$P(A) = \sum_{i=1}^{n} P(B_i)P(A|B_i)$$

가 성립한다.

증명 표본공간의 분할 $B_1, B_2, \cdots, B_n$에 대하여, 사상 $A \cap B_1$, $A_2 \cap B, \cdots$, $A_n \cap B$는 서로 배반이므로([그림 3.2] 참조)

$$P(A) = P\left(A \cap \left(\bigcup_{i=1}^{n} B_i\right)\right)$$
$$= P\left(\bigcup_{i=1}^{n} (A \cap B_i)\right) \quad \text{(집합의 분배법칙에 의해서)}$$
$$= \sum_{i=1}^{n} P(A \cap B_i)$$
$$= \sum_{i=1}^{n} P(A \mid B_i)P(B_i), \quad (\text{단, } 0 < P(B_i),\ i = 1, 2, 3, \cdots, n).$$ ■

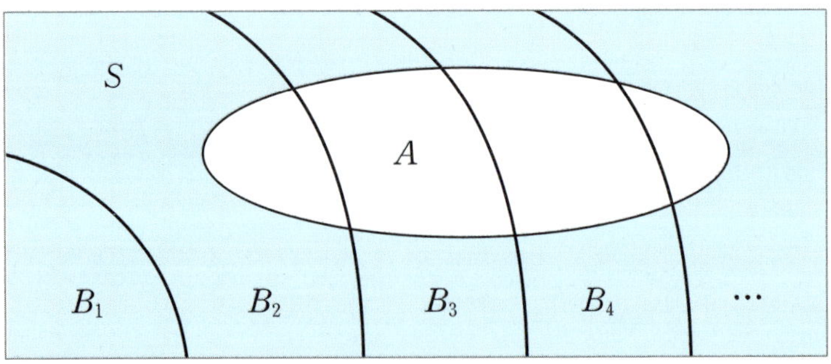

[그림 3.2]

이 전확률의 법칙은 다음 절에 베이즈 공식을 유도하는데 중요하게 쓰인다.

예제 3.7 어떤 보험회사에서는 사람들을 두 가지로 분류할 수 있다고 믿고 있다. 즉, 사고성향이 있는 사람과 그렇지 않은 사람으로 분류한다. 그들이 축척한 통계자료에서는 사고 경향이 있는 사람들은 1년 내의 어느 시기에 사고를 일으킬 확률이 0.4인 반면, 사고 경향이 없는 사람은 0.2에 그친다. 모집단의 30%가 사고 성향이 있다고 하면 새로운 계약자가 계약한지 1년 내에 사고를 낼 확률을 구하여라.

풀이 먼저, 계약자가 사고 성향이 있는지에 관한 조건 확률을 구해야 한다. A를 계약자가 1년 내에 사고를 낼 사상이라 하고, B를 계약자가 사고 성향이 있는 경우의 사상이라 하자. 여기서 요구되는 확률 $P(A)$은 다음과 같다.

$$\begin{aligned} P(A) &= P(A \cap B) + P(A \cap B^c) \\ &= P(A \mid B)P(B) + P(A \mid B^c)P(B^c) \\ &= (0.4)(0.3) + (0.2)(0.7) = 0.26 \end{aligned}$$

▣

예제 3.8 어느 공장에서 3대의 기계 M_1, M_2, M_3가 생산품 전체의 50%, 30%, 20%를 각각 생산한다. 이들 기계가 불량품을 생산하는 비율은 각각 10%, 20%, 30%이다. 이 공장의 생산품 중에서 임의로 한 제품이 선정되었을 때 그 제품이 불량품일 확률을 구하여라.

풀이 임의로 선정된 제품이 불량품인 사상을 A, 기계 M_1, M_2, M_3에 의하여 생산되는 사상을 각각 사상 B_1, B_2, B_3라고 하면 전확률의 공식에 의하여 다음과 같다.

$$\begin{aligned} P(A) &= \sum_{i=1}^{3} P(B_i)P(A \mid B_i) \\ &= 0.5 \times 0.1 + 0.3 \times 0.2 + 0.2 \times 0.3 = 0.17 \end{aligned}$$

▣

3.6 베이즈 공식과 사후 확률

이 절에서는 조건부 확률로 표시되는 **사후 확률**(posterior probability)을 유도하는데 쓰이는 **베이즈 공식**에 대해서 알아보기로 한다. 이는 **사전 확률**(prior probability)과 사후 확률의 관계로부터 매우 유용하게 확률계산에 활용된다.

A와 B를 사상이라 하면, 앞 절에서 배운 확률의 분할 법칙에 의해

$$\begin{aligned} P(A) &= P(A|B)P(B) + P(A|B^c)P(B^c) \\ &= P(A|B)P(B) + P(A|B^c)[1 - P(B)] \end{aligned}$$

가 성립된다. 위 식에서 사상 A의 확률은 조건부 확률 $P(A|B)$와 조건부 확률 $P(A|B^c)$의 가중평균이다. 이때 가중치는 $P(B)$와 $P(B^c)$이다.

이제 사상 A가 발생했다고 가정하고 여러 사상들 B_j 중 하나가 역시 발생하는지를 결정하는데 관심이 있다고 하자. 이러한 확률의 계산을 위해 전확률 법칙을 이용하여, 다음의 정리를 얻을 수 있다.

베이즈의 공식 (Bayes' formula)

$B_1, B_2, \cdots, B_n$이 서로 배반이고 $\bigcup_{i=1}^{n} B_i = S$이면, 사상 A가 주어졌을 때, 사상 B_j가 일어날 조건부 확률은 다음과 같이 주어진다.

$$P(B_j|A) = \frac{P(A \cap B_j)}{P(A)} = \frac{P(A|B_j)P(B_j)}{\sum_{i=1}^{n} P(A|B_i)P(B_i)}$$

위 식은 영국의 철학자 토마스 베이즈(Thomas Bayes)의 이름을 따서 베이즈 공식(Bayes' formula)으로 알려져 있다. 만일 사상 B_j를 어떤 주관적인 문제에 관한 가능한 가설로 생각하면, 베이즈 공식은 실험 전에 세운 이러한 가설들(즉 $P(B_j)$)이 실험의 결과에 의해 어떻게 변화하는지를 보여주는 것으로 이해할 수 있다. 즉, 어떤 실험의 결과에서 나온 정보를 이용하여 처음의 확률을 개선시킬 수 있는 데 이때 처음의

확률을 **사전 확률**(prior probability)이라 하고 개선된 확률을 **사후 확률**(posterior probability)이라 한다. 위에서 $P(B_j)$는 사전 확률이고 $P(B_j | A)$는 사후 확률이다. 베이즈 정리를 쓰면 사전 확률로부터 사후 확률을 구할 수 있다.

사전 확률은 전문가적 식견을 이용한 주관적 확률로 설정되어, 추후 베이지안 통계학(Bayesian statistics)이라는 매우 흥미로운 분야로 발전된다. 일부 통계학자들은 주관적인 확률의 설정에 반대하는데 그들을 빈도학자(frequentist)라고 부르기도 한다.

예제 3.9 평소에 하는 말 중 70%가 거짓말인 사람에게 거짓말 탐지기로 어떤 물음에 대한 그 사람의 대답이 거짓인지 참인지 조사하려 한다. 이 거짓말 탐지기가 90%의 정확성을 가지고 있다고 한다. 이 사람의 대답이 거짓말 탐지기에 의해 거짓이라고 나올 확률은 얼마인가? 또한 거짓말 탐지기에 의해 거짓이라고 조사되었을 때 이 사람이 거짓말을 할 확률을 구하여라.

풀이 (1) 거짓말 탐지기가 '거짓'이라고 답할 사상을 A, 이 사람이 거짓말할 사상을 B라 하면,

$$P(B) = 0.7,\ P(B^c) = 0.3,\ P(A | B) = 0.9,\ P(A | B^c) = 0.1$$

이다. 따라서 다음과 같다.

$$\begin{aligned} P(A) &= P(A | B)P(B) + P(A | B^c)P(B^c) \\ &= 0.9 \times 0.7 + 0.1 \times 0.3 \\ &= 0.66 \end{aligned}$$

(2) $P(A \cap B) = P(A | B)P(B) = 0.9 \times 0.7 = 0.63$이다. 따라서

$$P(B | A) = \frac{P(A \cap B)}{P(A)} = \frac{0.63}{0.66} = 0.955$$

이다. 이때 $P(B)$는 사전 확률이고 $P(B | A)$는 사후 확률이다. 또한 위의 결과에서 거짓말을 했을 확률이 처음의 70%에서 95.5%로 바뀐 것은 거짓말 탐지기의 조사결과가 작용했기 때문이다. 즉 정확도 90%인 거짓말 탐지기가 '거짓'으로 판정했기 때문에 이 사람이 한 대답이 거짓이라는 믿음 또는 가능성이 더욱 커진다. ▣

예제 3.10 어떤 비행기가 추락하였는데 추락 가능한 지역은 G_1, G_2, G_3 3곳으로 어느 곳이나 추락할 가능성은 동일하다고 한다. 그리고 비행기가 G_1 지역에 추락했을 때 이것을 찾지 못할 확률은 0.2라고 하자. 이때 G_1 지역을 조사하여 비행기를 찾지 못했다는 조건 하에서, 비행기가 G_2 지역에 있을 조건부 확률을 구하여라.

풀이 B_1, B_2, B_3를 각각 비행기가 G_1, G_2, G_3 지역에 추락할 사상이라 하고 사상 A를 G_1지역을 조사하여 비행기를 찾지 못할 사상이라고 하자. 베이즈 공식으로부터

$$\begin{aligned}
P(B_2 \mid A) &= \frac{P(A \mid B_2)P(B_2)}{P(A)} \\
&= \frac{P(A \mid B_2)P(B_2)}{P(A \mid B_1)P(B_1) + P(A \mid B_2)P(B_2) + P(A \mid B_3)P(B_3)} \\
&= \frac{(1)\left(\frac{1}{3}\right)}{(0.2)\left(\frac{1}{3}\right) + (1)\left(\frac{1}{3}\right) + (1)\left(\frac{1}{3}\right)} \\
&= \frac{1}{0.2+2} = \frac{5}{11}
\end{aligned}$$

이다(여기서 $P(A \mid B_2) = P(A \mid B_3) = 1$임을 유의하라). ▣

이상으로 본 장에서는 확률의 정의로부터 시작하여 사상에 대한 확률의 기본 법칙과 조건부 확률, 사상의 독립성, 전확률의 법칙, 베이즈 공식 등에 대해 알아보았다. 이러한 확률의 법칙들은 다음 절에서 다룰 확률변수의 정의와 법칙으로 유사하게 확장되고 활용된다.

제 3 장 연습문제

01 한 주머니 속에 흰 공 5개, 검은 공 6개가 들어 있다. 이 중에서 3개의 공을 꺼냈을 때, 흰 공이 2개, 검은 공이 1개일 확률을 구하여라.

02 어떤 수업의 수강인원이 30명이라고 할 때, 생일이 같은 학생들이 있을 확률은? (단, 1년은 365일)

03 1부터 40까지의 번호 중에 5개의 당첨번호를 맞추는 로또가 있다고 하자. 이때 한 사람이 로또를 했을 때, 5개의 당첨번호 중 4개의 번호가 맞을 확률은?

04 사과가 10개가 있는데 이 중에 3개가 벌레 먹은 사과라고 한다. 이 10개의 사과 중에 3개를 선택하였을 때 벌레 먹은 사과가 1개 이하일 확률은?

05 15층까지 있는 건물이 있다. 1층에서 엘리베이터를 타려는 사람이 5명이 있을 때, 이 중에서 같은 층에서 내리는 사람이 있을 확률은?

06 어느 확률 실험에 대한 결과가 다음과 같다.

결 과	1	2	3	4	5
확 률	0.2	0.15	0.25	0.1	0.3

사상 A는 $A=\{1, 2, 3, 5\}$이고, 사상 B는 $B=\{3, 4, 5\}$일 때, 다음의 확률을 계산하여라.

(1) $P(A)$　　(2) $P(B)$

(3) $P(A\cap B)$　　(4) $P(A\cup B)$

07 배반사상과 독립사상의 정의를 적고, 그 차이점에 대해 써라.

08 균형된 동전 하나를 세 번 던지는 실험에서 사상 A, B, C가 다음과 같이 정의된다.

A: 정확하게 표면이 한번 나온다.

B: 표면이 한번 이상 나온다.

C: 표면이 한번도 나오지 않는다.

(1) 각 사상 A, B, C의 확률을 계산하여라.

(2) 사상 A, B, C 중 서로 배반인 사상을 구하여라.

(3) 사상 A, B, C 중 서로 독립인 사상을 구하여라.

09 두 개의 주사위를 독립적으로 던져 사상 $A=\{$눈의 합$=8\}$, $B=\{$눈이 같다$\}$를 생각할 때, $P(B|A)$를 구하여라.

10 사상 A와 C가 서로 배반일 때, 다음 식이 성립함을 밝혀라.

$$P(A\cup C\,|\,B)=P(A\,|\,B)+P(C\,|\,B)$$

11 두 사상 A, B에 대하여,

$$P(A)=0.3,\ P(A\,|\,B)=0.25,\ P(A^c\cap B^c)=0.4$$

일 때, $P(B)$ 및 $P(B\,|\,A)$를 구하여라.

12 한 마리의 새가 있다. A가 이 새를 맞출 확률은 0.25이고, A, B 중 적어도 한 사람이 맞출 확률은 0.5이며, A, C 중 적어도 한 사람이 맞출 확률은 0.625라 한다. B, C가 동시에 이 새를 쏠 때, 이 새가 맞을 확률을 구하여라.

13 네 개의 보기 중 맞는 것에 ○표를 하는 사지선택형의 문제가 10문제 주어졌다. 네 개의 보기 중에서 정답은 오직 한 개이고, 수험생은 그 중 한 개만 ○표를 하는 것으로 한다. 어떤 수험생이 임의로 ○표를 할 때,

(1) 10문제 모두 맞을 확률을 구하여라.

(2) 9문제 이상 맞을 확률을 구하여라.

(3) 8문제 이하 맞을 확률을 구하여라.

14 서랍에 5켤레의 흰색 양말, 3켤레의 검은색 양말, 2켤레의 빨간색 양말이 들어 있다. 2켤레의 양말을 서랍에서 랜덤하게 꺼내었을 때 다음의 확률을 구하여라.

(1) 색깔이 모두 같다.

(2) 색깔이 모두 다르다.

15 콤팩트 디스크(CD)에는 15곡이 들어 있다. 그 중 7곡이 애창곡이라 가정하자. 만약 CD플레이어의 랜덤 선택 단추를 누르면 15곡이 랜덤한 차례대로 연주된다. 처음 3개의 곡이 다음과 같이 연주될 확률을 구하여라.

(1) 3개의 곡이 모두 애창곡이다.

(2) 3개의 곡이 어느 것도 애창곡이 아니다.

(3) 3개의 곡 중 오직 한 곡은 애창곡이다.

(4) 3개의 곡 중 최소한 한 곡은 애창곡이다.

16 $P(A \cap B) = 0.5$, $P(A|B) = 0.8$, $P(B|A) = 0.7$일 때 다음의 확률을 구하여라.

(1) $P(A)$

(2) $P(B)$

(3) $P(A \cup B)$

17 컴퓨터 제조업체는 하청업체로부터 키보드를 납품받는다. 납품받는 키보드는 하나씩 검사를 받는다. 과거 통계자료에 의하면 키보드의 불량률은 3%이고 키보드가 불량인 데도 합격판정을 받을 확률은 0.002이며 불량품이 아닌 경우에 합격판정을 받을 확률은 0.995이다. 다음의 확률을 구하여라.

(1) 임의로 선택된 키보드가 실제로는 불량품이면서 합격 판정

(2) 임의로 선택된 키보드가 실제로는 불량품이 아니면서 합격 판정

18 어떤 회사의 사원들 중 60%는 기혼남성, 10%는 기혼여성, 20%는 미혼남성,

10%는 미혼여성이라 한다. 기혼 남성의 30%, 기혼여성의 10%, 미혼남성의 60%, 미혼여성의 30%는 등산을 좋아한다고 한다. 그 회사의 어느 한 사람을 임의로 선택하였을 때 그 사람이 등산을 좋아할 확률은 얼마인가? 또한 그 사람이 등산을 좋아하였다면 미혼여성일 확률은 얼마인가?

19 어느 부부가 아들 한 명을 낳거나 세 명의 자녀를 가질 때까지 아이를 낳을 계획을 세웠다고 한다. 자녀 중에 아들이 있을 확률은 얼마인가? 단, 자녀가 아들, 딸일 확률은 각각 1/2로서 같다. 또한 자녀를 계속 낳을 때 이 자녀들의 성별은 독립이다.

제 4 장

확률변수

4.1 확률변수의 정의
4.2 확률변수의 기대값과 분산
4.3 이변량 확률분포
4.4 SPSS 실습
연습문제

4.1 확률변수의 정의

앞 장에서는 확률계산을 위해서 집합으로 표시되는 사상을 이용하였으나 본 장에서 우리가 배울 확률변수를 이용하면 확률의 계산이 더 수월할 수 있다. 따라서 본 절에서는 **확률변수**(random variable)에 대해서 설명하겠다.

두 개의 동전을 던져 나오는 결과를 관측하는 확률실험을 생각해보자. 이때 표본공간은

$$S=\{(\text{표면, 표면}), (\text{표면, 이면}), (\text{이면, 표면}), (\text{이면, 이면})\}$$

이며, 표면을 영문자 H로 이면을 T로 표시한다면 S는 좀더 간단히

$$S=\{(H,H),(H,T),(T,H),(T,T)\}$$

가 된다. 표본공간의 원소가 숫자가 아닌 경우에는 통계적 분석이나 추론이 편리하도록 숫자로 바꾸어 줄 필요가 있다. 예를 들면, 위의 실험에서 X를 표면의 수라면 $X=2$는 (H,H)의 결과이며, $X=1$은 (H,T) 또는 (T,H)의 결과에, 그리고 $X=0$는 (T,T)의 결과에 상응한다. 이리하여 X의 가능한 값은 0, 1, 2이다. 두 개의 동전을 던져서 나오는 결과에 따라 X의 값은 변하므로 X는 랜덤한 변수이고, 이를 확률변수라 부른다. 이제 확률변수를 다음과 같이 정의할 수 있다.

확률변수 (random variable)

표본공간에 속하는 모든 관측값들에 실수값을 대응시킨 함수이다.

확률변수는 보통 X, Y 혹은 Z 등과 같은 알파벳 대문자로 표시하고, 이들 확률변수가 갖는 실제 값을 표시할 때는 알파벳 소문자 x, y, z로 표시한다. 예를 들어 두 개의 동전을 던져 표면의 수 X를 관측하는 실험에서 $X=\{0,1,2\}$인데, 이것이 의미하는 바는

$$X(\{H,H\})=2,\ X(\{H,T\})=X(\{T,H\})=1,\ X(\{T,T\})=0$$

이 되므로 확률변수 X는 표본공간 위에서 정의되는 실수값 함수로써의 역할을 한다.

반면 표면의 개수에 따라 100원씩 받는 게임을 생각하면,

$$Y(\{H, H\}) = 200, \;\; Y(\{H, T\}) = Y(\{T, H\}) = 100, \;\; Y(\{T, T\}) = 0$$

과 같이 $Y = \{0, 100, 200\}$이 된다. 따라서 같은 표본공간이라 할지라도 관심대상이 다름으로 인하여 확률변수의 값이 달라진다. 하지만 확률변수의 각 값에 부여되는 확률은 동일하다. 즉

$$P(X=0) = P(Y=0) = P(\{T, T\}) = 1/4,$$
$$P(X=1) = P(Y=100) = P(\{H, T\} \text{ 또는 } \{T, H\}) = 1/2,$$
$$P(X=2) = P(Y=200) = P(\{H, H\}) = 1/4$$

이다.

확률론에서는 표본공간의 각 근원사상에 대응하는 확률을 알고 있다는 가정 하에서 확률변수의 성질을 연구하게 되는데, 이들 확률이 분포된 형태를 규명하는 것도 필요하다.

확률변수가 취하는 각 값에 확률을 대응시켰을 때의 관계를 확률변수의 **분포**(distribution) 또는 **확률분포**(probability distribution)라 한다. 이때 확률변수 X가 셀 수 있는 이산형의 값을 가진다면 X는 **이산형 확률변수**(discrete random variable)라 하고, 이때 대응되는 확률함수를 **확률질량함수**(probability mass function)라고 하며, 이를 pmf라고 쓴다. 이것은 다음과 같은 성질을 가진다.

이산형 확률변수의 성질

1. 이산형 확률변수 X는 셀 수 있는 값 $x_1, x_2, \cdots, x_n$을 취한다.
2. X에 대한 확률분포는 각 결과 x_i에 확률 p_i를 대응시킴으로써 주어진다.
3. 확률 $p_i(i = 1, 2, \cdots, n)$들은 다음의 두 조건을 만족해야 한다.
   (a) $0 \le p_i \le 1, \quad i = 1, 2, \cdots, n$
   (b) $p_1 + p_2 + \cdots + p_n = 1$

예제 4.1 어느 교양통계 강좌의 강사는 학생들의 성적평가를 상대평가로 하기로 하여 A, B, C, D, E, F학점을 각각 5%. 15%, 30%, 30%, 15%, 5%를 주기로 하였다. 또한 A학점에 5점, B학점에 4점, ⋯, F학점에 0점을 주어 수량평가하려고

한다. 그러면 학생들의 성적을 나타내는 이산형 확률변수 X의 확률분포는 다음과 같다.

x	0	1	2	3	4	5
$P(X=x)$	0.05	0.15	0.30	0.30	0.15	0.05

그러면 B학점 이상 받을 사상의 확률은 X의 확률분포로부터 다음과 같다.

$$P(X \geq 4) = P(X=4) + P(X=5) = 0.15 + 0.05 = 0.2$$ ▣

이산형 확률분포를 그린 그림을 **확률막대그래프**(probability histogram)이라 한다. [그림 4.1]은 이산형 확률막대그래프을 보여준다. 이것은 예제 4.1에서 학생들의 성적을 나타내는 확률변수 X의 확률막대그래프이다.

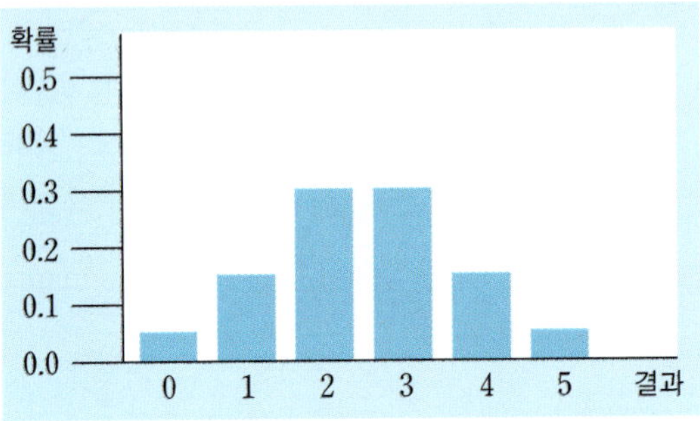

[그림 4.1] 이산형 확률변수의 확률막대그래프

확률변수 X가 지정된 어느 단위시간에 은행에 들어오는 고객의 수라면 X는 이산형 확률변수이지만, 만약 X가 그 날 그 은행에 최초의 고객이 들어올 때까지 기다리는 시간이라면 X는 실수 구간의 값을 갖는다. 이렇게 확률변수 X의 값이 실수 구간의 값을 취할 때 X를 **연속형 확률변수**(continuous random variable)라 한다. 많은 경우 측정자료는 연속형 확률변수에 해당한다. 즉 시간 이외에도 길이, 무게, 온도, 거리, 밀도 등이 있다. 연속형 확률변수는 어떤 실수 구간에서의 함수로 확률을 나타낸다. 다음 [그림 4.2]는 아래에 설명되는 연속형 확률변수의 확률 밀도함수를 보여준다.

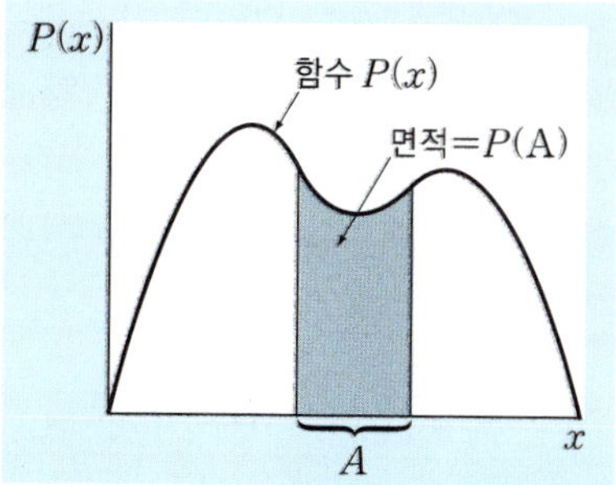

[그림 4.2] 연속형 확률변수의 확률 밀도함수

연속형 확률변수의 성질

1. 연속형 확률변수 X는 실수 구간의 모든 값들을 가진다.
2. X의 값들의 집합인 A에 대한 확률은 함수 $f(x)$ 사이의 면적에 상응하는 $P(A)$를 대응시킴으로써 구한다. 즉 $P(A) = \int_A f(x)\,dx$이다.
3. 확률함수 $f(x)$는 다음의 조건을 만족시켜야 한다.
   (a) 모든 x에 대하여 $f(x) \geq 0$이다.
   (b) $\int_{-\infty}^{\infty} f(x)\,dx = 1$
   (c) $P(X = x) = 0$

위의 성질을 만족시키는 함수 $f(x)$를 연속형 확률변수 X의 **확률밀도함수**(probability density function)라 하고 보통 pdf로 표기한다. 특히 위의 성질 (c)로부터 연속형 확률변수 X가 하나의 값을 가질 확률은 0이므로,

$$P(a < X < b) = P(a \leq X < b) = P(a < X \leq b) = P(a \leq X \leq b)$$
$$= \int_a^b f(x)\,dx$$

임을 알 수 있다.

예제 4.2 어떤 조립기계 생산업자는 새로운 기계의 수명 X를 측정하는 확률함수로써

$$f(x) = kx - \frac{3}{4}x^2,\ \ 0 < x < 2$$

를 이용한다고 한다. 단, 수명의 단위는 년이다.

(1) 함수 $f(x)$가 확률밀도함수가 되기 위한 상수 k의 값은 얼마인가?

(2) 1년 이상 동안 이상 없이 사용할 확률은 얼마인가?

풀이 (1) 연속형 확률밀도함수의 성질을 이용하면

$$1 = \int_0^2 f(x)dx = \int_0^2 \left(kx - \frac{3}{4}x^2\right)dx = 2k - 2$$

이며, 따라서 $k = \dfrac{3}{2}$이다.

(2) $P(X \geq 1) = \int_1^2 f(x)dx = \int_1^2 \left(\dfrac{3}{2}x - \dfrac{3}{4}x^2\right)dx = \dfrac{1}{2}$ ▣

4.2 확률변수의 기대값과 분산

관측값들의 산술평균인 $\overline{x} = \sum_{i=1}^{n} \frac{1}{n} x_i$는 모든 관측값들에 똑같은 가중치 $\frac{1}{n}$을 주고 계산한 가중평균이다. 이제 큰 확률을 가지는 확률변수의 값에 큰 가중치를 주고 작은 확률을 가지는 확률변수의 값에는 작은 가중치를 주고 계산하는 가중평균, 즉 $\sum_{i=1}^{n} x_i p_i$를 확률변수 X의 기대값(expected value) 또는 X의 **평균**(mean)이라고 한다. 여기서 $p_i = P(X = x_i)$이다. 이는 다음과 같이 μ_X 또는 $E(X)$로 표시한다.

$$\mu_X = E(X) = \sum_{i=1}^{n} x_i p_i$$

연속형 확률변수 X가 확률밀도함수 $f(x)$를 가진다면 X의 평균은

$$\mu_X = E(X) = \int_{-\infty}^{\infty} x f(x) dx$$

가 된다.

확률변수의 평균(기대값)

$$\mu_X = E(X) = \begin{cases} \sum_{i=1}^{n} x_i p_i & , X\text{가 이산형 확률변수일 때} \\ \int_{-\infty}^{\infty} x f(x) dx , & X\text{가 연속형 확률변수일 때} \end{cases}$$

예제 4.3 정가 500원의 어느 즉석복권은 총 100만 매가 발행되며, 그 중 1,000만 원, 50만 원, 10만 원, 5만 원, 5000원, 1000원, 500원의 당첨금에 해당하는 복권은 각각 1, 10, 100, 200, 8,000, 50,000, 250,000매가 발매된다고 한다. 만약 복권 1매를 구입했을 때 기대되는 당첨금액은 얼마인가?

풀이 확률변수 X를 복권 1매의 당첨금액이라 하면 X의 확률분포는 다음과 같다.

x	$P(X=x)$
1000만 원	1/1,000,000
50만 원	10/1,000,000
10만 원	100/1,000,000
5만 원	200/1,000,000
5천원	8,000/1,000,000
1천원	50,000/1,000,000
5백원	250,000/1,000,000
0	691,689/1,000,000

$$\begin{aligned} E(X) &= \sum x_i p_i \\ &= \{(1000)(1) + (50)(10) + (10)(100) + \cdots \\ &\quad + (0.05)(250{,}000) + (0)(691{,}689)\}/1{,}000{,}000 \\ &= 0.025\text{만 원} = 250\text{원} \end{aligned}$$

즉, 복권 1매의 기대되는 당첨금액은 250원이다. 물론 250원이란 당첨금은 없으나 많은 복권을 구입했을 때 250원 정도의 당첨금을 기대할 수 있다는 말이다. 따라서 복권 1매를 500원 주고 구입했을 때 기대되는 손실금액은 $500-250=250$원이 된다. ▣

확률변수의 기대값의 성질은 이산형 확률변수의 경우는 $\sum$의 성질, 연속형 확률변수의 경우는 정적분의 성질을 이용하면 쉽게 증명되므로 결과만 적어보면 다음과 같다.

기대값의 성질

a, b가 상수이고, X와 Y가 확률변수일 때 다음의 성질이 성립한다.

1. $E(a+bX)=a+bE(X)$
2. $E(aX+bY)=aE(X)+bE(Y)$

확률변수 X의 **분산**(variance)은 X가 취하는 각 값들이 평균 μ_X를 중심으로 흩어진 정도, 즉 $E[(X-\mu_X)^2]$을 나타내는 것으로 σ_X^2 또는 $Var(X)$로 표시한다. 분산의 제곱근 $\sqrt{Var(X)}$을 확률변수 X의 **표준편차**(standard deviation)이라 하고 σ_X 또는 $SD(X)$로 표시한다.

확률변수의 분산

$$\sigma_X^2 = E[(X-\mu_X)^2] = \begin{cases} \sum_{i=1}^{n}(x_i-\mu_X)^2 p_i & , X\text{가 이산형 확률변수일 때} \\ \int_{-\infty}^{\infty}(x-\mu_X)^2 f(x)dx, & X\text{가 연속형 확률변수일 때} \end{cases}$$

예제 4.4 동전을 2회 던지는 실험에서 앞면의 출현회수를 확률변수 X라 하자. 이때 X의 확률분포는 다음과 같다.

x	0	1	2	합
$P(X=x)$	1/4	1/2	1/4	1

이것의 분산과 표준편차를 구하라.

풀이 먼저 분산을 계산하기 위하여 평균을 구하면

$$\mu = 0\times\frac{1}{4}+1\times\frac{1}{2}+2\times\frac{1}{4}=1$$

이고, 따라서 분산은 다음과 같이 주어진다.

$$\sigma^2 = (0-1)^2 \times \frac{1}{4} + (1-1)^2 \times \frac{1}{2} + (2-1)^2 \times \frac{1}{4} = \frac{1}{2}$$

또한 표준편차는 분산의 제곱근으로 주어진다.

$$\sigma = \frac{1}{\sqrt{2}}$$

▣

확률변수의 분산의 성질은 기대값의 성질과 분산의 정의를 이용하여 증명되며 그것의 유용한 결과는 다음과 같다.

확률변수의 분산의 성질

a, b가 상수이고, X가 확률변수이면 다음의 성질이 성립한다.

1. $Var(aX) = a^2 Var(X)$
2. $Var(aX+b) = a^2 Var(X)$

4.3 이변량 확률분포

지금까지 우리는 하나의 확률변수에 대한 분포만을 다루어왔는데, 이제는 두 개 이상의 확률변수를 동시에 고려하는 결합분포에 대해서 공부해보자.

4.3.1 두 확률변수의 결합분포

X와 Y가 이산형 확률변수일 때, 두 변수를 동시에 고려하는 확률질량함수를

$$P(X=x, Y=y) = f(x, y)$$

라고 쓰고, 이때 $f(x, y)$를 X와 Y의 **결합 확률질량함수**라고 한다. (만약 X와 Y가 연속형이면 $f(x, y)$를 X와 Y의 **결합 확률밀도함수**라고 부른다.)

예를 들어 학생 A와 B가 다음과 같은 상금을 받는 게임을 한다고 하자. 먼저 동전을

두 번 던지는 실험에서 학생 A는 표면이나 뒷면이 두 번 나오는 경우에는 200원을 받고 다른 경우에는 0원을 받는다. 그리고 학생 B는 표면에 개수에 따라서 100원씩 상금을 받는다고 하자.

A: (H, T) 또는 (T, H)이면 0원 (H, H) 또는 (T, T)이면 200원	B: (T, T)이면 0원 (H, T) 또는 (T, H)이면 100원 (H, H)이면 200원

이때 확률변수 X와 Y를 각각 학생 A와 B가 받는 상금액이라 하면 X와 Y의 결합분포는 다음과 같이 주어진다.

X와 Y의 결합확률분포

x \ y	0	100	200	합
0	0	1/2	0	1/2
200	1/4	0	1/4	1/2
합	1/4	1/2	1/4	1

4.3.2 주변확률분포

두 확률변수 X와 Y의 결합 확률질량함수 $f(x,\ y)$ 에서 모든 y의 값에 대하여 결합 확률질량함수를 합하여 X의 **주변 확률질량함수**를 얻게 되고, 같은 방법으로 모든 x의 값에 대하여 결합 확률질량함수를 합하여 Y의 **주변 확률질량함수**를 얻게 된다.

$$f_1(x) = \sum_{y \in R} f(x,\ y), \quad f_2(y) = \sum_{x \in R} f(x,\ y)$$

위의 예제에서 X와 Y의 주변 확률분포는 다음과 같이 주어진다.

X의 주변 확률분포

x	0	200	합
$P(X=x)$	1/2	1/2	1

Y의 주변 확률분포

y	0	100	200	합
$P(Y=y)$	1/4	1/2	1/4	1

또한 만약 X와 Y가 연속형인 경우에도 비슷한 방법으로 X와 Y의 **주변 확률밀도함수**를 얻을 수 있다.

4.3.3 두 확률변수의 독립성

만약 모든 x, y에 대하여

$$f(x,\ y) = f_1(x)\, f_2(y)$$

가 만족되면, X와 Y는 서로 **독립**이라고 한다. 여기서 $f_1(x)$는 X만의 확률질량함수이고 $f_2(y)$는 Y만의 확률질량함수를 뜻한다. 이들을 각각 X의 **주변 확률질량함수** 및 Y의 주변 확률질량함수라고 부른다. 위 식이 성립되지 않을 때 X와 Y는 **종속**이라고 한다. 이는 사상 A와 B에 대한 독립과 종속의 개념을 확률변수 X와 Y에 적용시킨 것이다.

4.3.4 공분산과 상관계수

$E[(X-\mu_X)(Y-\mu_Y)]$를 $Cov(X, Y)$라고 표시하고, X와 Y의 **공분산**(covariance)이라고 한다. 만약 X와 Y가 독립이면 $Cov(X, Y) = 0$이고, 종속이면 $Cov(X, Y) \neq 0$이 된다. 따라서 $Cov(X, Y)$는 두 변수 X와 Y의 관련성의 정도를 나타내는 측도로 사용된다.

한편 X와 Y의 공분산은 확률변수의 단위에 따라 그 크기가 다르게 나타나고, 따라서 공분산을 이용하여 두 자료를 비교하기 곤란할 수 있다. 그러므로 단위에 무관하게 두 자료를 비교하기 위한 척도를 생각할 필요가 있으며, 그러한 척도로 **상관계수**(correlation coefficient)를 다음과 같이 정의한다.

$$\rho_{XY} = Corr(X, Y) = \frac{Cov(X, Y)}{\sigma_X\, \sigma_Y}$$

이때 $-1 \le \rho_{XY} \le 1$이고, $\rho_{XY} > 0$이면 확률분포는 **양의 상관관계**가 있다고 한다. 두 확률변수가 양의 상관관계를 갖는 경우, 어느 한 확률변수가 큰 값을 가지면 다른 확률변수도 역시 큰 값을 가지며, 반대로 어느 한 변수가 작은 값을 가지면 다른 변수도 작은 값을 갖는다. 또한 $\rho_{XY} < 0$이면 두 확률분포는 **음의 상관관계**가 있다고 말하고, 양의 상관관계를 갖는 경우와 반대이다. 또한 $\rho_{XY} = 0$일 경우에 두 확률분포는 상관관계가 없다고 한다. 따라서 X와 Y가 독립이면, $Cov(X, Y) = 0$이므로 상관계수는 $\rho_{XY} = 0$이고 따라서 독립인 두 확률변수는 서로 상관이 없다. 특히 $\rho_{XY} = 1$이면 완전 양의 상관관계가 있다 하고, $\rho_{XY} = -1$이면 완전 음의 상관관계가 있다고 한다.

공분산을 이용하여 다음 두 변수의 합의 분산을 나타낼 수 있다.

두 확률변수의 합과 차의 분산

a, b가 상수일 때, 두 확률변수 X와 Y에 대하여 다음을 얻는다.

$$Var(aX \pm bY) = a^2 Var(X) + b^2 Var(Y) \pm 2ab\, Cov(X, Y)$$

위 공식의 특수한 경우로서 만약 X와 Y가 독립이면, $Cov(X, Y) = 0$이 되어

$$Var(aX \pm bY) = a^2 Var(X) + b^2 Var(Y)$$

가 된다. 한편 기대값에 대해서는 X와 Y의 독립성 여부에 상관없이

$$E(aX \pm bY) = aE(X) \pm bE(Y)$$

가 항상 성립한다.

예제 4.5 공정한 동전을 3번 던지는 실험을 할 때, 처음 두 번에서 앞면이 나오는 개수를 X, 세 번째에서 앞면이 나오는 개수를 Y라 한다.

(1) X와 Y의 공분산을 구하여라.

(2) X와 Y의 상관계수를 구하여라.

(3) 기대값 $E(X+Y)$, $Var(X+Y)$를 구하여라.

풀이 동전 3개를 동시에 던지는 실험에서 나타날 수 있는 모든 경우(표본공간)와 그들에 대한 X와 Y의 값을 구하면 다음 표와 같다.

표본공간	HHH	HHT	HTH	THH	HTT	THT	TTH	TTT
X	2	2	1	1	1	1	0	0
Y	1	0	1	1	0	0	1	0
확률	1/8	1/8	1/8	1/8	1/8	1/8	1/8	1/8

따라서 X와 Y의 결합 확률질량함수 $f(x, y)$와 주변 확률질량함수 $f_X(x)$, $f_Y(y)$는 각각 다음과 같다.

$$f(x, y)=\begin{cases}1/8, & (x, y)=(0, 0), (0, 1), (2, 0), (2, 1)\\ 2/8, & (x, y)=(1, 0), (1, 1)\\ 0\ , & \text{다른 곳에서}\end{cases}$$

$$f_X(x)=\begin{cases}1/4, & x=0, 2\\ 1/2, & x=1\\ 0\ , & \text{다른 곳에서}\end{cases}\quad , \quad f_Y(y)=\begin{cases}1/2, & y=0, 1\\ 0\ , & \text{다른 곳에서}\end{cases}$$

(1) X와 Y의 기대값과 XY의 기대값은 다음과 같다.

$$E(XY)=\sum_{(x,y)} xyf(x, y)=2\cdot 1\cdot \frac{1}{8}+1\cdot 1\cdot \frac{2}{8}=\frac{1}{2},$$

$$E(X)=\sum_x xf_X(x)=1\cdot \frac{1}{2}+2\cdot \frac{1}{4}=1,$$

$$E(Y)=\sum_y yf_Y(y)=1\cdot \frac{1}{2}=\frac{1}{2}$$

따라서 $Cov(X, Y)=E(XY)-E(X)E(Y)=0$이다.

(2) X와 Y의 표준편차를 구하기 위하여 먼저 분산을 구한다.

$$E(X^2)=\sum_x x^2 f_X(x)=1^2\cdot \frac{1}{2}+2^2\cdot \frac{1}{4}=\frac{3}{2},$$

$$E(Y^2)=\sum_y y^2 f_Y(y)=1^2\cdot \frac{1}{2}=\frac{1}{2}$$

따라서 X와 Y의 분산은 각각

$$Var(X)=E(X^2)-E(X)^2=\frac{3}{2}-1=\frac{1}{2},$$

$$Var(Y)=E(Y^2)-E(Y)^2=\frac{1}{2}-\frac{1}{4}=\frac{1}{4}$$

이므로 표준편차는 $\sigma_X=1/\sqrt{2}$, $\sigma_Y=1/2$이다. 따라서 상관계수는

$$\rho_{XY}=\frac{Cov(X, Y)}{\sigma_X\ \sigma_Y}=0$$

이다.

(3) 공식으로부터 $E(X+Y)=E(X)+E(Y)=\frac{3}{2}$,

$$Var(X+Y)=Var(X)+Var(Y)+2Cov(X,Y)=\frac{3}{4}$$ ▣

이제 두 개의 확률변수를 확장해서 여러 개의 확률변수 $X_1, X_2, \cdots, X_n$을 생각해 보자. 이들의 결합 확률질량(밀도)함수를 $f(x_1, x_2, \cdots, x_n)$로 표시할 때, 만약

$$f(x_1, x_2, \cdots, x_n) = f_1(x_1)f_2(x_2)\cdots f_n(x_n)$$

이 성립하면, 우리는 $X_1, X_2, \cdots, X_n$은 모두 서로 독립이라고 말한다. 여기서 $f_i(x_i)$는 X_i의 주변 확률질량(밀도)함수이다. 예를 들어, 하나의 확률 실험을 여러 번 행하면서 매번 실험이 독립적으로 이뤄질 때, 각 실험의 결과를 확률변수 X_i라고 하면 $X_1, X_2, \cdots, X_n$은 서로 독립인 확률변수들이 된다. 이런 상황은 다음 장을 포함하여 앞으로 자주 등장하게 된다.

4.4 SPSS 실습

예제 4.6 SPSS를 이용한 확률분포의 평균과 분산 계산: (예제 4.1의 계속) 학생들의 성적을 나타내는 이산형 확률분포에 대한 평균과 분산을 SPSS를 사용하여 계산하여라.

x	0	1	2	3	4	5
$P(X=x)$	0.05	0.15	0.30	0.30	0.15	0.05

풀이 ① SPSS 데이터 편집기창 하단에 있는 변수 보기탭을 클릭하여 변수 보기 창을 활성화시킨 후 [그림 4.3]처럼 이름열에 변수명(예시: 학점점수, 점수확률)을 적는다.

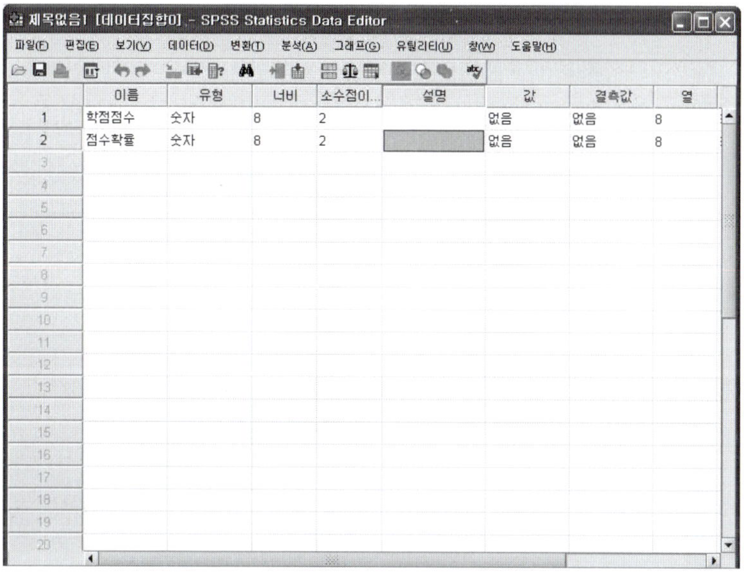

[그림 4.3] 데이터 편집기의 변수 보기 대화상자

② SPSS 데이터 편집기창 하단에 있는 데이터 보기탭을 클릭하면 [그림 4.4]에서처럼 '학점점수'와 '점수확률'이라는 변수열이 생긴다. 다음으로 '학점점수'변수에 0~5까지 입력하고, '점수확률'에 각 점수에 해당하는 $P(X=x)$값을 입력한다.

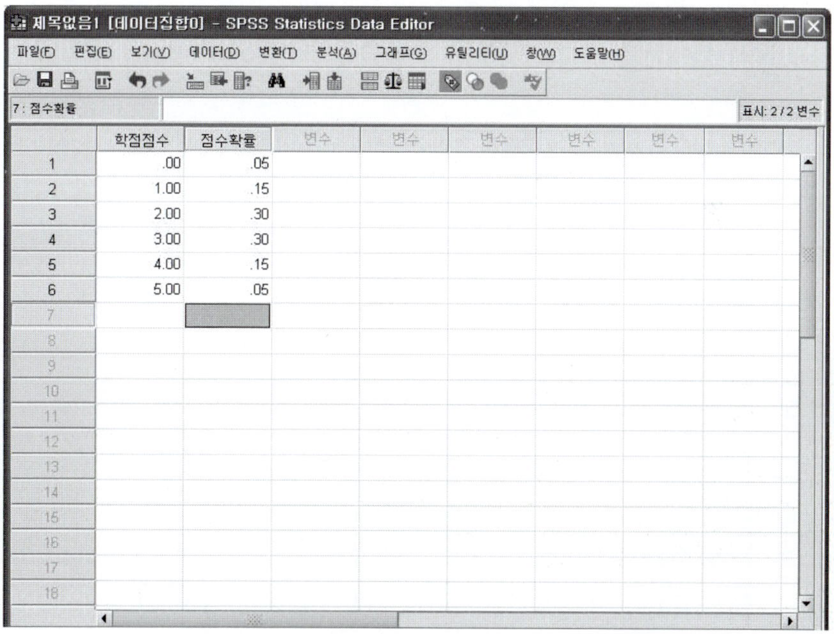

[그림 4.4] 데이터 편집기의 데이터 보기 대화상자

③ 메뉴 상단에서 '변환(T)→ 변수 계산(C)'를 클릭하면 [그림 4.5]와 같은 '변수 계산' 대화상자가 나타난다. '대상변수(T)'란에 "가중치"를 입력하고, '숫자표현식(E)'란에 "학점점수*점수확률"을 입력한 다음 확인을 누르면, [그림 4.6]과 같이 데이터 보기창에 "가중치"라는 새로운 변수가 생긴 것을 알 수 있다.

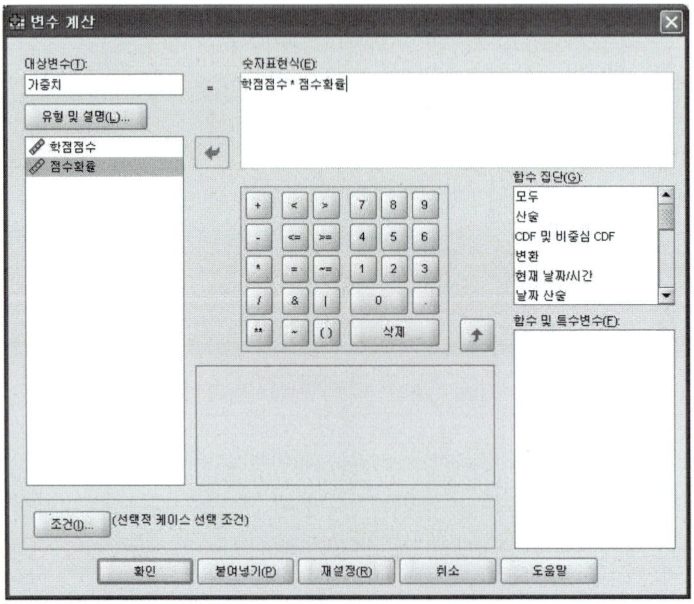

[그림 4.5] 변수 계산 대화상자

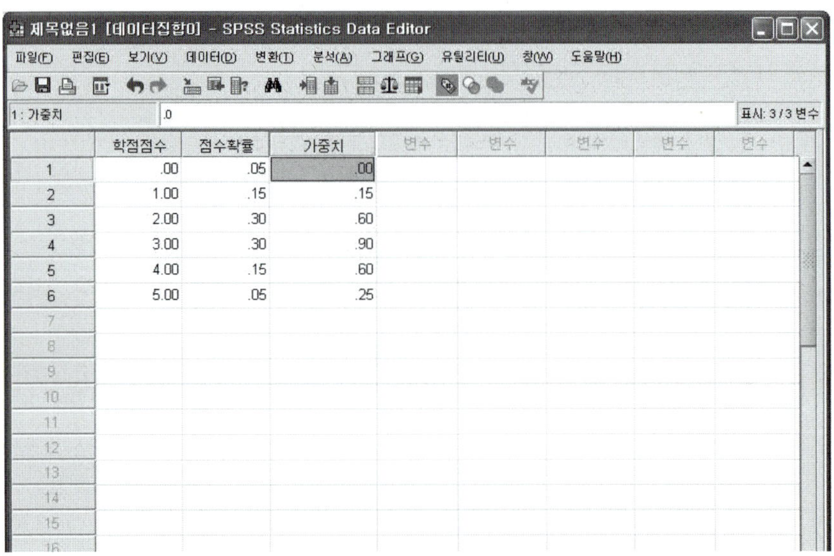

[그림 4.6] 데이터 보기 대화상자

④ 평균은 각 가중치들의 합으로 나타낼 수 있다. 이를 위해 데이터 편집기의 메뉴에서 '분석(A) → 보고서 → 열별 요약 보고서(S)'를 클릭하면, [그림 4.7]과 같이 "보고서: 열별 요약" 대화상자가 나타난다. '가중치'변수를 '데이터 열 변수(D)'로 이동시킨 다음 확인을 클릭하면, [그림 4.8]과 같이 출력결과창에 가중치의 합이 구해진다. 이것이 평균이 된다.

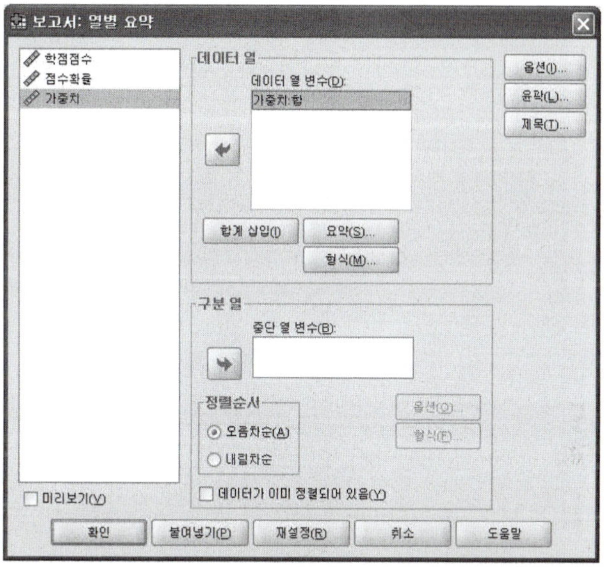

[그림 4.7] 보고서: 열별 요약 대화상자

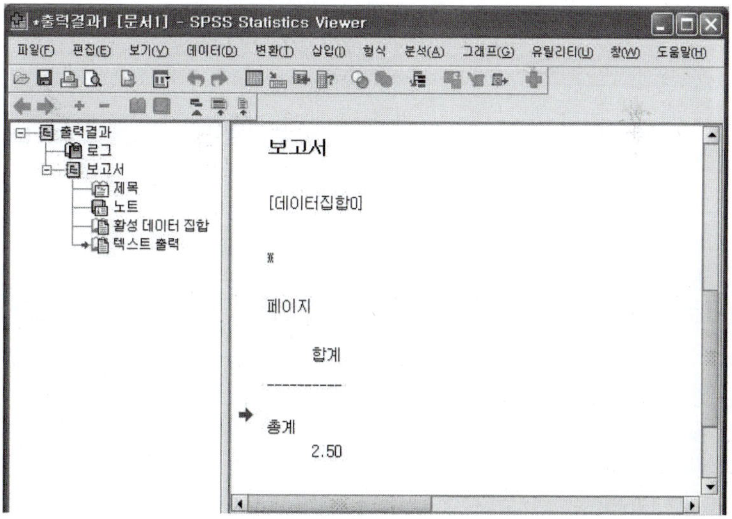

[그림 4.8] 평균을 구한 출력결과창

⑤ 분산 $Var(X) = E[(X-\mu)^2] = \sum_{\text{모든 } x} (x-\mu)^2 p(x)$로 나타낼 수 있다. 따라서 메뉴 상단에서 '변환(T) → 변수 계산(C)'를 클릭하여 '대상변수(T)'에 원하는 변수명을 입력한 다음 [그림 4.9]과 같이 '숫자표현식(E)'에 "(학점점수-2.5)**2*점수확률"을 입력한 다음 확인을 누르면, [그림 4.10]과 같이 데이터 보기 대화상자에 새로운 변수가 생성됨을 알 수 있다.

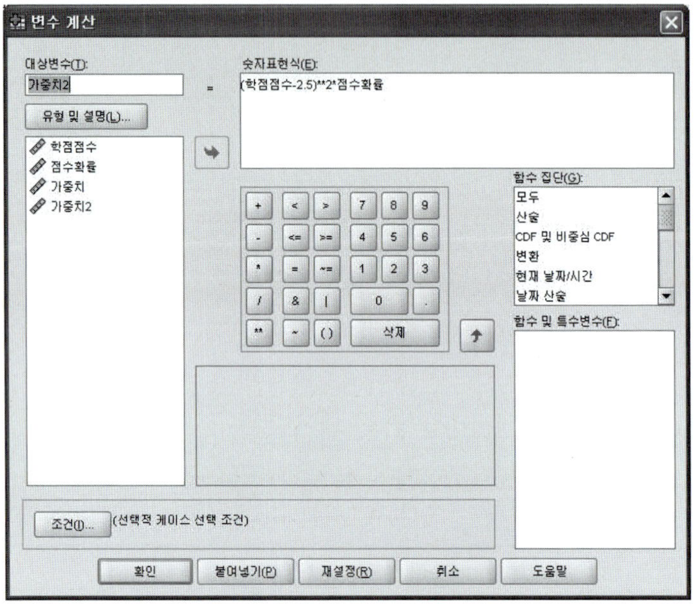

[그림 4.9] 변수 계산 대화상자

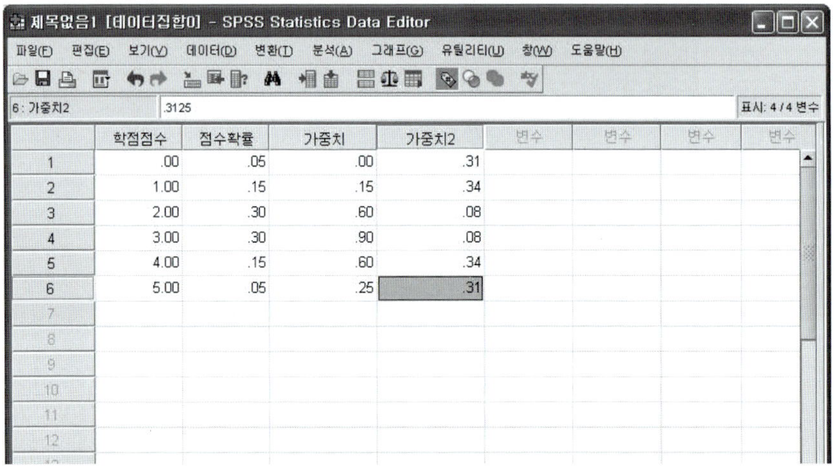

[그림 4.10] 데이터 보기 대화상자

⑥ 분산도 평균과 마찬가지로 위 값들의 합이기 때문에, 데이터 편집기의 메뉴에서 '분석(A) → 보고서 → 열별 요약 보고서(S)'를 클릭하면, [그림 4.11]과 같이 '보고서: 열별 요약' 대화상자가 나타난다. '가중치2' 변수를 '데이터 열 변수(D)'로 이동시킨 다음 확인을 클릭하면, [그림 4.12]와 같이 출력결과창에 가중치의 합이 구해진다. 이것이 분산이 된다.

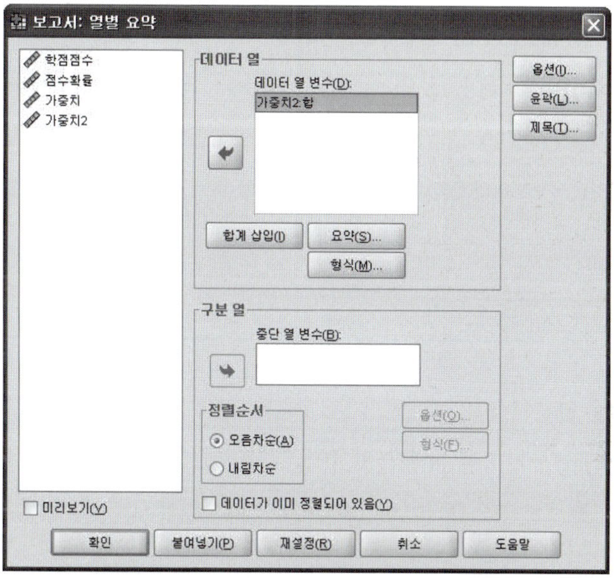

[그림 4.11] 보고서: 열별 요약 대화상자

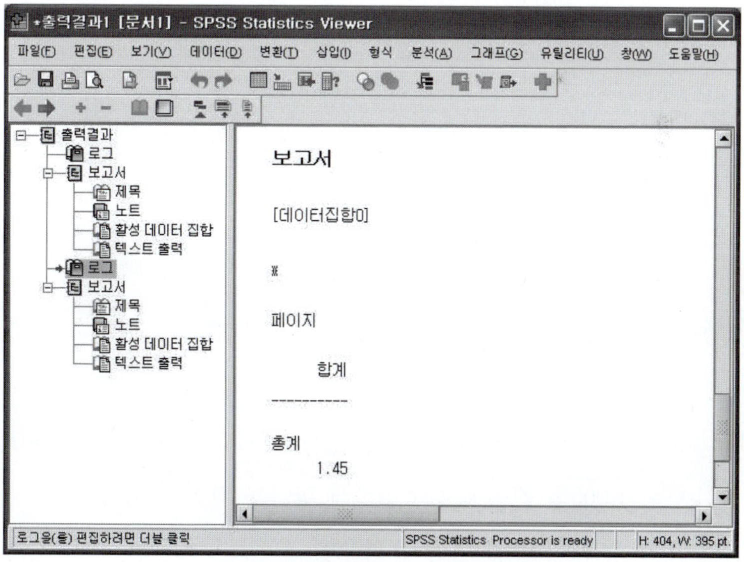

[그림 4.12] 분산을 구한 출력결과창

제4장 연습문제

01 항아리에는 7개의 빨간색 공들과 11개의 흰색 공들이 들어 있다. 항아리에서 랜덤하게 한 개의 공이 추출된다. 빨간색 공이 선택되면 $X=1$, 흰색 공이 선택되면 $X=0$이라 한다. X의 확률밀도함수와 평균 및 분산을 구하여라.

02 확률변수 X의 확률분포가 다음과 같을 때 X의 평균과 분산을 구하여라.

	-1	0	1	2
$P(X=x)$	1/8	3/8	2/8	2/8

03 항아리에 흰색 구슬 4개와 검은색 구슬 3개가 들어 있다. 항아리에서 2개의 구슬을 꺼낼 때 흰색 구슬의 수를 X라 하면 확률변수 X의 평균과 분산을 다음의 경우에 각각 계산하여라.

(1) 복원 추출

(2) 비복원 추출

04 균형 잡힌 주사위 2개를 던져서 나오는 눈의 합을 확률변수 X라 하자.

(1) 표본공간 S를 적어라.

(2) 표본공간 S의 각 근원사상에 상응하는 X의 값을 적고 이 결과로부터 X의 확률분포를 구하여라.

(3) X의 평균과 분산을 구하여라.

05 확률변수 X가 1부터 1,000까지의 정수인 난수이라면 X의 확률분포는 1, 2, 3, …, 999, 1,000의 값들에서 균일하게 확률을 가질 것이다.

(1) X의 확률 히스토그램을 그려라.

(2) 각 사상에 속하는 근원사상들의 확률을 더하여 다음 사상의 확률들을 구하여라.

① $\{25 < X < 28\}$ ② $\{X \geq 499.356\}$

③ $\{X \leq 985\}$ ④ $\{1.8 \leq X \leq 90.3\}$

⑤ $\{251 \leq X \leq 750\}$ ⑥ $\{X \leq 600\}$

(3) X의 평균과 분산을 구하여라.

06 확률변수 X의 확률밀도함수가 다음과 같다.

$$f(x) = \begin{cases} kx, & 0 \leq x < 2 \\ 0, & x < 0 \text{ 또는 } x \geq 2 \end{cases}$$

(1) 상수 k의 값을 결정하여라.

(2) μ_X와 σ_X^2를 구하여라.

07 확률변수 X는 x_1, x_2, x_3의 값을 가진다. 각 x_i값에 대한 p_i가 다음과 같을 때 확률히스토그램을 그리고 μ_X와 σ_X^2를 구하여라.

$$x_i = 4,\ 5,\ 6, \quad p_i = \frac{3 - |x_i - 3|}{3}, \quad i = 1,\ 2,\ 3$$

08 X와 Y가 독립이고 $\mu_X = 3$, $\mu_Y = 5$, $\sigma_X^2 = 10$, $\sigma_Y^2 = 8$일 때 $10X$와 $2X + 3Y$의 평균과 분산을 각각 구하여라.

09 서로 다른 동전 A, B를 동시에 던지는 실험에서 확률변수 X와 Y를 다음과 같이 정의할 때 X와 Y의 평균과 분산을 구하여라.

$$X = \begin{cases} 1, & \text{동전 } A\text{가 표면일 때} \\ 0, & \text{동전 } A\text{가 이면일 때} \end{cases}, \quad Y = \begin{cases} 1, & \text{동전 } A,\ B\text{가 표면일 때} \\ 0, & \text{그렇지 않을 때} \end{cases}$$

10 균형 잡힌 주사위를 세 번 던져서 나온 숫자를 각각 X_1, X_2, X_3이라고 하고

$$Y_1 = Min(X_1,\ X_2,\ X_3)$$
$$Y_2 = Max(X_1,\ X_2,\ X_3)$$

라고 할 때,

(1) $P(Y_1 > 2) = P(X_1 > 2)P(X_2 > 2)P(X_3 > 2)$이 되는 이유를 적어라.

(2) $P(Y_1 \leq 4)$을 구하여라.

(3) $P(Y_2 \geq 5)$을 구하여라.

제 5 장

여러 가지 분포

5.1 이항분포

확률실험의 결과가 오직 두 가지 형태의 결과(성공 혹은 실패)만 존재하는 실험을 **베르누이 시행**(Bernoulli trial)이라고 한다. 두 가지 실험결과의 예는 여론조사에서 어느 특정 정책에 대한 찬성 혹은 반대, 특정 후보에 대한 지지 혹은 지지하지 않음, 입학시험에서 합격 혹은 불합격, 품질검사에서 양품 혹은 불량품, 동전을 던져 동전의 면을 관측하는 실험에서 동전의 표면 혹은 이면 등이 있다. 베르누이 시행을 독립적으로 n회 반복하여 성공의 횟수(혹은 찬성, 지지, 합격, 양품, 표면의 횟수)를 관측하는 실험을 **이항실험**(binomial experiment)이라 하고, 이항실험에서 성공의 횟수를 확률변수 X라고 정의하면, 이를 **이항확률변수**(binomial random variable)라고 한다. 이항확률변수는 이산형 **확률변수**(discrete random variable)이다.

여론조사 혹은 소비자 선호도 조사 등에서 얻게 되는 관측값들은 흔히 이항확률변수의 관측값들에 해당한다. 예를 들면, 어느 지역에서 200명의 지역민들에게 그 지역에서 중요한 이슈가 되는 지역정책에 대해 찬성 혹은 반대 하는지를 묻는 여론조사를 생각해 보자. 이는 찬성 혹은 반대라는 둘 중 하나의 실험결과를 가지는 베르누이 시행을 독립으로 200회 반복하여 찬성하는 사람 수인 확률변수 X를 관측하는 이항실험으로 볼 수 있고 이때 X는 이항확률변수이다. 다음은 이항확률변수의 특성을 요약하고 있다.

이항확률변수의 특성

1. 베르누이 시행이 n회 독립 시행된다.
2. 각 실험은 오직 두 가지의 결과만 가진다. 이중 한 결과를 성공(혹은 S), 다른 한 결과를 실패(혹은 F)라고 나타낸다.
3. 성공의 확률은 모든 시행에서 똑같으며 이 확률을 p로 표시하고 실패의 확률은 $q=1-p$로 표시한다.
4. 이항확률변수 X는 n회 시행에서 성공의 횟수이다.

예제 5.1 다음의 실험에서 확률변수 X를 관측하는 실험이 이항실험인지를 검토하고 만약 이항실험이라면 n, p, q 그리고 이항확률변수 X의 가능한 값 x를 나타내어라. 또한 이항실험이 아니라면 그 이유를 설명하여라.

(1) 어느 병원에서 과거의 통계에 의하면 심장병 환자 중 수술을 받고 치유될 확률이 0.88이라고 한다. 이 병원에서 심장병 수술을 받은 30명의 환자 중에서 치유된 환자 수를 확률변수 X라고 정의한다.

(2) 항아리에 3개의 빨간색 공, 두 개의 노란색 공, 한 개의 파란색 공이 들어 있다. 랜덤하게 3개의 공을 비복원 추출했을 때 노란색 공의 개수를 확률변수 X라고 정의한다.

풀이 (1) 이항확률변수의 특성을 가지고 있으므로 이항실험이다. 한번의 수술은 수술의 성공과 실패라는 오직 두 가지 실험결과만을 가지는 베르누이 시행으로 볼 수 있으며 각 수술들은 서로 독립적이다. 이때, $n=30$, $p=0.88$, $q=1-0.88=0.12$, $x=0,1,2,\cdots,30$과 같다.

(2) 이 실험은 이항실험이 아니다. 이 실험에서 각 공의 추출은 하나의 실험이 되며 추출된 공이 노란색이면 성공이다. 각 실험은 추출된 공이 노란색인지 아닌지에 따라 다음 공이 노란색일 확률이 달라지므로 독립적이지 않다. ▣

이항실험에서, n회 시행중 X회 성공의 확률값을 얻는 방법은 몇 가지가 있으며 그 중 한 가지 방법은 이항확률변수의 확률질량함수(probability mass function)를 사용하여 얻을 수 있다. 다음은 이항확률변수가 따르는 이항분포(binomial distribution)를 정의한다.

이항분포

성공의 확률이 p인 베르누이 시행을 n회 독립적으로 반복하였을 때 성공의 횟수를 X라고 하면, 이항확률변수 X는 이항분포 $b(n, p)$를 따르고 $X \sim b(n, p)$라고 표기한다. 이항확률변수 X의 확률질량함수는 다음과 같다.

$$p(x) = P(X=x) = \binom{n}{x} p^x q^{n-x}, \quad x = 0, 1, 2, \cdots, n$$

여기서 p: 베르누이 시행에서 성공의 확률,

$q=1-p$: 베르누이 시행에서 실패의 확률,

n: 베르누이 시행횟수,

x: n회 베르누이 시행에서 성공의 횟수,

$$\binom{n}{x} = \frac{n!}{x!(n-x)!}$$

예제 5.2 공평한 정사면체 주사위를 3번 던져 나오는 눈의 수를 관측하는 실험에서 4의 눈이 2회 나올 확률을 구하여라.

풀이 매회 실험의 결과에서 4의 눈이 나오면 성공(S)이고 4이외의 눈이 나오면 실패(F)로 간주하자. 그러면 주어진 실험은 $n=3$, $p=1/4$, $q=3/4$, $x=2$인 이항실험이다. 이 문제에 답하기 위하여 다음 [표 5.1]를 참고하여라. 이때 모든 가능한 실험의 결과는 $4^3=64$가지이다. 정확하게 4(S)가 두 번 나오는 경우는 표와 같이 3가지 경우로서 이때 확률은 3/64이다. 따라서 4의 눈이 두 번 나올 확률은 (3)(3/64)=0.1406이다. 이제 이항확률변수의 확률질량함수를 이용하여 계산하면 4의 눈이 2회 나올 확률은 다음과 같다.

$$p(2) = P(X=2) = \frac{3!}{2!(3-2)!}\left(\frac{1}{4}\right)^2\left(\frac{3}{4}\right)^1 = (3)\left(\frac{3}{64}\right) = 0.1406$$

[표 5.1] 정사면체 주사위 실험에서 확률계산

실험결과 (1회, 2회, 3회)	도수	S의 개수	확률
(S, S, S)	(1)(1)(1)=1	3	1/64
(S, S, F)	(1)(1)(3)=3	2	3/64
(S, F, S)	(1)(3)(1)=3	2	3/64
(S, F, F)	(1)(3)(3)=9	1	9/64
(F, S, S)	(3)(1)(1)=3	2	3/64
(F, S, F)	(3)(1)(3)=9	1	9/64
(F, F, S)	(3)(3)(1)=9	1	9/64
(F, F, F)	(3)(3)(3)=27	0	27/64

비슷하게 $x=0, 1, 3$인 경우 $p(x)$는 다음과 같고, 이들 계산된 확률로부터 [표 5.2] 및 [그림 5.1]과 같이 이항분포를 나타낼 수 있다.

$$p(0) = P(X=0) = \frac{3!}{0!(3-0)!}\left(\frac{1}{4}\right)^0\left(\frac{3}{4}\right)^3 = (1)\left(\frac{27}{64}\right) = 0.4219$$

$$p(1)=P(X=1)=\frac{3!}{1!(3-1)!}\left(\frac{1}{4}\right)^1\left(\frac{3}{4}\right)^2=(3)\left(\frac{9}{64}\right)=0.4219$$

$$p(3)=P(X=3)=\frac{3!}{3!(3-3)!}\left(\frac{1}{4}\right)^3\left(\frac{3}{4}\right)^0=(1)\left(\frac{1}{64}\right)=0.0156$$

■

[표 5.2] 이항분포표

x	$p(x)$
0	0.4219
1	0.4219
2	0.1406
3	0.0156
	$\sum p(x)=1$

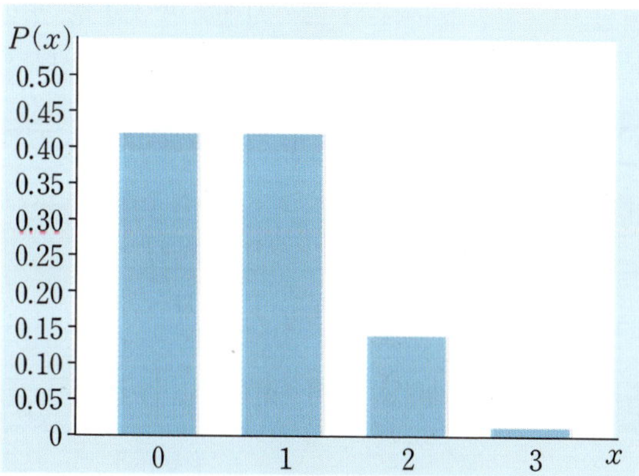

[그림 5.1] 이항분포 막대그래프

이항분포의 평균과 분산을 구하기 위하여 다음과 같은 공식을 이용하면 쉽게 구할 수 있다.

이항분포 $b(n,p)$의 평균, 분산, 표준편차

평균 : $\mu=np$

분산 : $\sigma^2=np(1-p)$

표준편차 : $\sigma=\sqrt{np(1-p)}$

예제 5.3 예제 5.2에서 이항확률변수 X는 정사면체 주사위를 3회 던져서 나오는 주사위 눈 4의 횟수이다. 이제 X의 평균과 분산을 구하여라.

풀이 제4장에서 이산형 확률변수의 평균은

$$\mu = \sum x \cdot p(x)$$

로 계산됨을 알고 있다. 주사위 눈 4의 횟수인 X의 확률분포표인 [표 5.2]로 부터

$$\mu = (0)(0.4219) + (1)(0.4219) + (2)(0.1406) + (3)(0.0156) = 0.75$$

이며, 또한 이항분포의 평균식을 이용하면

$$\mu = np = (3)\left(\frac{1}{4}\right) = 0.75$$

이다. 즉 주어진 이항실험을 무수히 반복시행하면 3회 중 평균 0.75회는 주사위 눈이 4가 나온다는 의미이다. 다음으로 이산형 확률분포의 분산식을 이용하여 구한 분산은

$$\begin{aligned}\sigma^2 &= \sum (x-\mu)^2 p(x) = \sum (x-0.75)^2 p(x) \\ &= (0-0.75)^2(0.4219) + (1-0.75)^2(0.4219) + (2-0.75)^2(0.1406) \\ &\quad + (3-0.75)^2(0.0156) \\ &= 0.56\end{aligned}$$

이다. 또한 이항분포의 분산식을 이용하면

$$\sigma^2 = np(1-p) = (3)\left(\frac{1}{4}\right)\left(\frac{3}{4}\right) = 0.56$$

이며, 이때 표준편차는 $\sigma = \sqrt{\sigma^2} = \sqrt{0.56} = 0.75$와 같다. ▣

이항실험에서 이항확률변수의 확률질량함수를 사용하여 확률을 계산하는 것보다 간편한 방법은 부록 [표 1]의 이항확률표를 이용하는 것이다. 표 안의 각 수치는 주어진 n, p, x값에 대하여 $P(X \le x) = p(0) + p(1) + \cdots + p(x-1) + p(x)$의 누적이항확률값을 의미한다. 따라서 a, $b(a < b)$가 $[0,\ n]$위의 임의의 정수라고 하면 다음과 같이 누적이항확률을 이용하여 여러 형태의 이항확률들을 계산할 수 있다.

$$P(X = a) = P(X \le a) - P(X \le a-1),$$
$$P(X > a) = 1 - P(X \le a),$$

$$P(X < a) = P(X \le a-1),$$
$$P(a \le X \le b) = P(X \le b) - P(X \le a-1)$$

예제 5.4 [표 5.3]은 부록 [표 1]의 이항확률표의 일부를 발췌하였다. 예제 5.2에서 이항확률변수의 확률질량함수에 의해 계산한 확률을 이항확률표를 이용하여 계산하여 보자.

풀이 주어진 이항실험에서 $n=3$, $p=0.25$이므로 관련된 확률들은 [표 5.3]의 사각형 선 안에 있는 수치들로부터 얻을 수 있다. 즉

$$p(0) = P(X=0) = P(X \le 0) = 0.4219,$$
$$p(1) = P(X=1) = P(X \le 1) - P(X \le 0) = 0.8438 - 0.4219 = 0.4219,$$
$$p(2) = P(X=2) = P(X \le 2) - P(X \le 1) = 0.9844 - 0.8438 = 0.1406,$$
$$p(3) = P(X=3) = P(X \le 3) - P(X \le 2) = 1.0000 - 0.9844 = 0.0156$$

이외에도 다음과 같은 확률을 얻을 수 있다.

$$P(X > 1) = 1 - P(X \le 1) = 1 - 0.8438 = 0.1562,$$
$$P(1 \le X \le 2) = P(X \le 2) - P(X \le 0) = 0.9844 - 0.4219 = 0.5625.$$

■

[표 5.3] 부록 [표 1]의 이항확률표의 일부

		p									
n	x	0.05	0.10	0.15	0.20	0.25	0.30	0.35	0.40	0.45	0.50
2	0	0.9025	0.8100	0.7225	0.6400	0.5625	0.4900	0.4225	0.3600	0.3025	0.2500
	1	0.9975	0.9900	0.9775	0.9600	0.9375	0.9100	0.8775	0.8400	0.7975	0.7500
	2	1.0000	1.0000	1.0000	1.0000	1.0000	1.0000	1.0000	1.0000	1.0000	1.0000
3	0	0.8574	0.7290	0.6141	0.5120	0.4219	0.3430	0.2746	0.2160	0.1664	0.1250
	1	0.9928	0.9720	0.9392	0.8960	0.8438	0.7840	0.7182	0.6480	0.5748	0.5000
	2	0.9999	0.9990	0.9966	0.9920	0.9844	0.9730	0.9571	0.9360	0.9089	0.8750
	3	1.0000	1.0000	1.0000	10000	1.0000	1.0000	1.0000	1.0000	1.0000	1.0000

한편, 이항확률표(부록 [표 1])에는 성공의 확률 p가 0.5 이하인 경우만 나와 있는데 0.5보다 큰 경우에도 다음의 사실을 이용하여 이항확률의 계산이 가능하다.

$$\binom{n}{x} p^x q^{n-x} = \binom{n}{n-x} q^{n-x} p^x$$

즉 시행횟수 n, 성공의 확률 p, 성공의 횟수 X인 이항확률은 시행횟수 n, 성공의 확률 $q=1-p$, 성공의 횟수 $n-X$인 이항확률과 동일하다.

예제 5.5 [표 5.3]을 이용하여 이항분포 $b(3,\ 0.8)$에서 $X=2$일 때의 이항확률을 계산하여라.

풀이 $n=3,\ p=0.8$인 이항분포에서 $X=2$일 때의 이항확률은 시행횟수 $n=3$, 성공의 확률 $q=1-p=1-0.8=0.2$ 그리고 성공의 횟수는 $n-X=3-2=1$인 이항확률과 동일하다. 이리하여 구하는 확률은 다음과 같다.

$$p(1)=P(X=1)=P(X\le 1)-P(X\le 0)=0.8960-0.5120=0.384$$

■

이항분포는 n과 p에 따라 분포의 모양이 달라진다. [그림 5.2]는 $n=10$이고 $p=0.1,\ 0.5,\ 0.9$인 이항분포를 비교해 놓은 그림이다. 일반적으로 $p=0.5$일 때 이항분포

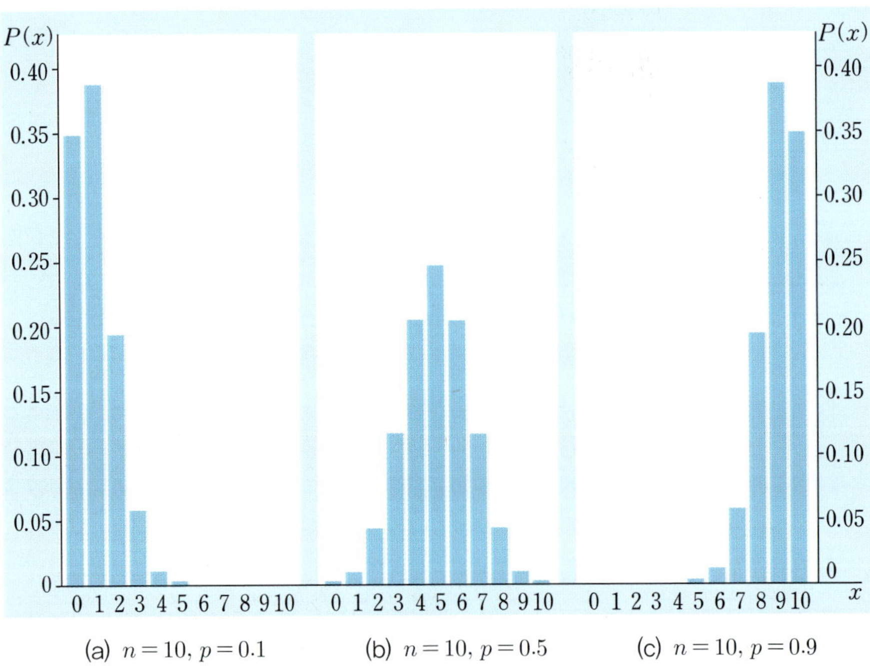

[그림 5.2] $n=10,\ p=0.1,\ 0.5,\ 0.9$인 이항분포의 비교

는 대칭인 형태이고, $p < 0.5$일 때는 오른쪽으로 기울어진(skewed to the right) 우비대칭인 형태를, $p > 0.5$일 때는 왼쪽으로 기울어진(skewed to the left) 좌비대칭인 형태를 보임을 알 수 있다.

5.2 정규분포

정규분포(normal distribution)는 통계학에서 가장 중요한 확률분포라고 해도 지나침이 없다. 그 이유로는 실생활에서 관측되는 많은 연속형 확률변수값들이 근사적으로 정규분포에 가깝기 때문이다. 또한, 이론적으로 자료의 원래 모집단 분포와는 상관없이 표본의 크기가 상당히 큰 경우에 표본평균의 분포가 정규분포에 근사하다는 **중심극한정리**(central limit theorem) 때문에 정규분포는 추론통계학에서 매우 중요한 역할을 한다. 가우스(Carl Friedrich Gauss, 1777~1855)는 천문학 연구에서 관측치들의 랜덤오차가 보여주는 곡선의 수학식, 즉 정규확률분포식을 발견하였다. 이러한 이유로 정규분포를 가우시안분포(Gaussin distribution)라고도 부른다. 정규분포의 확률밀도함수(probability density function)는 다음과 같다.

정규분포

확률변수 X가 평균 μ와 표준편차 σ를 가지는 정규분포를 따른다면 $X \sim N(\mu, \sigma^2)$라 표기하고 정규확률변수 X의 확률밀도함수는 다음과 같다.

$$f(x) = \frac{1}{\sigma\sqrt{2\pi}} \cdot \exp\left\{-\frac{1}{2}\left(\frac{x-\mu}{\sigma}\right)^2\right\}, \quad -\infty < x < \infty,$$

여기서 $\pi = 3.1416\cdots$, $e = 2.71828\cdots$이다.

[그림 5.3]에 보이는 종모양의 곡선형인 정규분포는 평균 μ에 관해 대칭이며 평균 μ에서 최대 확률을 가진다. 또한 정규곡선 아래의 면적은 1이다. 여러 가지 평균 μ와 표준편차 σ를 가지는 정규분포를 비교하는 [그림 5.4]에서 평균 μ는 분포의 중심위치를 그리고 표준편차 σ는 분포의 산포의 정도를 나타냄을 알 수 있다.

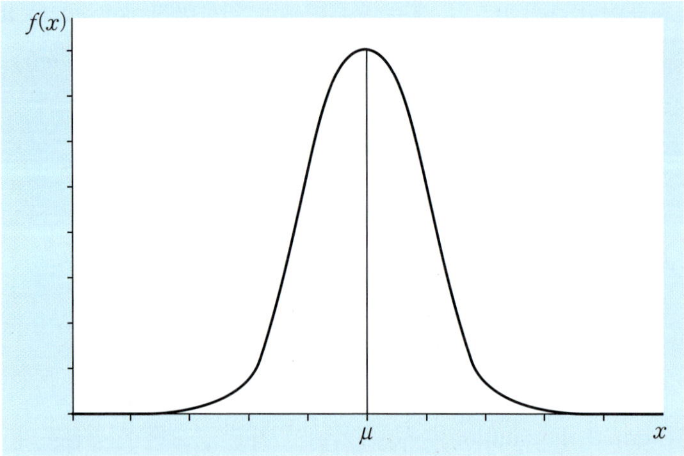

[그림 5.3] 정규확률분포 $N(\mu, \sigma^2)$

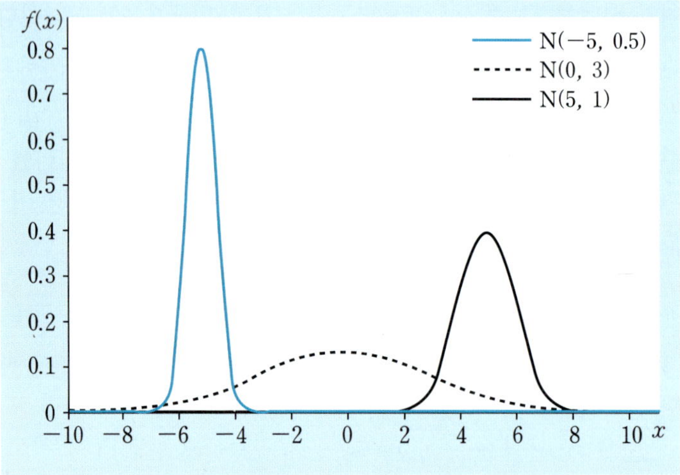

[그림 5.4] 여러 가지 평균 μ와 표준편차 σ를 가지는 정규분포

5.2.1 표준정규분포

정규분포 $N(\mu, \sigma^2)$을 따르는 정규확률변수 X가 어느 구간 내에 있을 확률을 구하기 위하여 확률밀도함수의 식을 사용하여 계산하는 것은 매우 어려운 일이다. 그러나 이미 통계학 책 등에서 제공하는 표준정규확률표(부록 [표 2])를 이용하여 확률을 쉽게 구할 수 있다. 표준정규확률표를 이용하기 위해서는 정규확률변수 X를 먼저 다음과 같은 표준화 확률변수 Z, 즉

$$Z = \frac{X - \mu}{\sigma}$$

로 변환해야 한다. 정규분포의 중요한 성질 중 하나는 확률변수 X가 평균 μ와 표준편차 σ를 가지는 정규분포 $N(\mu, \sigma^2)$를 따른다면 표준화 확률변수 Z는 평균 0와 표준편차 1을 가지는 정규분포 $N(0, 1^2)$를 따른다는 것이다. 특히 이 분포를 **표준정규분포**(standard normal distribution)라고 부르고, Z를 **표준정규확률변수**(standard normal random variable)라 부른다. 표준정규분포의 확률밀도함수는 다음과 같다.

표준정규분포

확률변수 X가 평균 μ와 표준편차 σ를 가지는 정규분포 $N(\mu, \sigma^2)$를 따를 때 표준정규 확률변수

$$Z = \frac{X - \mu}{\sigma}$$

는 평균 0과 표준편차 1을 가지는 표준정규분포를 따르며 $Z \sim N(0, 1)$로 표기하고 표준정규확률변수 Z의 확률밀도함수는 다음과 같다.

$$f(z) = \frac{1}{\sqrt{2\pi}} \cdot \exp\left\{-\frac{z^2}{2}\right\}, \quad -\infty < z < \infty$$

[그림 5.5]는 표준정규분포의 확률밀도함수 그림을 보여주며 표준정규곡선 아래의 면적은 1이다.

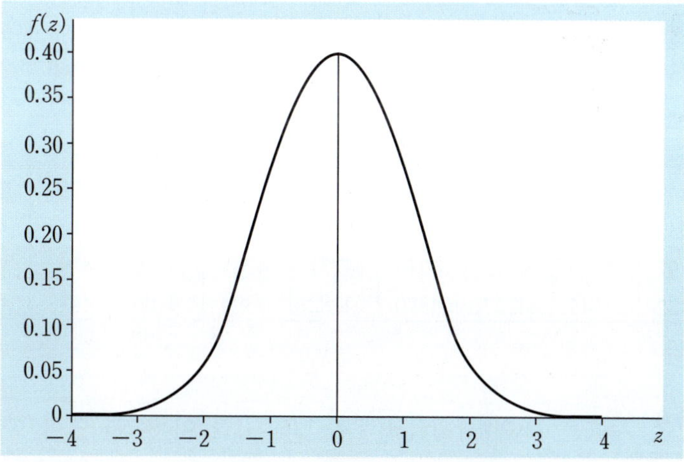

[그림 5.5] 표준정규분포 $N(0, 1)$

부록 [표 2]의 표준정규확률표 내의 각 수치는 $P(0 < Z < z)$의 확률을 의미하며, 이것은 [표 5.4]의 상단에 있는 표준정규분포 그림에서 표시된 부분의 면적과 같다. 이 때 z값은 첫 열과 첫 행의 값을 합한 값이다. [표 5.4]는 부록 [표 2]의 표준정규확률표 일부를 나타낸다. 예를 들어 $z = 0$과 $z = 1.16$ 사이의 표준정규곡선 아래의 면적은 [표 5.4]의 12번째 행의 1.1과 8번째 열의 0.06(즉, $1.1 + 0.06 = 1.16$)이 만나는 지점의 확률, 즉 $P(0 < Z < 1.16) = 0.3770$과 같다. 이제 표준정규확률표로부터 표준정규확률값을 구하는 예제를 풀어보기로 하자.

[표 5.4] 부록 [표 2]의 표준정규확률표의 일부

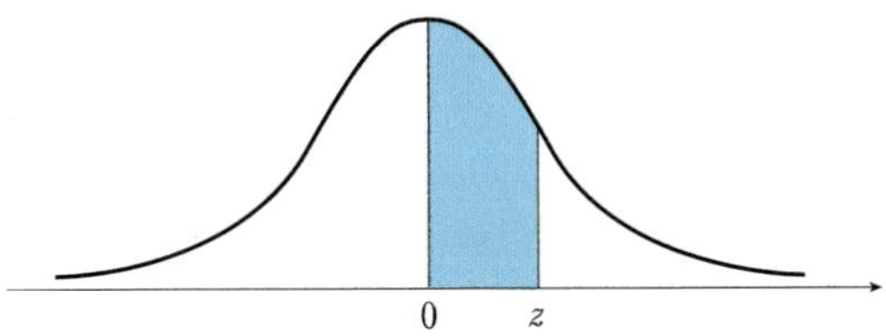

z	.00	.01	.02	.03	.04	.05	.06	.07	.08	.09
.0	.0000	.0040	.0080	.0120	.0160	.0199	.0239	.0279	.0319	.0359
.1	.0398	.0438	.0478	.0517	.0557	.0596	.0636	.0675	.0714	.0753
.2	.0793	.0832	.0871	.0910	.0948	.0987	.1026	.1064	.1103	.1141
.3	.1179	.1217	.1255	.1293	.1331	.1368	.1406	.1443	.1480	.1517
.4	.1554	.1591	.1628	.1664	.1700	.1736	.1772	.1808	.1844	.1879
.5	.1915	.1950	.1985	.2019	.2054	.2088	.2123	.2157	.2190	.2224
.6	.2257	.2291	.2324	.2357	.2389	.2422	.2454	.2486	.2517	.2549
.7	.2580	.2611	.2642	.2673	.2704	.2734	.2764	.2794	.2823	.2852
.8	.2881	.2910	.2939	.2967	.2995	.3023	.3051	.3078	.3106	.3133
.9	.3159	.3186	.3212	.3238	.3264	.3289	.3315	.3340	.3365	.3389
1.0	.3413	.3438	.3461	.3485	.3508	.3531	.3554	.3577	.3599	.3621
1.1	.3643	.3665	.3686	.3708	.3729	.3749	.3770	.3790	.3810	.3830
1.2	.3849	.3869	.3888	.3907	.3925	.3944	.3962	.3980	.3997	.4015
1.3	.1032	.4049	.4066	.4082	.4099	.4115	.4131	.4147	.4162	.4177
1.4	.4192	.4207	.4222	.4236	.4251	.4265	.4279	.4292	.4306	.4319
1.5	.4332	.4345	.4357	.4370	.4382	.4394	.4406	.4418	.4429	.4441

예제 5.6 다음은 표준정규확률표(부록 [표 2])를 이용하여 여러 경우의 확률들을 계산한 예이다. 특히 z값이 음수일 때는 정규분포의 대칭성을 이용한다.

(1) $P(0 < Z < 1.28) = 0.3997$

(2) $P(-1.15 < Z < 0) = P(0 < Z < 1.15) = 0.3749$

(3) $P(Z < 1.48) = 0.5 + P(0 < Z < 1.48) = 0.5 + 0.4306 = 0.9306$

(4) $P(Z > 0.49) = 0.5 - P(0 < Z < 0.49) = 0.5 - 0.1879 = 0.3121$

(5) $P(Z < -0.85) = P(Z > 0.85) = 0.5 - P(0 < Z < 0.85)$
$= 0.5 - 0.3023 = 0.1977$

(6) $P(Z > -0.98) = 0.5 + P(0 < Z < 0.98) = 0.5 + 0.3365 = 0.8365$

(7) $P(Z > 1.1 \text{ 혹은 } Z > 0.58) = P(Z > 1.1) + P(Z > 0.58)$
$= 0.5 - P(0 < Z < 1.1) + 0.5 - P(0 < Z < 0.58)$
$= 1 - 0.3643 - 0.2190 = 0.4167$

(8) $P(-0.56 < Z < 1.2) = P(0 < Z < 0.56) + P(0 < Z < 1.2)$
$= 0.2123 + 0.3849 = 0.5972$

(9) $P(0.28 < Z < 1.32) = P(0 < Z < 1.32) - P(0 < Z < 0.28)$
$= 0.4066 - 0.1103 = 0.2963$

(10) $P(-1.24 < Z < -0.07) = P(0.07 < Z < 1.24)$
$= P(0 < Z < 1.24) - P(0 < Z < 0.07)$
$= 0.3925 - 0.0279 = 0.3646$

■

5.2.2 정규분포의 응용

정규분포 $N(\mu, \sigma^2)$을 따르는 정규확률변수가 어느 구간 내에 있을 확률을 구하기 위해서는 정규확률변수 X를 먼저 표준정규확률변수 Z로 변환한 후 표준정규확률표를 이용하여 확률을 구할 수 있다고 하였다.

정규확률변수 X가 $N(\mu, \sigma^2)$를 따를 때 X가 평균 μ로부터 $\pm 1\sigma$, $\pm 2\sigma$, $\pm 3\sigma$ 이내에 있을 확률은 각각 0.68, 0.95, 0.99이며 이것은 표준정규확률변수 Z가 ± 1, ± 2, ± 3 이내에 있을 확률과 같음을 아래의 확률 계산식에 의해 알 수 있다 ([그림 5.6] 참고).

$$P(\mu - \sigma < X < \mu + \sigma) = P\left(\frac{(\mu - \sigma) - \mu}{\sigma} < \frac{X - \mu}{\sigma} < \frac{(\mu + \sigma) - \mu}{\sigma}\right)$$
$$= P(-1 < Z < 1) = 2 \cdot P(0 < Z < 1)$$
$$= (2)(0.3413) = 0.68$$

$$
\begin{aligned}
P(\mu-2\sigma < X < \mu+2\sigma) &= P\left(\frac{(\mu-2\sigma)-\mu}{\sigma} < \frac{X-\mu}{\sigma} < \frac{(\mu+2\sigma)-\mu}{\sigma}\right\} \\
&= P(-2 < Z < 2) = 2 \cdot P(0 < Z < 2) \\
&= (2)(0.4772) = 0.95 \\
P(\mu-3\sigma < X < \mu+3\sigma) &= P\left(\frac{(\mu-3\sigma)-\mu}{\sigma} < \frac{X-\mu}{\sigma} < \frac{(\mu+3\sigma)-\mu}{\sigma}\right) \\
&= P(-3 < Z < 3) = 2 \cdot P(0 < Z < 3) \\
&= (2)(0.4987) = 0.99
\end{aligned}
$$

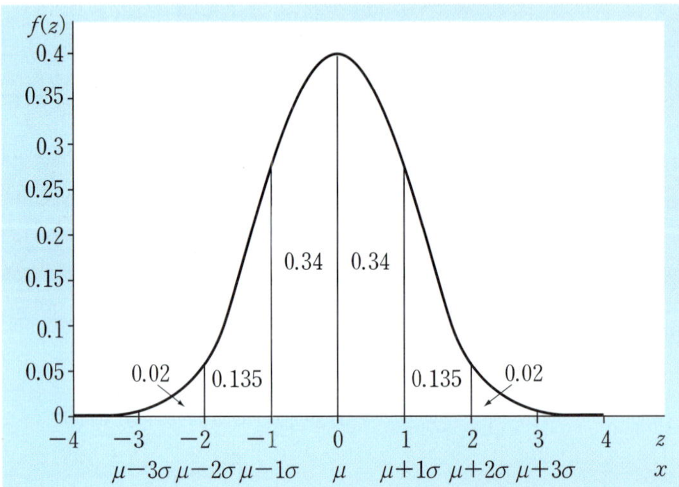

[그림 5.6] 정규분포와 표준정규분포에서의 68%, 95%, 99% 확률

68%-95%-99% 확률 : 정규분포 $N(\mu,\, \sigma^2)$를 따르는 관측값들의

1. 68%는 평균 μ에서 $\pm 1\sigma$ 이내에 들어 있고,
2. 95%는 평균 μ에서 $\pm 2\sigma$ 이내에 들어 있고,
3. 99%는 평균 μ에서 $\pm 3\sigma$ 이내에 들어 있다.

예제 5.7 어느 조사에서 성인의 지능 지수 점수는 정규분포 $N(100,\, 20^2)$를 따른다고 한다. 임의로 뽑힌 한 성인의 지능 지수가 130 이상일 확률은 얼마인가?

풀이 성인의 지능 지수 점수를 확률변수 X라고 하면 $X \sim N(100,\, 20^2)$이다. 따라서 임의로 뽑힌 한 성인의 지능 지수가 130 이상일 확률은 다음과 같다.

$$P(X \geq 130) = P\left(\frac{X-100}{20} \geq \frac{130-100}{20}\right) = P(Z \geq 1.5)$$
$$= 0.5 - P(0 < Z < 1.5) = 0.5 - 0.4332$$
$$= 0.0668$$

■

예제 5.8 어느 자동차회사에서 제조된 승용차들은 리터당 주행거리가 평균 21.7km이고 표준편차는 2km인 정규분포에 근사하다고 한다. 만약 어느 한 사람이 이 회사의 승용차를 구입했을 때 리터당 주행거리가 20km 이하일 확률은 얼마인가?

풀이 리터당 주행거리를 확률변수 X라고 하면 근사적으로 $X \sim N(21.7,\ 2^2)$이다. 따라서 리터당 주행거리가 20km 이하일 확률은 다음과 같다.

$$P(X \leq 20) = P\left(\frac{X-21.7}{2} \leq \frac{20-21.7}{2}\right) = P(Z \leq -0.85)$$
$$= 0.5 - P(0 < Z < 0.85) = 0.5 - 0.3023 = 0.1977$$

■

예제 5.9 전국 고등학교 1학년 모의고사에서 과학영역의 평균은 55점이고 표준편차는 15점인 정규분포와 근사하다고 한다. 학교에서는 모의고사의 과학영역 점수가 상위 1%에 해당하는 학생들을 선발하여 과학경시대회 준비를 위한 실험교육을 강화하려고 한다. 선발될 학생들의 과학 최저 점수는 대략 얼마인가?

풀이 확률변수 X를 모의고사에서 과학영역의 점수라고 하면 근사적으로 $X \sim N(55,\ 15^2)$이다. 이제 상위 1% 학생들의 최저 과학점수를 x_0라고 놓으면 $P(X \geq x_0) = 0.01$를 만족하는 x_0를 구해야 한다. 즉

$$P(X \geq x_0) = P\left(\frac{X-55}{15} \geq \frac{x_0-55}{15}\right) = P\left(Z \geq \frac{x_0-55}{15}\right) = 0.01$$

이므로 $P\{0 < Z < (x_0-55)/15\} = 0.49$를 만족하는 $(x_0-55)/15 = 2.325$로부터 $x_0 = 55 + (2.325)(15) \fallingdotseq 90$점이 최저점수에 해당한다. ■

5.2.3 정규성 검토

추론통계의 많은 문제 해결에서는 자료에 대한 정규분포 혹은 근사적으로 정규분포의 가정을 한다. 예를 들면 5.2.2절의 예제 문제들에서 자료들은 근사적으로 정규분포를 한다고 언급하였다. 따라서 추론을 하기 전에 주어진 자료가 과연 정규모집단으로부터 추출된 자료인지를 검토하는 것은 중요한 일이다. 정규성 검토를 위하여 보통 사용되는 기술통계적 방법들은 다음과 같다.

정규성 검토법

1. 자료의 히스토그램, 줄기와 잎 그림, 혹은 상자와 수염 그림이 대칭이며 종모양의 곡선 형태를 가진다면 자료들은 근사적으로 정규분포를 따른다.
2. 표본평균 $\overline{x}$와 표본의 표준편차 s에 대하여 구간 $\overline{x}\pm s$, $\overline{x}\pm 2s$, $\overline{x}\pm 3s$에 속하는 자료들이 전체 자료의 약 68%, 95%, 99%에 각각 해당한다면 자료들은 근사적으로 정규분포를 따른다.
3. 표본의 사분위수범위 IQR과 표본의 표준편차 s에 대하여 $\mathrm{IQR}/s \approx 1.3$이면 자료들은 근사적으로 정규분포를 따른다.
4. 자료에 대한 정규 Q-Q그림이 직선의 형태에 가까우면 자료들은 근사적으로 정규분포를 따른다.

위에서 제시된 정규성 검토법 중 처음 두 방법은 앞 절들에서 소개된 정규분포의 성질들을 직접 이용한 것이다. 세 번째 방법은 표준정규분포에서 제25-백분위수 p_{25}와 제75-백분위수 p_{75}가 각각 $P(Z \le p_{25}) = 0.25$와 $P(Z \le p_{75}) = 0.75$를 만족하는 $p_{25} = -0.67$과 $p_{75} = 0.67$이고 또한 $\sigma = 1$이므로 σ에 대한 사분위수범위 IQR의 비가

$$\frac{\mathrm{IQR}}{\sigma} = \frac{p_{75} - p_{25}}{\sigma} = \frac{0.67 - (-0.67)}{1} = 1.34$$

라는 사실에 근거한다. 마지막 정규성 검토법은 정규분포를 따르는 관측값들을 순서화한 자료와 그에 대응되는 표준정규분포의 분위수 z를 xy 좌표상에 표시한 **정규분포 분위수대분위수 그림**(quantile-quantile plot) 또는 **정규 Q-Q 그림**(Q-Q plot)이 직선추세를 나타낸다는 이론에 근거한다. 여기서 **분위수**(quantile)란 %대신 분수로 표시된 백분

위수이다. 예를 들면 제25-백분위수 p_{25}는 제0.25 분위수이다.

[그림 5.7]은 $N(5, 1)$, $t(2)$, $\chi^2(3)$분포로부터 생성된 각 100개씩의 모의실험자료에 대한 정규 Q-Q그림이다. 정규분포로부터 생성된 자료는 정규 Q-Q그림이 직선추세를 보여주나 $t(2)$ 또는 우비대칭분포의 특성을 가지고 있는 $\chi^2(3)$분포로부터 생성된 자료는 직선추세에서 이탈하고 있음을 보여준다.

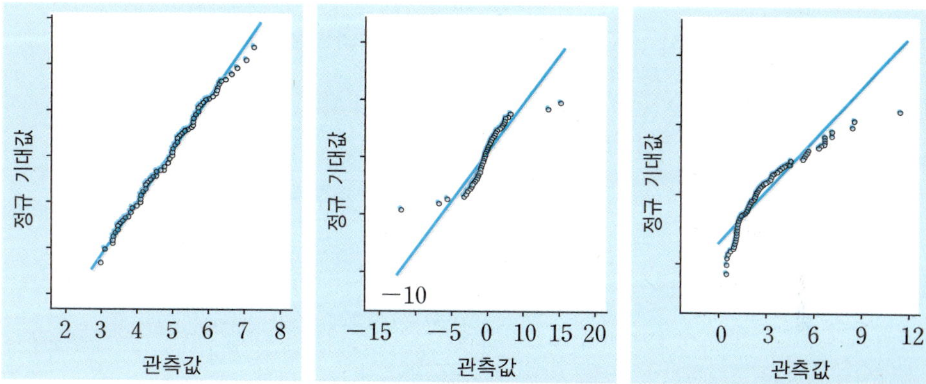

(a) $N(5,1)$ (b) $t(2)$ (c) $\chi^2(3)$

[그림 5.7] $N(5,1)$, $t(2)$, $\chi^2(3)$분포로부터 생성된 모의실험 자료들의 정규 Q-Q그림

5.3 이항분포의 정규분포로의 근사

베르누이 시행횟수가 n이고 성공의 확률이 p인 이항분포에서 시행횟수 n이 상당히 크면 이항확률의 계산이 매우 어려워진다. 그러나 n이 상당히 크고 p가 0 혹은 1에 가깝지 않고 1/2에 가까울수록(보통은 $np \geq 5$이고 $n(1-p) \geq 5$) 이항분포는 평균이 $\mu = np$이고 분산이 $\sigma^2 = np(1-p)$인 정규분포로 잘 근사되므로 정규확률의 계산에 의해서 이항확률을 계산할 수 있다. [그림 5.8]의 히스토그램은 $n = 200$, $p = 0.06$인 이항분포를 나타낸다. 겹쳐 그린 곡선은 평균이 $\mu = np = (200)(0.06) = 12$이고 분산이 $\sigma^2 = np(1-p) = (200)(0.06)(1-0.06) = 11.28 = 3.3585^2$인 정규분포를 나타낸다. 이제 이항확률 $P(8 \leq X \leq 14)$의 정확한 계산식과 확률은 다음과 같다.

$$P(8 \le X \le 14) = \sum_{x=8}^{14} \binom{200}{x} (0.06)^x \cdot (0.94)^{200-x} = 0.69$$

위의 이항확률을 정규근사에 의해 구해보기로 하자. 이때 오직 정수값만을 가지는 이항확률변수값 $X = 8$은 실수공간에서는 $8 - 0.5 = 7.5$에서 시작하고 $X = 14$는 $14 + 0.5 = 14.5$에서 끝남을 [그림 5.8]에서 볼 수 있다. 이렇게 이산형의 변수값을 연속형의 변수값으로 바꿀 때 0.5를 더하고 빼는 **연속성 수정**(continuity correction)을 해주어야 한다. 따라서 정규근사에 의한 이항확률의 계산은 다음과 같다.

$$\begin{aligned} P(8 \le X \le 14) &\approx P(7.5 \le X \le 14.5) \\ &= P\left(\frac{7.5 - 12}{\sqrt{11.28}} \le \frac{X - 12}{\sqrt{11.28}} \le \frac{14.5 - 12}{\sqrt{11.28}}\right) \\ &= P(-1.34 \le Z \le 0.74) = 0.68 \end{aligned}$$

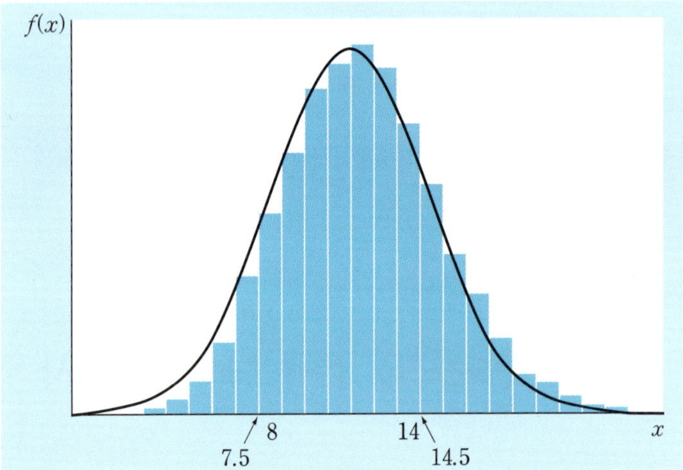

[그림 5.8] 이항분포 $b(200, 0.06)$의 정규분포 $N(12, 3.3585^2)$으로의 근사

이항분포의 정규분포로의 근사

확률변수 X가 이항분포 $b(n, p)$를 따르고 $np \ge 5$이고 $n(1-p) \ge 5$라면 이항분포 $b(n, p)$는 정규분포 $N(\mu, \sigma^2)$로 근사시킬 수 있다. 이때 $\mu = np$이고 $\sigma^2 = np(1-p)$이다. 또한 이항확률의 정규근사에 의한 확률계산은 연속성 수정을 필요로 한다.

예제 5.10 화장이 대표적인 장묘문화로 받아들여져 2005년에 전국의 화장률은 약 53%에 이르렀고 2010년의 화장률은 약 70%가 될 것으로 예측된다고 한다. 만약 2010년에 200명에게 선호하는 장묘법을 물었을 때 이 중에서 최소한 130명 이상이 화장을 선호할 확률은 얼마인가?

풀이 확률변수 X가 200명 중 화장을 선호하는 사람들의 수라고 한다면 X는 이항분포 $b(200,0.7)$을 따른다고 볼 수 있다. 이때 $np=(200)(0.7)=140$과 $n(1-p)=(200)(1-0.7)=60$이 모두 5보다 크므로 이항확률변수 X의 분포는 평균 $\mu=np=140$과 표준편차 $\sigma=\sqrt{np(1-p)}=\sqrt{(200)(0.7)(0.3)}=6.48$를 가지는 정규분포 $N(140,\ 6.48^2)$에 근사된다. 이제 연속성의 수정을 고려하면 200명 중 최소한 130명이상이 화장을 선호할 확률은 다음과 같이 계산된다.

$$
\begin{aligned}
P(X \ge 130) &\approx P(X \ge 129.5) \\
&= P\left(\frac{X-140}{6.48} \ge \frac{129.5-140}{6.48}\right) = P(Z \ge -1.62) \\
&= 0.5 + P(0 \le Z \le 1.62) = 0.5 + 0.4474 = 0.9474
\end{aligned}
$$

■

5.4 표본분포와 중심극한정리

5.4.1 표본과 통계량

모집단의 특성을 파악하기 위해서 모집단내의 개체 모두를 조사하는 것을 **전수조사**(census)라고 하는데, 우리나라에서 5년마다 실시하는 인구주택총조사가 대표적인 예이다. 그러나 모집단의 개체의 수가 많다면 조사에 드는 비용과 시간 등을 고려할 때 모집단 전체를 조사하는 것은 현실적으로 많은 어려움이 따른다. 또는 파괴조사의 경우도 전수조사는 적절치 않다. 예를 들면 어느 공장에서 생산되는 전구의 평균 수명을 알고자 할 때 생산되는 모든 전구의 수명을 관측한다면 전구를 팔기도 전에 전구를 다 사용해 버리는 결과가 된다. 따라서 모집단을 잘 대표하는 모집단의 일부만 조사하여 모집단의 특성을 파악할 수 있다면 바람직하겠다. 이렇게 모집단의 일부만 조사하는 것을

표본조사(sampling survey)라고 하고 이렇게 조사된 자료를 **표본**(sample)이라고 한다.

전수조사와 표본조사

전수조사: 모집단 전체를 조사하는 것

표본조사: 모집단을 대표하는 모집단의 일부만 조사하는 것

만약 모집단의 개체들이 어떤 확률분포를 따른다면 표본은 모집단의 일부이므로 표본의 개체들도 모집단과 같은 확률분포를 갖는다. 표본조사를 위해 모집단으로부터 표본추출을 할 때 각 개체가 완전히 독립적으로 추출되는 표본을 **랜덤표본**(random sample), **확률표본**, 혹은 **임의표본**이라고 한다. 즉 랜덤표본을 이루는 각 개체는 서로 독립이고 모집단과 같은 분포를 갖는 성질을 가지고 있다.

통계적 추론이란 표본에 기초하여 모집단의 특성값인 **모수**(parameter)에 대한 결론을 유추해내는 과정이다. 흔히 관심 있는 모수로는 연속형 자료의 모집단의 대푯값인 모평균 μ, 산포도인 모분산 σ^2, 혹은 이산형자료의 모집단의 모비율 p 등이 있다.

만약 우리나라 19세 남자들의 평균 신장 μ를 알고 싶다면 19세 남자 모두의 키를 측정할 수는 없기 때문에 적절한 크기(n)의 랜덤표본을 추출하여 신장을 측정한다. 실제 신장이 측정되기 전의 크기 n의 랜덤표본을 확률변수들, $X_1, X_2, \cdots, X_n$의 집합으로 놓으면, 신장의 모평균 μ를 랜덤표본 $X_1, X_2, \cdots, X_n$으로부터 계산된 표본평균 $\overline{X} = (X_1 + X_2 + \cdots + X_n)/n$으로 추정할 수 있다. 이처럼 랜덤표본의 함수인 표본의 특성값을 **통계량**(statistic)이라 하고 통계량의 관측된 값을 **통계치** 혹은 **통계값**이라고 한다. 특히 모수의 추정에 사용된 통계량을 **추정량**(estimator)이라고 하고 추정량의 관측값을 **추정치**(estimate) 혹은 **추정값**이라고 부른다. 위의 예에서 $\overline{X}$는 랜덤표본 $X_1, X_2, \cdots, X_n$의 함수이므로 통계량이면서 모평균 μ의 추정에 사용된 추정량이다. 이때 랜덤표본 $X_1, X_2, \cdots, X_n$에 대해서 각각 자료 $x_1, x_2, \cdots, x_n$이 실제로 관측이 되어서 계산된 추정량의 관측값 $\overline{x} = (x_1 + x_2 + \cdots + x_n)/n$는 추정치이다.

랜덤표본, 모수, 통계량, 통계치, 추정량, 추정치

랜덤표본: 서로 독립이며 모집단과 같은 분포를 갖는 확률변수들의 집합

모수: 모집단의 특성값

통계량: 랜덤표본의 함수로서 표본의 특성값

통계치(값): 관측된 표본으로부터 계산된 통계량의 값
추정량: 모수의 추정에 사용된 통계량
추정치(값): 관측된 표본으로부터 계산된 추정량의 값

5.4.2 표본평균의 표본분포

연속형 자료의 모집단의 모수로서 가장 중요한 모수인 모평균을 추론하기 위해서는 표본평균과 같은 통계량이 사용된다. 예를 들어 모평균 μ를 추정하기 위해서 관측된 표본으로부터 계산되는 표본의 통계값으로서 표본평균 $\overline{x}$와 표본의 중위수 m_e를 사용한다고 하자. 만약 $\overline{x}$와 m_e 중 $\overline{x}$가 더 모평균 μ에 근사하다고 해서 $\overline{x}$가 m_e보다 더 좋은 추정치라고 말할 수는 없을 것이다. 그 이유는 $\overline{x}$와 m_e이 우연히 관측된 하나의 표본으로부터 계산된 값들이고, 또 다른 관측 표본들에서는 다른 결과들이 나올 수 있기 때문이다. 이제 어느 추정량과 모수의 오차에 대한 확률의 정의를 하기 위해서는 하나의 표본이 아니라 가능한 무수히 많이 반복된 표본으로부터 관측되어 계산된 통계값들의 분포, 즉 확률변수인 통계량의 확률분포인 **표본분포**(sampling distribution)를 알아야 한다.

표본분포

통계량의 확률분포를 말한다.

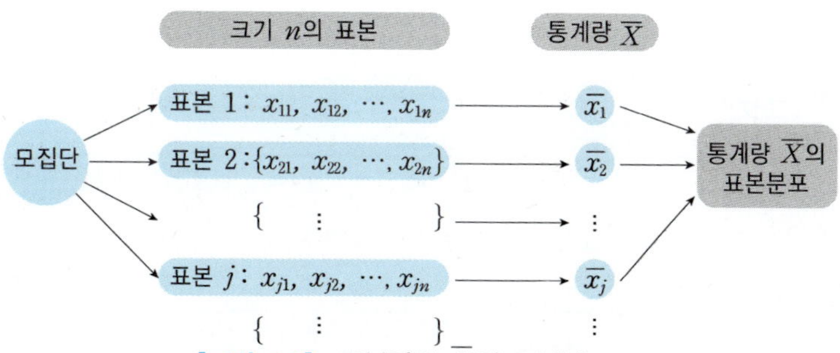

[그림 5.9] 표본평균 $\overline{X}$의 표본분포

[그림 5.9]와 같이 어느 모집단에서 가능한 무수히 많이 반복하여 관측되는 표본 1,

표본 2, 표본 3, … 등에서 각각 표본평균들 $\bar{x}_1, \bar{x}_2, \bar{x}_3, \cdots$이 얻어진다면 이들 표본평균 $\bar{x}_1, \bar{x}_2, \bar{x}_2$, …은 하나의 분포를 이루고 이때의 분포를 표본평균의 표본분포라 한다. 표본평균의 평균과 분산은 다음과 같다.

표본평균의 평균과 분산

평균 μ와 표준편차 σ를 가지는 모집단에서 표본의 크기가 n인 모든 가능한 표본을 추출하였을 때 표본평균 $\overline{X}$는 평균 $\mu_{\overline{X}} = \mu$와 표준편차 $\sigma_{\overline{X}} = \dfrac{\sigma}{\sqrt{n}}$를 가진다.

예제 5.11 표본평균의 표본분포에 대한 설명을 위하여 매우 크기가 작은 모집단으로서 {2, 4, 6, 8}를 예로 들어 설명해본다. 이 모집단으로부터 반복을 허용하여 크기가 2인 모든 가능한 표본을 추출하였을 때 표본평균의 평균과 표준편차를 구해보고 이것이 $\mu_{\overline{X}} = \mu$와 $\sigma_{\overline{X}} = \dfrac{\sigma}{\sqrt{n}}$와 같은지 확인하여라.

풀이 모집단의 모평균은

$$\mu = (2+4+6+8)/4 = 5$$

이고 모표준편차는

$$\sigma = \sqrt{\{(2-5)^2 + (4-5)^2 + (6-5)^2 + (8-5)^2\}/4} = \sqrt{5}$$

이다. 모집단으로부터 모든 가능한 표본의 개수는 $4^2 = 16$개로서 16개의 각 표본이 추출될 확률은 1/16이다. 각 표본과 표본의 평균은 아래 표와 같다.

표본	표본평균	표본	표본평균	표본	표본평균	표본	표본평균
{2, 2}	2	{4, 2}	3	{6, 2}	4	{8, 2}	5
{2, 4}	3	{4, 4}	4	{6, 4}	5	{8, 4}	6
{2, 6}	4	{4, 6}	5	{6, 6}	6	{8, 6}	7
{2, 8}	5	{4, 8}	6	{6, 8}	7	{8, 8}	8

위의 표로부터 얻어지는 표본평균의 표본분포표는 [표 5.5]에 주어져 있고, 또한 표본분포의 히스토그램은 [그림 5.10]에 보여진다. [표 5.5]로부터

$$\mu_{\overline{X}} = \sum \overline{x}\, p(\overline{x})$$
$$= (2)(0.0625) + (3)(0.1250) + \cdots + (7)(0.1250) + (8)(0.0625) = 5 = \mu$$

그리고

$$\sigma_{\overline{X}} = \sqrt{\sum (\overline{x} - \mu_{\overline{X}})^2 p(\overline{x})} = \sqrt{(2-5)^2(0.0625) + \cdots + (8-5)^2(0.0625)}$$
$$= \sqrt{2.5} = \frac{\sqrt{5}}{\sqrt{2}} = \frac{\sigma}{\sqrt{n}}$$

이다. ▣

[표 5.5] 표본평균의 표본분포

$\overline{x}$	$p(\overline{x})$
2	1/16=0.0625
3	2/16=0.1250
4	3/16=0.1875
5	4/16=0.2500
6	3/16=0.1875
7	2/16=0.1250
8	1/16=0.0625

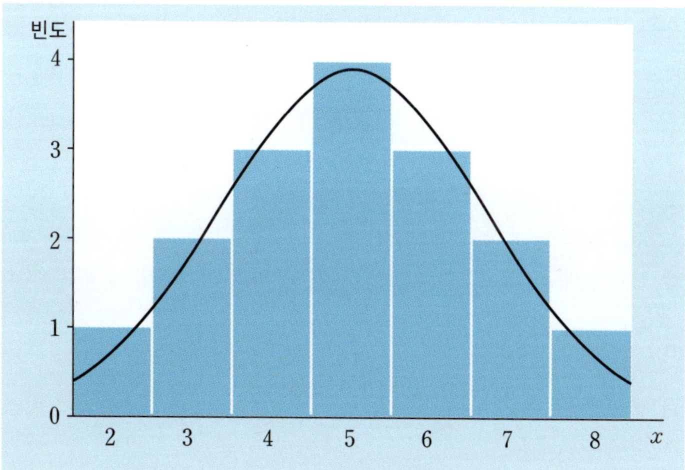

[그림 5.10] 표본평균의 표본분포의 히스토그램

이제까지 표본평균 $\overline{X}$ 의 평균과 분산에 대하여 기술하였으나 $\overline{X}$ 의 분포 자체에 대해서는 설명하지 못했다. $\overline{X}$ 의 분포형태는 모집단의 분포형태에 의존한다. 특히 모집단이 정규분포를 따르는 경우는 표본평균의 표본분포는 정규분포이다. 즉 $N(\mu, \sigma^2)$ 를 따르는 정규모집단으로부터 추출된 크기 n인 표본의 표본평균의 표본분포는 $N(\mu, \sigma^2/n)$이다.

정규모집단으로부터 표본평균의 분포

정규모집단 $N(\mu, \sigma^2)$으로부터 추출된 크기 n인 표본의 표본평균 $\overline{X}$는 평균이 $\mu_{\overline{X}} = \mu$이고 표준편차가 $\sigma_{\overline{X}} = \dfrac{\sigma}{\sqrt{n}}$인 정규분포를 따른다.

모집단의 분포가 정규분포가 아니라면 표본평균 $\overline{X}$ 의 분포는 무엇일까? 모집단의 분포와 상관없이 표본의 크기 n이 상당히 크다면 표본평균 $\overline{X}$ 의 분포는 정규분포와 근사하다. 이것은 통계학에서 가장 중요한 결과들 중 하나인 중심극한정리(central limit theorem)의 결과이다.

표본평균의 표본분포가 정규분포에 근사할 정도로 충분히 큰 표본의 크기 n은 어느 정도의 크기일까? 모집단이 기울어진 분포라면 대칭인 분포보다도 표본의 크기 n은 보다 커야할 것이다. 대부분의 경우에 정규근사를 위해서는 표본의 크기는 $n \geq 30$으로 충분하다고 한다. 따라서 이후로 표본의 크기가 최소 30일 때 표본평균의 표본분포로서 정규분포를 사용할 것이다. 서로 다른 모집단과 서로 다른 표본의 크기에 따른 표본평균의 표본분포의 변화를 보여주는 [그림 5.11]에서 모집단의 형태에 관계없이 표본의 크기가 점점 커질수록 정규분포의 형태와 비슷해짐을 볼 수 있다.

중심극한정리

평균 μ와 표준편차 σ를 가지는 모집단에서 표본의 크기 n이 충분히 큰 표본(보통 $n \geq 30$)을 추출하였을 때 표본평균 $\overline{X}$ 의 표본분포는 평균 $\mu_{\overline{X}} = \mu$와 표준편차 $\sigma_{\overline{X}} = \dfrac{\sigma}{\sqrt{n}}$를 가지는 정규분포에 근사하다.

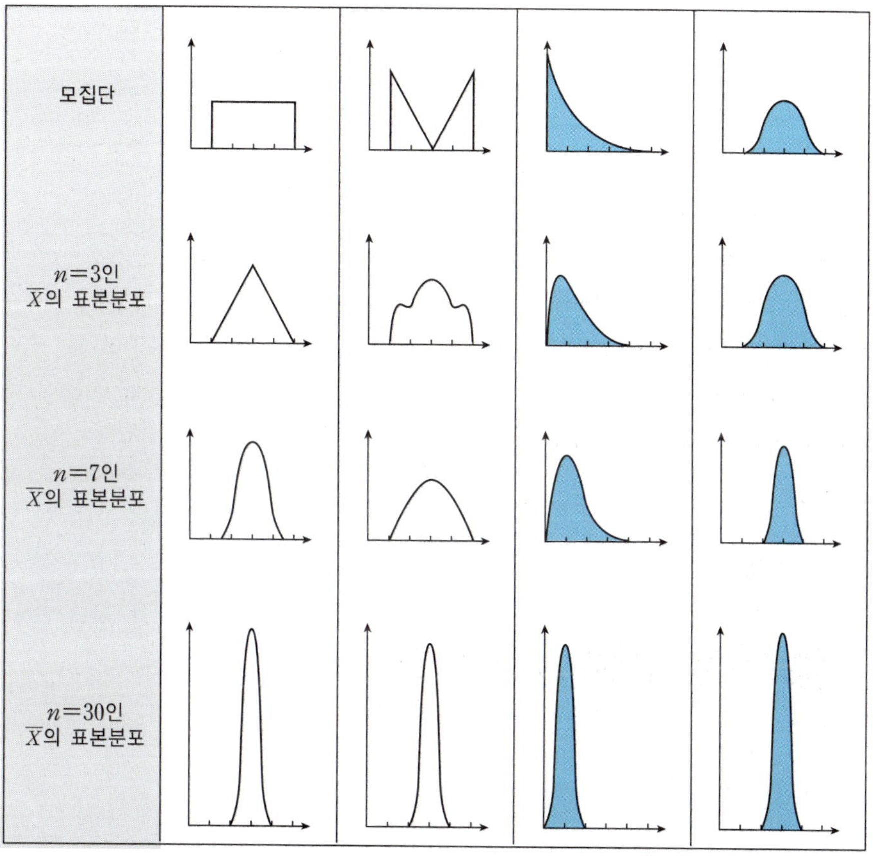

[그림 5.11] 서로 다른 모집단과 표본의 크기에 따른 표본평균의 표본분포

이제 중심극한정리를 적용한 몇 가지 예제를 풀어보기로 한다.

예제 5.12 어느 대학교에서 지난 1년 동안 교양서를 읽은 학생들의 독서 권수는 평균 10권이고 표준편차는 4권인 정규분포를 따른다고 한다. 책을 읽은 10명의 학생들을 랜덤하게 선택하였을 때 10명 학생들의 평균 독서 권수가 9권에서 12권일 확률은 얼마인가?

풀이 정규분포 $N(10,\ 4^2)$으로부터의 표집이므로 10명 학생들의 평균 독서 권수 $\overline{X}$는 평균이 $\mu_{\overline{X}} = \mu = 10$과 표준편차 $\sigma_{\overline{X}} = \sigma/\sqrt{n} = 4/\sqrt{10} \approx 1.26$인 정규분포를 따른다. 따라서 10명 학생들의 평균 독서 권수가 9권에서 12권일 확률은 다음과 같다.

$$P(9 \le \overline{X} \le 12) = P\left(\frac{9-10}{1.26} \le \frac{\overline{X}-10}{1.26} \le \frac{12-10}{1.26}\right)$$
$$= P(-0.79 \le Z \le 1.58)$$
$$= P(0 < Z \le 0.79) + P(0 < Z \le 1.58)$$
$$= 0.2852 + 0.4429 = 0.7281$$

▣

예제 5.13 공기업의 대졸 초임 연봉 평균은 2,800만 원이고 표준편차는 500만 원이라고 한다. 공기업에 입사한 대졸 신입직원 35명을 선택하였을 때 이들의 평균 연봉이 2,900만 원 이상일 확률은 얼마인가?

풀이 표본의 크기가 30 이상이므로 중심극한정리에 의해 35명 신입직원들의 평균 연봉 $\overline{X}$는 평균이 $\mu_{\overline{X}} = \mu = 2,800$만 원, 표준편차 $\sigma_{\overline{X}} = \sigma/\sqrt{n} = 500/\sqrt{35} \approx 84.5$만 원인 정규분포를 근사적으로 따른다. 이리하여 35명 신입직원들의 평균 연봉이 2,900만 원 이상일 확률은 다음과 같다.

$$P(\overline{X} \ge 2900) = P\left(\frac{\overline{X}-2800}{84.5} \ge \frac{2900-2800}{84.5}\right)$$
$$= P(Z \ge 1.18)$$
$$= 0.5 - P(0 < Z < 1.18)$$
$$= 0.5 - 0.3810 = 0.119$$

▣

지금까지는 표본평균의 표본분포에 관해서 언급하였지만 많은 다른 통계량들, 예를 들면 표본의 표준편차, 표본의 중위수, 표본의 범위, 표본비율 등의 표본분포가 있다. 이중에서 표본비율의 표본분포에 대해서는 다음 절에서 살펴보기로 한다.

5.4.3 표본비율의 표본분포

표본평균 혹은 표본표준편차는 연속형 자료의 요약을 위한 통계량들이라고 하면 이산형 자료의 요약을 위한 중요한 통계량에는 표본비율이 있다. 모집단이 특정한 속성을 갖는 것의 비율을 **모비율**(population proportion)이라고 하는데 모비율에 대한 통계적 추론이 중요한 경우는 매우 많다. 예를 들면 대통령선거에서 특정 후보의 지지율이나, 히트상품 선정에서 어느 제품에 대한 소비자 선호율, 어느 지역사업에 대한 지역민들의 찬성률 등이다.

모비율 p에 대한 추론을 위하여 표본비율 $\hat{p}$의 표본분포를 알아야 한다. 5.1절에서 베르누이 시행의 결과는 성공 아니면 실패이다. 성공의 확률이 p인 베르누이 시행을 n회 독립적으로 반복했을 때 성공의 횟수 X는 $X=\sum_{i=1}^{n} X_i$로 표현할 수 있다. 여기서 X_i는 i번째 베르누이 시행의 결과로서 성공일 때는 1의 값을 실패일 때는 0의 값을 가지는 베르누이 확률변수이다. 베르누이 확률변수의 평균과 분산은 각각 다음과 같이 계산된다.

$$E(X_i)=(1)(p)+(0)(1-p)=p,$$
$$Var(X_i)=E(X_i-p)^2=(1-p)^2(p)+(0-p)^2(1-p)=p(1-p)$$

또한 우리는 이미 5.3절에서 n이 상당히 크고, p가 0 혹은 1에 가깝지 않고 $\frac{1}{2}$에 가까울수록 (보통은 $np \geq 5$이고 $n(1-p) \geq 5$) 이항분포가 정규분포에 근사한다는 사실을 알고 있다. 표본비율 $\hat{p}=X/n=\sum_{i=1}^{n} X_i/n$는 평균이 p이고 분산이 $p(1-p)$인 모집단으로부터 표본의 크기 n을 가지는 표본평균과 같다. 따라서 표본의 크기 n이 상당히 큰 경우에 중심극한정리에 의해 표본비율 $\hat{p}$는 근사적으로 평균 $\mu_{\hat{p}}=p$와 표준편차 $\sigma_{\hat{p}}=\sqrt{p(1-p)}/\sqrt{n}$를 가지는 정규분포를 따른다. 이 근사는 n이 증가할수록 더욱 정확해지고, 특히 p가 0혹은 1에 가깝지 않고 $1/2$에 가까울수록 근사는 정확해진다. 일반적인 경우에 필요한 정확도를 유지하기 위해서는 보통 $np \geq 5$이고 $n(1-p) \geq 5$이라는 조건을 필요로 한다.

표본비율의 표본분포

특정한 속성을 갖는 모비율이 p인 모집단에서 표본의 크기 n이 충분히 큰 표본을 추출하였을 때(보통은 $np \geq 5$이고 $n(1-p) \geq 5$) 표본비율 $\hat{p}$의 표본분포는 평균 $\mu_{\hat{p}}=p$과 표준편차 $\sigma_{\hat{p}}=\sqrt{p(1-p)}/\sqrt{n}$를 가지는 정규분포에 근사하다.

예제 5.14 어느 제약회사에서 생산되는 감기시럽약 중 적절한 기준의 농도를 갖지 않는 시럽약은 불량품처리를 한다. 과거의 생산관리결과에 의하면 시럽약의 약 3%

가 불량품이었다고 한다. 어느 날 그 회사에서 500병의 시럽약을 만들었을 때 불량률이 2% 이하로 나올 확률을 구하여라.

풀이 표본 500병의 시럽약에 대한 표본비율인 불량률을 $\hat{p}$이라 놓고, 확률 $P(\hat{p} \le 0.02)$을 정규근사에 의해 구하기 위한 조건을 검토해보자. $np = (500)(0.03) = 15 > 5$이고 $n(1-p) = (500)(0.97) = 485 > 5$이므로 정규근사가 가능하다. 표본비율 $\hat{p}$의 표본분포는 평균 $\mu_{\hat{p}} = p = 0.03$과 표준편차 $\sigma_{\hat{p}} = \sqrt{p(1-p)}/\sqrt{n} = \sqrt{(0.03)(1-0.03)}/\sqrt{500} = 0.0076$를 가지는 정규분포에 근사하다. 이제 구하는 확률은

$$
\begin{aligned}
P(\hat{p} \le 0.02) &= P\left(\frac{\hat{p} - 0.03}{0.0076} \le \frac{0.02 - 0.03}{0.0076}\right) \\
&= P(Z \le -1.315) \\
&= 0.5 - P(0 \le Z \le 1.315) \\
&= 0.5 - 0.4058 = 0.0942
\end{aligned}
$$

이다. 즉, 같은 크기의 표본을 반복해서 구했을 때, 그 중에서 약 9.4%는 불량률 $\hat{p}$이 0.02 이하이다. ▣

5.5 그밖의 표본분포

5.5.1 t-분포

정규모집단 $N(\mu, \sigma^2)$로부터 추출된 크기가 n인 랜덤표본의 표본평균 $\overline{X}$는 정규분포 $N(\mu, \sigma^2/n)$를 따른다고 하였다. 그러면 표준화된 표본평균

$$Z = \frac{\overline{X} - \mu}{\sigma/\sqrt{n}}$$

는 표준정규분포를 따른다. 이때 모표준편차 σ를 표본표준편차 S로 대체하면 다음 통계량

$$T = \frac{\overline{X} - \mu}{S/\sqrt{n}}$$

는 자유도가 $n-1$인 t-분포를 따른다.

***t*-분포**는 연속형 확률분포로서 **자유도**(degree of freedom)에 의해 모양이 결정된다. 위에서 정의된 통계량 T의 자유도는 분모에 있는 표본표준편차 S에 의해서 결정되는데, S의 자유도는 $n-1$이다. 이 사실은 S를 계산할 때 n개의 편차 $(X_i - \overline{X})$들이 사용되며 이들의 합은 항상 0이 된다. 따라서 임의의 $n-1$개 편차를 알면 나머지 한 개의 편차는 자동적으로 결정된다. 이때 독립적인 편차들의 수 $n-1$이 S의 자유도, 즉 통계량 T의 자유도가 되는 것이다. 이제 자유도 k를 가지는 t-분포를 $t(k)$분포라고 표기하자.

t-분포의 확률밀도함수는 표준정규분포처럼 원점을 중심으로 대칭이며 종모양의 곡선을 가진다. 일반적으로 t-분포의 분산은 표준정규분포의 분산보다 더 커서 양 꼬리가 정규분포보다 두텁다. 이는 고정된 모수 σ 대신에 통계량 S를 사용함으로서 생기는 추가적인 변동에 의한 것이다. [그림 5.12]는 각각 자유도 $k=1, 3,$ 그리고 7을 가지는 $t(1)$, $t(3)$, $t(7)$분포 및 표준정규분포를 보여준다. t-분포는 자유도 k가 점점 커질수록 표준정규분포에 근사해짐을 알 수 있다. t-분포는 6.5절에서 미지의 모분산을 가지는 정규모집단에서 모평균에 대한 추론을 할 때 중요하게 사용되는 분포이다.

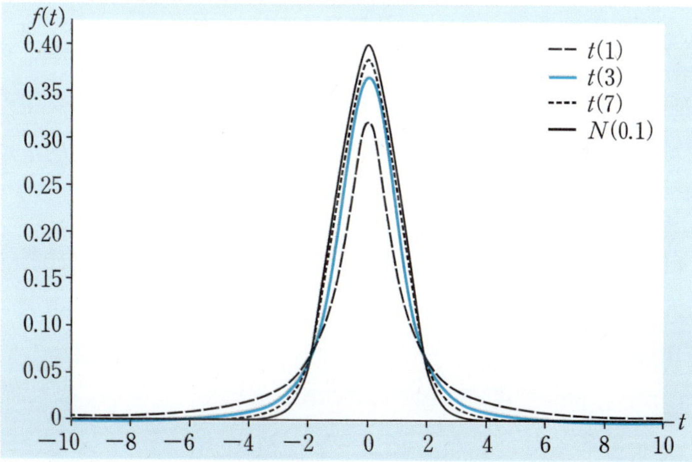

[그림 5.12] 표준정규분포와 여러 가지 자유도를 가지는 $t(k)$분포

부록 [표 3]은 t-확률표로서 t-분포의 상위 분위수가 제시되어 있다. 표 안의 각 수치는 주어진 자유도 k를 가지는 $t(k)$분포에서 오른쪽 꼬리부분의 면적이 α가 되는 T 확률변수의 값이다([표 5.6]의 상단에 있는 t-분포 그림 참조). 즉 표 안의 수치는 $P(T > t_\alpha(k)) = \alpha$를 만족하는 $t_\alpha(k)$값이다.

[표 5.6] 부록 [표 3]의 t-확률표 일부

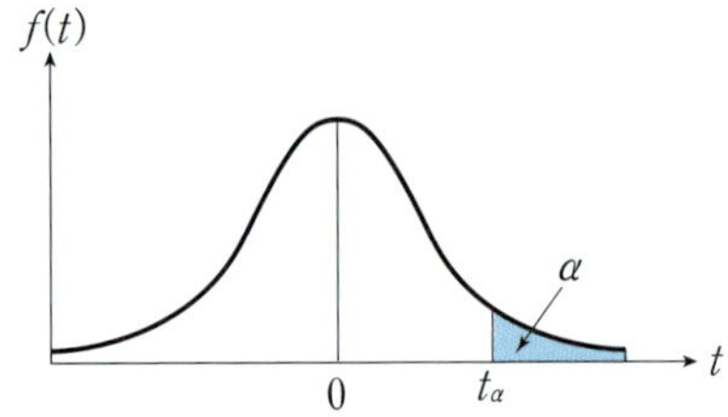

자유도	$t_{.100}$	$t_{.050}$	$t_{.025}$	$t_{.010}$	$t_{.005}$	$t_{.001}$	$t_{.0005}$
1	3.078	6.314	12.706	31.821	63.657	318.31	636.62
2	1.886	2.920	4.303	6.965	9.925	22.326	31.598
3	1.638	2.353	3.182	4.541	5.841	10.213	12.924
4	1.533	2.132	2.776	3.747	4.604	7.713	8.610
5	1.476	2.015	2.571	3.365	4.032	5.893	6.869
6	1.440	1.943	2.447	3.143	3.707	5.208	5.959
7	1.415	1.895	2.365	2.998	3.499	4.785	5.408
8	1.397	1.860	2.306	2.896	3.355	4.501	5.041
9	1.383	1.833	2.262	2.821	3.250	4.297	4.781
10	1.372	1.812	2.228	2.764	3.169	4.144	4.587

예제 5.15 [표 5.6]은 부록 [표 3]의 t-확률표의 일부를 나타낸다. 자유도 10을 가지는 $t(10)$분포에서 왼쪽 꼬리부분의 면적이 0.005인 분위수를 a라 하고 오른쪽 꼬리부분의 면적이 0.005인 상위 분위수를 b라 할 때 a, b 및 $P(a \le T \le b)$을 구하여라.

풀이 [표 5.6]으로부터 $b = t_{0.005}(10) = 3.169$와 $a = t_{0.995}(10) = -t_{0.005}(10) = -3.169$를 얻을 수 있다. 따라서 $P(a \le T \le b) = P(-3.169 \le T \le 3.169) = 1-(2)(0.005) = 0.99$이다. ▣

5.5.2 χ^2-분포

카이제곱(χ^2)분포(chi-square distribution)는 연속형 확률분포로서 양의 값을 가지고 자유도에 의해 분포의 모양이 결정된다. 자유도 k를 가지는 χ^2-분포를 $\chi^2(k)$분포라고 표기하자. χ^2-분포는 일반적으로 우비대칭 형태를 가지나 자유도가 커지면 대칭의 형태를 가진다. [그림 5.13]은 자유도 $k=2, 5, 10, 20$을 가지는 $\chi^2(k)$분포의 곡선을 보여준다. χ^2-분포는 6.6절의 정규모집단에서 모분산에 대한 추론이나, 제8장의 범주형 자료에 대한 추론에서 중요하게 사용되는 분포이다.

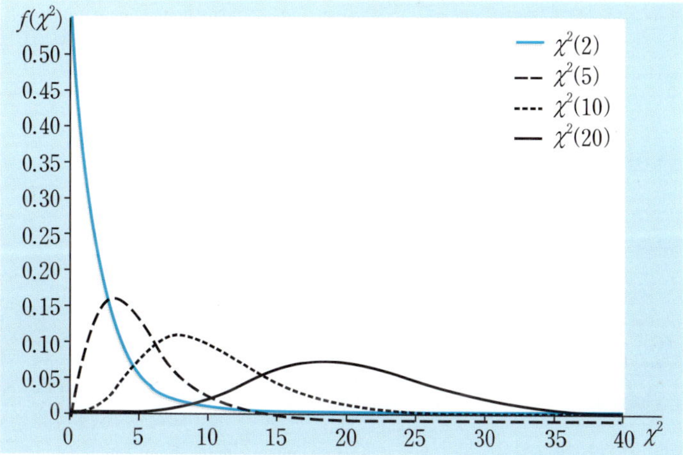

[그림 5.13] 여러 가지 자유도 k를 가지는 $\chi^2(k)$분포

부록 [표 4]는 χ^2-확률표로서 χ^2-분포의 하위와 상위 분위수가 제시되어 있다. 표 안의 각 수치는 주어진 자유도 k를 가지는 $\chi^2(k)$분포에서 오른쪽 꼬리부분의 면적이 α가 되는 χ^2-확률변수의 값이다([표 5.7]의 상단에 있는 χ^2-분포 그림 참조). 즉 표 안의 수치는 $P(\chi^2 > \chi^2_\alpha(k)) = \alpha$를 만족하는 $\chi^2_\alpha(k)$값이다.

[표 5.7] 부록 [표 4]의 χ^2-확률표의 일부

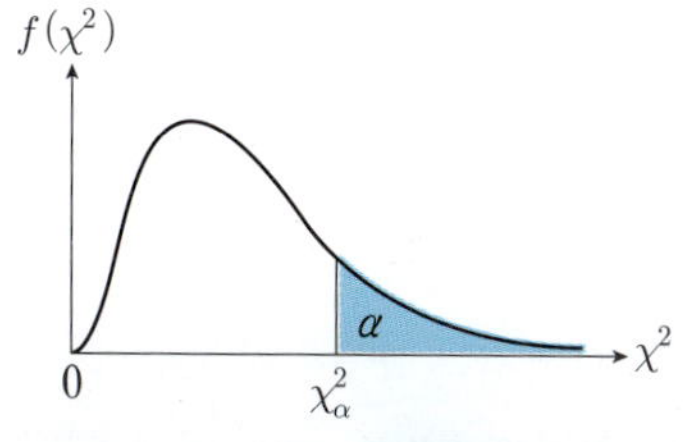

자유도	$\chi^2_{.995}$	$\chi^2_{.990}$	$\chi^2_{.975}$	$\chi^2_{.950}$	$\chi^2_{.900}$
1	.0000393	.0001571	.0009821	.0039321	.0157908
2	.0100251	.0201007	.0506356	.102587	.210720
3	.0717212	.114832	.215795	.351846	.584375
4	.206990	.297110	.484419	.710721	1.063623
5	.411740	.554300	.831211	1.145476	1.61031
6	.675727	.872085	1.237347	1.63539	2.20413
7	.989265	1.239043	1.68987	2.16735	2.83311

자유도	$\chi^2_{.100}$	$\chi^2_{.050}$	$\chi^2_{.025}$	$\chi^2_{.010}$	$\chi^2_{.005}$
1	2.70554	3.84146	5.02389	6.63490	7.87944
2	4.60517	5.99147	7.37776	9.21034	10.5966
3	6.25139	7.81473	9.34840	11.3449	12.8381
4	7.77944	9.48773	11.1433	13.2767	14.8602
5	9.23635	11.0705	12.8325	15.0863	16.7496
6	10.6446	12.5916	14.4494	16.8119	18.5476
7	12.0170	14.0671	16.0128	18.4753	20.2777

예제 5.16 [표 5.7]은 χ^2-확률표의 일부를 나타낸다. 자유도 7을 가지는 $\chi^2(7)$분포에서 왼쪽 꼬리부분의 면적이 0.025인 하위 분위수를 a라 하고 오른쪽 꼬리부분의 면적이 0.025인 상위 분위수를 b라 할때 a와 b 및 $P(a \le \chi^2 \le b)$을 구하여라.

풀이 [표 5.7]로부터 $a = \chi^2_{0.975}(7) = 1.69$와 $b = \chi^2_{0.025}(7) = 16.013$을 얻을 수 있다. 따라서 $P(a \le \chi^2 \le b) = P(1.69 \le \chi^2 \le 16.013) = 1 - (2)(0.025) = 0.95$이다. ■

5.5.3 F-분포

***F*-분포**는 연속형 확률분포로서 양의 값을 가지고 우비대칭의 형태를 가진다. F-분포는 두 개의 자유도 ν_1과 ν_2에 의해 결정되며 보통 $F(\nu_1, \nu_2)$으로 표기한다. [그림 5.14]는 자유도 (ν_1, ν_2)가 $(1, 10), (10, 10), (100, 100), (10, 1)$인 $F(\nu_1, \nu_2)$분포를 보여준다. F-분포는 7.4절의 두 개의 정규모집단의 각 모분산들의 비에 대한 추론이나, 제9장의 분산분석 및 제10장의 회귀분석에서 중요하게 사용되는 분포이다.

부록의 [표 5]부터 [표 8]까지는 F-확률표로서 F-분포의 상위 분위수 0.1, 0.05, 0.025, 및 0.01에 대한 F-확률변수값이 제시되어 있다. 표 안의 각 수치는 주어진 자유도 ν_1과 ν_2를 가지는 $F(\nu_1, \nu_2)$분포에서 오른쪽 꼬리부분의 면적이 α가 되는 F-확률변수의 값이다([표 5.8]의 상단에 있는 F-분포 그림 참조). 즉 표 안의 수치는 $P(F > F_\alpha(\nu_1, \nu_2)) = \alpha$를 만족하는 $F_\alpha(\nu_1, \nu_2)$값이다. 왼쪽 꼬리부분의 분위수는 F-분포의 다음의 성질을 이용하면 오른쪽 꼬리 부분의 상위 분위수에 의해 구할 수 있다.

$$F_{1-\alpha}(\nu_1, \nu_2) = \frac{1}{F_\alpha(\nu_2, \nu_1)}$$

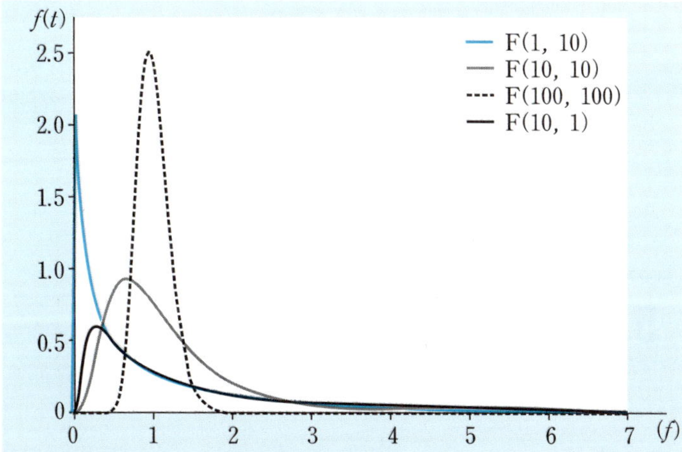

[그림 5.14] 여러 가지 자유도를 가지는 $F(\nu_1, \nu_2)$분포

[표 5.8] 부록 [표 6]의 F-확률표의 일부

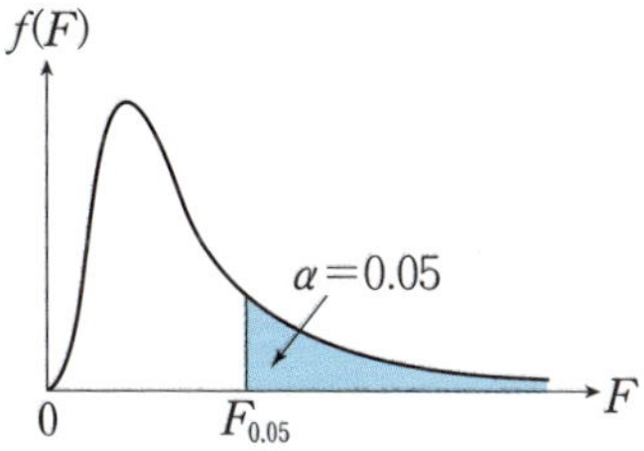

v_2 \ v_1	1	2	3	4	5	6	7	8	9
1	161.4	199.5	215.7	224.6	230.2	234.0	236.8	238.9	240.5
2	18.51	19.00	19.16	19.25	19.30	19.33	19.35	19.37	19.38
3	10.13	9.55	9.28	9.12	9.01	8.94	8.89	8.85	8.81
4	7.71	6.94	6.59	6.39	6.26	6.16	6.09	6.04	6.00
5	6.61	5.79	5.41	5.19	5.05	4.95	4.88	4.82	4.77
6	5.99	5.14	4.76	4.53	4.39	4.28	4.21	4.15	4.10
7	5.59	4.74	4.35	4.12	3.97	3.87	3.79	3.73	3.68
8	5.32	4.46	4.07	3.84	3.69	3.58	3.50	3.44	3.39
9	5.12	4.26	3.86	3.63	3.48	3.37	3.29	3.23	3.18
10	4.96	4.10	3.71	3.48	3.33	3.22	3.14	3.07	3.02

예제 5.17 [표 5.8]은 F-확률표의 일부를 나타낸다. $F(5, 6)$분포에서 왼쪽 꼬리부분의 면적 이 0.05인 분위수를 a라 하고 오른쪽 꼬리부분의 면적이 0.05인 상위 분위수를 b라 할 때 a와 b 및 $P(a \le F \le b)$을 구하여라.

풀이 [표 5.8]로 부터 $a = F_{0.95}(5, 6) = \{F_{0.05}(6, 5)\}^{-1} = 1/4.95 = 0.202$와 $b = F_{0.05}(5, 6) = 4.39$를 얻을 수 있다. 따라서 $P(a \le F \le b) = P(0.202 \le F \le 4.39) = 1 - (2)(0.05) = 0.90$이다. ▣

5.6 SPSS 실습

예제 5.18 SPSS를 이용한 이항확률 계산: (예제 5.4의 계속) 확률변수 X가 이항분포 $b(3, 0.25)$를 따를 때 확률 $P(X=2)$ 및 확률 $P(X>1)$를 SPSS를 사용하여 계산하여라.

풀이 ① SPSS 데이터 편집기창 하단에 있는 **변수 보기**탭을 클릭하여 변수 보기창을 활성화시킨 후 [그림 5.15]처럼 이름열에 변수명(예시: 이항확률1, 이항확률2)을 적고 소수점 이하자리 열에 원하는 소숫점 자릿수(예시: 4)를 선택한다.

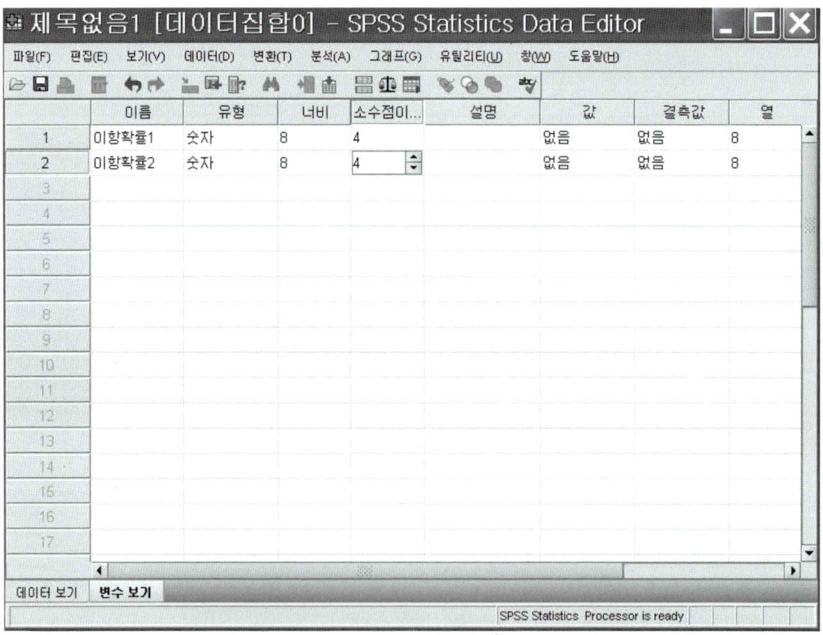

[그림 5.15] 데이터 편집기의 변수 보기 대화상자

② SPSS 데이터 편집기창 하단에 있는 **데이터 보기**탭을 클릭하면 [그림 5.16]에서처럼 “이항확률1”과 “이항확률2”이라는 변수열이 생긴다. 다음으로 “이항확률1” 변수의 1행 1열에 임의의 수를 입력해 놓는다. 이때 “이항확률2” 변수값에는 자동적으로 결측값이 입력되어 있는 것을 볼 수 있다.

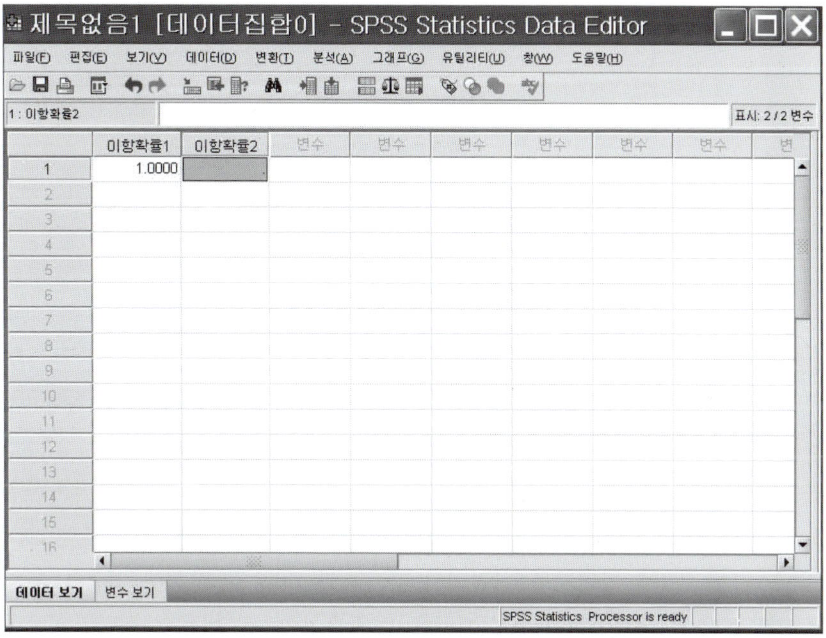

[그림 5.16] 데이터 편집기의 데이터 보기 대화상자

③ 메뉴 상단에서 ‘변환(T) → 변수 계산(C)’를 클릭하면 [그림 5.17]과 같은 ‘변수 계산’ 대화상자가 나타난다. ‘대상변수(T)’란에 “이항확률1”을 입력하고, ‘함수 집단(G)’ 메뉴에서 ‘PDF 및 비중심 PDF’를 그리고 ‘함수 및 특수변수(F)’ 메뉴에서 “Pdf.Binom”을 선택한다. PDF.BINOM(x, n, p)는 $X \sim b(n, p)$일 때 이항확률 $P(X=x)$를 되돌려준다. 따라서 $X \sim b(3, 0.25)$일 때 이항확률 $P(X=2)$를 얻기 위해서는 중간의 [▲] 을 클릭하여 나타나는 ‘숫자표현식(F)’의 ‘PDF.BINOM(?,?,?)’에 “PDF.BINOM (2,3,0.25)”를 입력한다.

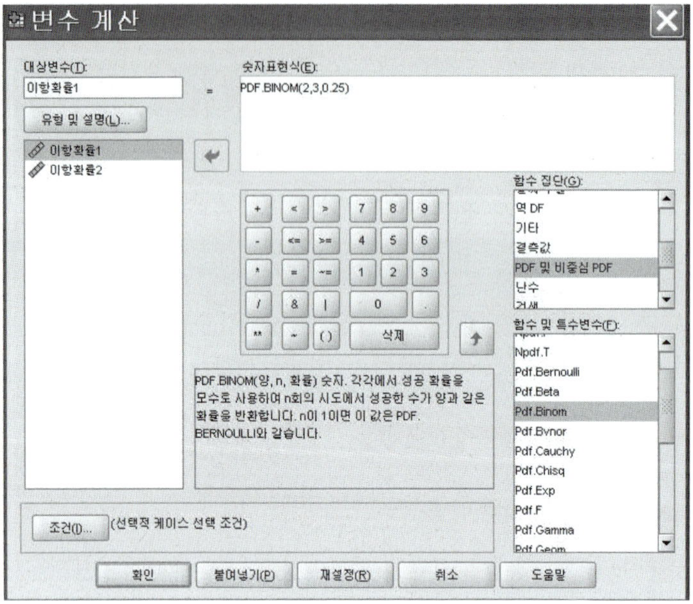

[그림 5.17] 이항확률 계산을 위한 변수 계산 대화상자

④ 그리고 대화상자 아래의 확인 키를 클릭하여 나오는 질문인 "기존변수를 바꾸겠습니까?"에 다시 확인 키를 클릭한다. 마지막으로 데이터 보기의 "이항확률1"변수의 1행 1열에 입력해놓은 임의의 수는 0.1406으로 바뀌어 있음을 확인할 수 있다.

⑤ 다음은 누적이항확률을 계산하기 위하여 변수 계산 대화상자의 '대상변수'란에 "이항확률2"을 입력하고 '함수집단(G)' 메뉴에서 "CDF 및 비중심 CDF"를 그리고 '함수 및 특수변수(F)' 메뉴에서 "Cdf.Binom"을 선택한다. CDF.BINOM (x_0, n, p)는 $X \sim b(n,\ p)$일 때 누적확률 $P(X \leq x_0)$을 되돌려준다. 따라서 $X \sim b(3,\ 0.25)$일 때 구하는 확률은 $P(X > 1) = 1 - P(X \leq\ 1)$과 같으므로, 중간의 [▲] 을 클릭하여 나타나는 '숫자표현식(F)'의 "CDF.BINOM(?,?,?)"에 "1-CDF.BINOM (1,3,0.25)"를 입력한다.

⑥ 마지막으로 대화상자 아래의 확인 키를 클릭하여 나오는 질문인 "기존변수를 바꾸겠습니까?"에 다시 확인 키를 클릭한다. 이제 데이터 보기의 "이항확률2" 변수값은 0.1562로 바뀌어 있음을 확인할 수 있다. ▣

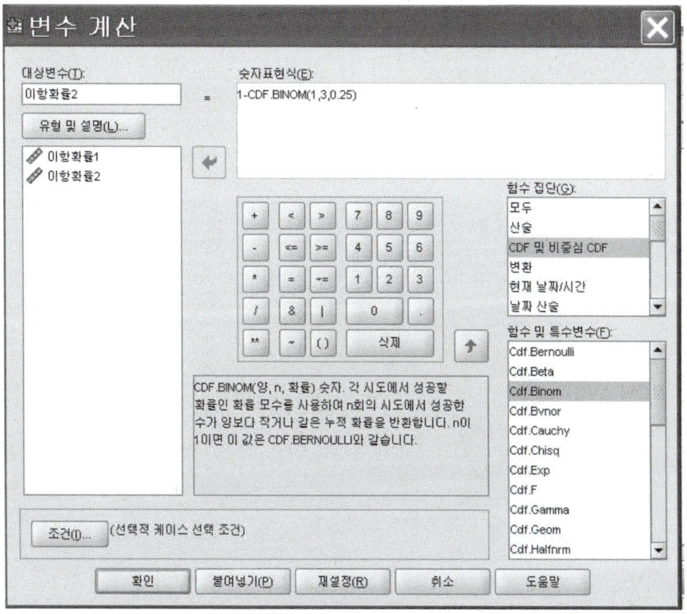

[그림 5.18] 누적이항확률 계산을 위한 변수 계산 대화상자

예제 5.19 SPSS를 이용한 정규확률 계산: (예제 5.7의 계속) 정규확률변수 X가 $N(100,\ 20^2)$를 따를 때 확률 $P(X \geq 130)$을 SPSS를 사용하여 계산하여라.

풀이 ① SPSS 데이터 편집기창 하단에 있는 변수 보기탭을 클릭하여 변수 보기창을 활성화시킨 후, 이름열에 변수명(예시: 정규확률)을 적고 소수점 이하자리 열에 원하는 소숫점 자릿수(예시: 4)를 선택한다. ([그림 5.15] 참조)

② SPSS 데이터 편집기창 하단에 있는 데이터 보기탭을 클릭하면 "정규확률"이라는 변수열이 생긴다. 다음으로 "정규확률"변수의 1행 1열에 임의의 수를 입력해 놓는다.([그림 5.16] 참조)

③ 메뉴 상단에서 '변환(T) → 변수 계산(C)'을 클릭하면 [그림 5.19]와 같은 변수 계산 대화상자가 나타난다. '대상변수(T)'란에 "정규확률"을 입력하고, '함수집단(G)' 메뉴에서 "CDF 및 비중심 CDF"를 그리고 '함수 및 특수변수(F)' 메뉴에서 "Cdf.Normal"을 선택한다. CDF.NORMAL(x_0, μ, σ)는 확률변수 X가 $N(\mu,\ \sigma^2)$ 분포를 따를 때 확률 $P(X \leq x_0)$를 되돌려준다. 따라서 $X \sim N(100,\ 20^2)$일 때 확률 $P(X \geq 130) = 1 - P(X \leq 130)$을 구하기 위해서는 중간의 ▲ 을 클릭하여 나타나는 '숫자표현식(F)'의 'CDF.NORMAL(?,?,?)'에 "1-CDF.NORMAL

(130,100,20)"을 입력한다.

④ 마지막으로 대화상자 아래의 확인 키를 클릭하여 나오는 질문인 "기존변수를 바꾸겠습니까?"에 다시 확인 키를 클릭한다. 이 데이터 보기의 "정규확률" 변수값은 임의로 입력한 값에서 0.0668로 바뀌어 있음을 확인할 수 있다. ■

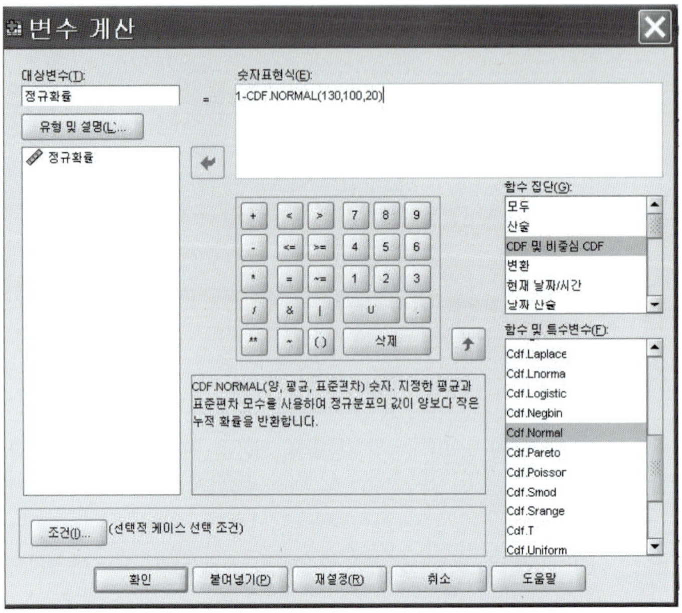

[그림 5.19] 정규확률 계산을 위한 변수 계산 대화상자

예제 5.20 SPSS를 이용한 정규확률변수값 계산: (예제 5.9의 계속) 확률변수 X가 정규분포 $N(55,\ 15^2)$를 근사적으로 따를 때 확률 $P(X \geq x_0) = 0.01$을 만족하는 x_0를 SPSS를 사용하여 계산하여라.

풀이 ① SPSS 데이터 편집기창 하단에 있는 변수 보기탭을 클릭하여 변수 보기창을 활성화시킨 후, 이름열에 변수명(예시: 정규변수값)을 적고 소수점 이하자리 열에 원하는 소숫점자릿수(예시: 0)를 선택한다([그림 5.15] 참조).

② SPSS 데이터 편집기창 하단에 있는 데이터 보기탭을 클릭하면 "정규변수값"이라는 변수열이 생긴다. 다음으로 "정규변수값"변수의 1행 1열에 임의의 수를 입력해 놓는다([그림 5.16] 참조).

③ 메뉴 상단에서 '변환(T) → 변수 계산(C)'을 클릭하면 [그림 5.20]과 같은 변수 계산 대화상자가 나타난다. '대상변수(T)'란에 "정규변수값"을 입력하고, '함수집단

(G)' 메뉴에서 "역 DF"를 그리고 '함수 및 특수변수(F)' 메뉴에서 "Idf.Normal"을 선택한다. IDF.NORMAL(p_0,μ,σ)는 확률변수 X가 $N(\mu,\, \sigma^2)$를 따를 때 확률 $P(X \le x_0) = p_0$를 만족하는 x_0값을 되돌려준다. 따라서 $X \sim N(55,\, 15^2)$일 때 구하고자 하는 확률 $P(X \ge x_0) = 0.01$는 $P(X \le x_0) = 0.99$를 의미하므로 중간의 [▲] 을 클릭하여 나타나는 '숫자표현식'의 'IDF.NORMAL(?,?,?)'를 "IDF.NORMAL(0.99,55,15)"으로 바꾸어 입력한다.

④ 마지막으로 대화상자 아래의 확인키를 클릭하여 나오는 질문인 "기존변수를 바꾸겠습니까?"에 확인 키를 클릭한다. 이제 데이터 보기의 "정규변수값" 변수값은 임의로 입력한 값에서 90으로 바뀌어 있음을 확인할 수 있다.

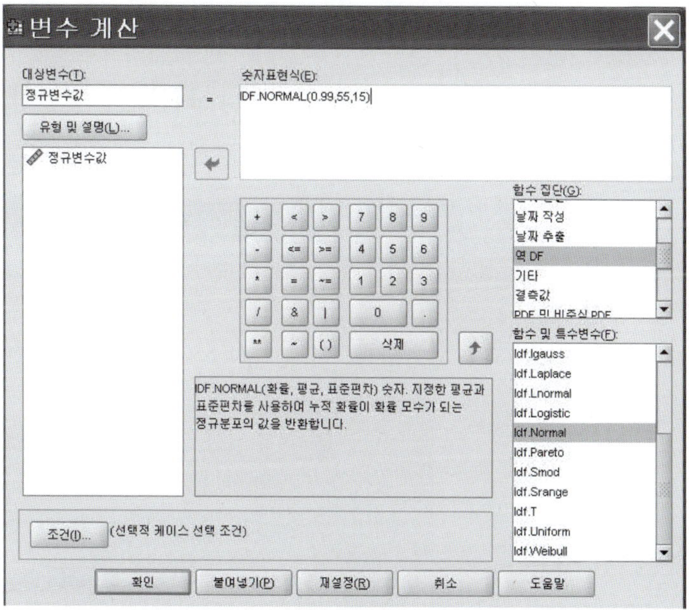

[그림 5.20] 정규변수값 계산을 위한 변수 계산 대화상자

예제 5.21 SPSS를 이용한 중심극한정리의 모의실험: 이항분포 $b(10,\, 0.1)$으로부터 표본의 크기가 3 및 30인 이항난수를 각각 생성하여 각 표본평균을 구하는 과정을 1,000번 반복하여 표본평균의 표본분포를 비교하여라.

풀이 ① SPSS 데이터 편집기창 하단에 있는 **변수 보기**탭을 클릭하여 변수 보기창을 활성화시킨 후 이름열에 변수명 "b1, b2, b3, ⋯, b30, mean3, mean30"을 적고 소수점 이하자리 열의 소숫점 자릿수를 b1, b2, b3, ⋯, b30에 대해서는 0으로, mean3, mean30에 대해서는 2로 선택한다.([그림 5.15] 참조)

② SPSS 데이터 편집기창 하단에 있는 **데이터 보기**탭을 클릭하면 화면에는 b1, b2, …, b30, mean3, mean30의 32개 변수열이 생긴다. 다음으로 1000행*32열의 빈칸에 임의의 수를 입력하기 위하여 먼저 b1변수의 1행과 커서를 움직여 한 화면의 마지막 행에 임의의 수를 입력한다. 그러면 첫 행과 마지막 행 사이의 빈칸들에 자동으로 결측값이 입력되어 있음을 볼 수 있다. 다시 커서를 아래로 움직여 마지막 행에 임의의 수를 입력하는 식으로 1000행까지 반복한다. 이때 입력해 놓지 않은 나머지 변수들의 1000개의 빈칸들도 결측값으로 자동입력되어 있을 것이다.

③ 메뉴 상단에서 '**변환(T)→변수계산(C)**'을 클릭하여 [그림 5.21]과 같은 **변수 계산** 대화상자가 나타나면 '**대상변수(T)**'란에 "b1"을 입력하고 '**함수집단(G)**' 메뉴에서 "**난수**"를 그리고 '**함수 및 특수변수(F)**' 메뉴에서 "Rv.Binom"을 선택한다. RV.BINOM(n, p)은 이항분포 $b(n,p)$를 따르는 이항난수를 되돌려 준다. 따라서 중간의 [▲] 을 클릭하여 나타나는 '**숫자표현식**'의 'RV.BINOM(?,?)'을 "RV. BINOM(10, 0.1)"으로 바꾸어 입력한다.

[그림 5.21] 이항난수 생성을 위한 변수 계산 대화상자

④ 그리고 대화상자 아래의 확인 키를 클릭하여 나오는 질문인 "기존변수를 바꾸겠습니까?"에 확인키를 클릭하면 b1변수의 1행부터 1000행까지 입력해 놓은 임의의 수들은 이항분포 $b(10, 0.1)$를 따르는 1000개의 이항난수들로 바뀌어 있음을 확

인할 수 있다. 같은 방법으로 b2, b3, …, b30 변수들에 대해서도 각각 1000개의 이항난수를 생성할 수 있다.

⑤ 다음으로 생성된 1000개 표본들에 대하여 표본평균을 구하기 위하여 메뉴 상단에서 '변환(T) → 변수계산(C)'를 클릭하여 [그림 5.22]와 같은 변수 계산 대화상자가 나타나면 '대상변수(T)'에 "mean3"를 입력하고 '함수 집단(G)' 메뉴에서 "통계"를 그리고 '함수 및 특수변수(F)' 메뉴에서 "Mean"을 선택한다. 다음으로 중간의 ▲ 을 클릭하여 나타나는 '숫자표현식'의 'MEAN(?,?)'을 "MEAN(b1, b2, b3)"으로 바꾸어 입력한다. 이것은 "mean3"변수에 3개의 이항난수 b1, b2, b3의 평균값을 되돌려준다.

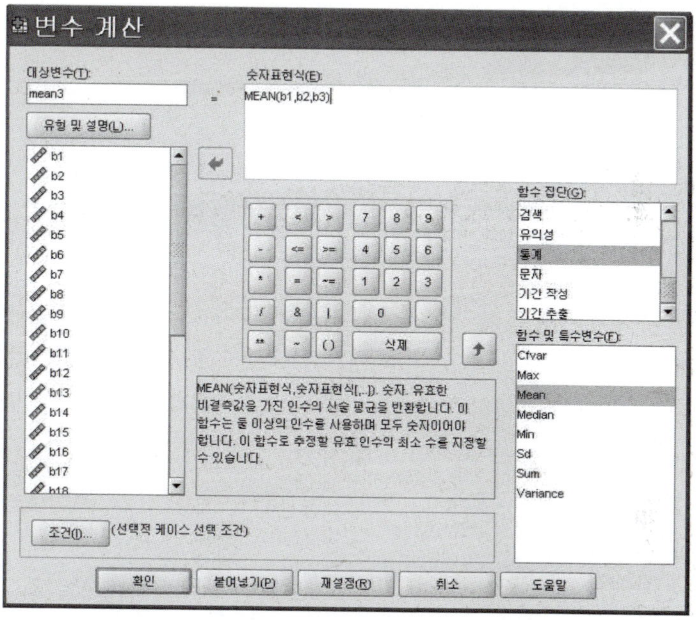

[그림 5.22] 표본평균 계산을 위한 변수 계산 대화상자

⑥ 대화상자 아래의 확인 키를 클릭하여 나오는 질문인 "기존변수를 바꾸겠습니까?"에 확인 키를 클릭한다. 이제 데이터 보기의 mean3변수의 1행부터 1000행까지 입력되어 있던 결측값들은 모두 표본의 크기가 3인 이항난수들의 표본평균들로 바뀌어 있음을 확인할 수 있다. 같은 방법으로 mean30 변수에 대해서도 숫자표현식(F)에 "MEAN(b1, b2, …, b30)"을 입력하여 표본의 크기가 30인 이항난수들의 표본평균들을 구할 수 있다. [그림 5.23]은 결과화면의 일부이다.

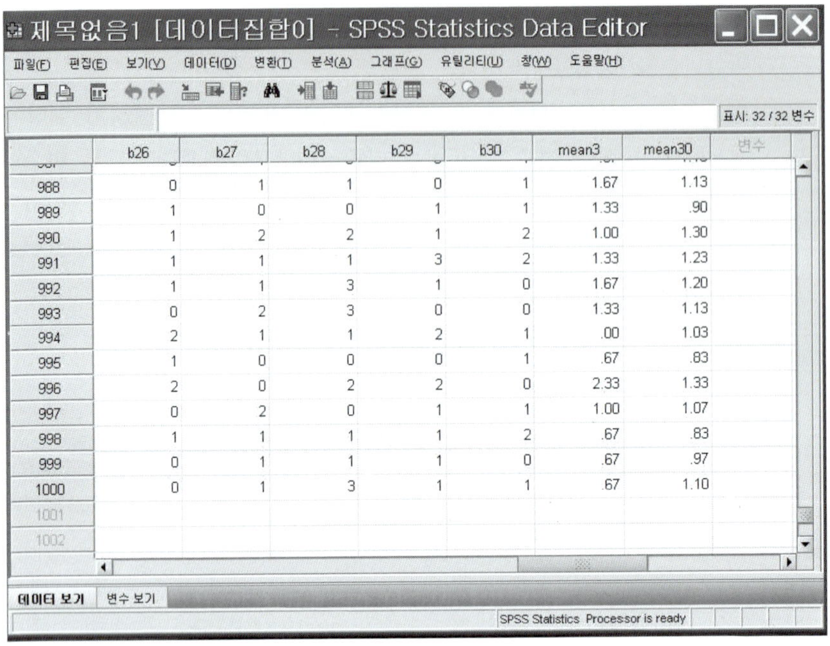

[그림 5.23] 표본의 크기가 각각 3 및 30인 이항난수들의 표본평균 계산결과화면

⑦ 표본의 크기가 3 및 30인 표본평균의 표본분포의 히스토그램을 그려보기 위하여 메뉴 상단에서 '그래프(G) → 레거시 대화상자(L) → 대화형그래프(A) → 히스토그램'을 차례대로 클릭하면 [그림 5.24]의 왼쪽그림과 같은 히스토그램 작성 대화상자가 나타나고 히스토그램 작성 대화상자의 '변수 할당' 공간(box)에는 모든 변수들이 보여진다. 그중에서 "mean3"를 클릭하여 오른쪽 상단의 2차원 좌표 x-축을

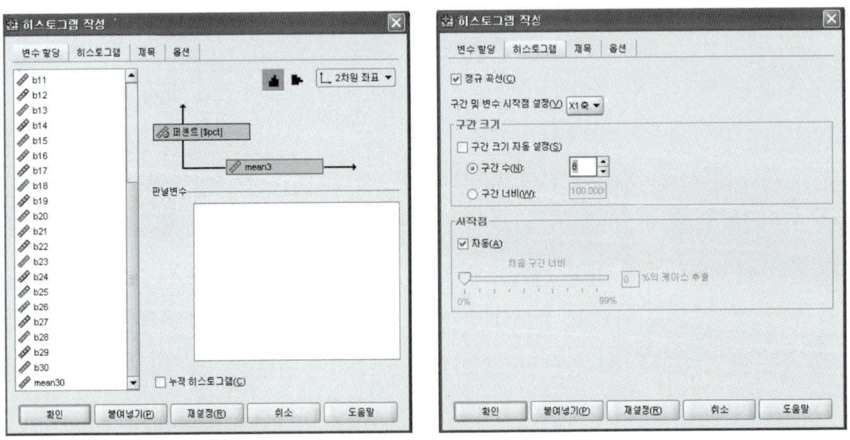

[그림 5.24] 히스토그램 작성 대화상자(왼쪽: 변수 할당, 오른쪽: 히스토그램)

표시하는 빈 공간에, 그리고 “퍼센트[$pct]”를 클릭하여 2차원 좌표 y-축을 표시하는 빈 공간에 끌어 집어넣는다.

⑧ 다음으로 히스토그램 작성 대화상자의 상단에 있는 히스토그램 탭을 클릭하여 나타나는 [그림 5.24]의 오른쪽 그림과 같은 히스토그램 대화상자에서 “정규곡선”을 선택하고 구간크기 자동설정 상자를 해제한 후 구간 수를 8로 정한다. 최종적으로 확인 키를 클릭하면 [그림 5.25]의 왼쪽에 있는 표본의 크기가 3인 표본평균의 표본분포를 얻을 수 있다. 같은 방법으로 얻어진 표본의 크기가 30인 표본평균의 표본분포는 [그림 5.25]의 오른쪽에 보여진다. ▣

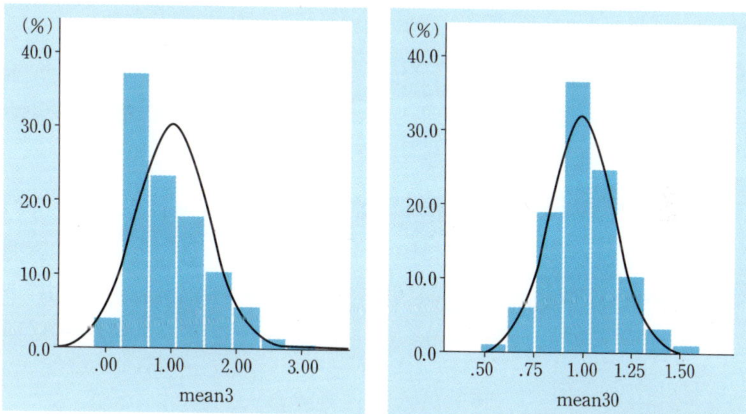

[그림 5.25] 이항분포 $b(10, 0.1)$로 부터 표집된 표본평균의 표본분포
(왼쪽: 표본의 크기 3, 오른쪽: 표본의 크기 30)

시행횟수가 $n = 10$이고 성공의 확률이 $p = 0.1$인 이항분포는 [그림 5.2]의 (a)에 보여지는 바와 같이 오른쪽으로 기울어진 우비대칭 분포의 형태를 보인다. 크기가 3인 표본평균의 표본분포는 모분포보다는 완화되기는 했지만 여전히 우비대칭분포를 나타낸다. 그러나 표본의 크기가 30인 표본평균의 표본분포는 훨씬 정규곡선에 근사함을 알 수 있다. 이 모의실험의 결과는 [그림 5.11]에서 세 번째 모분포인 우비대칭 모분포로부터의 표본의 크기가 3 및 30에 따른 표본평균의 표본분포의 모양과 유사함을 알 수 있다.

예제 5.22 SPSS를 이용한 정규성 검토: 다음은 15g 중량표시가 되어 있는 1회용 스틱커피 50개를 무작위로 추출하여 무게를 측정하였다. 이 자료가 근사적으로 정규분포를 따르는지를 SPSS의 결과물을 제시하여 검토하여라.

14.9	14.6	15.5	15.6	16.0	13.8	14.5	14.0	16.6	14.7
14.9	14.9	14.1	14.8	13.4	15.3	15.4	16.0	15.7	13.9
15.5	16.5	15.0	12.9	14.9	14.6	15.7	14.6	17.0	14.8
14.4	14.4	14.4	15.1	14.3	15.1	17.1	13.6	15.5	16.2
14.9	13.7	15.5	16.6	14.0	14.6	13.6	15.3	16.9	13.9

풀이 ① SPSS 데이터 편집기창 하단에 있는 변수 보기탭을 클릭하여 변수 보기창을 활성화시킨 후, 이름열에 변수명(예시: coffee)을 적고 소수점 이하자리 열에 원하는 소숫점 자릿수(예시: 1)를 선택한다([그림 5.15] 참조).

② SPSS 데이터 편집기창 하단에 있는 데이터 보기탭을 클릭하면 "coffee"이라는 변수열이 생긴다. 다음으로 'coffee'변수 열에 문제의 50개 자료를 입력한다([그림 5.16] 참조).

③ 정규성 검토를 위해서는 SPSS 상단의 메뉴에서 '분석(A) → 기술통계량 → 데이타 탐색(E)'를 차례대로 클릭한 후, [그림 5.26]의 왼쪽에 보여지는 데이터 탐색 대화상자에서 왼편 공간에 들어 있는 'coffee'를 끌어 '종속변수(D)' 공간에 입력한 후 '통계량' 탭을 클릭한다. 통계량 대화상자에서는 "기술통계"를 선택 후 "계속"을 클릭한다.

④ 다시 데이터 탐색 대화상자에서 '도표' 탭을 클릭하여 나타나는 [그림 5.26]의 오른쪽에 보여지는 도표 대화상자에서 상자도표에서는 "종속변수들과 함께", 기술통계에서는 "줄기와 잎 그림" 그리고 "검정과 함께 정규성도표"를 클릭한 후 마지막으로 확인키를 클릭한다.

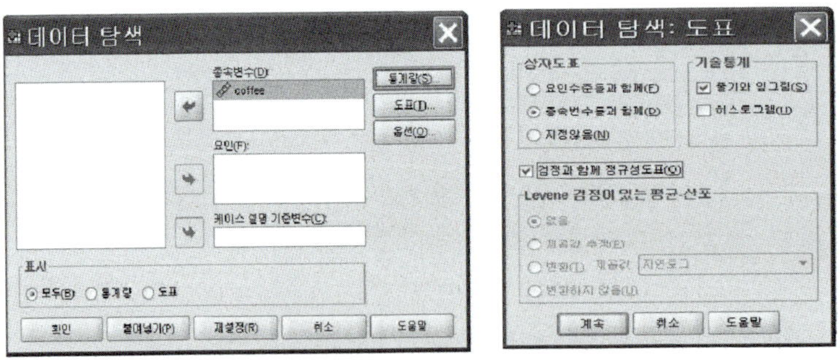

[그림 5.26] 왼쪽: 데이터 탐색 대화상자, 오른쪽: 도표 대화상자

⑤ 결과로서 얻어지는 [그림 5.27]의 줄기와 잎 그림과 상자그림은 자료가 대칭이며 종

모양의 곡선 형태를 가짐을 짐작할 수 있다. 또한 자료에 대한 정규 Q-Q 그림인 [그림 5.28]은 직선의 형태에 가깝다. 이 자료에 대한 $\mathrm{IQR}/s = 1.2/0.9840 = 1.2195$로서 1.3에 근사한 편이다. 따라서 이 자료는 근사적으로 정규분포를 따른다고 볼 수 있다. ▣

```
coffee Stem-and-Leaf Plot
Frequency Stem & Leaf

 1.00     12 . 9
 1.00     13 . 4
 6.00     13 . 667899
 7.00     14 . 0013444
13.00     14 . 5666678899999
 6.00     15 . 011334
 7.00     15 . 5555677
 3.00     16 . 002
 4.00     16 . 5669
 2.00     17 . 01

Stem width:    1.0
Each leaf:     1 case(s)
```

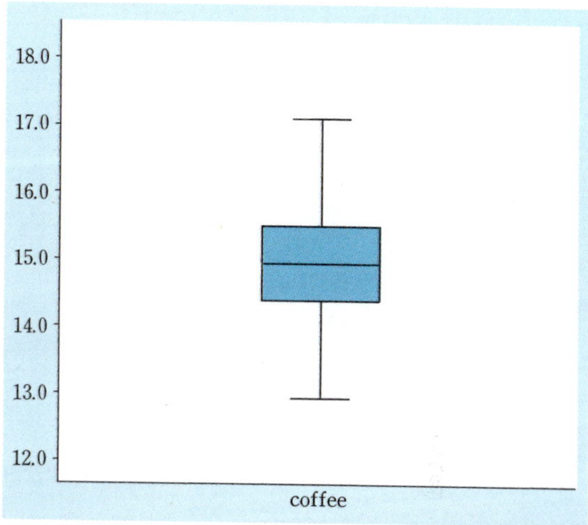

[그림 5.27] 스틱커피 중량에 대한 줄기와 잎 그림(왼쪽) 및 상자와 수염 그림(오른쪽)

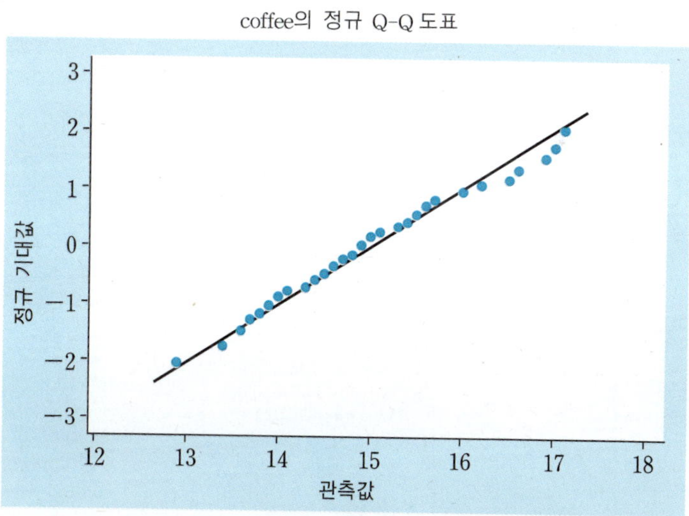

[그림 5.28] 스틱커피 중량의 정규 Q-Q 그림

예제 5.23 SPSS를 이용한 t−확률변수값 및 t−확률 계산: (예제 5.15의 계속) 확률변수 X가 자유도 10을 가지는 $t(10)$분포를 따를 때 왼쪽 꼬리부분의 면적이

0.005인 분위수를 a라 하고 오른쪽 꼬리부분의 면적이 0.005인 상위 분위수를 b라 할때 a, b 및 $P(a \leq T \leq b)$을 구하여라.

풀이 ① SPSS 데이터 편집기창 하단에 있는 변수 보기탭을 클릭하여 변수 보기창을 활성화시킨 후, 이름열에 3개의 변수명(예시: a, b, t확률)을 적고 소수점 이하자리열에 원하는 소숫점 자릿수(예시: 3, 3, 2)를 선택한다([그림 5.15] 참조).

② SPSS 데이터 편집기창 하단에 있는 데이터 보기탭을 클릭하면 "a", "b", "t확률"이라는 3개의 변수열이 생긴다. 다음으로 "a"변수의 1행 1열에 임의의 수를 입력해 놓는다([그림 5.16] 참조).

③ 메뉴 상단에서 '변환(T) → 변수 계산(C)'를 클릭하면 [그림 5.29]와 같은 변수 계산 대화상자가 나타난다. '대상변수(T)'란에 "a"를 입력하고, '함수집단(G)' 메뉴에서 "역 DF"를 그리고 '함수 및 특수변수(F)' 메뉴에서 "Idf.T"를 선택한다. IDF.T(p_0,k)는 확률변수 T가 자유도 k를 가지는 $t(k)$분포를 따를 때 확률 $P(T \leq t_0) = p_0$를 만족하는 T-확률변수값 t_0를 되돌려준다. 따라서 $T \sim t(10)$일 때 확률 $P(T \leq a) = 0.005$를 만족하는 a를 구하기 위해서는 중간의 [▲] 을 클릭하여 나타나는 '숫자표현식(F)'의 'IDF.T(?,?)'를 "IDF.T(0.005,10)"으로 바꾸어 입력해야 한다.

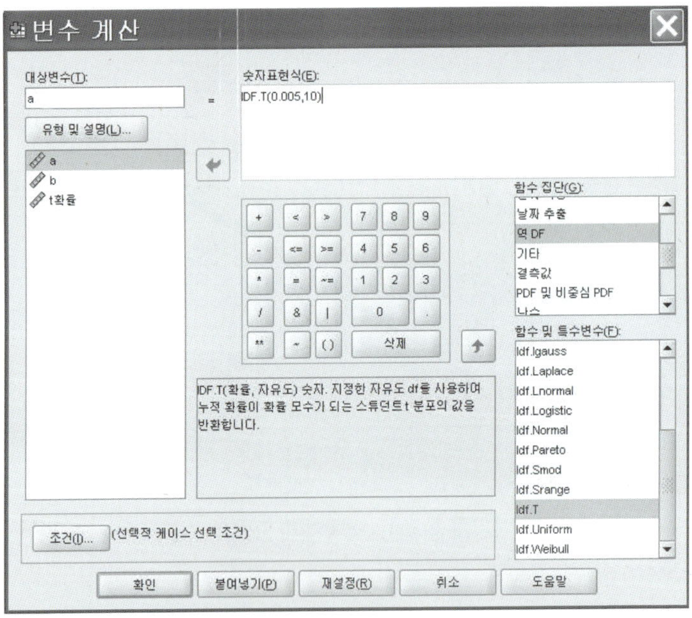

[그림 5.29] t-확률변수값 계산을 위한 변수 계산 대화상자

④ 다음으로 대화상자 아래의 확인 키를 클릭하여 나오는 질문인 "기존변수를 바꾸겠습니까?"에 다시 확인 키를 클릭한다. 마지막으로 데이터 보기의 "a"변수의 1행 1열에 입력해 놓은 임의의 수는 -3.169로 바뀌어 있음을 확인할 수 있다. t-분포의 대칭성을 이용하면 "b" 변수값은 3.169임은 명백하나 SPSS의 연습을 위하여 "b"값을 구하기 위해서는 $P(T \leq b) = 1 - P(T \geq b) = 1 - 0.005 = 0.995$임을 이용한다. 따라서 숫자표현식에 "IDF.T(0.995, 10)"을 입력하여 "b" 변수값으로 3.169를 얻을 수 있다.

⑤ 다음으로 t-확률을 계산하는 연습을 해보자. 변수 계산 대화상자의 '대상변수(T)'란에 "t확률"를 입력하고 '함수집단(G)' 메뉴에서 "CDF 및 비중심 CDF"를 그리고 '함수 및 특수변수(F)' 메뉴에서 "Cdf.T"을 선택한다. CDF.T(t_0, k)는 확률변수 T가 자유도 k를 가지는 $t(k)$분포를 따를 때 확률 $P(T \leq t_0) = p_0$를 만족하는 누적 t-확률 p_0값을 되돌려준다. 따라서 $T \sim t(10)$일 때 확률 $P(-3.169 \leq T \leq 3.169) = P(T \leq 3.169) - P(T \leq -3.169)$을 구하기 위해서는 [그림 5.30]에서처럼 중간의 을 클릭하여 나타나는 '숫자표현식(F)'에 "CDF.T(3.169,10)-CDF.T (3.169,10)"으로 바꾸어 입력한다.

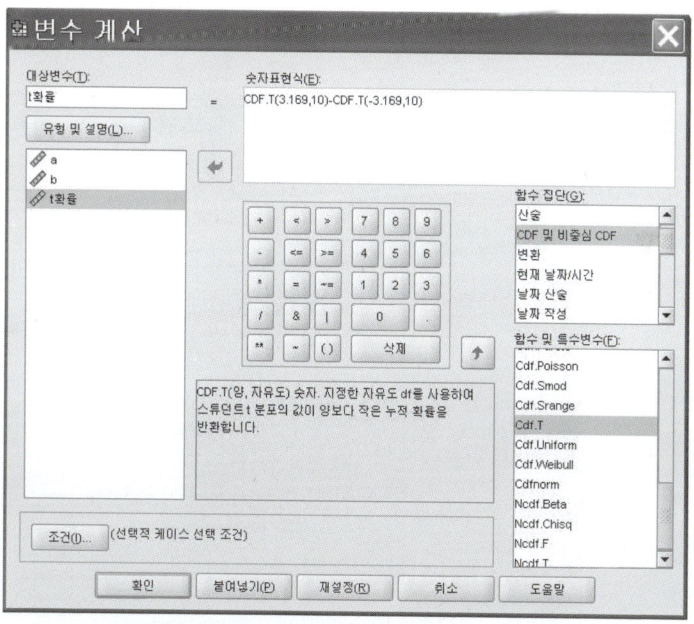

[그림 5.30] t-확률 계산을 위한 변수계산 대화상자

⑥ 그리고 대화상자 아래의 확인 키를 클릭하여 나오는 질문인 "기존변수를 바꾸겠

습니까?"에 다시 확인 키를 클릭한다. 마지막으로 데이터 보기의 "t확률" 변수값은 0.99로 바뀌어 있음을 확인할 수 있다. ▣

예제 5.24 SPSS를 이용한 χ^2-확률변수값 및 χ^2-확률 계산: (예제 5.16의 계속) 확률변수 χ^2가 자유도 7을 가지는 $\chi^2(7)$분포를 따를 때 왼쪽 꼬리부분의 면적이 0.025인 분위수를 a라 하고 오른쪽 꼬리부분의 면적이 0.025인 상위 분위수를 b라 할 때 a, b 및 $P(a \le \chi^2 \le b)$을 구하여라.

풀이 ① SPSS 데이터 편집기창 하단에 있는 변수 보기탭을 클릭하여 변수 보기창을 활성화시킨 후, 이름열에 3개의 변수명(예시: a, b, 카이확률)을 적고 소수점 이하자리 열에 원하는 소숫점 자릿수(예시: 2, 3, 2)를 선택한다([그림 5.15] 참조).

② SPSS 데이터 편집기창 하단에 있는 데이터 보기탭을 클릭하면 "a", "b", "카이확률"이라는 3개의 변수열이 생긴다. 다음으로 "a"변수의 1행 1열에 임의의 수를 입력해 놓는다.([그림 5.16] 참조)

③ 메뉴 상단에서 '변환(T) → 변수 계산(C)'를 클릭하면 [그림 5.31]과 같은 변수 계산 대화상자가 나타난다. '대상변수(T)'란에 "a"를 입력하고, '함수집단(G)' 메뉴에서 "역 DF"를 그리고 '함수 및 특수변수(F)' 메뉴에서 "Idf.Chisq"를 선택한

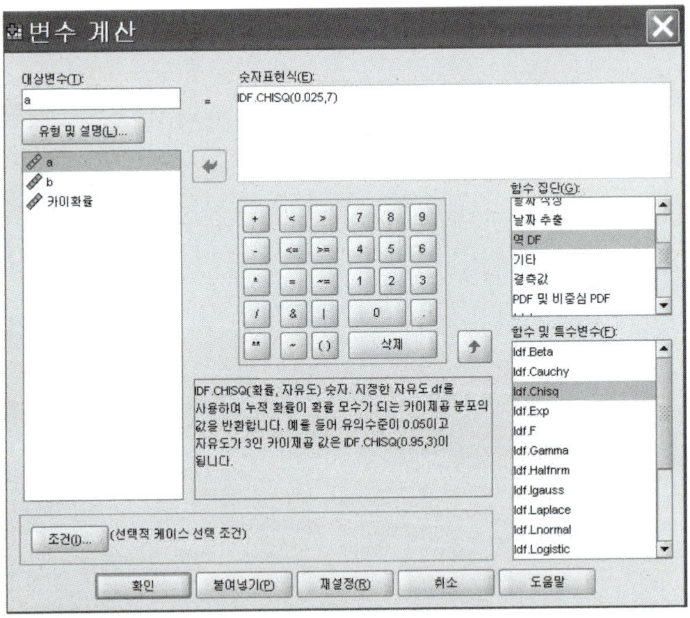

[그림 5.31] χ^2-확률변수값 계산을 위한 변수 계산 대화상자

다. IDF.CHISQ(p_0,k)는 확률변수 χ^2가 자유도 k를 가지는 $\chi^2(k)$분포를 따를 때 확률 $P(\chi^2 \le \chi_0^2) = p_0$를 만족하는 χ^2-확률변수값 χ_0^2를 되돌려준다. 따라서 $\chi^2 \sim \chi^2(7)$일 때 확률 $P(\chi^2 \le a) = 0.025$를 만족하는 a를 구하기 위해서는 중간의 을 클릭하여 나타나는 '숫자표현식(F)'의 'IDF.CHISQ(?,?)'를 "IDF.CHISQ(0.025,7)"로 바꾸어 입력해야 한다.

④ 그리고 대화상자 아래의 확인 키를 클릭하여 나오는 질문인 "기존변수를 바꾸겠습니까?"에 다시 확인 키를 클릭한다. 마지막으로 데이터 보기의 "a"변수의 1행 1열에 입력해 놓은 임의의 수는 1.69로 바뀌어 있음을 확인할 수 있다. 같은 방법으로 "b"값을 구하기 위해서는 $P(\chi^2 \le b) = 1 - P(\chi^2 \ge b) = 1 - 0.025 = 0.975$임을 이용한다. 따라서 중간의 을 클릭하여 나타나는 '숫자표현식'에 "IDF.CHISQ(0.975,7)"을 입력하여 "b" 변수값으로 16.013을 얻을 수 있다.

⑤ 다음으로 χ^2-확률을 계산하는 연습을 해보자. 변수 계산 대화상자의 '대상변수(T)'란에 "카이확률"를 입력하고 '함수 집단(G)' 메뉴에서 "CDF 및 비중심 CDF"를 그리고 '함수 및 특수변수(F)' 메뉴에서 "Cdf.Chisq"을 선택한다. CDF. CHISQ(x_0, k)는 확률변수 χ^2가 자유도 k를 가지는 $\chi^2(k)$분포를 따를 때 확률 $P(\chi^2 \le \chi_0^2) = p_0$를 만족하는 누적 χ^2-확률 p_0값을 되돌려준다. 따라서 $\chi^2 \sim \chi^2(7)$일 때

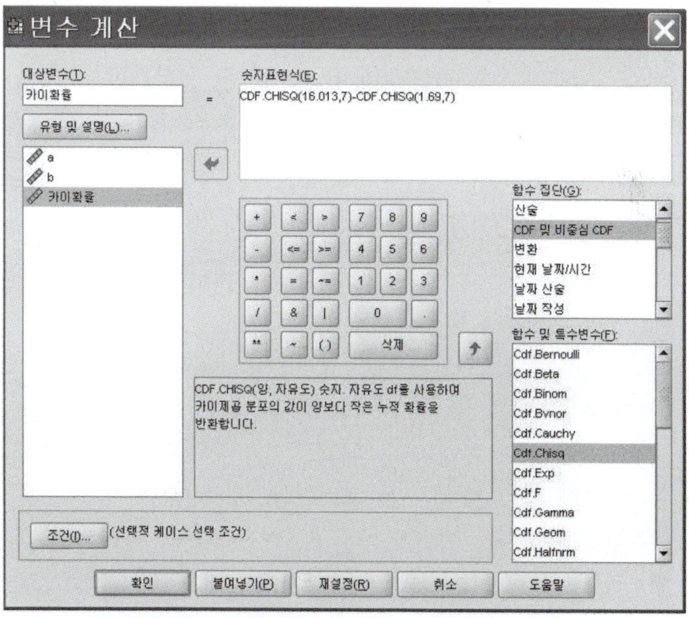

[그림 5.32] χ^2-확률 계산을 위한 변수 계산 대화상자

$P(1.69 \le \chi^2 \le 16.013) = P(\chi^2 \le 16.013) - P(\chi^2 \le 1.69)$을 구하기 위해서는 [그림 5.32]에서처럼 중간의 [▲] 을 클릭하여 나타나는 '숫자표현식(F)'에 "CDF.CHISQ(16.013,7)-CDF.CHISQ(1.69,7)"으로 바꾸어 입력한다.

⑥ 그리고 대화상자 아래의 확인 키를 클릭하여 나오는 질문인 "기존변수를 바꾸겠습니까?"에 다시 확인 키를 클릭한다. 마지막으로 데이터 보기의 "카이확률" 변수값은 0.95로 바뀌어 있음을 확인할 수 있다. ▣

예제 5.25 SPSS를 이용한 F–확률변수값 및 F–확률 계산: (예제 5.17의 계속) 확률변수 F가 $F(5, 6)$ 분포를 따를 때 왼쪽 꼬리부분의 면적이 0.05인 분위수를 a라 하고 오른쪽 꼬리부분의 면적이 0.05인 상위 분위수를 b라 할때 a, b 및 $P(a \le F \le b)$을 구하여라.

풀이 ① SPSS 데이터 편집기창 하단에 있는 변수 보기탭을 클릭하여 변수 보기창을 활성화시킨 후, 이름열에 3개의 변수명(예시: a, b, F확률)을 적고 소수점 이하자리열에 원하는 소숫점 자릿수(예시: 3, 2, 2)를 선택한다([그림 5.15] 참조).

② SPSS 데이터 편집기창 하단에 있는 데이터 보기탭을 클릭하면 "a", "b", "F확률"이라는 3개의 변수열이 생긴다. 다음으로 "a"변수의 1행 1열에 임의의 수를 입력해 놓는다([그림 5.16] 참조).

③ 메뉴 상단에서 '변환(T) → 변수 계산(C)'를 클릭하면 [그림 5.33]과 같은 변수 계산 대화상자가 나타난다. '대상변수(T)'란에 "a"를 입력하고, '함수집단(G)' 메뉴에서 "역 DF"를 그리고 '함수 및 특수변수(F)' 메뉴에서 "Idf.F"를 선택한다. IDF.F$(p_0,\ \nu_1,\ \nu_2)$는 확률변수 F가 자유도 ν_1과 ν_2를 가지는 $F(\nu_1,\ \nu_2)$분포를 따를 때 확률 $P(F \le f_0) = p_0$를 만족하는 F-확률변수값 f_0를 되돌려준다. 따라서 $F \sim F(5,6)$일 때 확률 $P(F \le a) = 0.05$을 만족하는 a를 구하기 위해서는 중간의 [▲] 탭을 클릭하여 나타나는 '숫자표현식(F)'의 'IDF.F(?,?,?)'를 "IDF.F(0.05,5,6)"으로 바꾸어 입력해야 한다.

④ 그리고 대화상자 아래의 확인 키를 클릭하여 나오는 질문인 "기존변수를 바꾸겠습니까?"에 다시 확인 키를 클릭한다. 마지막으로 데이터 보기의 "a"변수의 1행 1열에 입력해 놓은 임의의 수는 0.202로 바뀌어 있음을 확인할 수 있다. 같은 방법으로 "b"값을 구하기 위해서는 $P(F \le b) = 1 - P(F \ge b) = 1 - 0.05 = 0.95$임을 이용한다. 따라서 중간의 [▲] 을 클릭하여 나타나는 '숫자표현식(F)'에 "IDF.F (0.95,5,6)"을 입력하여 "b" 변수값으로 4.39를 얻을 수 있다.

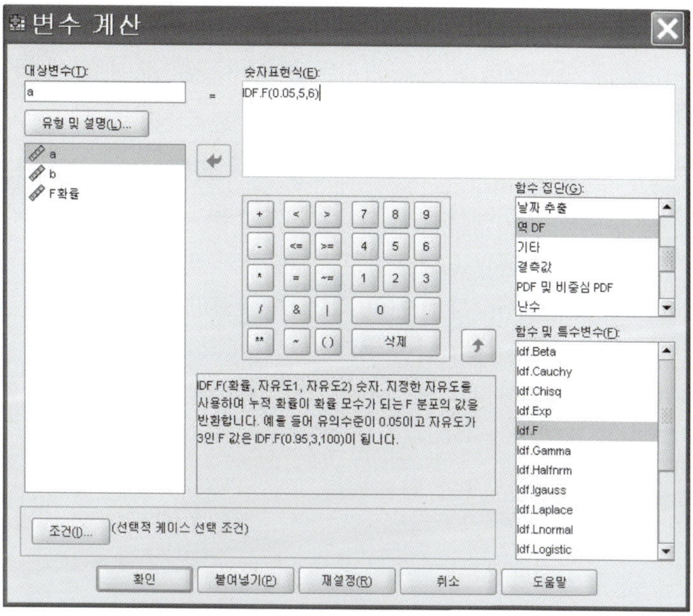

[그림 5.33] F-확률변수값 계산을 위한 변수 계산 대화상자

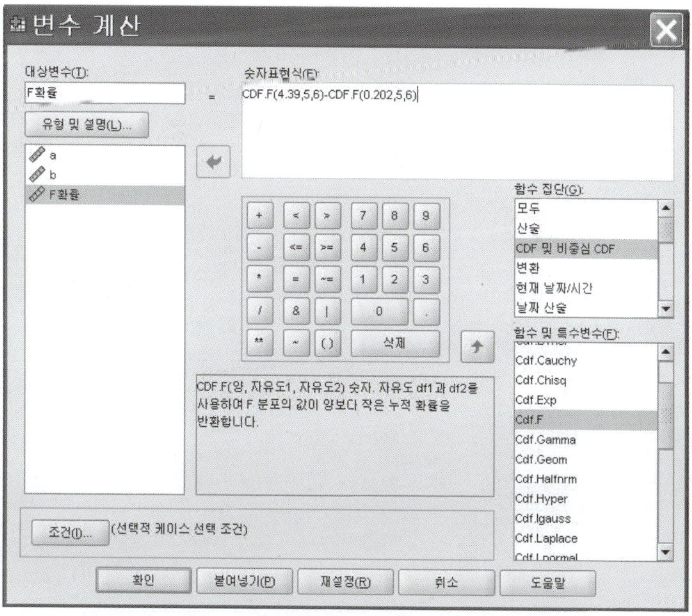

[그림 5.34] F-확률 계산을 위한 변수 계산 대화상자

⑤ 다음으로 F-확률을 계산하는 연습을 해보자. 변수 계산 대화상자의 '대상변수(T)' 란에 "F확률"를 입력하고 '함수집단(G)' 메뉴에서 "CDF 및 비중심 CDF"를 그리

고 '함수 및 특수변수(F)' 메뉴에서 "Cdf.F"를 선택한다. CDF.F(f_0,ν_1,ν_2)는 확률변수 F가 자유도 ν_1과 ν_2를 가지는 $F(\nu_1, \nu_2)$분포를 따를 때 확률 $P(F \leq f_0) = p_0$를 만족하는 만족하는 누적 F-확률 p_0값을 되돌려준다. 따라서 $F \sim F(5,6)$일 때 확률 $P(0.202 \leq F \leq 4.39) = P(F \leq 4.39) - P(F \leq 0.202)$를 구하기 위해서는 [그림 5.34]에서처럼 중간의 을 클릭하여 나타나는 '숫자표현식'에 "CDF.F(4.39,5,6)−CDF.F(0.202,5,6)"으로 바꾸어 입력한다.

⑥ 마지막으로 대화상자 아래의 확인 키를 클릭하여 나오는 질문인 "기존변수를 바꾸겠습니까?"에 다시 확인 키를 클릭한다. 이제 데이터 보기의 "F확률" 변수값은 0.90으로 바뀌어 있음을 확인할 수 있다. ■

제 5 장 연습문제

01 확률변수 X가 이항분포 $b(n, p)$를 따를 때 다음의 각 경우에 대하여 확률 $p(x)=P(X=x)$를 확률질량함수, 이항확률표(부록 [표 1]), 혹은/그리고 SPSS를 사용하여 각각 구하여라.

(1) $n=5,\ x=3,\ p=0.45$ (2) $n=10,\ x=7,\ q=0.7$

(3) $n=15,\ x=5,\ q=0.3$ (4) $n=8,\ x=2,\ q=0.8$

(5) $n=4,\ x=2,\ p=0.55$ (6) $n=25,\ x=12,\ p=0.9$

02 확률변수 X가 이항분포 $b(n, p)$를 따를 때 다음의 각 경우에 대하여 평균(μ), 분산(σ^2) 그리고 표준편차(σ)를 구하여라.

(1) $n=25,\ p=0.6$ (2) $n=50,\ q=0.85$

(3) $n=30,\ q=0.3$ (4) $n=10,\ p=0.45$

(5) $n=20,\ q=0.5$ (6) $n=100,\ p=0.3$

03 확률변수 X가 이항분포 $b(n, p)$를 따를 때 다음의 각 경우에 대하여 이항확률표(부록 [표 1]), 혹은/그리고 SPSS를 사용하여 각각 구하여라.

(1) $n=10,\ q=0.6$에 대하여 $p(3)=P(X=3)$

(2) $n=8,\ p=0.2$에 대하여 $P(X<2)$

(3) $n=5,\ p=0.35$에 대하여 $P(X\geq 3)$

(4) $n=20,\ q=0.9$에 대하여 $P(17<X\leq 19)$

04 어느 온라인쇼핑몰에서 청소년 구매자의 25%는 휴대폰으로 인터넷 접속을 하여 구매를 한다고 한다. 온라인쇼핑을 하는 청소년 고객 20명을 랜덤추출하여 그중 휴대폰으로 인터넷 접속을 하여 구매하는 청소년 고객의 수를 X라고 놓는다.

(1) X를 이항확률변수라고 볼 수 있는 이유를 설명하여라.

(2) 20명 중 10명 이상이 휴대폰으로 온라인구매를 할 확률을 구하여라.

(3) X의 기대값을 구하고 그 의미를 설명하여라.

05 중고등학생 중 30%는 아침식사를 굶는다는 조사가 있었다. 만약 랜덤하게 5명의 중고등 학생에게 아침식사를 하는지를 물었을 때 다음의 확률을 구하여라.

(1) 5명 중 정확하게 3명이 "예"라고 응답

(2) 5명 중 최소한 3명이 "예"라고 응답

(3) 5명 중 많아야 3명이 "예"라고 응답

(4) 5명 모두 "예"라고 대답할 확률

(5) 5명 모두 "아니오"라고 대답할 확률

06 한국의 인터넷 사용비율은 전체가구의 약 75%에 이른다고 한다. 랜덤하게 5가구를 추출 하여 인터넷을 사용하는지를 질문하여 그중 인터넷을 사용하는 가구의 수를 X라고 놓는다. X에 대한 이항확률분포표를 작성하고 이항확률분포를 그림으로 나타내어라.

07 우리나라 성인의 4명 중 1명은 로또복권을 구입한 경험이 있는 것으로 나타나 '로또 열풍'이 온 나라를 뜨겁게 달군 것으로 조사되었다. 랜덤하게 성인 6명에게 로또를 구입한 적이 있는지를 물었을 때 그중 "예"라고 대답한 성인의 수를 X라고 놓는다. X에 대한 이항 확률분포표를 작성하고 이항확률분포를 그림으로 나타내어라.

08 확률변수 X가 정규분포 $N(10,\ 2^2)$를 따른다고 한다. 다음의 확률들을 표준정규확률표(부록 [표 2]), 혹은/그리고 SPSS를 사용하여 각각 구하여라.

(1) $P(9 < X < 11)$　　(2) $P(X \geq 13.6)$

(3) $P(X \leq 14.6)$　　(4) $P(X < 8.2)$

(5) $P(7.8 \leq X < 9.4)$　　(6) $P(X > 7.2)$

09 확률변수 X가 정규분포 $N(25,\ 5^2)$를 따른다고 한다. 다음의 확률식을 만족시

키는 값 x_0를 표준정규확률표(부록 [표 2]), 혹은/그리고 SPSS를 사용하여 각각 구하여라.

(1) $P(X \geq x_0) = 0.75$ (2) $P(X < x_0) = 0.37$

(3) $P(X \geq x_0) = 0.10$ (4) $P(X \leq x_0) = 0.01$

(5) $P(X > x_0) = 0.95$ (6) $P(X \leq x_0) = 0.68$

10 어느 회사 근로자들의 종합건강검진 결과 총콜레스테롤 수치들은 평균은 205mg/dl이고 표준편차는 30mg/dl인 정규분포에 근사하다고 한다. 의사들은 총콜레스테롤 수치가 240 이상이면 위험군에 속하고 200~240이면 경계군에 속한다고 말한다. 이 회사의 근로자 한사람을 임의로 선택했을 때 그가 위험군 및 경계군에 속할 확률은 각각 얼마인가?

11 어느 조사에서 사람들은 컴퓨터를 평균 4년 사용한 후에 새로운 기종으로 업그레이드 한다고 한다. 이때 표준편차는 1년이라고 한다. 컴퓨터 업그레이드 전 사용기간이 정규분포를 따른다고 가정할 때 랜덤하게 선택된 한명의 컴퓨터 소유주가 컴퓨터 업그레이드전 사용 기간이 3년 이하일 확률은 얼마인가?

12 어느 기업에 입사를 위한 영어 자격시험 점수는 평균이 80점이고 표준편차는 10점을 가지는 정규분포를 따른다고 한다. 지원자 중 영어성적의 최저 자격조건은 상위 5%의 영어점수에 해당해야 한다면, 그 기업에 입사를 위한 최저 자격 조건의 영어 점수는 얼마인가?

13 어느 가전제품의 수명은 평균이 8.2년이고 표준편차는 1.5년을 가지는 정규분포를 따른다고 한다. 만약 보증기간 전에 제품에 고장이 발생하면 제조회사는 새로운 제품으로 교체해주어야 한다. 제조회사에서는 단지 10%만 교체를 하려 한다면 보증기간을 얼마로 정해야 하는가?

14 120g의 중량 표시가 되어 있는 세탁용 세제 샘플 60봉지를 무작위로 추출하여 무게(단위: g)를 측정하였다. 반올림하여 1g 단위까지 측정한 50개 자료는 다음

과 같다. 이 자료는 정규분포를 갖는다고 말할 수 있는지를 평가하여라.

116	121	116	120	120	116	122	124	119	117
113	120	117	117	122	116	121	123	117	119
123	117	124	116	116	123	117	118	121	122
118	117	120	119	119	120	124	116	124	117
121	119	116	123	119	118	121	120	118	116

15 다음은 어느 은행에서 오전에 은행문을 연 이후 처음 10번째 고객이 입장할 때까지 걸리는 시간(단위: 분)의 자료이다. 이 자료들이 근사적으로 정규분포를 따르는지를 평가하여라.

3	9	11	6	4	5	8	3	5	3
3	3	1	3	7	2	2	1	2	7
3	3	2	4	7	4	3	7	2	5
2	7	2	3	4	4	2	10	9	3
5	4	14	8	4	2	8	7	9	2

16 남자 고등학생들의 흡연율은 약 20%라는 조사가 있었다. 40명의 남자 고등학생들을 임의로 선택하여 흡연 여부를 물었을 때 흡연율이 30% 이상일 확률은 얼마인지를 정규근사를 이용하여 구하여라.

17 어느 조사에서 인터넷 사용자의 50%는 종이신문 대신 인터넷을 통하여 뉴스를 접한다고 한다. 랜덤하게 130명에게 뉴스정보를 종이신문 혹은 인터넷 중 어느 매체를 통하여 얻는지를 물었을 때 75명이 인터넷이라고 대답할 확률은 얼마인지를 정규근사를 이용하여 구하여라.

18 한국인의 약 28%가 O형 혈액형 보유자라는 보고가 있다. 랜덤하게 선택한 30명의 한국 인에게 혈액형을 물었을 때 최소한 12명이 O형 혈액형을 가지고 있다고 대답할 확률은 얼마인지를 정규근사를 이용하여 구하여라.

19 똑같이 1/3의 확률을 가지고 0, 4, 10으로 구성된 모집단을 생각해보자. 모집단으로부터 반복을 허용하여 표본의 크기가 $n=3$인 표본을 임의로 추출한다.

(1) 표본평균 $\overline{X}$의 표본분포를 구하여라.

(2) 표본의 중위수 M_e의 표본분포를 구하여라.

20 똑같은 확률을 가지고 1, 2, ⋯, 10으로 구성된 모집단으로부터 반복을 허용하여 표본의 크기가 $n=30$인 100개 표본을 생성한 후, 각 표본에 대하여 표본평균 $\overline{x}$ 및 표본분산 s^2을 계산하여 각 표본통계치들의 표본분포를 히스토그램으로 나타내어 비교하여라.

참고 [1, 10]에서 분포하는 이산균일난수를 생성하기 위하여 SPSS를 사용할 때 변수의 소숫점 자릿수를 0으로 하고 변수 계산 대화상자에서 함수 RV.UNIFORM(최소값, 최대값)을 선택하여 최소값으로 1을 최대값으로 10을 입력한다.

21 어느 인스탄트 커피믹스 1봉지는 중량이 12g으로 표시되어 있다. 실제로도 대량생산된 커피믹스 1 봉지의 중량은 평균이 12g이고 표준편차는 0.5g의 정규분포를 따른다고 한다.

(1) 임의로 선택한 커피믹스 1봉지의 중량이 11.8g이하일 확률은 얼마인가?

(2) 임의로 선택한 20봉지의 커피믹스 평균 중량이 11.8g 이하일 확률은 얼마인가?

22 1회용 용기에 담아져 있는 냉동식품의 무게는 평균 30g이고 표준편차 1.5g인 확률분포를 따른다. 그 식품은 30개 용기씩 하나의 스치로폼 상자에 포장되어 출하된다고 한다. 임의로 선택된 하나의 스치로폼 상자 안의 내용물의 총 무게가 960g을 넘을 확률을 구하시오.

23 확률변수 T가 $t(k)$분포를 따를 때 $P(a \le T < b)$의 확률을 구하기 위하여 t-확률표(부록 [표 3]) 혹은/그리고 SPSS를 사용하여라.

(1) $k=9, \quad a=-2.262, \quad b=2.262$

(2) $k=17, \quad a=-1.338, \quad b=1.338$

(3) $k=30$, $a=-2.750$, $b=2.750$

24 확률변수 T가 $t(k)$분포를 따를 때 $t(k)$분포의 왼쪽 꼬리부분의 면적이 α인 분위수를 a라 하고 오른쪽 꼬리부분의 면적이 β인 상위 분위수를 b라 할때 a, b 및 $P(a \le T \le b)$를 구하기 위하여 t-확률표(부록 [표 3]) 혹은/그리고 SPSS를 사용하여라.

(1) $k=5$, $\alpha=0.05$, $\beta=0.1$

(2) $k=15$, $\alpha=\beta=0.01$

(3) $k=2$, $\alpha=\beta=0.1$

(4) $k=60$, $\alpha=\beta=0.025$

25 χ^2-확률변수가 $\chi^2(k)$분포를 따를 때 $P(a \le \chi^2 \le b)$의 확률을 구하기 위하여 χ^2-확률표(부록 [표 4]) 혹은/그리고 SPSS를 사용하여라.

(1) $k=5$, $a=0.8312$, $b=16.7496$

(2) $k=18$, $a=6.2648$, $b=25.9894$

(3) $k=10$, $a=2.15585$, $b=25.1882$

26 χ^2-확률변수가 $\chi^2(k)$분포를 따를 때 $\chi^2(k)$분포의 왼쪽 꼬리부분의 면적이 α인 분위수를 a라 하고 오른쪽 꼬리부분의 면적이 β인 상위 분위수를 b라 할 때 a, b 및 $P(a \le \chi^2 \le b)$를 구하기 위하여 χ^2-확률표(부록 [표 4]) 혹은/그리고 SPSS를 사용하여라.

(1) $k=3$, $\alpha=0.05$, $\beta=0.1$

(2) $k=8$, $\alpha=\beta=0.01$

(3) $k=25$, $\alpha=\beta=0.1$

(4) $k=40$, $\alpha=\beta=0.025$

27 확률변수 F가 $F(\nu_1, \nu_2)$분포를 따를 때 $F(\nu_1, \nu_2)$분포의 왼쪽 꼬리부분의 면적이 α인 분위수를 a라 하고 오른쪽 꼬리부분의 면적이 β인 상위 분위수를 b라 할때 a, b 및 $P(a \le F \le b)$를 구하기 위하여 F-확률표(부록 [표 5]~[표

8]) 혹은/그리고 SPSS를 사용하여라.

(1) $\nu_1 = 3,\quad \nu_2 = 15,\quad \alpha = \beta = 0.05$

(2) $\nu_1 = 7,\quad \nu_2 = 5,\quad \alpha = \beta = 0.025$

(3) $\nu_1 = 20,\quad \nu_2 = 9,\quad \alpha = 0.01,\quad \beta = 0.05$

제 6 장

통계적 추론

6.1 목표모수 인식

본 장에서는 모집단 평균이나 분산 혹은 이항 모집단의 비율 등과 같은 미지의 모집단 모수에 대하여 추론하는 방법을 공부한다. 예를 들어 우리는 새로 출시된 승용차의 1km당 평균주행거리, 혹은 특정 컴퓨터 모니터의 평균수명 등을 알고 싶어 한다.

우리는 이와 같은 평균, 분산, 혹은 비율에 대하여 추정을 할 때 표본의 관측값들이 많은지 혹은 적은지에 따라 다른 방법을 적용하게 된다. 그리고 표본 정보를 이용하여 관심의 대상이 되는 모수를 추정하고 추정치에 대한 신뢰도를 평가하게 된다. 이처럼 우리가 추정하고 싶은 미지의 모집단 모수(평균, 분산, 비율 등)를 **목표모수**(target parameter)라고 부른다.

추론을 할 때 우리가 종종 사용하는 적절한 목표모수를 가리키는 용어들이 있는데 본 절에서 사용하는 것들을 아래 표와 같이 정리할 수 있다.

목표모수

모수	용어	자료 형태
μ	평균	양적 자료
σ^2	분산	양적 자료
p	비율; 퍼센트	질적 자료

분석 자료의 형태(양적, 질적)를 보면 목표모수를 짐작할 수 있다. 즉 양적 자료를 이용할 때는 그 자료를 도출한 모집단의 평균이나 분산을 추정하는데 관심이 있으며, 두 가지 결과(성공, 실패)로 구성된 질적 자료를 분석할 때는 성공 비율을 추정하게 된다.

표본으로부터 이들의 정보를 이용하여 모집단의 모수들을 추론하는 것을 **통계적 추론**(statistical inference)이라 한다. 통계적 추론은 크게 미지의 모수를 추정하는 것과 모집단에 대한 통계적 가설검정으로 나뉘는데, 이 장에서는 특히 단일 모집단에 대한 평균과 분산에 대한 신뢰구간에 의한 추정과 통계적 가설검정의 기본개념 및 절차를 다룬다. 두 모집단의 평균과 분산에 대한 추론은 제7장에서 다룰 예정이며, 비율에 대한 추론과 범주형 자료에 대한 분석은 제8장에서 다루게 된다.

이 장에서 다루는 통계적 추론의 기본개념은 다음 장 이후에 나오는 다른 상황에 적용되는 구체적 추론방법에 다양하게 적용될 뿐만 아니라 컴퓨터 출력을 해석하는 데도 필요하므로 정확한 이해가 필요하다. 통계적 추론은 5.4절에서 배운 통계량의 표본분포에 기초하고 있다. 표본분포는 이러한 추론을 무한히 반복했을 때 어떤 일이 일어날 것인지를 확률적으로 계산할 수 있게 해준다. 이러한 확률적 표현은 통계적 추론의 기본이 되므로 그 확률적 의미를 정확하게 이해하여야 통계적 추론의 결과를 올바로 해석할 수 있다.

6.2절에서는 대표본을 이용하여 모집단 평균을 추정하는 방법을 공부하게 되며, 6.3절에서는 목표모수에 대한 신뢰할 만한 추정치를 얻기 위해 필요한 표본크기를 결정하는 방법을 논의한다. 6.4절에서는 모평균에 대한 가설검정 절차를 공부한다. 또한 6.5절에서는 소표본의 경우 모평균의 추정 및 검정을, 그리고 6.6절에서는 모분산의 추정과 검정을 다룬다.

6.2 대표본을 이용한 모평균의 추정

제5장에서 우리는 표본분포와 중심극한 정리를 공부했다. 중심극한정리에 따르면 표본크기에 따라 n이 클 때 $\overline{X}$의 표본분포는 평균 μ와 표준 편차 $\sigma/\sqrt{n}$인 정규분포로 근사시킬 수 있다. 일반적으로 표본크기 n이 30 이상이면 **대표본**이라 부른다. 본 절에서 우리는 대표본일 때 표본평균이 모평균을 추정하는데 어떻게 사용될 수 있는지 공부하기로 한다.

일반적으로 모수를 추정하기 위해서 사용되는 표본통계량은 정확한 추론을 위한 바람직한 특성들을 가지고 있으면 좋다. 추정량으로서 지녀야 할 바람직한 특성으로는 불편성(unbiasedness), 일치성(consistency) 그리고 유효성(efficiency) 등이다.

추정 모수를 θ라 하고, 그 추정량을 $\hat{\theta}$라고 할 때, 만약 $E(\hat{\theta})=\theta$이면 $\hat{\theta}$를 **불편 추정량**(unbiased estimator)이라 부른다. 이러한 성질은 우리가 여러 번 표본을 취하여 그 때마다 추정량을 계산하여 이것들을 평균하면 모수와 동일하다는 것을 의미한다. 즉 추정량으로서의 표본통계량이 평균적으로 모수와 같은 값을 갖는다는 것이다. 예를 들어 제5장에서 우리가 이미 살펴보았듯이 표본평균 $\overline{X}$는 $E(\overline{X})=\mu$이므로 $\overline{X}$는 모평균 μ의 불편추정량이다. 또한 표본분산 $S^2 = \sum_{i=1}^{n}(X_i - \overline{X})/(n-1)$, 역시 모분산 σ^2의 불편추정량이다.

불편추정량은 평균적으로 모수와 동일하다는 것을 의미하는 것이지 그것이 얼마나 모수에 가까운지는 나타내 주지 못한다. 불편추정량이 만약 표본크기가 증가함에 따라 점점 모수에 가까운 값을 가지게 되면 그러한 추정량을 **일치추정량**(consistent estimator)이라고 부른다. $\overline{X}$의 분산이 σ^2/n이므로 표본크기 n이 증가하면 그 분산은 0으로 수렴하게 된다. 따라서 많은 경우 $\bar{x}$값들이 $\overline{X}$의 평균인 모평균 μ에 가까운 곳에 떨어지게 될 것이다. 그러므로 $\overline{X}$는 일치추정량이다.

만약 두 개의 추정량들이 모두 불편추정량이면 어느 것을 선택해야 하는가? 표본크기가 동일하다면 당연히 분산이 작은 추정량을 선택할 것이다. 두 개의 불편추정량 $\hat{\theta}_1$과 $\hat{\theta}_2$의 분산이 $Var(\hat{\theta}_1) < Var(\hat{\theta}_2)$의 관계를 가지면 $\hat{\theta}_1$을 $\hat{\theta}_2$에 비하여 **상대적으로 더 유효한 추정량**(relatively more efficient estimator)이라고 한다. 예를 들어 정규분포를 따르는 자료의 경우에 표본평균의 분산이 표본중위수의 분산보다 작으므로 표본평균은 표본중위수에 비하여 상대적으로 더 유효한 추정량이다.

이제 다시 단일 모집단의 모평균에 대한 추정을 다루어 보자. 관찰된 표본평균 $\bar{x}$는 추정과정에서 미지의 모평균 μ에 대한 추정치로 사용된다. $\bar{x}$값은 μ의 점추정치로 불린다. 그러나 $\bar{x}$는 선택된 표본에 따라 다른 값을 가질 수 있으므로 우리는 점추정치, $\bar{x}$가 μ를 정확하게 맞추리라고는 기대할 수 없다. 점추정치가 그것의 모평균에 얼마나 가까이에 있는지 정보를 포함하고 있지 않으므로 우리는 점추정치의 정밀도에 대하여 통계적인 설명을 할 수 있는 방법을 개발할 필요가 있다. 바로 구간추정치가 이러한 정보를 제공한다.

예제 6.1 어느 지역에서 100명의 고등학교 1학년 학생을 무작위로 추출하여, 모든 1학년 학생들의 수학 능력을 측정하기로 하였다. 이 연구를 위하여 표본으로 선택된 100명의 학생은 각각 2시간씩 수학 학력고사를 치렀다. 표본 그룹의 시험 점수로부터 $\bar{x} = 72.5$를 얻었다.

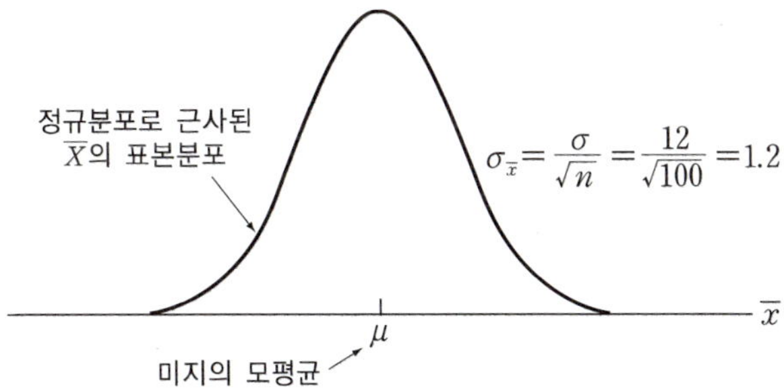

[그림 6.1] 예제 6.1에서 $\overline{X}$의 표본분포

비록 시험 점수의 평균은 지역별로 다르지만 전국적으로 이 시험을 광범위하게 사용한 결과, 대략 표준편차가 12임을 알 수 있었다. 따라서 시험 점수의 모표준편차를 $\sigma = 12$로 가정한다. 이 연구의 목적은 모든 고등학교 1학년 학생들의 평균 점수에 대한 점추정치와 구간추청치를 구하는 것이다. ▣

예제 6.1에서 표본 평균값 $\bar{x} = 72.5$는 그 지역의 모든 1학년 학생의 평균점수 μ에 대한 점추정치를 나타낸다. 이제 μ에 대한 구간추정치를 통하여 점추정치 $\bar{x} = 72.5$가 얼마나 모평균 μ에 가까운지를 알아보자. μ에 대한 구간추정치를 계산하기 위해서, 우선 우리는 어느 정규분포든지 평균으로부터 위로 1.96 표준편차, 아래로 1.96 표준편차 구간 사이에 95%의 값들이 분포되어 있다는 것을 기억할 필요가 있다. 그러므로 평균 μ와 표준편차 $\sigma/\sqrt{n}$를 가진 정규분포를 이용하여 $\bar{x}$의 표본분포를 근사시킨다고 하면, 우리는 표본 중 95%가 구간 $\mu - 1.96(\sigma/n)$에서부터 $\mu + 1.96(\sigma/n)$ 사이에서 $\bar{x}$ 값을 생성한다고 결론지을 수 있다. 이 구간은 [그림 6.2]에서 보여진다. [그림 6.2]를 보면, 만약 표본평균 $\bar{x}$값이 어둡게 칠해진 면적에 대응하는 구간 내에 있다면, 이것은 μ로부터 $\pm 1.96(\sigma/\sqrt{n})$ 안에 있다는 의미이다. 그러므로 이 구간 내에 있는 어떠한 표본평균에 대해서도 우리는 $\bar{x}$로부터 $1.96(\sigma/\sqrt{n})$를 더하고 $1.96(\sigma/\sqrt{n})$를 빼면 모평균 μ를 포함하는 구간을 구성할 수 있다. 따라서 모평균 μ에 대한 구간추정치는 다음 식으로 정의된다.

$$\bar{x} \pm 1.96 \frac{\sigma}{\sqrt{n}}$$

가능한 모든 $\bar{x}$값의 95%가 어둡게 칠해진 부분에 대응하는 구간에 속해 있으므로 우리는 이렇게 구해진 구간이 모평균 μ를 포함한다고 95% 확신한다. 다시 말하면, 위

와 같은 방법으로 μ를 추정하면 그 계산된 구간의 95%는 실제로 μ를 포함하게 된다. 이 구간을 **신뢰구간**(confidence interval)이라 부르고, 0.95값은 그 구간의 **신뢰수준**(confidence level) 혹은 **신뢰계수**(confidence coefficient)라 부른다.

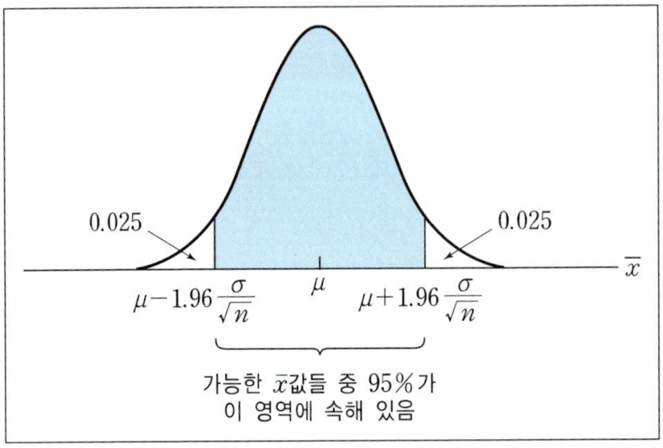

[그림 6.2] 95% 가능 표본평균의 위치

예제 6.1(계속) 표본 수학 시험점수로부터 우리는 $\bar{x}=72.5$, $\sigma=12$ 그리고 $n=100$을 얻게 된다. 따라서 위 식을 이용하여 μ에 대한 구간추정치를 계산해보면 다음과 같다.

$$72.5 \pm 1.96\frac{12}{\sqrt{100}} = 72.5 \pm 2.35$$

즉 표본평균 $\bar{x}=72.5$에서 2.35를 빼고 더하면 μ에 대한 95% 신뢰구간 추정치로서 (70.15, 74.85)를 얻게 된다. ■

만약 우리가 0.95가 아닌 신뢰수준을 선택한다고 가정해보자. [그림 6.2]에서 알 수 있듯이 신뢰수준 0.95는 표본분포의 아래 전체 면적에서 양쪽으로 각각 0.025씩 균등하게 나눠진 꼬리부분의 총면적 0.05를 뺀 나머지 면적이다. 이와 같은 논리로 우리는 표본분포의 꼬리 면적 (α)을 증가 혹은 감소시킴으로써 우리가 원하는 신뢰계수를 갖는 신뢰구간을 언제나 구성할 수 있다. 만약 양쪽 꼬리에 각각 $\alpha/2$의 면적을 할당하고, 그 오른쪽의 면적이 $\alpha/2$인 임계값을 $z_{\alpha/2}$라고 한다면, 신뢰수준이 $(1-\alpha)$인 모평균에 대한 신뢰구간은 다음과 같이 정해진다.

대표본의 경우 모평균에 대한 $100(1-\alpha)$ 신뢰구간

$$\bar{x} \pm z_{\alpha/2}\frac{\sigma}{\sqrt{n}}$$

이때 z_{α}는 그 값 이상의 면적이 α가 되는 표준정규 확률변수 z값이다. 즉 $P(Z > z_{\alpha}) = \alpha$을 만족하는 값이다. 예를 들어, 신뢰수준이 0.95라고 하면 $(1-\alpha) = 0.95$에서 우리는 $\alpha = 0.05$를 얻게 되며, 따라서 $\alpha/2 = 0.025$이다. 그러므로 $z_{\alpha/2}$는 표본분포의 오른쪽 꼬리면적이 0.025가 되는 z값으로서 부록 [표 2]의 표준정규확률표에서 $z_{\alpha/2} = 1.96$임을 확인할 수 있다. 가장 흔히 사용되는 신뢰수준과 그에 대응되는 $z_{\alpha/2}$값들을 정리하면 다음과 같다.

신뢰수준$(1-\alpha)$	$z_{\alpha/2}$
0.90	1.645
0.95	1.96
0.99	2.58

위 $z_{\alpha/2}$값으로부터, 신뢰수준이 증가할수록 $z_{\alpha/2}$값도 증가함을 알게 된다. 이것이 뜻하는 바는 신뢰수준이 커질수록 신뢰 구간도 넓어진다는 것을 말한다. 이러한 구간추정의 특성은 만약 우리가 높은 신뢰도에서 μ를 포함하려면 그만큼 더 넓은 구간을 필요로 한다는 것을 의미한다.

예제 6.2 어느 보험회사에서는 도시근로자의 평균나이를 추정하기 위하여 50명의 근로자들을 무작위로 추출하였다. 과거 연구에 의하면 나이에 관한 표준편차는 $\sigma = 11.07$이었다. 만약 50명의 표본 도시근로자의 평균나이가 $\bar{x} = 36.38$세일 때, 모평균 μ에 대한 95%, 99% 신뢰구간은 어떻게 추정되는가?

풀이 평균나이에 대한 95% 신뢰구간은 $\alpha = 0.05$, $z_{\alpha/2} = z_{.025} = 1.96$이므로 위의 수식을 이용하면 다음과 같다.

$$\bar{x} \pm 1.96\frac{\sigma}{\sqrt{n}} = 36.38 \pm 1.96\frac{11.07}{\sqrt{50}}$$

$$= (33.31,\ 39.45)$$

그러므로 신뢰구간은 33.31세부터 39.45세라고 말할 수 있다. 또한 같은 방법으로 평균나이에 대한 99% 신뢰구간은 $\alpha = 0.01$, $z_{\alpha/2} = z_{.005} = 2.58$이므로 위의 식을 이용하여 다음과 같이 계산된다.

$$\bar{x} \pm 2.58\frac{\sigma}{\sqrt{n}} = 36.38 \pm 2.58\frac{11.07}{\sqrt{50}}$$
$$= (32.34, 40.42)$$

그러므로 신뢰구간은 32.34세부터 40.42세이다. ▣

앞에서 언급했듯이, 조금 더 높은 신뢰수준을 얻고자 하면 더 넓은 신뢰구간을 이용해야 한다는 것을 예제 6.2에서 확인할 수 있다.

‖ σ가 알려지지 않은 경우 구간추정 ‖

앞에서 모집단의 평균에 대한 신뢰구간을 추정하는 방법을 알아보았다. 그러나 대부분 표본추출의 경우 모집단의 표준편차 σ가 알려져 있지 않기 때문에 위의 식을 이용하는 것은 매우 어렵다. 왜냐하면 우리는 많은 경우에 모표준편차를 알지 못하기 때문이다. 따라서 이와 같은 경우에는 모집단의 표준편차 σ대신 간단하게 다음과 같은 표본 표준편차 s를 이용한다.

표본 표준편차

$$s = \sqrt{\frac{\sum(x_i - \bar{x})^2}{n-1}}$$

신뢰수준 $(1-\alpha)$인 모평균에 대한 구간추정치는 주어진 표본자료로부터 s를 계산한 후, 다음과 같이 계산된다.

σ가 알려지지 않는 대표본의 경우 모평균에 대한 신뢰수준$(1-\alpha)$의 신뢰구간

$$\bar{x} \pm z_{\alpha/2}\frac{s}{\sqrt{n}}$$

예제 6.3 어느 학생이 버스를 타고 매일 등교한다고 하자. 평균 등교시간을 추정하기 위하여 36일 동안 매일 등교시간을 측정한 결과 표본평균은 $\bar{x}=15.3$분, 표본의 표준편차 $s=1.3$분을 얻었다. 평균 등교 소요시간을 98%의 신뢰수준을 가지고 구간추정하려 한다.

풀이 모집단의 표준편차 σ가 알려지지 않았으므로, 표본표준편차 $s=1.3$을 사용한다. 98% 신뢰수준으로부터 $\alpha=.02$, $z_{\alpha/2}=z_{.01}=2.33$임을 알 수 있다. 따라서 위의 식을 이용하여 모집단의 평균에 관한 98% 신뢰구간을 추정하면 다음과 같다.

$$\begin{aligned}\bar{x}\pm 2.33\frac{s}{\sqrt{n}} &= 15.3\pm 2.33\frac{1.3}{\sqrt{36}}\\ &= 15.3\pm 0.5\end{aligned}$$

그러므로 이 학생의 평균 등교소요 시간은 98% 신뢰수준 하에서 14.8분에서 15.8분 사이에 있다고 말할 수 있다. ▣

6.3 표본크기의 결정

모집단의 평균에 대한 구간추정은 일반적으로 이미 앞의 식에 나타나 있듯이 다음과 같이 계산한다.

$$\bar{x}\pm z_{\alpha/2}\frac{\sigma}{\sqrt{n}}$$

모평균 μ를 추정하기 위하여 표본평균 $\bar{x}$를 이용할 때는 모평균과 표본평균의 차이 $(\bar{x}-\mu)$가 발생하는데 이를 **표본오차**라 부른다. μ에 관한 구간추정치 식에 있는 $\pm z_{\alpha/2}(\sigma/\sqrt{n})$항이 표본오차의 범위를 나타낸다. 예를 들면, $z_{\alpha/2}=1.96$을 이용한 95% 신뢰구간을 구할 때는 표본오차가 $1.96(\sigma/\sqrt{n})$보다 작거나 같게 발생한다는 것을 95% 확신한다. 허용할 수 있는 표본오차의 최대값을 e라 놓으면 다음과 같이 쓸 수 있다.

$$e = z_{\alpha/2}\frac{\sigma}{\sqrt{n}}$$

이 식에서 표본크기 n이 분모로 있기 때문에, 표본의 크기가 커질수록 표본오차값은 작아진다. 요컨대 표본의 크기를 증가시키면 추정의 정확성이 향상된다. 그렇다면 '과연 원하는 정확도를 얻기 위해서는 얼마나 많은 표본을 필요로 하는가?'하는 의문이 생기게 된다. 적절한 표본 크기를 결정하기 위해서는 다음 세 가지 정보가 필요하다.

① 최대허용 표본오차 e

② 신뢰수준

③ 모표준편차 σ에 대한 계획값. 때때로 이 계획값은 과거의 자료로부터 얻을 수 있다. 그렇지 못할 경우 종종 예비조사를 통하여 구하거나 예측치를 사용한다.

위의 세 가지 정보가 주어져 있다면 위의 수식에서 양측에 $\sqrt{n}$을 곱하고 나서 양측을 e로 나눈 후 제곱하면 우리는 다음과 같은 공식을 얻는다.

모평균의 구간추정을 위한 표본크기

$$n = \frac{(z_{\alpha/2})^2\sigma^2}{e^2}$$

예제 6.4 예제 6.1에서 100명의 고등학교 1학년 학생의 수학 점수가 주어졌다. 표본평균은 $\overline{x} = 72.5$이며 95% 신뢰수준에서 최대 표본오차는 2.35였다. 모표준편차는 $\sigma = 12$로 가정되었었다. 표본오차를 $e = 1.5$로 줄이기 위해 표본 크기를 얼마로 해야 할까?

풀이 위의 식을 이용하여 다음과 같이 n을 계산할 수 있다.

$$n = \frac{(z_{0.025})^2\sigma^2}{e^2} = \frac{(1.96)^2(12)^2}{(1.5)^2} = 245.9$$

표본의 크기는 양의 정수이므로, 반올림하여 표본크기 246으로 한다. 이 표본크기는 95% 신뢰수준에서 표본오차가 1.5이거나 그보다 작다. ▣

예제 6.5 어느 작은 식당의 주인은 고객 한명 당 얼마나 지출하는지 평균금액을 추정해보려 한다. 주인은 500원을 최대 표본오차로 설정하고 표본을 추출한다고 가정한다. 이전 자료로부터 금액의 표준편차는 $\sigma = 2{,}000$원이었다. 평균금액에 대한 99% 신뢰구간을 추정하고자 할 때 얼마나 많은 고객이 표본에 포함되어야 할까?

풀이 위에서 $e = 500$, $z_{0.005} = 2.58$, $\sigma = 2{,}000$이므로 표본크기는 다음과 같이 계산된다.

$$n = \frac{(z_{0.005})^2 \sigma^2}{e^2} = \frac{(2.58)^2 (2000)^2}{(500)^2} = 106.5$$

그러므로 $n = 107$명의 고객이 필요하다. ▣

6.4 모평균에 대한 가설검정

6.2절에서는 모평균에 대한 추론 중 추정의 방법인 구간추정을 다루었다. 또 다른 통계적 추론의 방법으로는 **가설검정**(hypothesis testing)이 있다. 예를 들어 모평균 μ에 대한 가설검정이란, 연구자가 μ에 대한 값을 가정한 후 모집단으로부터 표본을 추출하여 표본평균 $\overline{x}$를 계산한다. 이렇게 계산된 표본평균과 가정한 모평균을 비교함으로써 가설의 기각 여부를 결정하는 것을 의미한다.

가설검정은 형사재판의 경우와 비슷하다. 재판에서의 가설은 피고인이 결백하다는 것이다. 피고인이 결백하다는 가설이 사실이라는 가정하에, 증거자료의 제출과 증언 등에 의하여 재판이 이루어진다. 만약 증거자료와 증언으로 피고인이 결백하다는 가설을 기각하기에 충분하다면 피고인은 유죄로 확정이 될 것이다. 그러나 증거자료가 가설을 기각하기에 충분하지 못하다면 피고인이 결백하다는 가정은 확정되고, 법정은 어떠한 법적인 행동도 취할 수 없게 된다.

먼저 대표본을 이용하는 모평균에 관한 가설검정을 공부해보자. 대표본의 조건은 표본의 수가 적어도 30개 이상이어야 한다는 것이다. 이런 경우, $\overline{X}$의 표본분포는 정규분포에 근사한다는 중심극한정리를 이용할 수 있다.

예제 6.6 GFN은 뉴스와 정보를 모두 영어로 진행하는 광주에서 새롭게 시작하는 영어방송국이다. 광고주들은 GFN 방송국의 주요 청취자들의 평균연령이 21세라는 방송국의 주장에 근거하여 광고 계약을 체결하고자 한다. 따라서 GFN 방송국의 경영자는 라디오 방송을 청취하는 청취자들의 평균연령이 본인들이 주장하는 청취자의 평균연령이 맞는지 그렇지 않는지에 대하여 특별한 관심을 가지고 있다. 이 문제에 대하여 GFN 방송국은 방송 청취자의 특성을 알아보기 위하여 표본조사를 시행하는 조사기관에 문제를 의뢰하였다. 조사결과에 따라 GFN 방송국의 라디오 청취자의 평균연령이 $\mu = 21$이 아니라고 한다면 방송국은 프로그램의 편성에 있어 수정을 할 계획이다. 방송국의 경영자는 그들이 목표로 하는 평균연령의 청취자들이 방송을 듣는지 그렇지 않는지 알아보기 위하여 청취자 모집단의 평균연령에 대한 가설검정을 하고자 한다. ▣

방송국은 청취자의 평균연령이 $\mu = 21$이기를 기대한다. 귀무가설(H_0로 표기)은 이 가정하에 세우게 된다. 대립가설(H_1으로 표기)은 귀무가설과 반대가 되도록 세운다. 즉, 대립가설은 청취자의 평균연령이 방송국이 기대하는 평균연령과 다르다는 것이다. 귀무가설과 대립가설의 결론 및 대안은 다음과 같다.

가설	결론과 대안
$H_0: \mu = 21$	GFN 방송 청취자 평균연령이 21세이다; 대안 필요 없음
$H_1: \mu \neq 21$	GFN 방송 청취자 평균연령이 21세가 아니다; 프로그램 편성의 변경을 고려하거나 다른 대책을 강구

청취자들을 조사하는 동안, 표본으로 뽑힌 사람들이 청취자임을 확인하고 청취자일 경우 표본의 평균연령 $\bar{x}$를 계산한다. $H_0: \mu = 21$이라는 것이 사실이라는 가정하에, 우리는 표본평균이 평균 $\mu = 21$을 가진 표본분포로부터 도출된다고 가정한다. 표본조사를 통해 계산된 표본평균 $\bar{x}$의 값이 정확히 모평균과 일치하리라고 기대할 수는 없다. 즉, $\mu = 21$이 사실일지라도 표본평균 $\bar{x}$가 정확히 21이라고 기대할 수는 없다는 것이다. 그렇지만 귀무가설 $\mu = 21$이 사실일 때, 표본의 평균연령이 21세에 가까울 것이라고는 예측할 수 있다.

표본평균 $\bar{x}$의 값이 주어지면, 그 $\bar{x}$가 가정된 모평균 μ로부터 표준편차의 몇 배만큼 떨어져 있는가를 결정해주는 z값을 계산할 수 있다. z에 대한 표현은 다음과 같다.

$$z = \frac{\overline{x} - \mu}{\sigma / \sqrt{n}}$$

이 경우, z는 제5장에서 언급된 표준정규확률변수값이다.

만약 위의 식에서 z값이 0에 가깝다면, 이것은 표본평균 $\overline{x}$의 값이 가정된 μ의 값과 가깝다는 것을 의미한다. 가정된 μ의 값이 사실이라는 것을 증명할 수는 없지만, 표본평균 $\overline{x}$는 가정된 μ의 값과 일치함을 의미한다. 반면에, z값이 0과 상당한 차이를 보인다면(만약 $z = 4$), 이것은 표본평균이 가정된 모평균의 값에서 멀리 떨어져 있다는 것을 의미한다. 만약 $z = 4$라면 관측된 $\overline{x}$값이 가정된 μ값과 너무 다르므로 $\mu = 21$을 갖는 표본분포로부터 $\overline{x}$가 나왔다는 것을 의심하게 된다. 이 경우, 표본의 결과는 귀무가설과 일치하지 않는다고 판단할 수 있다. 따라서 귀무가설은 기각되고 대립가설 $\mu \neq 21$에 근거하여 어떤 대안들을 선택하여야 한다. 이 절의 마지막 부분에서는 z의 값에 따라 귀무가설을 기각하는지 혹은 채택하는지 하는 결정규칙을 논의하겠다.

‖ 가설검정의 오류 ‖

가설검정에서는 임시로 귀무가설 H_0가 사실이라고 가정하며 시작한다. 가설검정의 목적은 H_0를 채택하거나 기각하는데 목적이 있다. H_0가 사실일 때 H_0를 채택하고, H_0가 거짓일 때 H_0를 기각하는 것이 가설검정의 이상적인 상황이다. 하지만 표본으로부터의 결과에만 의존하기 때문에 이러한 이상적인 상황이 반드시 보장되는 것은 아니다. 따라서 가설검정의 잘못된 결론에 대한 확률을 고려하여야 한다.

먼저, H_0가 사실일 경우를 생각해보자. 검정 결과 H_0가 사실임에도 불구하고 H_0를 기각하는 잘못된 결정을 할 수가 있다. 이런 오류를 제 1 종 오류(Type I error)라 한다. 반대로 검정 결과 H_0가 거짓임에도 불구하고 H_0를 채택하는 잘못된 결정을 할 수가 있다. 이런 오류를 제 2 종 오류(Type II error)라 한다.

제1종 오류(Type Ⅰ error): H_0가 사실임에도 불구하고 H_0를 기각함

제2종 오류(Type Ⅱ error): H_0가 거짓임에도 불구하고 H_0를 채택함

예제 6.6(계속) 예제 6.6의 GFN 라디오 방송국에 대한 가설들은 다음과 같다.

$$H_0: \mu = 21,$$
$$H_1: \mu \neq 21$$

귀무가설은 라디오 방송국이 주장하는 주요 청취자의 평균연령이 21세라는 것을 반영한 것이다. 대립가설은 청취자의 평균연령이 라디오 방송국의 주장과 반대가 되는 경우이다. 만약 귀무가설이 기각된다면, 방송국 경영자는 방송국이 원하는 청취자의 평균연령이 21세가 될 수 있도록 프로그램의 편성에 수정을 가할 것이다. 이러한 상황에 대하여 가설검정의 제 1 종 오류와 제 2 종 오류를 정의하여 보자.

제 1 종 오류는 H_0가 사실임에도 불구하고 귀무가설을 기각하게 되는 잘못된 선택을 하게 되는 경우이다. 즉, GFN 청취자의 평균연령이 방송국에서 생각하고 있는 연령층임에도 불구하고 그렇지 않다고 결론내리고 불필요한 프로그램 편성 수정을 초래할 것이다. 반면에, 제 2 종 오류는 H_0가 거짓임에도 불구하고 귀무가설을 채택하는 잘못된 선택을 하게 되는 경우이다. 이 경우 청취자의 평균연령이 21세라고 판단하게 되지만, 사실은 그렇지 않다는 것이다. 즉, 방송국의 입장에서는 반드시 프로그램의 편성을 수정해야 했음에도 불구하고 이 오류로 인해 프로그램 편성에 아무런 수정을 하지 않게 되는 것이다. ▣

처음에는 가설검정을 배우면서 이런 오류들로 인하여 실망을 할 수도 있다. 하지만 오류를 범할 확률을 알고 그것들을 결정하고 조절할 수 있다는 점은 매우 큰 도움이 된다. 두 오류를 범할 확률을 조절함으로서, 가설검정을 할 때 정확한 판단을 할 수 있는 합리적인 신뢰도를 얻을 수 있기 때문이다. 가설검정에서 범할 수 있는 오류 확률은 그리스 문자 α와 β로 나타내며 다음과 같이 정의된다.

α = 제 1 종 오류를 범할 확률
β = 제 2 종 오류를 범할 확률

[그림 6.3]은 GFN 방송국의 가설검정에서 발생하는 제 1 종 오류와 제 2 종 오류 그리고 가설검정에서의 옳은 결정을 하는 것들에 대한 요약을 나타내고 있다. 상자의 왼쪽 위는 H_0가 사실일 때 H_0를 채택하는 옳은 결정을 의미한다. 왼쪽 아래는 H_0가 사

실일 때 H_0를 기각하는 것으로 제 1 종 오류라 한다. 이와 비슷하게, 오른쪽 위는 제 2 종 오류를 의미하고, 오른쪽 아래는 H_0가 거짓일 때 H_0를 기각하는 옳은 결정을 의미한다.

가설 : $H_0: \mu = 21$
$H_1: \mu \neq 21$

		모집단의 상황(실제 현상)	
		H_0 사실 ($\mu = 21$)	H_0 거짓 ($\mu \neq 21$)
결정	H_0 채택	옳은 결정	제 2 종 오류(β)
	H_0 기각	제 1 종 오류(α)	옳은 결정

[그림 6.3] 가설검정에서의 제 1 종 오류와 제 2 종 오류

‖ 가설검정을 위한 결정규칙 ‖

지금까지 귀무가설과 대립가설, 가설검정에서의 제 1 종 오류와 제 2 종 오류에 대하여 배웠다. 또한, 위의 수식에서 정의된 표준정규확률변수값 z는 표본평균 $\bar{x}$가 모평균 μ로부터 몇 배의 표준편차만큼 떨어져 있는지 결정하는데 이용된다는 것을 공부하였다.

귀무가설을 기각할 것인지, 채택할 것인지를 결정할 수 있게 해주는 z값에 따른 결정규칙에 대해 알아보자. z값에 따라 결정을 하기 때문에 가설검정에 대한 **Z 검정통계량**이라고 한다.

결정규칙의 핵심은 제 1 종 오류를 범할 확률을 얼마나 허용할 것인지에 달려 있다. 즉 귀무가설이 사실이라는 가정하에, 연구자가 귀무가설을 기각하는 잘못을 허용할 수 있는 확률을 명시하여야 한다. 이 제 1 종 오류를 범할 확률 α를 검정에 대한 **유의수준**(significance level)이라 한다. 흔히 유의수준의 값으로 0.10, 0.05, 0.02 또는 0.01을 사용한다.

예제 6.6(계속) GFN 방송국 청취자의 연령에 대한 가설은 다음과 같다.

$$H_0: \mu = 21,$$
$$H_1: \mu \neq 21$$

과거 경험에 따르면, 모집단의 표준편차는 $\sigma = 5$이다. 만약 청취자의 표본의 크기가 100명이고 연령에 대한 표본평균이 $\overline{x} = 20.3$이라면, 가설검정의 결과는 무엇이고 이 결과는 적절하다고 할 수 있는가? 유의수준 $\alpha = 0.05$하에서 귀무가설 H_0의 기각여부에 대한 결정규칙을 알아보자.

[그림 6.4]는 가설검정에 대한 결정규칙을 나타낸다. $H_0 : \mu = 21$이 사실이라는 가정하에서 z값의 분포에 대한 그림이다. z값의 95%는 z축의 "H_0 채택" 부분과 대응된다. 그렇지만, "H_0 기각" 부분인 분포의 양쪽 꼬리 영역이 각각 0.025이라면, 이는 비록 $H_0 : \mu = 21$이 사실일지라도 z값이 기각역에 떨어질 확률이 0.05라는 것을 의미한다. 따라서 검정에서 제 1 종 오류를 범할 확률은 0.05이고, 이것은 유의수준 $\alpha = 0.05$를 의미한다. $\alpha = 0.05$는 분포의 양쪽 꼬리에 나뉘어 있는데 이것은 H_0가 기각되었을 때의 대립가설, 즉 μ의 실제값이 $\mu > 21$이거나 $\mu < 21$이기 때문이다. 기각역이 분포의 양쪽 꼬리일 경우의 가설검정을 양측검정이라고 한다. 유의수준 α의 값에 관계없이, 양측검정의 각 꼬리에 기각역이 있고 그때의 확률은 각각 $\alpha/2$이다.

[그림 6.4]에서 표준정규분포에 대한 영역은 기각역과 채택역의 경계가 되는 z의 값을 찾는데 사용된다. 이 경우, $z = -1.96$과 $z = 1.96$의 값을 갖는다. 일반적으로 z의 값은 검정에 대한 임계값이라고 한다. 유의수준 0.05에서의 결정규칙은 다음과 같다.

만약 $-1.96 \le z \le 1.96$이면, H_0 채택,
그렇지 않으면 H_0기각

결정규칙이 주어지면, 연령에 대한 표본평균 $\overline{x} = 20.3$을 대입하여 z값을 계산함으로써 H_0의 기각 여부를 결정하게 된다. $H_0 : \mu = 21$이 사실이라고 가정하고 표준정규확률변수값을 구하는 식에 적용하면 검정통계량의 값은 다음과 같다.

$$z = \frac{\overline{x} - \mu}{\sigma/\sqrt{n}} = \frac{20.3 - 21}{5/\sqrt{100}} = -1.40$$

그러므로 결정규칙에 따르면 표본평균 $\overline{x} = 20.3$으로부터 귀무가설 $H_0 : \mu = 21$을 채택하게 된다. 여기서 우리가 주의해야 할 사항은 모평균이 정확히 $\mu = 21$이라고는 말할 수 없다는 것이다. 대신 우리는 유의수준 0.05하에서 청취자의 평균연령이 21세라는 귀무가설을 기각할 수 없다고 말하여야 한다. 귀무가

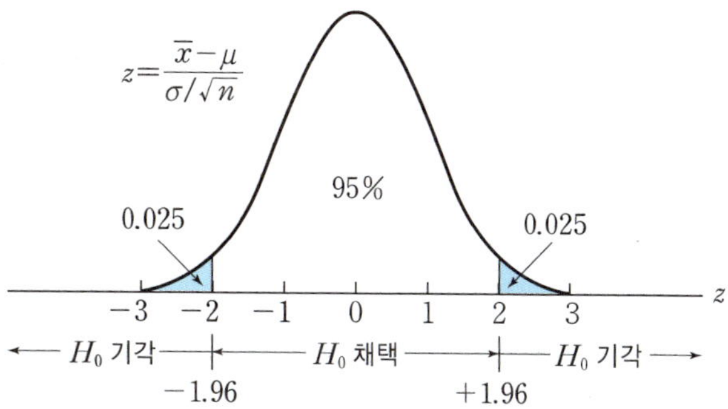

[그림 6.4] 유의수준 $\alpha=0.05$일 때 귀무가설 $H_0: \mu=21$에 대한 결정규칙

설을 기각할 수 없으므로 라디오 방송국은 H_0가 사실이라는 가정하에서 행동을 취해야 한다는 것이다. 따라서 이 가설검정의 경우 라디오 방송국은 프로그램의 개편을 할 이유가 없음을 의미한다. ▣

‖ 유의확률(p−값)의 사용 ‖

가설 검정에 있어서 결정 규칙을 정하는 데 사용되는 또 다른 기준은 유의확률(p−값)이다. 관측된 표본평균 $\bar{x}$에 대해 유의확률을 어떻게 계산하는지, 귀무가설의 기각 여부를 결정하는 데 유의확률이 어떻게 쓰이는지에 대해 설명한다.

유의확률은 귀무가설이 사실일 때, 표본평균 $\bar{x}$와 귀무가설에서 가정한 모평균 μ 값의 차이가 실제로 관측된 차이보다 더 클 확률이다. 예제 6.6을 통하여 유의확률 계산 절차를 알아보자.

예제 6.6(계속) 관측된 표본평균 값은 $\bar{x}=20.3$이다. 가설에서 가정된 값 $\mu=21$에 대하여, $\bar{x}$와 μ의 차이는 $21-20.3=0.7$이다. 유의확률은 $H_0: \mu=21$이 참일 때 표본평균 $\bar{x}$와 $\mu=21$의 차이가 0.7보다 클 확률이다.

예제 6.6에서 표본평균 $\bar{x}=20.3$과 일치하는 z값은 $z=-1.40$이다. 부록 [표 2]의 표준정규확률표를 이용하면, $z=-1.40$인 지점에서 분포의 왼쪽 꼬리 영역은 $0.50000-0.4192=0.0808$이다. 이로부터 표본평균 $\bar{x}$의 값이 분포의 왼쪽 꼬리에 있으므로 $\bar{x}$와 $\mu=21$의 차이가 0.7년보다 클 확률이 0.0808임을 알 수 있다. 그러나 우리는 양측 가설 검정을 하기 때문에, 표본평균 $\bar{x}$의 값이 분포의

오른쪽 꼬리에 있을 때 $\bar{x}$와 $\mu = 21$의 차이가 0.7년보다 클 확률도 고려해야 한다. 정규분포는 대칭이므로 이 확률은 $z = +1.40$인 지점에서 오른쪽 꼬리 영역에 해당하며 이 영역 또한 0.0808이다. 그러므로 관측된 표본평균 $\bar{x} = 20.3$에 대한 유의확률은 $2 \times 0.0808 = 0.1616$이다. 이것은 $H_0 : \mu = 21$이 참일 때, 표본평균 $\bar{x}$와 $\mu = 21$의 차이가 실제로 관측된 0.7보다 클 확률이 0.1616이라는 것을 나타낸다.

유의확률이 α보다 크거나 같으면 검정통계량 값 z가 채택 영역에 있게 된다는 점을 유념하면 유의확률을 사용하여 가설검정의 결론을 내릴 수 있다. 비슷하게 유의확률이 α보다 작으면 검정통계량 값 z는 기각역에 있게 된다. 이 예제에서 유의확률$= 0.1616$은 $\alpha = 0.05$보다 크므로 귀무가설 $H_0 : \mu = 21$을 채택하게 된다. ■

유의확률과 검정통계량값 z는 명시된 유의수준 α에서 항상 똑같은 가설검정의 결론을 제공할 것이다. 그러나 유의확률은 $\bar{x}$와 귀무가설에서 가정된 μ값 간의 차이가 실제로 관측된 차이보다 더 클 확률이다. 이런 의미에서 보면 상대적으로 큰 유의확률은 $\bar{x}$와 귀무가설에서 가정된 μ값 간의 관측된 차이가 드물지 않다는 것을 시사한다. 이 경우 귀무가설과 일치된다는 판단을 하게 되며 따라서 H_0가 채택될 것이다. 그러나 작은 유의확률은 $\bar{x}$와 귀무가설에서 가정된 μ값 간의 차이가 너무 드물어서 귀무가설이 기각되어야 한다는 것을 나타낸다. 유의확률은 통계 패키지의 통계분석의 결과 해석에 중요하게 자주 나오므로 반드시 그 의미와 쓰임새를 알아두어야 한다. 주어진 유의수준 α에 대하여 유의확률을 이용한 가설검정의 결정 규칙은 다음과 같다.

가설검정에 대한 유의확률 기준

$$\text{유의확률} \geq \alpha \text{이면 } H_0 \text{ 채택}$$
$$\text{유의확률} < \alpha \text{이면 } H_0 \text{ 기각}$$

예제 6.7 회사중역인 중년남자들은 일반인의 평균혈압과 다르겠는가? 한 보건연구소에서는 35세에서 44세 사이 남자의 수축기 혈압이 평균 128이고 표준편차가 15라고 발표하였다. 이 나이대의 회사중역 72명을 조사하였더니 평균혈압 $\bar{x}$가 126.07

이었다. 이것이 일반 중년남자의 평균혈압과 다르다는 증거가 되는가?

(1) 회사중역 중년남자의 평균혈압이 일반 중년남자의 그것과 다른지에 대한 검정에 사용될 귀무가설과 대립가설을 세워라.

(2) 유의수준 0.10을 이용하여 귀무가설의 기각 여부를 결정할 z값에 대한 결정 규칙을 정하여라.

(3) 가설검정의 결론은 무엇인가?

(4) 유의확률을 계산하여라. 그 유의확률에 근거한 가설검정의 결론은 무엇인가?

풀이 회사중역 중년남자의 평균혈압이 일반인의 그것과 차이가 있는지 없는지를 알아보고자 하는 것이므로 다음과 같이 가설을 세운다.

가설	결 론
$H_0 : \mu = 128$	회사중역 중년남자의 평균혈압이 일반인의 그것과 다르지 않다.
$H_1 : \mu \neq 128$	회사중역 중년남자의 평균혈압이 일반인의 그것과 다르다

유의수준이 $\alpha = 0.10$이므로 분포의 양쪽꼬리에서 각각 0.05의 기각역을 갖는다. 따라서 표준정규확률표로부터 다음의 결정 규칙을 얻는다.

$$-1.645 \leq z \leq +1.645 \text{이면 } H_0 \text{ 채택,}$$
$$\text{그 밖의 값이면 } H_0 \text{ 기각.}$$

이 양측 검정에 대한 채택과 기각 영역은 [그림 6.5]에 나타난다.

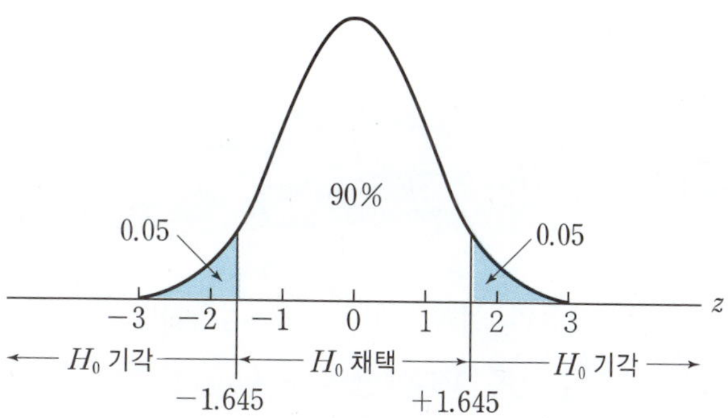

[그림 6.5] 유의수준 $\alpha = 0.10$에서 귀무가설 $H_0 : \mu = 128$에 대한 결정 규칙

가설검정 결정은 관측된 표본평균 $\overline{x}=126.07$에 대한 검정통계량 z값에 기초한다. 표준편차가 15이므로 다음과 같이 z값을 계산한다.

$$z=\frac{\overline{x}-\mu}{\sigma/\sqrt{n}}=\frac{126.07-128}{15/\sqrt{72}}=-1.091$$

계산된 검정통계량 값 $z=-1.091$이 채택구간 $(-1.645,\ 1.645)$안에 속하므로 H_0를 기각 할 수 없다. 또한 부록 [표 2]의 표준정규확률표에 의하면 $z=-1.091$지점에서 왼쪽 꼬리 부분의 영역은 0.1379이다. 양측 검정이므로 이 확률을 두 배하여 유의확률 0.2758을 얻게 된다. 0.2758이 $\alpha=0.10$보다 크므로, 유의확률 기준에 의하면 귀무가설을 기각할 수 없다는 결론을 내린다. 즉 $\overline{x}=126.07$은 회사중역들의 평균 혈압이 일반인의 그것과 다르다는 강력한 증거가 되지 못한다. ▣

‖ 단측 가설검정 ‖

지금까지 언급했던 가설검정에는 분포의 양쪽 꼬리에서 면적이 $\alpha/2$가 되는 기각영역이 있었다. 이 때문에 표본평균값이 귀무가설에서 가정한 모평균 μ값보다 유의하게 작거나 크면 H_0을 기각할 수 있는 것이다. 이러한 검정을 양측 가설검정이라고 하였다.

모평균에 대한 검정에서 공식화할 수 있는 귀무가설과 대립가설의 형태는 실제로 세 가지가 있다. 귀무가설에서 가정한 μ값을 μ_0라고 하면, 그 세 가지 형태는 다음과 같다.

모평균에 대한 가설검정의 형태

양측 검정	왼쪽 꼬리 단측 검정	오른쪽 꼬리 단측 검정
$H_0: \mu=\mu_0$	$H_0: \mu=\mu_0$	$H_0: \mu=\mu_0$
$H_1: \mu\neq\mu_0$	$H_1: \mu<\mu_0$	$H_1: \mu>\mu_0$

위의 첫 번째 형태는 그동안 설명해왔던 양측 검정이다. 두 번째와 세 번째 형태는 표본평균 $\overline{x}$가 표본 분포의 한쪽 꼬리에만 속해 있을 때 항상 귀무가설이 기각되기 때문에 **단측 검정**이라 불린다. 예를 들자면, 왼쪽 꼬리 단측 검정은 $\overline{x}$가 표본 분포의 왼쪽 꼬리 부분에 있을 때만 H_0를 기각하게 되는데, 이는 실제 μ가 귀무가설에서 가정

한 값 μ_0보다 더 작다는 것을 의미한다. 오른쪽 꼬리 단측 검정에서는, $\bar{x}$가 표본 분포의 오른쪽 꼬리 부분에 속해 있을 때만 H_0를 기각하게 되는데, 이는 μ가 귀무가설에서 가정된 값 μ_0보다 더 크다는 것을 의미한다.

예제 6.8 어느 고등학교에서 학생들을 위한 새로운 수학 교육과정을 개발했다. 이 신규 과정을 평가하기 위해 2학년 학생들 중에서 무작위로 45명의 표본을 추출했다. 이들 학생들은 한 학기 동안 신규 수학 교육과정에 참여한 후 시험을 치렀다. 과거에 이 시험을 치렀던 학생들의 모집단에 대한 평균 시험점수는 76점이다.

(1) 새로운 교육과정을 들은 학생들의 평균 시험점수가 과거의 평균 시험점수 $\mu = 76$보다 높은지 아닌지를 결정하는 귀무가설과 대립가설을 세워라.

(2) 유의수준 0.05를 사용하는 가설검정에 대한 결정 규칙을 정하여라.

(3) 45명의 학생성적에 대한 통계량으로 표본평균 $\bar{x} = 79$와 표본표준편차 $s = 8$이 계산되었다. 제안된 교육과정에 관한 적절한 결론은 무엇인가?

풀이 우선 귀무가설은 $H_0 : \mu = 76$이 된다. 이 학교에서는 신규과정이 평균 시험점수를 높여주는지 판단하는 것에 관심이 있기 때문에, 대립 가설은 $H_1 : \mu > 76$가 된다. 그래서 다음과 같은 가설과 그에 대응하는 행동을 취하는 오늘쪽 꼬리 단측 검정을 하게 된다.

가설	결론과 대안
$H_0 : \mu = 76$	신규 과정이 기존 교육과정에 비해 향상된 바가 없다; 기존 과정을 유지한다.
$H_1 : \mu > 76$	신규 과정이 기존 교육과정보다 더 높은 평균 시험점수를 보였다; 신규 과정을 시행한다.

예제 6.8에 대한 가설검정은 [그림 6.6]에서와 같은 채택 영역과 기각 영역을 구성함으로써 이루어진다. 유의수준 0.05에서, 0.05의 영역 혹은 확률을 갖는 기각 영역이 분포의 오른쪽 꼬리에 위치한다는 점을 유념하라. 부록 [표 2]의 표준정규확률표를 사용하면, 검정에 대한 임계값 z가 1.645라는 것을 알 수 있다. 이 단측 검정에 대한 결정 규칙은 다음과 같고 채택과 기각영역이 [그림 6.6]에 나타나 있다.

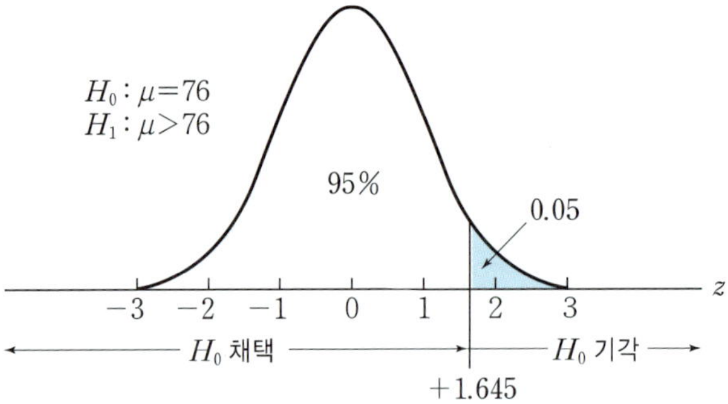

[그림 6.6] 유의수준 $\alpha = 0.05$에서 귀무가설 $H_0 : \mu = 76$의 단측 검정에 대한 결정 규칙

$$z \le 1.645\text{이면 } H_0 \text{ 채택,}$$
$$\text{그 밖의 값이면 } H_0 \text{ 기각}$$

표본으로부터 $n = 45$, $\bar{x} = 79$ 등이 계산되었으며, 표본표준편차 $s = 8$는 모표준편차 σ의 추정치로 사용될 수 있다. 귀무가설 $H_0 : \mu = 76$에 대해서 검정통계량 z의 값은 다음과 같다.

$$z = \frac{\bar{x} - \mu}{\sigma/\sqrt{n}} \approx \frac{\bar{x} - \mu}{s/\sqrt{n}} = \frac{79 - 76}{8/\sqrt{45}} = +2.52$$

$z = 2.52 > 1.645$이므로 H_0을 기각하고 제안된 교육과정이 학생들의 평균 시험점수를 높인다고 결론 내린다.

이 예제에 대해서 유의확률 역시 계산할 수 있다. 단측 검정을 하기 때문에, z값 $+2.52$에 대한 한쪽 꼬리의 기각 영역만 계산해야 한다. 부록 [표 2]의 표준정규확률표에 의하면 이 영역은 $0.5000 - 0.4941 = 0.0059$이다. 이것은 단측 검정에 대한 유의확률이다. 유의확률 0.0059가 유의수준 0.05보다 작으므로 귀무가설을 기각하고 제안된 교육과정이 더 낫다는 결론을 내린다. ■

‖ 결정 규칙의 요약 ‖

유의수준을 α라 하고, 표준정규분포의 오른쪽 꼬리영역이 α가 되는 z값을 z_α라 하면, 모평균에 관한 가설검정의 세 가지 형태와 그에 대응하는 결정 규칙이 [그림 6.7]에 요약돼 있다. 가설검정의 형태에 상관없이 유의확률이 α보다 작으면 귀무가설이 기각된다.

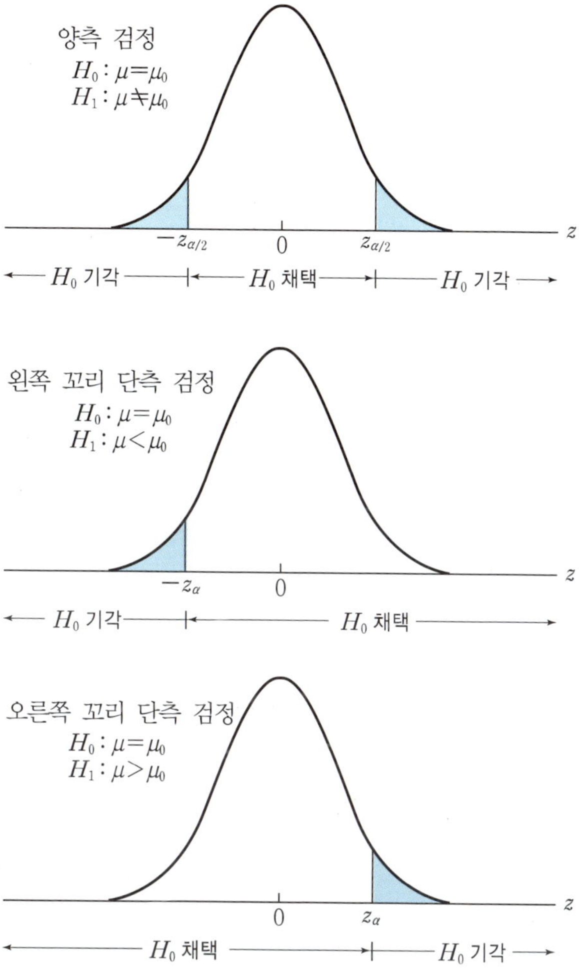

[그림 6.7] 모평균에 대한 가설검정의 결정 규칙 요약

6.5 소표본일 때 모평균의 추정 및 검정

우리는 지금까지 모표준편차가 알려진 경우에 모평균 μ에 대한 신뢰구간과 가설검정 방법에 대하여 공부하였다. 이제 모표준편차를 모르는 경우에 모평균 μ에 대한 신뢰구간과 가설검정을 하는 방법을 알아보자.

정규모집단이고 모표준편차가 알려져 있는 경우에는 표준화된 표본평균

$$Z=\frac{\overline{X}-\mu}{\sigma/\sqrt{n}}$$

이 표준정규분포 $N(0, 1)$을 따른다는 사실을 이용하여 모평균에 대한 추론을 하였으나, 모표준편차 σ를 모르는 경우에는, σ 대신에 그 추정량인 표본표준편차 S를 사용한다. $\overline{X}$의 표준편차 $\sigma/\sqrt{n}$을 $S/\sqrt{n}$으로 추정하는데 이 값을 표본평균 $\overline{X}$의 표준오차라 한다.

표준오차 (standard error)

통계량의 표준편차가 주어진 자료로부터 추정되었을 때, 이 값을 통계량의 표준오차라 부른다.

이렇게 표준오차로 표준화된 통계량

$$T=\frac{\overline{X}-\mu}{S/\sqrt{n}}$$

는 5.5절에서 공부하였듯이 정규분포를 따르지 않고 다음과 같이 자유도가 $(n-1)$인 t분포를 따른다.

t분포 (t distribution)

정규모집단 $N(\mu, \sigma^2)$으로부터 추출된 크기 n인 확률표본의 표본평균 $\overline{X}$와 표본표준편차 S를 이용하여 다음과 같이 정의된 통계량

$$T=\frac{\overline{X}-\mu}{S/\sqrt{n}}$$

은 자유도(degree of freedom) $(n-1)$인 t분포 $t(n-1)$을 따른다.

[그림 5.12]에서 확인할 수 있듯이 t분포와 표준정규분포 곡선의 모양은 두 분포가 서로 비슷하지만 t분포는 꼬리부분에서 표준정규분포에 비하여 다소 큰 확률을 가지며 중심부분에서는 상대적으로 작은 확률을 갖는다. 이제 모표준편차를 모르는 경우 T 통

계량을 이용하여 모평균 μ에 대한 신뢰구간과 가설검정을 할 수 있다. t분포에 대한 분위수가 부록의 [표 3]에 정리되어있다.

먼저, 신뢰수준이 $100(1-\alpha)\%$인 모평균 μ에 대한 신뢰구간을 구해보면,

$$P\left(-t_{\alpha/2}(n-1) \le \frac{\overline{X}-\mu}{S/\sqrt{n}} \le t_{\alpha/2}(n-1)\right) = 1-\alpha$$

즉

$$P\left(\overline{X} - t_{\alpha/2}(n-1)\frac{S}{\sqrt{n}} \le \mu \le X + t_{\alpha/2}(n-1)\frac{S}{\sqrt{n}}\right) = 1-\alpha$$

이므로, μ에 대한 신뢰구간은 다음과 같다.

정규모집단이고 소표본의 경우: 모평균에 대한 $100(1-\alpha)\%$ 신뢰구간

$$\bar{x} \pm t_{\alpha/2}(n-1)\frac{s}{\sqrt{n}}$$

예제 6.9 진돗개의 평균포태기간을 추정하기 위하여 임의로 16마리의 개를 선택하여 이들의 포태기간을 측정한 결과 다음의 자료를 얻었다.

62.0	61.4	59.8	62.2	60.3	60.4	59.4	60.2
60.4	60.8	61.8	59.2	61.1	60.4	60.9	58.6

만약에 진돗개의 포태기간이 정규분포를 따른다고 할 때 실제 평균 포태기간 μ에 대한 95% 신뢰구간을 구해보자.

풀이 먼저 통계량 $\overline{X}$와 S를 계산한다.

$$\bar{x} = 60.556, \quad s = 1.012$$

자유도는 $n-1=15$이고, 부록 [표 3]의 t-확률표에 의하여 자유도 15인 t분포의 분위수가 $t_{0.025}(15) = 2.131$이므로, 95% 신뢰구간은

$$\bar{x} \pm t_{0.025}(15)\frac{s}{\sqrt{n}} = 60.556 \pm (2.131 \times 1.012)/\sqrt{16}$$
$$= 60.556 \pm 0.539 = (60.02,\ 61.10)$$

이다. ▣

예제 6.9에서 우리는 관측값들이 추출된 모집단이 정규분포를 따른다는 가정을 하였다. 5.4절에서 보았듯이 표본의 크기가 충분히 큰 경우는 표본평균의 분포가 정규분포를 따른다는 것을 알 수 있으나, 표본의 크기가 충분히 크기 않는 경우에는 표본평균의 분포가 정규분포를 따른다고 보장할 수가 없다. 따라서 이 경우에는 관측된 자료가 정규분포를 따르는지를 검토하기 위하여 5.2.3절에서 논의된 정규성검토가 선행되어야 한다.

모평균 μ에 대한 가설검정도 앞에서 논의한 신뢰구간을 구한 것처럼 t분포의 식에서 T 통계량을 이용하여 검정할 수 있다. 보통, 이 검정법을 **t 검정**(t-test)이라고 한다. 다음과 같은 세 가지 가설검정을 생각해보자.

(1) $H_0 : \mu = \mu_0$ vs $H_1 : \mu > \mu_0$,

(2) $H_0 : \mu = \mu_0$ vs $H_1 : \mu < \mu_0$,

(3) $H_0 : \mu = \mu_0$ vs $H_1 : \mu \neq \mu_0$.

이때 각 검정에 대한 검정통계량 T는 H_0가 참일 때 $t(n-1)$분포를 따른다. 즉

$$T = \frac{\overline{X} - \mu_0}{s/\sqrt{n}} \sim t(n-1)$$

이며, 검정통계량의 계산된 값을 t라고 하면,

(1)인 경우 "$t \geq t_{\alpha}(n-1)$"이면 H_0을 기각한다.

(2)인 경우 "$t \leq -t_{\alpha}(n-1)$"이면 H_0을 기각한다.

(3)인 경우 "$|t| \geq t_{\alpha/2}(n-1)$"이면 H_0을 기각한다.

예제 6.10 어느 텔레비전 부품 생산회사에서는 하루에 평균 100개의 LCD패널을 생산하고 있다. 안전에 관한 법령이 공표됨에 따라 새로운 안정장치가 생산공정에 장착되었다. 안전장치 장착 후 일일 LCD패널 생산량이 다음과 같다.

93	103	95	101	91	105	96	94	101	88	98	94	101	92	95

일일 생산량이 정규분포를 따른다고 할 때, 안전장치 장착 후 평균생산량이 감소했다고 믿을만한 충분한 증거가 있는지 유의수준 $\alpha = 0.05$하에서 검정하여라.

풀이 관측값들이 정규분포를 따르고, 모표준편차 σ가 알려져 있지 않으므로 μ에 대한 검정은 $T = (\overline{X} - \mu)/(S/\sqrt{n})$ 통계량에 의해 수행된다. 평균생산량이 감소했는지를 검정하는 것이므로 귀무가설과 대립가설은 다음과 같다.

$$H_0 : \mu = 100, \quad H_1 : \mu < 100$$

표본평균과 표본표준편차가 각각 $\overline{x} = 96.47$, $s = 4.85$이므로 T 검정통계량의 계산값은

$$t = \frac{\overline{x} - \mu_0}{S/\sqrt{n}} = \frac{96.47 - 100}{4.85/\sqrt{15}} = -2.82$$

이다. $t = -2.82 < t_{0.05}(14) = -1.761$이므로 H_0를 기각하게 된다. 즉 일일 평균생산량이 감소했다는 충분한 증거가 있다고 할 수 있다. 또한 유의확률은 $p-$값$=P(T < -2.82)$로서 부록 [표 3]의 t-확률표로부터 0.01보다 더 작음을 알 수 있다. ■

6.6 모분산의 추정과 검정

모집단의 분산은 분포의 흩어진 정도를 나타내는 중요한 모수이다. 이 값은 통계적 추론뿐만 아니라 정밀계측기의 측정에서 기기의 정밀도를 결정하는 매우 중요한 것이다.

정확도란 정밀도와 편의에 의해서 결정된다. 일반적으로 편의는 교정에 의해서 제거될 수 있지만, 정밀도는 분산(또는 표준편차)으로 표시되며 계측기의 속성으로 고쳐지기가 어렵다. 그러므로 고도의 정밀도를 요구하는 현대산업에서 분산에 관한 정보는 매

우 중요시 여겨진다. 제품의 균일성이나 품질의 향상은 우선 분산을 줄이는 것이 최선이다. 그러면 모분산 σ^2에 대한 통계적 추론에 대해서 알아보자.

먼저 모평균 μ와 모분산 σ^2을 갖는 정규모집단에서 크기 n인 확률표본 $X_1, X_2, \cdots, X_n$을 추출하여 표본분산

$$S^2 = \frac{1}{n-1}\sum_{i=1}^{n}\left(X_i - \overline{X}\right)^2$$

을 계산하면, 이것은 모분산 σ^2의 불편추정량이 되고, 또한 다음의 통계량

$$\chi^2 = \frac{(n-1)S^2}{\sigma^2}$$

은 수리통계학의 이론에 의하면 자유도 $(n-1)$인 카이제곱 분포를 따른다. 카이제곱분포에 대해서는 5.5.2절에서 소개하였다.

먼저 크기 n인 확률표본을 정규모집단 $N(\mu, \sigma^2)$으로부터 추출했을 때, 모분산 σ^2에 대한 신뢰구간을 구하기 위해서는 카이제곱분포의 성질을 이용한다. 카이제곱분포는 비대칭분포이므로 이 분포에 의존하는 신뢰구간은 앞에서 고찰한 평균의 신뢰구간의 형태와 다르다.

앞에서 정의된 통계량 $\chi^2 = \dfrac{(n-1)S^2}{\sigma^2}$은 자유도 $(n-1)$인 카이제곱의 분포를 따르므로, 다음의 확률표현을 얻을 수 있고,

$$P\left(\chi^2_{1-\alpha/2}(n-1) < \frac{(n-1)S^2}{\sigma^2} < \chi^2_{\alpha/2}(n-1)\right) = 1-\alpha$$

이때 괄호 속의 부등식을 σ^2에 관해서 풀면

$$P\left(\frac{(n-1)S^2}{\left(\chi^2_{\alpha/2}(n-1)\right)} < \sigma^2 < \frac{(n-1)S^2}{\left(\chi^2_{1-\alpha/2}(n-1)\right)}\right) = 1-\alpha$$

을 얻는다. 따라서 다음의 모분산에 대한 구간추정 및 가설검정 절차를 얻게 된다.

모분산의 구간추정

크기 n인 확률표본을 정규모집단 $N(\mu, \sigma^2)$으로부터 추출했을 때, 모분산 σ^2의 $100(1-\alpha)\%$ 신뢰구간은 다음과 같다.

$$\left[\frac{(n-1)S^2}{\chi^2_{\alpha/2}(n-1)},\ \frac{(n-1)S^2}{\chi^2_{1-\alpha/2}(n-1)}\right]$$

또한, 모표준편차 σ에 대한 신뢰구간은 양쪽 통계량 값의 제곱근을 취하면 얻을 수 있다.

모분산의 가설정검

통계적 가설 $H_0 : \sigma^2 = \sigma_0^2$을 검정하기 위한 χ^2 검정통계량은 다음과 같다.

$$\chi^2 = \frac{(n-1)S^2}{\sigma_0^2}$$

확률변수 χ^2은 자유도가 $(n-1)$인 카이제곱분포를 따르므로 대립가설과 유의수준 α에서 기각역은 다음과 같다.

H_1 : (1) $\sigma^2 > \sigma_0^2$, 기각역 $\chi^2 > \chi^2_\alpha(n-1)$

(2) $\sigma^2 < \sigma_0^2$, 기각역 $\chi^2 < \chi^2_{1-\alpha}(n-1)$

(3) $\sigma^2 \neq \sigma_0^2$, 기각역 $\chi^2 < \chi^2_{1-\alpha/2}(n-1)$ 또는 $\chi^2 > \chi^2_{\alpha/2}(n-1)$

예제 6.11 특정한 제조회사에서 만들어 내는 볼트들의 지름의 변동량을 추정하고자 한다. 이를 위하여 이 회사에서 생산된 볼트 중 20개를 임의로 추출하여 이들의 지름을 측정한 결과가 다음과 같다. 모분산이 $(0.09)^2$보다 작다고 할 수 있는지를 추론하라.

10.03	9.89	9.99	9.96	10.10	10.08	9.95	10.00	9.94	10.01
10.05	9.95	10.03	9.98	10.05	10.03	9.99	10.08	10.02	9.98

풀이 먼저 모분산 σ^2에 대한 95% 신뢰구간을 계산해보자. 이 자료들로부터 표본분산 S^2의 값은

$$s^2 = \frac{1}{n-1}\sum_{i=1}^{n}\left(x_i - \bar{x}\right)^2 = 0.0027$$

이고, 신뢰수준이 0.95이므로 $\alpha/2 = 0.025$, $1-\alpha/2 = 0.975$이다. 또한 자유도는 $n-1=19$이므로 부록 [표 4]의 χ^2-확률표로부터 하위와 상위 $\alpha/2$ 분위수는 각각 다음과 같다.

$$\chi^2_{0.975}(19) = 8.91, \ \chi^2_{0.025}(19) = 32.85$$

따라서 σ^2에 대한 95% 신뢰구간은

$$\left[\frac{(n-1)S^2}{\chi^2_{0.025}(n-1)}, \ \frac{(n-1)S^2}{\chi^2_{0.975}(n-1)}\right] = \left[\frac{19\times 0.0027}{32.85}, \ \frac{19\times 0.0027}{8.91}\right]$$

$$= [0.0016, 0.0056]$$

으로 주어진다.

다음으로 모표준편차 σ가 0.09 mm보다 작은가를 검정하는 문제를 생각해보자. 먼저 귀무가설과 대립가설은 각각

$$H_0 : \sigma^2 = 0.09^2, \ H_1 : \sigma^2 < 0.09^2$$

으로 주어지고, 검정통계량의 값은

$$\chi^2 = \frac{(n-1)S^2}{\sigma_0^2} = 6.33$$

이다. 다음으로 표본의 크기가 20이므로 통계량은 $\chi^2(19)$ 분포를 따르고, 주어진 검정통계량의 값에 대한 유의확률은 부록 [표 4]의 χ^2-확률표에 의해서

$$P(\chi^2 < 6.33) < 0.005$$

이다. 따라서 귀무가설을 기각한다. 즉 볼트 지름의 분산이 $(0.09)^2$보다 작다고 볼 수 있다. ▣

6.7 SPSS 실습

예제 6.12 SPSS를 이용한 일표본 t검정: 한 택배회사는 시내배송의 경우 배송에 소요되는 평균시간이 5시간이 채 걸리지 않는다고 광고하였다. 다음은 시내 전역에

걸쳐 배송되는 물건들의 배송시간을 조사한 관측값들이다.

7, 3, 4, 6, 10, 5, 6, 4, 3, 8

(1) 평균 배송시간에 대한 99% 신뢰구간을 추정하시오.

풀이 ① SPSS 데이터 편집기의 '변수 보기'에서 이름 열에 변수명(예시: 배송시간)을 입력하고 데이터 편집기의 데이터 보기를 선택하여 자료를 입력한다.

② SPSS의 메뉴에서 '분석 → 기술통계량 → 데이터 탐색'을 선택한다.

③ 생성된 변수인 '배송시간'을 '종속변수'에 할당한다.(그림 [6.8] 참조)

④ '통계량'을 선택하여 기술통계 부분의 '평균의 신뢰구간'을 '99%'로 입력한 후 '계속'과 '확인'을 선택한다.(그림 [6.9] 참조)

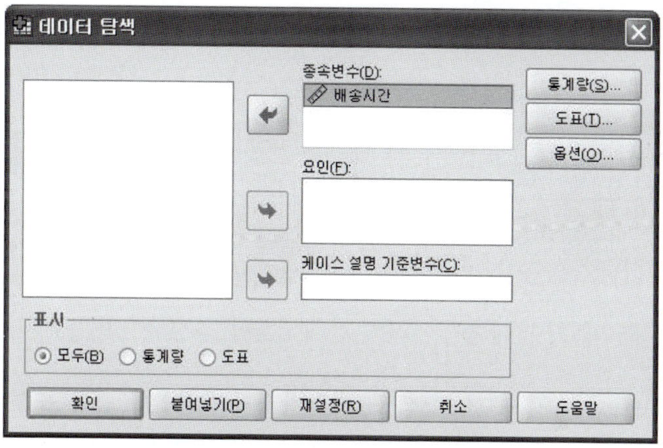

[그림 6.8] 데이터 탐색을 위한 대화상자

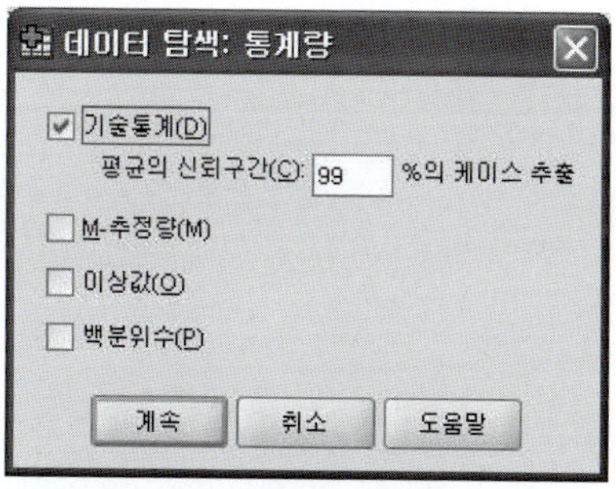

[그림 6.9] 데이터 탐색의 통계량 대화상자

SPSS 실행결과를 보여주는 [그림 6.10]에서 배송시간의 평균에 대한 99% 신뢰구간은 [하한 , 상한]= [3.27,7.93] 임을 알 수 있다. ■

기술통계

			통계량	표준오차
배송시간	평균		5.60	0.718
	평균의 99% 신뢰구간	하한	3.27	
		상한	7.93	
	5% 절삭 평균		5.50	
	중위수		5.50	
	분산		5.156	
	표준편차		2.271	
	최소값		3	
	최대값		10	
	범위		7	
	사분위수 범위		4	
	왜도		0.692	0.687
	첨도		-0.098	1.334

[그림 6.10] 평균의 신뢰구간추정을 위한 SPSS분석 결과

(2) 택배회사의 광고에 대하여 유의수준 5%에서 검정하여라.

풀이 ① SPSS의 메뉴에서 '분석 → 평균비교 → 일표본 T검정'을 선택한다.

② 생성된 변수인 '배송시간'을 '검정변수'로 할당하고 아래의 '검정값' 부분에는 '5'를 입력한다([그림 6.11] 참조).

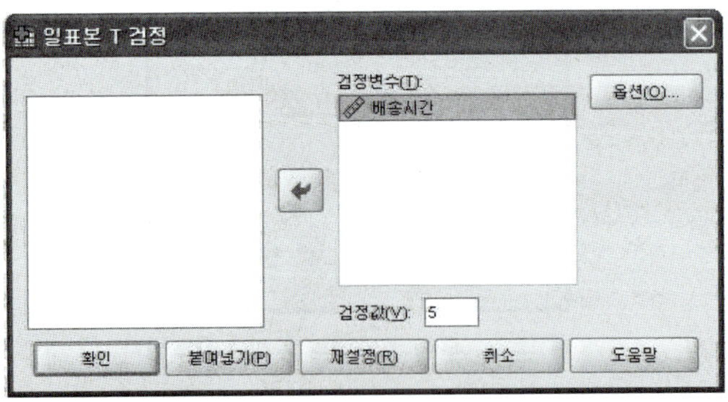

[그림 6.11] 일표본 t검정을 위한 대화상자

③ '옵션'을 눌러 신뢰구간이 기본값(default) '95%'로 선택되어 있음을 확인한다. 만약 신뢰구간의 값이 95%로 되어있지 않은 경우에는 95%를 직접 입력하여 준다 ([그림 6.12] 참조).

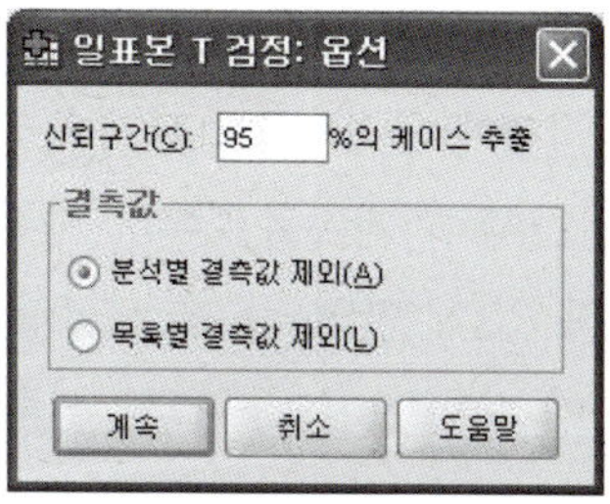

[그림 6.12] 일표본 t검정의 옵션 대화상자

풀이 SPSS를 이용하여 실제 택배회사에서 광고하는 평균배송시간 5시간에 대한 유의수준 5%에서의 검정결과이다. 양측검정에 대한 유의확률이 p-값$=0.425$이지만 본 예제는 단측검정이므로 정확한 유의확률은 그것의 $1/2$인 0.2125로서 유의수준 $\alpha=0.05$보다 크기 때문에 택배회사에서 광고하고 있는 시내배송에 소요되는 평균배송시간이 5시간 이하라고 할 수 없다. ■

일표본 검정

	검정값=5					
	t	자유도	유의확률 (양쪽)	평균차	차이의 95% 신뢰구간	
					하한	상한
배송시간	0.836	9	0.425	0.600	-1.02	2.22

제6장 연습문제

01 큰 대학교에서의 화학 시험에서, 36개의 무작위로 추출된 시험지는 시험이 끝나고 난 후에 바로 채점한다. 과거자료로부터 시험점수에 대한 모집단 표준 편차는 $\sigma = 15$임이 알려져 있다. 만약 36개 시험지의 표본평균이 $\overline{x} = 72$였다면 모집단의 평균시험점수에 대한 90%와 95% 신뢰구간을 추정하여라.

02 아파트 전문 인테리어 회사는 거주자가 집을 비운 사이 집을 수리하는 일을 하는데 그 비용을 추정하려고 한다. 표본으로 선택된 36채의 아파트에 대한 평균 수리비용은 860만 원이었고, 표본표준편차는 120만 원이었다. 모집단의 평균 수리비용을 추정하기 위한 95% 신뢰구간을 구하여라.

03 대학 졸업생의 초기 연봉의 표준편차는 대략 200만 원이라고 생각한다. 초기 연봉의 평균에 대한 95%신뢰구간을 추정한다고 가정하여라. 다음과 같은 표본 오차에서 얼마나 많은 표본이 추출되어야 하는가?

(1) 50만 원

(2) 20만 원

(3) 10만 원

04 $\sigma^2 = 100$인 모집단으로부터 추출한 확률표본 내 400개의 표본평균이 $\overline{x} = 75$이다. 모평균 μ에 대한 95% 신뢰구간을 추정하여라.

05 다음의 각 경우에 따라 μ에 대한 신뢰구간의 길이에 대하여 설명하여라.

(1) 신뢰구간이 95%에서 99%로 증가하는 경우

(2) 표본의 크기가 감소하는 경우

(3) σ의 값이 증가하는 경우

06 분산이 25인 정규모집단으로부터 5개의 확률표본이 추출되었다고 가정하자. 5개의 확률표본의 값은 다음과 같다.

8, 15, 12, 6, 7

모평균에 대한 99% 신뢰구간을 추정하여라.

07 한 은행이 100명의 임의고객을 대상으로 평균대기시간을 조사한 결과 7.2분이었다. 모표준편차가 15분임을 알고 있을 때, 은행의 모든 고객의 평균대기시간에 대한 90% 신뢰구간을 추정하여라.

08 평균이 150이고 분산이 10,000인 정규모집단으로부터 추출한 200개의 관측값으로 이루어진 확률표본이 있다. 귀무가설 $H_0 : \mu = 160$이고 대립가설 $H_1 : \mu \neq 160$일 때, 유의수준 $\alpha = 0.05$에서 가설검정을 실시하여라.

09 평균지름이 0.5인치인 볼베어링을 만들어내는 기계가 있다. 표본 추출된 100개의 볼베어링의 지름의 평균이 $\overline{x} = .51$인치였다. 표준편차를 0.05인치로 가정하였을 때, 볼베어링의 평균지름은 0.5인치라고 판단할 수 있는가? ($\alpha = 0.05$)

10 한 유명한 대학은 지난 5년 동안 의학전문대학원에 지원하는 지원자들의 MEET 평균점수가 증가해오고 있다고 주장하였다. 지난 5년 동안 이 대학의 의학전문대학원에 지원한 지원자들의 MEET 점수의 평균은 180점이고, 표준편차는 10점이었다. 의학전문대학원에 지원한 지원자 중 20명을 표본추출하고, 그들의 MEET 평균점수를 계산한 결과 185점이었다. 5% 유의수준에서 이 대학의 주장은 사실이라고 말할 수 있는가? (표준편차는 변하지 않는다고 가정)

11 어느 제조 회사에서 일하는 한 품질관리 검사자가 정밀기계 운용을 위한 부품치수를 조사하려 한다. 바람직한 평균부품직경은 2 cm이다. 부품 표본은 정기적으로 추출하여 각 부품의 크기를 측정한다. 품질관리 검사자가 표본을 통해

서 모집단에 대한 평균부품직경이 너무 크거나 너무 작다고 여기게 된다면, 그 기계 장치를 끄고 재조정을 하게 될 것이다. 다음 중 어느 가설검정이 기계를 중지할지 안 할지를 결정하는 데 사용되어야 하는가?

A	B	C
$H_0 : \mu = 2$ $H_1 : \mu \neq 2$	$H_0 : \mu = 2$ $H_1 : \mu < 2$	$H_0 : \mu = 2$ $H_1 : \mu > 2$

12 가설검정에서 제1종 오류와 제2종 오류는 무엇인가? 연습문제 11에서 가설검정에 대한 이들 오류의 결과를 정의하여라.

13 어느 페인트에는 평균도포넓이가 리터당 400 m^2라는 표식이 붙어 있다. 도포넓이가 400m^2보다 넓으면 불만족스럽고 그 때문에 페인트가 너무 얇게 칠해지는 것이라 한다. 도포넓이가 400 m^2보다 좁으면 불만족스럽고 그 때문에 페인트가 너무 두껍게 칠해지는 것이라 한다. 리터당 $\sigma = 25\ \mathrm{m}^2$라고 가정했을 때 페인트 30리터를 표본추출하여 페인트 도포 면적을 조사하려고 한다.

(1) 이 검정에서 귀무가설과 대립가설은 무엇인가?

(2) 표본평균이 $\overline{x} = 380\ \mathrm{m}^2$라면, 페인트 도포 면적에 관해 어떤 결론을 내릴 것인가? 유의수준 0.05를 사용하여라.

14 한 자동차 회사의 조립 라인은 평균 12.2분이라는 완성 시간의 일정에 맞춰 작동된다. 완성 시간이 조립 라인 운용의 속도에 미치는 영향 때문에 12.2분이라는 표준을 유지하는 것이 중요하다.

(1) 유의수준 0.02로 검정을 실시할 때 귀무가설과 대립가설을 세우고 결정 규칙을 정하여라.

(2) 45개의 완성 시간으로 이루어진 확률표본으로부터 $\overline{x} = 12.39$분과 $s = 1.20$분을 얻는다면, 어떤 결론을 내리는가?

(3) 유의확률은 얼마인가?

15 시립 주차장 운영에 관한 연구에서 과거에는 평균주차시간이 대당 220분이라는 결과가 있었다. 최근 들어 주차 구역을 개조했고 주차 요금도 올렸다. 시정 담당자는 이들 변화가 주차장 고객의 평균주차시간에 어떤 영향을 미치는지 알고자 한다. 유의수준 0.05에서 가설 $H_0 : \mu = 220$과 $H_1 : \mu \neq 220$을 검정하여라.

(1) 자동차 50대의 표본으로부터 $\overline{x} = 208$과 $s = 80$을 얻었다면 어떤 결론을 내리는가?

(2) 유의확률은 얼마인가?

16 다음은 자동차의 크랭크샤프트의 둘레 치수측정 자료들이다.

(단위: mm)

224.120	224.001	224.017	223.982	223.989	223.961
223.960	224.089	223.987	223.976	223.902	223.980
224.098	224.057	223.913	223.999		

생산 공정은 표준편차 $\sigma = 0.060$ mm인 정규분포를 따른다. 이 공정평균은 224 mm라고 알고 있다. 위 자료가 공정평균이 목표치 224 mm와 같지 않다는 증거를 제시하는가?

(1) H_0와 H_1를 세워라.

(2) 이 검정의 유의확률(p-값)을 구하여라. 또한 이 공정평균이 224 mm가 아니라고 확신할 수 있는가?

17 1회용 커피 포장기계는 한 컵당 6온스의 커피량을 포장하도록 되어 있다. 포장된 커피량이 정규분포를 따르며, 표준편차가 $\sigma = 0.2$온스라고 알려져 있다. 우리는 종종 포장되는 함량의 평균이 목표량 6온스와 다른가를 검사한다. 최근에 이 기계로부터 추출된 표본에서 측정된 커피량은 다음과 같다.

(단위: 온스)

6.1	6.0	6.0	5.7	6.1	5.9	5.6	5.6	5.9	6.1
5.8	6.2	6.1	6.3	6.0	6.0	5.8	5.9	5.6	6.1

이 자료로부터 기계가 정상적으로 작동되는가를 가설검정하고자 한다. 먼저 귀

무가설과 대립가설을 세우고, 유의확률을 계산하여라. 10% 및 5%와 1%의 유의수준에서 검정하고 각각 결론을 내려라.

18 전력공사에서는 작년 한 해 동안 각 가정에서 사용한 월별 전기료를 추정하고자 한다. 임의로 추출한 16가구의 5월의 전기사용 요금이 다음과 같다.

(단위: 원)

11,750	7,780	15,060	10,400	11,300	8,160	10,380	7,860
12,410	9.080	10.940	11,280	5,640	12,990	10,980	10,940

(1) 표본평균 $\overline{x}$와 표본표준편차 s를 계산하여라.

(2) 모평균에 대한 99%의 신뢰구간을 구하여라.

(3) 5월에 각 가정에서 사용한 전기요금이 평균적으로 10,000원 이상이라고 할 수 있는지를 통계적으로 검정할 때 검정통계량과 유의확률을 계산하여라.

19 고혈압 치료를 받고 있는 환자 12명의 수축기 혈압이 다음과 같다.

(단위: mmHg)

183	152	178	157	194	163	144	114	178	152	118	158

(1) 표본평균 $\overline{x}$와 표본표준편차 s를 계산하여라.

(2) 모평균에 대한 95%의 신뢰구간을 구하여라.

(3) 정상인의 수축기 혈압이 평균적으로 130이라면 고혈압 환자의 혈압이 정상인보다 높다고 할 수 있는지를 검정할 때 검정통계량과 유의확률을 계산하여라.

(4) 유의수준을 5%로 가정할 때 귀무가설의 채택 여부를 판정하여라.

20 자동차의 소유자들은 새로 구입한 배터리의 수명시간이 얼마나 되는가에 관심이 있다. 임의로 10개의 배터리를 추출하여 이들의 수명시간을 측정한 결과 다음의 자료를 얻었다.

(단위: 개월)

27.6	28.7	34.3	39.0	22.9
29.6	29.4	30.2	36.5	34.7

(1) 표본평균 $\bar{x}$와 표본표준편차 s를 계산하여라.
(2) 모평균에 대한 99%의 신뢰구간을 구하여라.
(3) 만약에 배터리 제작자들이 제시한 수명시간이 30개월이라면, 주어진 측정 자료로부터 위의 가설을 검정할 때 검정통계량과 유의확률을 계산하여라.
(4) 유의수준을 5%로 가정할 때 귀무가설의 기각 여부를 판정하여라.

21 전국에 시판되는 귤 한 상자 당 판매가격이 얼마나 되는지 조사되었다. 최근에 임의로 15상자의 가격을 조사한 결과는 다음과 같다.

(단위: 원)

4,300	4,000	4,260	4,020	3,750	4,410	4,520	4,180
3,500	3,460	3,790	4,420	4,450	3,820	4,240	

(1) 표본평균 $\bar{x}$와 표본표준편차 s를 계산하여라.
(2) 모평균에 대한 95%의 신뢰구간을 구하여라.
(3) 작년의 판매가격이 평균 3,850원이었다면 올해의 가격이 작년가격보다 상승했다고 볼 수 있는지를 유의수준 5%에서 검정하여라.

22 기계에 의해서 자동으로 생산되는 플라스틱판에 대한 그 두께의 변이 정도를 알아보기 위해서 임의로 10개의 플라스틱을 무작위로 추출하여 mm 단위로 두께를 측정한 결과 다음의 자료를 얻었다.

(단위: mm)

226	229	227	225	224	228	227	229	225	230

(1) 이들 자료를 이용하여 모표준편차 σ의 95% 신뢰구간을 구하여라.
(2) 생산된 제품의 두께의 표준편차가 1.5 mm 이상이면 생산공정에 이상이 일어났다고 간주한다. 이들 자료를 보고 생산공정에 대한 이상 유무를 가설검정 하여라.

23 전국의 서점에서 판매하는 책 소매가격이 일정한가를 알아보기 위해서 우리는 임의로 25지역의 서점을 선택하여 동일한 서적의 판매가격을 조사하였다.

(단위: 천원)

28	25	26	21	27	31	32	30	25	29	28	23	25
24	25	26	30	23	26	33	23	24	23	28	31	

(1) 판매가격의 표준편차에 대한 95% 신뢰구간을 구하여라.

(2) 판매가격의 표준편차가 3.5 이상이라고 할 수 있는지 통계적 검정을 실시하여라.

24 어느 커피 제조회사에서는 한 병에 포장되는 커피량의 변동량에 관심이 있다. 이를 알아보기 위해서 임의의 20개의 커피병에 들어 있는 커피량을 측정하였다.

(단위: 온스)

25.3	25.1	26.0	26.0	26.3	26.0	25.4	26.1	25.1	24.1
25.8	26.4	24.8	26.6	25.1	26.6	25.4	25.1	26.2	25.3

(1) 포장된 커피량의 표준편차에 대한 95% 신뢰구간을 구하여라.

(2) 포장된 커피량의 표준편차가 0.66 온스 이하라고 할 수 있는지 유의수준 5%에서 검정하여라.

제 7 장

두 모집단의 비교

서로 다른 속성을 갖는 두 모집단의 특성을 비교하는 것은 여러 학문 분야에서 중요하게 나타난다. 예를 들어, 임상의학 연구자는 음식에 포함되어 있는 철분과 칼슘의 양이 사람의 혈압에 어떠한 영향을 미치는가를 알고 싶어 하고, 심리학자는 사회현상에 대한 인식정도가 남 · 여 성별간에 차이가 있는가에 관심이 있다. 또한 금융업자는 고객들의 신용카드 사용을 증가시킬 수 있는 두 가지 정책의 비교를 하고자 한다. 보통 이러한 두 가지 속성을 비교하는 문제를 이표본(two sample)문제라고도 한다. 이표본 문제는 주어진 개체들을 임의로 처리집단과 통제집단과 같이 두 집단으로 나누고, 각 집단에 대하여 서로 다른 처리를 하여 반응값들의 차이가 있는가를 알아보는 완전랜덤화계획법(completely randomized design)으로부터 일어난다.

7.1 두 모집단의 평균 비교-Z 통계량 이용

독립인 두 모집단의 속성을 나타내는 확률변수를 각각 X_1과 X_2이라 하고, 우리가 관심을 가지는 통계적 추론의 대상인 모수는 각 모집단의 평균과 표준편차이다. 두 모집단의 모수들은 다음과 같다.

모집단	평균	표준편차
1	μ_1	σ_1
2	μ_2	σ_2

이제, 독립인 두 모집단으로부터 얻은 표본을 각각 $X_{11}, X_{12}, \cdots, X_{1n_1}$과 $X_{21}, X_{22}, \cdots, X_{2n_2}$이라 할 때, 두 표본을 그림으로 비교할 수 있는데 각 자료들의 크기가 작은 경우에는 줄기-잎-그림을 이용하고, 각 자료의 크기가 큰 경우에는 상자그림을 이용한다. 또한 두 모집단의 통계량은 아래 표와 같이 요약할 수 있다.

모집단	표본크기	표본평균	표본표준편차
1	n_1	$\overline{X}_1$	S_1
2	n_2	$\overline{X}_2$	S_2

우리는 두 모집단과 관련된 통계적 추론을 하고자 한다. 이때 관심있는 추론은 두

모평균의 차 $\mu_1-\mu_2$에 대한 신뢰구간과 두 모평균의 차이가 $\mu_1-\mu_2=0$인지에 대한 검정을 하는 것이다. 이러한 통계적 추론을 여러 가지 경우로 나누어 공부하고자 한다.

7.1.1 두 정규모집단의 표준편차를 아는 경우

먼저 두 정규모집단의 분산 σ_1^2과 σ_2^2을 알고 있다고 가정하고, 두 모평균의 차 $\mu_1-\mu_2$에 대한 통계적 추론을 실시하자. 이때 두 평균의 차 $\mu_1-\mu_2$에 대한 추정량은 두 표본평균의 차 $\overline{X_1}-\overline{X_2}$이다. 이 통계량을 바탕으로 통계적 추론을 하려면 통계량의 표본분포를 알아야 하고, 이것은 제4장과 제5장에서 공부한 확률과 확률분포의 이론을 그대로 적용하면 된다.

두 표본평균의 차 $\overline{X_1}-\overline{X_2}$의 평균은 두 모평균의 차 $\mu_1-\mu_2$로 주어진다. 왜냐하면

$$E(\overline{X_1}-\overline{X_2})=E(\overline{X_1})-E(\overline{X_2})=\mu_1-\mu_2$$

이기 때문이다. 또한 두 표본평균의 차 $\overline{X_1}-\overline{X_2}$의 분산은 독립성에 의하여 다음과 같이 이들 각각의 분산의 합이다. 즉

$$Var(\overline{X_1}-\overline{X_2})=Var(\overline{X_1})+Var(\overline{X_2})=\frac{\sigma_1^2}{n_1}+\frac{\sigma_2^2}{n_2}$$

이다. 그리고 두 모집단이 정규분포를 따른다면 정규분포의 성질에 의해 $\overline{X_1}-\overline{X_2}$도 정규분포를 따른다. 결국 두 표본평균의 차 $\overline{X_1}-\overline{X_2}$를 표준화하면 표준정규분포를 따른다. 즉

$$Z=\frac{(\overline{X_1}-\overline{X_2})-(\mu_1-\mu_2)}{\sqrt{\dfrac{\sigma_1^2}{n_1}+\dfrac{\sigma_2^2}{n_2}}}\sim N(0,\,1)$$

이다. 따라서 6.2절에서 모평균의 신뢰구간을 유도하는 것과 같은 과정에 의하여 $\mu_1-\mu_2$의 $100(1-\alpha)\%$ 신뢰구간은 다음과 같이 구할 수 있다.

두 정규모집단의 표준편차를 아는 경우: $\mu_1 - \mu_2$의 $100(1-\alpha)\%$ 신뢰구간

$$(\overline{x_1} - \overline{x_2}) \pm z_{\alpha/2}\sqrt{\frac{\sigma_1^2}{n_1} + \frac{\sigma_2^2}{n_2}}$$

또한, 두 모평균의 차이가 $\mu_1 - \mu_2 = 0$인지에 대한 검정을 하고자 할 때는 먼저 가설을 다음과 같이 세울 수 있다. 귀무가설은 $H_0: \mu_1 = \mu_2$이고 대립가설은 다음 세 개 중에서 하나를 결정하여야 한다.

두 모집단의 평균을 비교하기 위한 대립가설

양측 가설: $H_1: \mu_1 \neq \mu_2$

우측 가설: $H_1: \mu_1 > \mu_2$

좌측 가설: $H_1: \mu_1 < \mu_2$

위의 가설로부터 두 모집단의 평균의 차이가 있는지 또는 어느 한 집단의 평균이 더 큰 지에 대한 가설검정은 다음과 같이 할 수 있다.

두 모집단의 평균을 비교하기 위한 검정법 (표준편차를 알 때)

① 귀무가설 $H_0: \mu_1 = \mu_2$

② 검정통계량 $Z = \dfrac{(\overline{X_1} - \overline{X_2})}{\sqrt{\dfrac{\sigma_1^2}{n_1} + \dfrac{\sigma_2^2}{n_2}}}$

③ 기각역 양측 가설: $H_1: \mu_1 \neq \mu_2$일 때, $|Z| \geq z_{\alpha/2}$

우측 가설: $H_1: \mu_1 > \mu_2$일 때, $Z \geq z_{\alpha}$

좌측 가설: $H_1: \mu_1 < \mu_2$일 때, $Z \leq -z_{\alpha}$

예제 7.1 통계연구소에서는 공과대학과 자연과학대학 졸업생의 초임 연봉에 차이가 있는지를 알아보기 위하여 공과대학 졸업생 중 25명을 추출하고, 자연과학대학 졸업생 중 16명을 추출하여 이들의 초임연봉을 조사한 결과가 다음과 같다.

학 과	표본의 크기	표본평균
공과대학(1)	25	2,552천원
자연과학대학(2)	16	2,251천원

만약에 초임연봉이 정규분포를 따르고, 모표준편차가 각각 $\sigma_1 = 910$천원, $\sigma_2 = 850$천원이라고 할 때, 이들 두 단과대학 졸업생들 간의 초임연봉의 차이가 있는지 통계적 추론을 하여라.

풀이 먼저 두 단과대학 졸업생간의 연봉의 차 $\mu_1 - \mu_2$에 대한 95% 신뢰구간을 구해보자. 신뢰수준이 95%이므로 $z_{0.025} = 1.96$이다. 따라서 구하는 신뢰구간은

$$(\overline{x_1} - \overline{x_2}) \pm z_{\alpha/2}\sqrt{\frac{\sigma_1^2}{n_1} + \frac{\sigma_2^2}{n_2}}$$

$$= (2,552 - 2,251) \pm 1.96\sqrt{\frac{(910)^2}{25} + \frac{(850)^2}{16}}$$

$$= 301 \pm 548.38 = (-247.38, 849.38)$$

이다.

또한 공과대학 졸업생들의 초임연봉이 자연과학대학 졸업생들의 초임연봉보다 높다고 할 수 있는지 유의수준 5%에서 유의성검정을 해보자.

(1) 가설을 세운다.

$$H_0: \mu_1 = \mu_2, \ H_1: \mu_1 > \mu_2$$

단, μ_1와 μ_2는 공과대학과 자연과학대학 졸업생들의 평균초임연봉을 나타낸다.

(2) 검정통계량과 그 분포는 다음과 같다.

$$Z = \frac{(\overline{X_1} - \overline{X_2})}{\sqrt{\frac{\sigma_1^2}{n_1} + \frac{\sigma_2^2}{n_2}}} \sim N(0, 1)$$

(3) 주어진 자료로부터 검정통계량을 계산하면

$$z = \frac{(\overline{x_1} - \overline{x_2})}{\sqrt{\frac{\sigma_1^2}{n_1} + \frac{\sigma_2^2}{n_2}}} = \frac{(2,552 - 2,251)}{\sqrt{\frac{(910)^2}{25} + \frac{(850)^2}{16}}} = 1.0758$$

이므로 유의확률은

$$P(Z > 1.0758) = 0.1412$$

이다. 따라서 유의수준 0.05보다 크므로 귀무가설을 채택한다.

(4) 조사한 자료에 의해서 공과대학 졸업생들의 평균초임연봉이 자연과학대학 졸업생들의 평균초임연봉보다 높다고 볼 수 없다. ▣

7.1.2 표본의 크기가 충분히 큰 경우

우리는 앞 절에서 두 모집단이 정규모집단이고 각각의 표준편차를 안다고 가정하고 통계적 추론을 전개해 나갔는데 많은 실제적인 상황에서는 표준편차를 모르는 경우가 대부분이다. 따라서 이 절에서는 두 모집단의 표준편차를 모르는 경우를 생각한다. 이 경우 우리는 표본의 크기 n_1, n_2가 모두 충분히 큰 경우와 그렇지 않은 경우로 나누어 공부를 하는데 그 이유는 다음과 같다. 표본의 크기가 충분히 큰 경우는 중심극한정리를 이용하여 통계량 $\overline{X_1} - \overline{X_2}$의 분포를 정규분포로 유도할 수 있지만, 표본의 크기가 충분히 크지 않은 경우는 통계량의 분포를 구하기가 매우 힘들기 때문이다.

먼저 표본의 크기 n_1, n_2가 모두 충분히 큰 경우를 보면, 앞 절의 이론에 의해서 통계량 $\overline{X_1} - \overline{X_2}$의 평균과 분산은 각각

$$E(\overline{X_1} - \overline{X_2}) = \mu_1 - \mu_2,\ Var(\overline{X_1} - \overline{X_2}) = \frac{\sigma_1^2}{n_1} + \frac{\sigma_2^2}{n_2}$$

으로 주어지고, 두 표본의 크기 n_1, n_2가 충분히 크므로 중심극한정리에 의해서 $\overline{X_1} - \overline{X_2}$의 분포는 정규분포에 가까워진다. 즉 표준화 확률변수

$$Z = \frac{(\overline{X_1} - \overline{X_2}) - (\mu_1 - \mu_2)}{\sqrt{\dfrac{\sigma_1^2}{n_1} + \dfrac{\sigma_2^2}{n_2}}}$$

은 표준정규분포를 따르게 된다. 그런데 이 확률변수가 미지의 모수 σ_1^2, σ_2^2을 가지고 있으므로, 이것을 각각의 표본분산 S_1^2, S_2^2으로 추정하여야 한다. 이때 대표본 이론의 분산의 일치성의 성질에 의하여 S_1^2과 S_2^2이 근사적으로 각각 σ_1^2와 σ_2^2에 수렴한다. 따라서 미지의 모수값 σ_1^2와 σ_2^2을 표본분산 S_1^2, S_2^2으로 대치해도 주어진 확률변수 역시 근사적으로 정규분포를 따른다. 즉

$$Z = \frac{(\overline{X_1} - \overline{X_2}) - (\mu_1 - \mu_2)}{\sqrt{\frac{S_1^2}{n_1} + \frac{S_2^2}{n_2}}} \sim N(0, 1)$$

이다. 따라서 결론적으로 앞 절의 절차와 같이 두 모집단의 평균의 차 $\mu_1 - \mu_2$의 100 $(1-\alpha)\%$ 신뢰구간은 다음과 같이 구할 수 있다.

표본의 크기가 충분히 큰 경우: $\mu_1 - \mu_2$의 $100(1-\alpha)\%$ 신뢰구간

$$(\bar{x}_1 - \bar{x}_2) \pm z_{\alpha/2}\sqrt{\frac{S_1^2}{n_1} + \frac{S_2^2}{n_2}}$$

또한, 두 모평균의 차이가 $\mu_1 - \mu_2 = 0$인지에 대한 가설검정은 다음과 같이 할 수 있다.

두 모집단의 평균을 비교하기 위한 검정법(표본의 크기가 충분히 큰 경우)

① 귀무가설 $H_0: \mu_1 = \mu_2$

② 검정통계량 $Z = \frac{(\overline{X_1} - \overline{X_2})}{\sqrt{\frac{S_1^2}{n_1} + \frac{S_2^2}{n_2}}}$

③ 기각역 양측 가설: $H_1: \mu_1 \neq \mu_2$일 때, $|Z| \geq z_{\alpha/2}$

우측 가설: $H_1: \mu_1 > \mu_2$일 때, $Z \geq z_\alpha$

좌측 가설: $H_1: \mu_1 < \mu_2$일 때, $Z \leq -z_\alpha$

예제 7.2 농산물품질관리원에 의하면 A와 B지역에 있어서 1에이커당 벼의 생산량을 알아보기 위해서, 임의로 독립표본을 추출하여 조사한 결과가 다음과 같다.

	표본의 크기	표본평균	표본표준편차
지역 A	$n_1 = 39$	276.9	34.4
지역 B	$n_2 = 33$	310.3	36.7

유의수준 5%에서 B지역의 벼의 평균생산량이 A지역의 평균생산량보다 많다고

할 수 있는지를 가설검정하여라.

풀이 표본이 서로 독립이고, 표본의 크기가 각각 30 이상이다. 또한 두 모분산이 알려져 있지 않으므로 위의 절차를 적용한다.

(1) 귀무가설과 대립가설은 각각 다음과 같다.

$$H_0: \mu_1 = \mu_2, \ H_1: \mu_1 < \mu_2$$

여기서 μ_1과 μ_2는 A와 B지역에서 벼의 실제 평균생산량이다.

(2) 검정통계량과 그 분포는 다음과 같다.

$$Z = \frac{(\overline{X_1} - \overline{X_2})}{\sqrt{\frac{S_1^2}{n_1} + \frac{S_2^2}{n_2}}} \sim N(0, 1)$$

(3) 주어진 자료로부터 검정통계량의 값을 계산해보면

$$z = \frac{(\overline{x_1} - \overline{x_2})}{\sqrt{\frac{s_1^2}{n_1} + \frac{s_2^2}{n_2}}} = \frac{276.9 - 310.3}{\sqrt{\frac{34.4^2}{41} + \frac{36.7^2}{33}}} = -4.00$$

이고, 이것의 유의확률은 $P(Z < -4.00) = 0.0001$이므로 귀무가설을 기각한다.

(4) B지역의 벼의 평균생산량이 A지역보다 많다고 할 만한 충분한 이유가 있다. ■

7.2 두 모집단의 평균 비교-T통계량 이용

앞 절에서 우리는 두 모집단의 표준편차가 알려져 있는 경우와 표본의 크기가 충분히 큰 경우를 고려하여 Z통계량을 바탕으로 두 모평균의 차 $\mu_1 - \mu_2$에 대한 통계적 추론을 하였다. 그러나 두 모표준편차가 알려져 있지도 않고 두 표본의 크기가 충분히 크지 않은 경우가 많이 있다. 따라서 이 절에서는 Z통계량을 바탕으로 하지 않은 통계적 추론 방법에 대하여 공부해보자.

7.2.1 두 정규모집단의 모분산을 모르고 같은 경우

이 장에서는 서로 독립인 두 정규 모집단의 분산이 같은 경우를 생각한다. 이 경우 큰 장점은 우리가 사용하고자 하는 통계량의 분포가 t분포를 따른다는 것이다. 서로 독립인 두 모집단이 정규분포를 따르고, 평균은 μ_1과 μ_2이고 분산은 공통 모분산 σ^2을 갖는다고 하자. 이 모집단으로부터 추출된 표본에서 얻어진 통계량 $\overline{X_1}-\overline{X_2}$의 분산은 다음과 같다.

$$Var(\overline{X_1}-\overline{X_2})=\frac{\sigma^2}{n_1}+\frac{\sigma^2}{n_2}=\sigma^2\left(\frac{1}{n_1}+\frac{1}{n_2}\right)$$

따라서 평균의 차 $\overline{X_1}-\overline{X_2}$에 대한 표준화 확률변수는

$$Z=\frac{(\overline{X_1}-\overline{X_2})-(\mu_1-\mu_2)}{\sigma\sqrt{\dfrac{1}{n_1}+\dfrac{1}{n_2}}} \tag{7.1}$$

이 되고, 이것은 모분산이 σ^2의 같은 값을 갖는 이표본 Z통계량의 특별한 경우이다. 이때 두 모집단의 공통 모분산 σ^2의 가장 좋은 추정방법은 이들 두 개의 표본분산을 모두 이용하는 것이다. 즉 모분산 σ^2의 추정량은

$$S_p^2=\frac{(n_1-1)S_1^2+(n_2-1)S_2^2}{n_1+n_2-2}$$

을 사용하고, 이를 σ^2의 **합동표본분산**(pooled sample variance)이라 부른다. 이는 두 개의 표본분산을 각각의 자유도로 가중하여 평균을 계산한 것과 같다.

따라서 식 (7.1)의 통계량 Z에서 σ 대신에 이의 추정량 S_p를 대입하면 새로운 통계량을 얻게 되는데. 이것은 다음과 같이 자유도가 n_1+n_2-2인 t분포를 따른다. 즉

$$T=\frac{(\overline{X_1}-\overline{X_2})-(\mu_1-\mu_2)}{\sigma\sqrt{\dfrac{1}{n_1}+\dfrac{1}{n_2}}}\sim t(n_1+n_2-2)$$

이다. 따라서 $\mu_1-\mu_2$의 $(100-\alpha)\%$ 신뢰구간은 다음과 같이 구할 수 있다.

두 표준편차가 같은 경우: $\mu_1 - \mu_2$의 $100(1-\alpha)\%$ 신뢰구간

$$\bar{x}_1 - \bar{x}_2 \pm t_{\alpha/2}(n_1+n_2-2)s_p\sqrt{\frac{1}{n_1}+\frac{1}{n_2}}$$

또한, 두 모평균의 차이가 $\mu_1 - \mu_2 = 0$인지에 대한 검정을 하고자 할 때 가설검정은 다음과 같이 할 수 있다.

두 모분산이 같은 경우

① 귀무가설 $H_0 : \mu_1 = \mu_2$

② 검정통계량 $T = \dfrac{(\overline{X_1} - \overline{X_2})}{S_p\sqrt{\dfrac{1}{n_1}+\dfrac{1}{n_2}}}$

③ 기각역 양측 가설: $H_1 : \mu_1 \neq \mu_2$일 때, $|T| \geq t_{\alpha/2}(n_1+n_2-2)$

우측 가설: $H_1 : \mu_1 > \mu_2$일 때, $T \geq t_{\alpha}(n_1+n_2-2)$

좌측 가설: $H_1 : \mu_1 < \mu_2$일 때, $T \leq -t_{\alpha}(n_1+n_2-2)$

예제 7.3 문화관광체육부에서는 각 개인의 소득수준에 따라 일주일 동안하는 운동량에 차이가 있는가 알아보고자 한다. 사람들을 소득수준에 따라 두 집단으로 구분하고, 이들 각각의 집단에서 임의로 표본을 추출하여 운동량을 조사한 결과는 다음과 같다. 소득이 많은 집단의 운동량이 소득이 적은 집단의 운동량보다 많다고 할 수 있는지를 추론하여라.

소득수준이 높은 집단	88 66 85 81 75 96 80 78 69 77
소득수준이 낮은 집단	90 74 73 66 67 87 65 75 62 80 59 85 69 78

풀이 (1) 먼저 자료의 개형을 알아보기 위해서 상자그림을 그려 보면 다음과 같다.

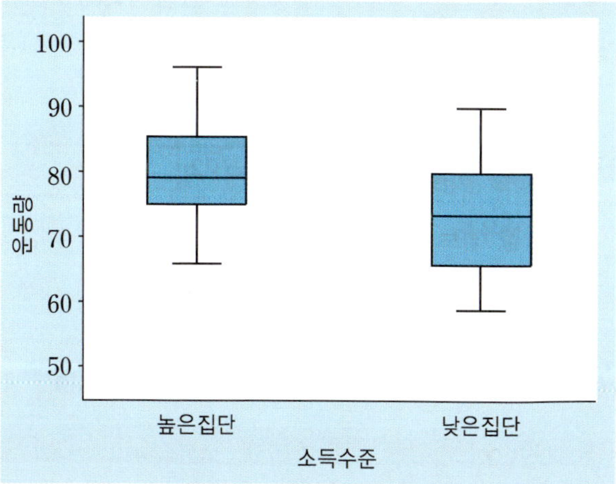

위 상자그림을 보면 소득수준에 따른 나눈 두 집단의 운동량은 좌우대칭이며 정규분포를 따름을 알 수 있고, 특별한 이상점은 없으며, 또한 두 집단의 운동량의 산포도 거의 같음을 알 수 있다.

(2) 주어진 자료로부터 계산한 통계량을 보면 다음과 같다.

그룹	n	$\overline{x}$	s
교육수준이 높은 집단	10	79.50	8.81
교육수준이 낮은 집단	14	73.57	9.55

(3) 소득수준에 따른 운동량의 차이에 대한 통계적 추론을 하기 위하여 상자그림과 기술통계량을 바탕으로 표준편차가 같다고 가정하자. 따라서 합동표본분산을 계산하면

$$S_p^2 = \frac{(n_1-1)S_1^2+(n_2-1)S_2^2}{n_1+n_2-2} = \frac{9\times(8.81)^2+13\times(9.55)^2}{10+14-2} = 85.644$$

이다.

(4) 두 모평균의 차이에 대한 95%의 신뢰구간을 구하기 위해서는 자유도가 22인 t 분포의 임계값 $t(0.025:22)=2.074$을 바탕으로 $\mu_1-\mu_2$에 대한 95% 신뢰구간을 구하면 다음과 같다.

$$(\overline{x_1}-\overline{x_2})\pm t(0.025:22)S_p\sqrt{\frac{1}{n_1}+\frac{1}{n_2}} = 5.93\pm 7.947 = (-2.017, 13.874)$$

(5) 가설 $H_0: \mu_1=\mu_2$, $H_1: \mu_1>\mu_2$에 대한 검정통계량의 값은

$$T = \frac{(\overline{X_1} - \overline{X_2})}{S_p\sqrt{\frac{1}{n_1} + \frac{1}{n_2}}} = \frac{79.50 - 73.57}{9.25\sqrt{\frac{1}{10} + \frac{1}{14}}} = 1.55$$

이고, 이것의 유의확률은 $P(T > 1.55) = 0.067$이므로 유의수준 5%에서 귀무가설을 기각할 수 없다. 즉, 따라서 소득수준이 높은 집단이 소득이 낮은 집단보다 운동량이 많다고 할 수 없다. ■

7.2.2 두 정규모집단의 모분산을 모르고 같지 않은 경우

서로 독립인 두 모집단이 정규분포를 따르고, 모표준편차 σ_1과 σ_2가 알려져 있지 않는 경우를 생각해보자. 단일표본의 경우와 똑같이 위에서 앞 장에서 정의된 이표본 Z 통계량에서 각 표본 표준편차 σ_1과 σ_2 대신에 표본 표준편차 S_1, S_2를 사용하면 다음과 같이 **이표본 T 통계량**(two sample T-statistic)을 얻을 수 있다.

$$T = \frac{(\overline{X_1} - \overline{X_2}) - (\mu_1 - \mu_2)}{\sqrt{\frac{S_1^2}{n_1} + \frac{S_2^2}{n_2}}}$$

앞 절에서 표본의 크기가 충분히 큰 경우는 위 통계량이 근사적으로 표준정규분포를 따른다고 보였지만, 표본의 크기가 충분히 크지 않은 경우는 그렇지 않다. 또한 단일표본인 경우처럼 표준편차 대신에 그 추정량인 표본표준편차를 사용하는 경우 T분포가 되었지만, 이 경우에는 두 개의 표준편차를 각각 대응하는 표준오차로 대치했기 때문에 불행하게도 t분포도 따르지 않는다. 그럼 어떻게 해야 하나? 그러나 다행히 통계학자는 위의 통계량이 근사적으로 t분포를 따름을 보였지만 이 t분포의 자유도는 다음과 같이 어렵게 계산한다.

$$df = \frac{\left(\frac{s_1^2}{n_1} + \frac{s_2^2}{n_2}\right)^2}{\frac{1}{n_1 - 1}\left(\frac{s_1^2}{n_1}\right)^2 + \frac{1}{n_2 - 1}\left(\frac{s_2^2}{n_2}\right)^2}$$

이 자유도를 세터스웨이트(Satterthwaite)의 자유도라 하고, 두 표본의 크기 n_1, n_2가 각각 5 이상인 경우에 아주 정확하게 이루어진다. 이 자유도의 계산뿐만 아니라 통계적 추론에서 분위수나 임계값을 컴퓨터의 도움 없이 구하기는 너무 어렵다. 그러나 다행히 SPSS를 비롯한 모든 통계패키지는 이 문제를 해결해준다. 만약에 통계패키지의 도움을 받을 수 없는 경우에는 이 t분포의 자유도를 두 모집단의 자유도 n_1-1와 n_2-1 중에 최소값을 이용하여 사용하기도 한다.

따라서 두 모집단의 평균의 차 $\mu_1-\mu_2$의 $100(1-\alpha)\%$ 신뢰구간은 다음과 같이 구할 수 있다.

표본의 크기가 충분히 크지 않은 경우: $\mu_1-\mu_2$의 $100(1-\alpha)\%$ 신뢰구간

$$(\bar{x}_1-\bar{x}_2)\pm t_{\alpha/2}(df)\sqrt{\frac{S_1^2}{n_1}+\frac{S_2^2}{n_2}}$$

또한, 두 모평균의 차이가 $\mu_1-\mu_2=0$인지에 대한 가설검정은 다음과 같이 할 수 있다.

두 모집단의 평균을 비교하기 위한 검정법(표본의 크기가 충분히 크지 않은 경우)

① 귀무가설 $H_0: \mu_1=\mu_2$

② 검정통계량 $T=\dfrac{(\overline{X_1}-\overline{X_2})}{\sqrt{\dfrac{S_1^2}{n_1}+\dfrac{S_2^2}{n_2}}}$

③ 기각역 양측 가설: $H_1: \mu_1\neq\mu_2$일 때, $|T|\geq t_{\alpha/2}(df)$

우측 가설: $H_1: \mu_1>\mu_2$일 때, $T\geq t_\alpha(df)$

좌측 가설: $H_1: \mu_1<\mu_2$일 때, $T\leq -t_\alpha(df)$

예제 7.4 언어교육원에서는 외국인 학생들의 한국어 독해능력을 향상시킬 수 있는 교육방법에 관심이 있다. 외국인 신입생 중 임의로 41명을 임의로 추출하여 그 중 21명은 새로 개발한 교수법으로 지도한 후 10주 후에 독해능력을 측정하였고, 다른 20명은 현재의 교육방법으로 지도 후 독해능력을 측정하였다. 이들의 독해능력 측정결과가 아래와 같을 때 새로운 교수법이 독해능력을 향상시켰다고 볼 수 있는가?

새교수법	45 58 72 42 49 63 43 48 53 56 58 52 67 51 58 32 46 48 62 47 42
기존 교수법	65 43 58 25 62 39 33 41 19 54 31 46 30 71 42 21 17 60 53 37

풀이 (1) 먼저 자료의 분포를 알아보기 위해서 상자그림을 그려보면 다음과 같다.

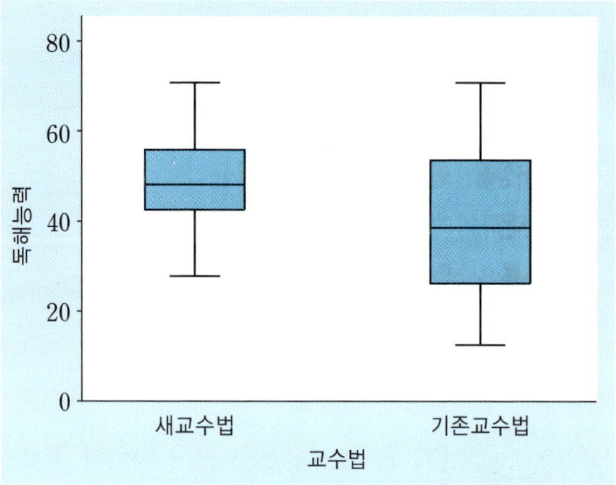

위 상자그림을 보면 두 교수법에서 독해능력은 좌우대칭이며 정규분포를 따름을 알 수 있고, 특별한 이상점은 없으며, 기존교수법의 독해능력의 산포가 새교수법의 독해능력보다 상당히 큼을 알 수 있다.

(2) 주어진 자료로부터 계산한 통계량을 보면 다음과 같다.

그룹	n	$\bar{x}$	s
새교수법	21	52.00	9.50
기존교수법	20	42.35	16.05

(3) 신뢰구간과 가설검정을 위한 통계량의 자유도를 계산하면

$$df = \frac{\left(\frac{9.50^2}{21} + \frac{16.05^2}{20}\right)^2}{\frac{1}{21-1}\left(\frac{9.50^2}{21}\right)^2 + \frac{1}{20-1}\left(\frac{16.05^2}{20}\right)^2} = 30.56$$

으로 주어진다.

(4) 두 모평균의 차이에 대한 95%의 신뢰구간을 구하기 위해서는 자유도가 30.56인 t분포의 임계값이 필요하다, 그런데 부록 [표 3]의 t-확률표에는 자유도 30과 40인 경우에 임계값이 주어져 있으므로 내삽법을 이용하여 임계값을 구하면 $t^* = 2.041$로 주어진다. 따라서 구하는 신뢰구간은

$$\begin{aligned}(\overline{x_1} - \overline{x_2}) \pm t^* \sqrt{\frac{s_1^2}{n_1} + \frac{s_2^2}{n_2}} \\ &= (52.00 - 42.35) \pm 2.041 \sqrt{\frac{9.50^2}{21} + \frac{16.05^2}{20}} \\ &= (1.19,\ 18.11)\end{aligned}$$

로 주어진다.

(5) 가설 $H_0: \mu_1 = \mu_2$, $H_1: \mu_1 > \mu_2$에 대한 검정통계량의 값은

$$T = \frac{(\overline{X_1} - \overline{X_2})}{\sqrt{\frac{S_1^2}{n_1} + \frac{S_2^2}{n_2}}} = \frac{52.00 - 42.35}{\sqrt{\frac{9.50^2}{21} + \frac{16.05^2}{20}}} = 2.328$$

이고, 이것의 유의확률은 $P(T > 2.328) = 0.0134$이므로 유의수준 5%에서 귀무가설을 기각할 수 있다. 즉 새로운 교수법에 의한 한국어 독해능력이 기존의 교수법보다 높다고 할 수 있다. ▣

7.3 대응표본에 의한 모평균의 비교

두 모집단의 평균을 비교할 때, 주어진 모집단에서 두 가지 서로 다른 처리의 효과를 비교하기 위하여 동질적인 표본을 얻는다는 것이 매우 어려운 경우가 있다. 예를 들어, 30쌍의 일란성 쌍둥이를 대상으로 실험한다고 하자. 각 쌍둥이 중 한 명에게는 처리 1을 다른 한 명에게는 처리 2를 적용했을 때 이 쌍둥이들은 서로 여러 가지 조건이 비슷하므로 두 그룹간의 차이는 적용되는 두 처리 간의 차이에 의한 것으로 해석할 수 있다. 그러나 이 경우 각 쌍둥이들은 서로 연관성을 갖게 되고, 따라서 이들 측정값들이 독립이라는 가정을 적용할 수 없다.

따라서 이러한 경우에 비교의 효과를 높이고자 먼저 동질적인 실험단위로 쌍을 이루어 두 처리를 적용하여 비교 대상의 쌍들을 조사하여 얻어지는 측정값들을 쌍으로 묶어서 대응표본(paired sample)을 구성한 다음, 각 쌍 내에서 차를 이용하여 추론하는 방법을 대응비교(paired comparison) 또는 쌍체비교라고 한다. 이 경우 얻어지는 자료의 구조는 다음과 같다.

대응표본의 번호	1	2	3	$\cdots$	n
처리 1	X_1	X_2	X_3	$\cdots$	X_n
처리 2	Y_1	Y_2	Y_3	$\cdots$	Y_n
두 처리의 차	D_1	D_2	D_3	$\cdots$	D_n

즉 n개의 실험단위에 처리 1과 처리 2를 각각 적용하여 관측값 $(X_1, Y_1), \cdots (X_n, Y_n)$을 얻고, 이들로부터 각 측정값의 차

$$D_1 = X_1 - Y_1,\ \cdots,\ D_n = X_n - Y_n$$

를 구한다. 이와 같은 차 $D_1, D_2, \cdots, D_n$의 모평균은

$$E(D_i) = E(X_i - Y_i) = \mu_1 - \mu_2, i = 1,\ \cdots,\ n$$

이므로, 이들의 평균과 표준편차

$$\overline{D} = \frac{1}{n}\sum_{i=1}^{n} D_i,\ \ S_D = \sqrt{\frac{1}{n-1}\sum_{i=1}^{n}(D_i - \overline{D})^2}$$

를 이용하여 제6장에서 배운 단일표본에 관한 추론 방법을 적용하여 구간추정과 가설검정을 할 수 있다. 따라서 $\mu_1 - \mu_2$의 $100(1-\alpha)\%$ 신뢰구간은 다음과 같이 구할 수 있다.

대응비교에 의한 $\mu_1 - \mu_2$의 $100(1-\alpha)\%$ 신뢰구간

$$\overline{D} \pm t_{\alpha/2}(n-1)\frac{s_D}{\sqrt{n}}$$

또한, 두 모평균의 차이가 $\mu_1 - \mu_2 = 0$인지에 대한 검정 절차는 다음과 같다.

대응표본에 의한 두 모평균의 비교인 경우

① 귀무가설 $H_0 : \mu_1 = \mu_2$

② 검정통계량 $T = \dfrac{\overline{D}}{s_D / \sqrt{n}}$

③ 기각역 양측 가설: $H_1 : \mu_1 \neq \mu_2$일 때, $|T| \geq t_{\alpha/2}(n-1)$

우측 가설: $H_1 : \mu_1 > \mu_2$일 때, $T \geq t_{\alpha}(n-1)$

좌측 가설: $H_1 : \mu_1 < \mu_2$일 때, $T \leq -t_{\alpha}(n-1)$

예제 7.5 영어를 가르치는 중등학교 교사들의 언어청취력을 향상시키기 위해서 4주간의 하계연수 교육을 실시하였다. 20명의 교사를 선발하여 교육 전에 청취력 검사를 실시하고, 교육 후에 청취력 검사를 실시하여 측정된 결과는 다음과 같다. 영어 청취능력에 향상이 있었는가를 통계적으로 추론하여라.

[표 7.1] 영어 청취력 검사결과

번호	1	2	3	4	5	6	7	8	9	10
훈련 전의 점수	32	31	29	10	30	22	25	32	20	30
훈련 후의 점수	34	31	35	16	33	24	28	26	26	36
점수의 차	2	0	6	6	3	2	3	−6	6	6

번호	11	12	13	14	15	16	17	18	19	20
훈련 전의 점수	20	24	24	31	15	32	23	23	30	33
훈련 후의 점수	26	27	24	32	15	34	26	26	31	36
점의 차	6	3	0	1	0	2	3	3	1	3

풀이 자료를 분석하기 위해서 각 교사들에 대하여 교육 전후에 취득한 점수의 차를 계산하면, 이들 20개의 측정값의 차들이 단일표본을 형성한다. 이때 영어 청취능력에 향상이 있었는가를 확인하기 위해서 다음의 가설이 필요하다.

$$H_0 : \mu_D = 0,\ H_1 : \mu_D > 0$$

여기서 μ_D는 하계연수에 참가한 교사들의 청취력 검사에 대한 교육 전후의 차의 평균이다. 주어진 20개의 차들의 평균과 표준편차는 각각 $\bar{d}=2.5$, $s_D=2.893$으로 주어지고, 따라서 t통계값은

$$t=\frac{\bar{d}}{s_D/\sqrt{n}}=\frac{2.5}{2.893/\sqrt{20}}=3.86$$

으로 주어진다. 이것의 유의확률은 $t(19)$분포로부터 얻어진다. 부록 [표 3]의 t-확률표로부터 3.86은 상위확률이 0.001과 0.0005에 대응하는 임계치 사이에 놓이고, 따라서 유의확률은 이들 값 사이에 놓인다. 그러므로 교사들의 언어 청취력에 있어서 유의적 향상이 있다고 결론을 내린다.

또한 전체 모집단에서 평균 μ_D에 대한 90% 신뢰구간은 부록 [표 3]의 t-확률표로부터 임계값 $t(0.05:19)=1.729$를 사용하여 다음과 같이 주어진다.

$$\bar{d}\pm t(0.05:19)\frac{S_D}{\sqrt{n}}=2.5\pm 1.729\frac{2.893}{\sqrt{20}}=2.5\pm 1.12=(1.38,\ 3.62)$$

따라서 추정된 평균값은 2.5점이고 90% 신뢰수준에서 오차의 범위는 1.12로 주어진다. ■

7.4 두 모집단의 분산의 동일성에 관한 추론

7.3절에서 두 모집단의 모평균의 차이에 대한 추론을 위하여 합동 이표본 t절차를 적용할 때 두 모집단 분산의 동일성을 가정하였다. 따라서 두 분산의 동일성에 대한 검정이 요구되는데, 이를 위해서는 5.5절에서 배운 F분포를 이용하면 된다. 두 개의 정규모집단 $N(\mu_1,\sigma_1^2)$과 $N(\mu_2,\sigma_2^2)$으로부터 각각 크기가 n_1, n_2인 표본을 각각 $X_{11}, X_{12}, \cdots, X_{1n_1}$과 $X_{21}, X_{22}, \cdots, X_{2n_2}$이라 할 때, 두 모분산 σ_1^2, σ_2^2의 비교는 각각의 표본분산

$$S_1^2=\frac{1}{n_1-1}\sum_{i=1}^{n_1}(X_{1i}-\overline{X_1})^2\text{과 }S_2^2=\frac{1}{n_2-1}\sum_{i=1}^{n_2}(X_{2i}-\overline{X_2})^2$$

을 이용하여 정의되는 다음의 F통계량을 사용한다.

$$F = \frac{S_1^2/\sigma_1^2}{S_2^2/\sigma_2} \sim F(n_1 - 1,\ n_2 - 1)$$

이때 F통계량은 자유도 $n_1 - 1$과 $n_2 - 1$를 갖는 F분포를 따른다. 이를 바탕으로 두 모분산의 동일성에 관한 검정에 대한 귀무가설과 대립가설은

$$H_0 : \sigma_1^2 = \sigma_2^2 \ \text{vs} \ H_1 : \sigma_1^2 \neq \sigma_2^2$$

이고, 다음과 같은 검정 절차에 의해서 실시된다.

두 모분산의 동일성 검정

귀무가설 $H_0 : \sigma_1^2 = \sigma_2^2$을 검정하기 위한 F검정통계량은 다음과 같이

$$F = \frac{S_1^2}{S_2^2} \sim F(n_1 - 1,\ n_2 - 1)$$

이므로 대립가설과 유의수준 α에서 기각역은 다음과 같다.

$$F < F_{1-\frac{\alpha}{2}}(n_1 - 1,\ n_2 - 1) \ \text{또는} \ F > F_{\frac{\alpha}{2}}(n_1 - 1,\ n_2 - 1)$$

예제 7.6 칼슘의 효과가 사람의 혈압에 어떤 영향을 미치는가를 알아보기 위해서는 보통 합동 이표본 t검정을 실시한다. 이때 이 검정절차는 두 모집단의 분산(또는 표준편차)이 동일하다는 가정에 의존한다. 따라서 우리는 모분산의 동일성 검정을 실시해야 하고, 이를 위해서 모집단으로부터 추출한 표본으로부터 다음과 같은 결과를 얻었다고 하자.

자료 1	$n_1 = 10$	$S_1 = 8.7543$
자료 2	$n_2 = 10$	$S_2 = 5.9013$

풀이 먼저 가정하고 싶은 가설은

$$H_0 : \sigma_1^2 = \sigma_2^2,\ H_0 : \sigma_1^2 \neq \sigma_2^2$$

이고, 이 경우 양측 검정이므로 검정통계량은

$$F = \frac{\max(S_1^2,\ S_1^2)}{\min(S_1^2,\ S_1^2)} = \frac{8.743^2}{5.901^2} = 2.195$$

로 주어진다. 따라서 계산된 $F = 2.195$값과 $F(9, 9)$분포의 기각값을 비교하면, 부록의 [표 5]로부터 2.195는 상위확률이 $\alpha = 0.10$인 $F_{(0,10)}(9, 9) = 2.44$보다 작게 된다.

따라서 유의확률은 양측 검정에 의해서 0.20보다 큰 값으로 주어진다. 즉 주어진 귀무가설은 유의수준 5%에서 기각할 수 없다. ▣

7.5 SPSS 실습

예제 7.7 두 모평균의 비교: (예제 7.4의 계속) 먼저 독립인 두 모집단의 비교를 위해서는 자료입력에 주의해야 한다. 검정변수인 독해능력을 하나의 변수에 입력하고 이 독해능력을 그룹변수인 교수법의 종류 새로운 교수법을 1, 기존의 교수법을 2로 입력하여야 한다. 다음의 입력된 자료의 일부를 나타낸 것이다.

	교수법	독해능력
13	1	67
14	1	51
15	1	58
16	1	32
17	1	46
18	1	48
19	1	62
20	1	47
21	1	42
22	2	65
23	2	43
24	2	58
25	2	25
26	2	62

두 모집단의 평균 비교를 위해서는 메뉴에서 '분석 → 평균 비교(M) → 독립표본 T검정'을 차례로 선택하면 된다.

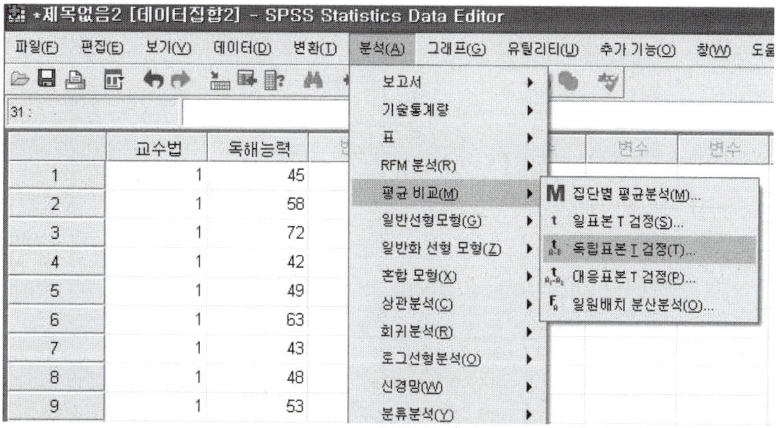

그때 다음과 같은 창이 열린다.

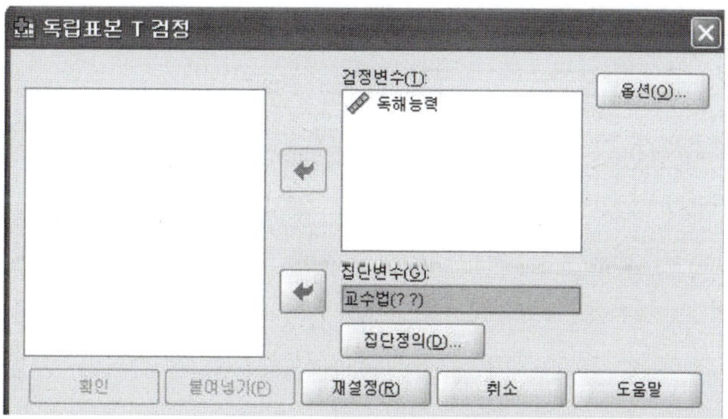

먼저 검정변수에 독해능력을 선택하고, 집단변수에는 교수법을 선택하면 교수법(?, ?)로 나타난다. 이때 '집단정의'를 클릭하면 다음 창이 열리는데

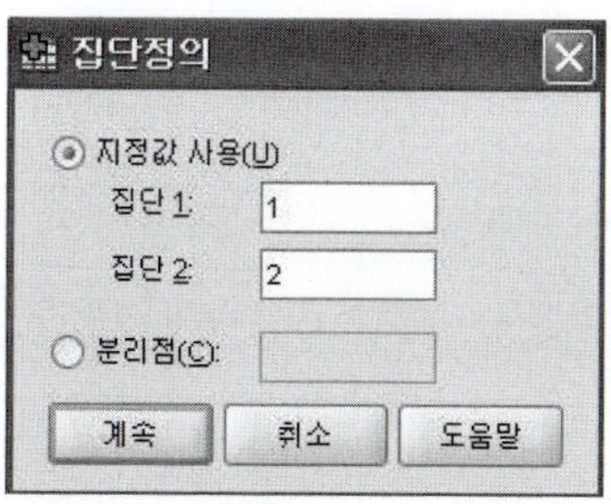

집단 1에서는 새로운 교수법 "1"을 입력하고, 집단 2에는 기존의 교수법 "2"를 입력한 후 '계속'을 클릭하면 교수법(1, 2)로 바뀌고 이제 확인을 클릭하면 SPSS가 실행된다.

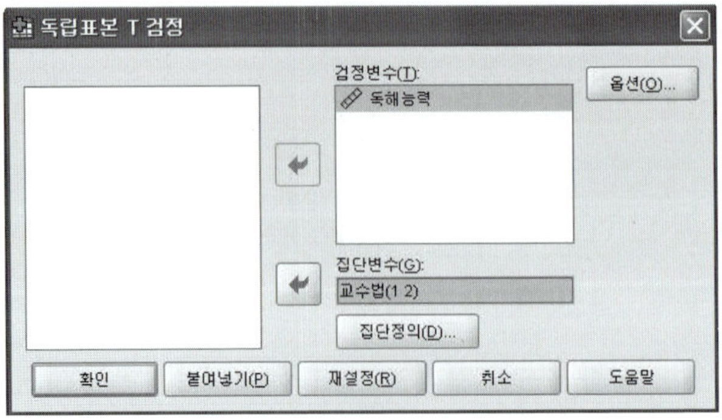

출력창에 다음과 같은 통계량표가 주어지고, 독립표본 t검정결과 나타난다.

집단통계량

	교수법	N	평균	표준편차	평균의 표준오차
독해능력	새교수법	21	52.00	9.497	2.072
	기존교수법	20	42.35	16.050	3.589

먼저 7.4절에서 배운 두 모집단의 분산의 동일성에 관한 추론결과를 보고 두 모집단의 모분산이 같은 경우(7.2.1절)인지 모분산이 서로 다른 경우(7.2.2절)인지를 판단한다. 위를 위해서는 르벤(Levene)의 등분산 검정 결과를 보면 F통계량 값은 5.925이고 유의확률은 0.020이므로 유의수준 5%에서 등분산이 아니라고 결론을 내릴 수 있다. 그러면 등분산이 가정되지 않은 경우에 해당되는 독립표본 T 검정결과를 보면 검정통계량 T값은 2.328, 자유도는 30.557이고 유의확률은 0.027이다. 따라서 두 교수법간의 독해능력에 차이가 있다고 결론지을 수 있다.

독립표본 검정

		르벤의 등분산 검정		평균의 동일성에 대한 t-검정						
		F	유의확률	t	자유도	유의확률(양쪽)	평균차	차이의 표준오차	차이의 95% 신뢰구간 하한	차이의 95% 신뢰구간 상한
독해능력	등분산이 가정됨	5.925	0.020	2.357	39	0.024	9.650	4.095	1.368	17.932
독해능력	등분산이 가정되지 않음			2.328	30.557	0.027	9.650	4.144	1.193	18.107

제 7 장 연습문제

01 표본의 크기가 클 때, $\overline{X_1} - \overline{X_2}$의 표본분포를 기술하여라.

02 두 모집단의 평균 차의 검정을 위해 t 통계량을 사용하기 위해서 두 모집단에 대한 어떤 가정이 필요한가? 두 표본에 대해서는?

03 두 모집단들이 아래와 같이 여러 경우로 표현되어 있다. 어떤 경우가 평균의 차이를 조사하기 위한 소표본 t 검정을 적용하기에 적절한가?

(1) 모집단 1: 분산이 σ_1^2인 정규분포
　　모집단 2: 분산은 $\sigma_2^2 = \sigma_1^2$을 가진 오른쪽으로 기울어진 집단

(2) 모집단 1: 분산이 σ_1^2인 정규분포
　　모집단 2: 분산이 $\sigma_2^2 \neq \sigma_1^2$인 정규분포

(3) 모집단 1: 왼쪽으로 기울어져 있으며, 분산이 σ_1^2인 집단
　　모집단 2: 왼쪽으로 기울어져 있으며, 분산이 $\sigma_2^2 = \sigma_1^2$인 집단

(4) 모집단 1: 분산이 σ_1^2인 정규분포
　　모집단 2: 분산이 $\sigma_2^2 = \sigma_1^2$인 정규분포

(5) 모집단 1: 분산이 σ_1^2인 균등분포
　　모집단 2: 분산이 $\sigma_2^2 = \sigma_1^2$인 균등분포

04 $\mu_1 - \mu_2$에 대한 신뢰구간이 $(-12, -6)$이다. 아래의 추론 중에 어느 것이 옳은가?

(1) $\mu_1 > \mu_2$　　(2) $\mu_1 < \mu_2$

(3) $\mu_1 = \mu_2$　　(4) 평균의 차이에 대한 유의성이 없다

05 $\mu_1 - \mu_2$에 대한 신뢰구간이 $(-12, 6)$이다. 아래의 추론 중에 어느 것이 옳은가?

(1) $\mu_1 > \mu_2$ (2) $\mu_1 < \mu_2$

(3) $\mu_1 = \mu_2$ (4) 평균의 차이에 대한 유의성이 없다

06 두 모집단의 평균을 비교하기 위해서, 독립인 임의의 샘플 400개를 각 모집단에서 추출하였다. 결과는 아래와 같다.

표본 1	표본 2
$\bar{x}_1$=5,275 s_1=150	$\bar{x}_2$=5,240 s_2=200

(1) 95% 신뢰구간을 이용하여 모평균 차이 $\mu_1 - \mu_2$를 추정하고, 신뢰구간을 해석하여라.

(2) 귀무가설 $H_0 : (\mu_1 - \mu_2) = 0$과 대립가설 $H_1 : (\mu_1 - \mu_2) \neq 0$을 검정하여라. 검정에 대한 유의수준을 주고, 결과를 해석하여라.

(3) (2)번 문제에서 대립가설을 $H_1 : (\mu_1 - \mu_2) > 0$로 바꾸었을 때 (2)의 결과는 어떻게 바뀌는가?

(4) 귀무가설 $H_0 : (\mu_1 - \mu_2) = 25$와 대립가설 $H_1 : (\mu_1 - \mu_2) \neq 25$를 검정하여라. 유의수준을 주고, 그 결과를 해석하여라. 그리고 문제 (2)의 결과와 비교하여라.

(5) 문제 (1)~(4)에서 추론 절차에 대한 타당성을 보장하기 위해 필요한 가정은 무엇인가?

07 두 정규모집단으로부터 선택된 100개의 서로 독립인 임의의 표본들은 다음의 평균과 표준편차를 따른다.

모집단 1	모집단 2
$\mu_1 = 14$ $\sigma_1 = 4$	$\mu_2 = 10$ $\sigma_2 = 3$

두 개의 표본평균을 $\overline{x_1}$과 $\overline{x_2}$라고 하자.

(1) $\overline{x_1}$의 표본분포의 평균과 표준편차를 구하여라.

(2) $\overline{x_2}$의 표본분포의 평균과 표준편차를 구하여라.

(3) 표본평균의 차이 $(\overline{x_1}-\overline{x_2})$를 계산했을 때, $(\overline{x_1}-\overline{x_2})$의 평균과 표준편차를 계산하여라.

(4) 통계량 $(\overline{x_1}-\overline{x_2})$는 정규분포를 따르는가? 설명하여라.

08 $\sigma_1^2=\sigma_2^2=\sigma^2$이라 가정했을 때 각각의 경우의 합동표본분산의 추정치를 계산하여라.

(1) $s_1^2=200,\ s_2^2=180,\ n_1=n_2=25$

(2) $s_1^2=25,\ s_2^2=40,\ n_1=20,\ n_2=10$

(3) $s_1^2=0.20,\ s_2^2=0.30,\ n_1=8,\ n_2=12$

(4) $s_1^2=2{,}500,\ s_2^2=1{,}800,\ n_1=16,\ n_2=17$

09 정규성을 가진 모집단으로부터 임의의 독립표본을 추출한 결과는 아래와 같다.

표본 1	표본 2
1.2	4.2
3.1	2.7
1.7	3.6
2.8	3.9
3.0	

(1) σ^2의 합동 추정량을 계산하여라.

(2) 위의 자료는 $\mu_2>\mu_1$이라 할 만한 증거가 충분한가? 유의수준 0.10을 이용하여 검정하라.

(3) $(\mu_1-\mu_2)$에 대한 90% 신뢰구간을 구하여라.

(4) 문제 (2)의 가설검정과 문제 (3)의 신뢰구간 중에서 어느 추론이 $(\mu_1-\mu_2)$에 대한 더 많은 정보를 제공하는가?

10 두 개의 독립인 임의의 표본을 선택할 때, 1개의 모집단에서 100개의 표본을 선택할 때와 2개의 모집단에서 100개의 표본을 선택한다. 표본평균은 $\overline{x_1} = 70$과 $\overline{x_2} = 50$이 얻어진다. 이 모집단들의 분산인 $\sigma_1^2 = 100$, $\sigma_2^2 = 64$로 알려져 있다.

(1) $\sigma_{(\overline{x_1} - \overline{x_2})}$를 구하여라.

(2) $(\mu_1 - \mu_2) = 5$라고 가정할 때, 표본분포 $(\overline{x_1} - \overline{x_2})$를 예측하여 그려보아라.

(3) 문제 (2)에서 그려진 그래프에 $(\overline{x_1} - \overline{x_2})$의 관찰값을 표시하여라. 귀무가설 $H_0 : (\mu_1 - \mu_2) = 5$를 부정할만한 값이 나타나는가?

(4) 귀무가설 $H_0 : (\mu_1 - \mu_2) = 5$와 대립가설 $H_0 : (\mu_1 - \mu_2) \neq 5$에 대한 기각역을 z분포표를 이용하여 결정하여라($\alpha = .05$).

(5) 문제 (4)의 귀무가설검정을 수행하고, 결과를 해석하여라.

(6) $(\mu_1 - \mu_2)$의 95% 신뢰구간을 설정하고, 구간을 해석하여라.

(7) 문제 (5)의 가설검정과 문제 (6)의 신뢰구간 중에서 어느 추론이 더 많은 정보를 주는가?

11 하와이 대학 학생들의 일본어 독해 이해력을 향상하기 위해서 외국어 읽기 실습을 보자. 10주 동안 14명의 학생들이 한 학기 일본어 과정에 참여하였다. 각 학생들이 읽은 책의 수와 학생들의 성적은 아래와 같다.

책의 수	성적	책의 수	성적
53	A	30	A
42	A	28	B
40	A	24	A
40	B	22	C
39	A	21	B
34	A	20	B
34	A	16	B

(1) 2학기 일본어 과정을 수강하기 전에 독해 수업에 참여한 적이 있는 학생들의 두 모집단(A성적을 받은 학생집단과 B 또는 C를 받은 학생집단)을 생각해보자. 두 모집단의 학생들이 읽은 책들의 평균 차이는?

(2) 문제 (1)에서 알 수 있는 목표추정치의 95% 신뢰구간을 구하여라.

(3) 문제 (2)에서 신뢰구간의 실용적인 이해를 도와라.

(4) 문제 (3)의 추론과 이미 배운 줄기 잎 그림을 통한 추론을 비교하여라.

12 어느 오성 호텔에서 서비스 품질에 대한 조사를 실시하였다. 임의로 선택된 호텔 손님들은 10개의 서비스 관련문제에 대해 질문을 받았다. 각 질문은 5점 척도(1=기대보다 훨씬 낮은, 5=기대보다 훨씬 높은) 각 손님들의 대답을 합산하였다. 합산점수는 아래의 표와 같다.

성 별	표본크기	평균점수	표준편차
남 성	127	39.08	6.73
여 성	114	38.79	6.94

(1) 남성과 여성이 준 서비스 점수의 평균차이에 대해 90% 신뢰구간을 구하라.

(2) 성별에 따라 서비스의 질에 대한 인식이 다른지에 대해 문제 (1)의 신뢰구간을 이용하여 추론하여라.

13 초등학교 1학년을 반복해서 다니는 학생들이 그렇지 않은 친구들보다 평균적으로 키가 더 작은가? 이 질문에 대답하기 위해서 조사자들은 어느 학교 학생들의 키를 조사, 비교하기로 하였다. 모든 측정된 키는 z점수를 이용하여 표준화시켰고 성별로 구분된 결과는 아래와 같다.

	반복하지 않은 그룹	반복한 그룹
남학생	표본크기 = 1,349 표본평균 = 0.30 표본분산 = 0.97	표본크기 = 86 표본평균 = −0.04 표본분산 = 1.17
여학생	표본크기 = 1,366 표본평균 = 0.22 표본분산 = 1.04	표본크기 = 43 표본평균 = 0.26 표본분산 = 0.94

(1) 남학생의 키에 대해서만 학년을 반복해서 다닌 학생들이 반복하지 않은 학생들보다 키가 더 작은지에 대해 귀무가설과 대립가설을 설정하여라.

(2) 유의수준 $\alpha = 0.05$를 이용하여 문제 (1)에 대한 검정을 수행하여라.

(3) 여학생에 대하여 문제 (1)과 (2)를 반복 수행하여라.

14 플로리다 대학의 심리학자들은 나이와 성별이 성인들의 단기 기억력에 주는 효과를 조사하였다. 152명의 표본 각각은 가상으로 만든 집 안의 20개 품목에 대한 장소에 대한 질문을 받았다. 관련 없는 활동을 수행한 후에 각각의 물건들을 그것들이 놓여 있을 장소에 대한 기억을 상기하게 했다. 정확한 대답을 한 수에 대해서 기록하였다.

(1) 조사자들이 여자가 남자보다 점수가 더 높을 것이라는 것을 입증하고자 한다. 귀무가설과 대립가설을 세워보아라.

(2) 43명의 남성이 평균 13.5개를 정확히 기억하였고, 109명의 여성이 평균 14.4개를 정확히 기억해냈다. 두 평균 차이에 대한 유의확률이 0.0001임을 이용하여 결과를 해석하여라.

(3) 조사자들은 더 어린 사람들이 나이든 사람보다 기억력이 높을거라고 가정하였다. 귀무가설과 대립가설을 세워라.

(4) 문제 (3)에 대한 유의확률이 0.0001임을 이용하여 검정결과를 해석하여라.

15 케이블 TV를 보는 사람들이 홈쇼핑 채널을 통하여 물건을 구매하는 것들에 대한 연구가 있다. 표본은 1600명이며, 5점 척도(1=강하게 동의하지 않음, 5=강하게 동의)를 이용하였다. 조사자들은 정오에 TV 시청자들이 TV를 시청하지 않은 사람들의 구매반응에 대해 비교하기를 원한다.

(1) 정오시간에 시청을 하는 사람이 정오시간 이외에 시청을 하는 사람과 평균반응의 차이에 대해 귀무가설과 대립가설을 세워라.

(2) 연구자들은 (1)번 문제에 대한 유의확률이 0.02임을 알아냈다. 유위수준 0.05를 가정할 때 이 결과를 해석하여라.

(3) 유의수준 0.01을 가정할 때 문제 (2)의 결과를 해석하여라.

(4) 정오시간 시청자들의 표본평균이 그렇지 않은 시청자들의 평균이 각각 3.3, 3.4임을 알아냈다. 이 결과를 실제 유의성에 대하여 이야기해보아라.

16 시험에 대한 초기의 질문이 그 뒤의 질문에 대한 당신의 수행능력에 영향을 주는가를 조사하가기 위해 140명의 대학생들을 랜덤하게 추출하여 두 그룹으로 나누었다. 첫 번째 그룹은 15개의 어려운 질문 뒤에 5개의 중간 레벨의 문제를 배치하였고, 두 번째 그룹은 15개의 쉬운 질문 뒤에 중간레벨의 질문을 5개 배

치하였다. 연구의 목표는 두 그룹의 중간레벨의 질문(5개)에 대한 정답률의 평균을 비교하는 것이다.

(1) 조사자들은 쉬운 문제부터 시작한 학생 그룹이 어려운 문제부터 시작한 학생 그룹보다 정답률이 높을 거라고 가정하였다. 귀무가설과 대립가설을 세워라.

(2) 이 검정의 유의확률이 0.3248이라고 할 때 유의확률에 근거하여 어떤 결정을 내릴 수 있겠는가?

(3) 이 결론의 유효성을 보장하기 위해 필요한 가정은 무엇인가?

17 다식증으로 고통을 받고 있는 11명의 여학생들과 정상적인 식습관을 가지고 있는 14명의 여학생들의 점수가 아래의 표와 같다(점수가 높을수록, 부정적인 평가에 대한 두려움이 더 크다는 것을 기억할 것!).

다식증 걸린 학생	정상 학생
21	13
13	6
10	16
20	13
25	8
19	19
16	23
21	18
24	11
13	19
14	7
	10
	15
	20

(1) 모평균 차이에 대한 95% 신뢰구간을 구하고 결과를 해석하여라.

(2) 문제 (1)에서 구한 구간이 통계적으로 유효하기 위해 필요한 가정은 무엇인가? 이 가정에 이치적으로 합당한가? 설명하여라.

18 어린 수컷 돼지의 거세를 하는 두 가지 방법이 조사되었다. 첫 번째 방법은 생식기를 절개하는 것이고 두 번째 방법은 성대를 괴롭혀 잡아당기는 것이다. 49마리의 돼지를 랜덤하게 선택하여 두 가지 방법 중 하나를 실시하였으며, 거세하는 동안 조사자들은 5초 동안 고음 반응이 높은 빈도를 조사하였다. 두 가지 방법에 의해 거세되는 돼지들의 고음 반응빈도의 모평균에 대한 가설검정을 실시하여라($\alpha = 0.05$).

	방법 1	방법 2
표본크기	24	25
평균	0.74	0.70
표준편차	0.09	0.09

19 학생들이 민족, 장소, 환경에 대한 글로벌 정보를 조직하는 것을 돕기 위하여 지리학자들은 학생들의 세계에 대한 정신적인 지도를 개발하는 것을 격려하였다. 연속된 훈련은 학생들이 정신지도의 개발을 도왔다. 한 실험에서 20명의 중학교 1학년 학생들이 정통적인 방식으로 수업을 받는 동안, 다른 반에서는 제시된 새로운 방법으로 수행하였다. 모든 학생들에게 세계지도를 그리게 했을 때 각 지도에 정확히 표시하는 수를 5점 척도를 이용하여 조사하였다(1=낮은 정확성, 5=높은 정확성).

(1) 두 그룹의 평균 정확성 척도는 가설검정을 이용하여 비교하였다. 귀무가설과 대립가설을 결정하여라.

(2) 통계적으로 유효한 실험이 되기 위해 어떤 가정이 필요한가?

(3) 대륙의 이름을 붙이는 정확성에 대한 유의확률이 0.0507이다. 결과를 해석하여라.

(4) 바다의 이름을 붙이는 정확성에 대한 유의확률은 0.7371이다. 해석하여라.

(5) 전체지도에 대한 정확성 비교검정의 유의확률은 0.0024이다. 해석하여라.

20 2003년 7월 사회학 저널에서는 남성스러움의 단계와 범죄행동의 관계에 대한 연구를 발표하였다. 최근 감옥에 감금된 남성들의 표본을 이용하여 조사자들은 1171건의 폭력사건과 532건의 비폭력사건을 알아보았다. 폭력사건은 무기이용,

주먹질, 강도 폭력적 위협을 의미한다. 각 표본의 수치 각각은 보통의 남성의 전형적인 특성을 기본으로 하여 남성스러움의 단계를 정의하였다. 그 척도 범위는 0부터 56까지이며 더 낮은 점수가 더 남성스러움을 나타낸다. 연구자들의 목표는 폭력사건에 연루된 그룹과 폭력이 없는 사건에 연루된 그룹의 남성스러움에 대한 평균점수를 비교하는 것이다.

(1) 이 연구에서 알고자 하는 모수를 정의하라.

(2) 폭력그룹의 표본평균은 44.50이고 폭력은 없는 그룹의 표본평균은 45.06이다. 조사자들이 알고자 하는 비교를 위한 충분한 정보인가? 설명하여라.

(3) 두 그룹의 평균 비교를 위해 대표본 가설검정에서는 검정통계량이 $z=1.21$임이 계산되었다. 양쪽 꼬리가 있는 유의확률을 계산하여라.

21 대응차이 실험결과는 다음과 같다.

$$n_D = 16,\ \overline{x}_1 = 143,\ \overline{x}_2 = 150,\ \overline{x}_D = -7,\ s_D^2 = 64$$

(1) 귀무가설을 $\mu_1 - \mu_2 = 0$이라고 할 때 대립가설 $\mu_1 - \mu_2 < 0$을 기각할 수 있는지 알아보아라($\alpha = 0.10$).

(2) 문제 (1)의 대응차이 검정을 수행하고, 적절한 결론을 내려라.

(3) 대응차이 검정이 유효하기 위해 필요한 가정은?

(4) 평균차이 μ_D에 대한 90% 신뢰구간을 찾아라.

(5) 문제 (2)의 가설검정과 문제 (4)의 신뢰구간 두 개의 추론 절차 중 모평균 차이에 대한 더 많은 정보를 제공하는 것은 무엇인가?

22 6개의 대응 관측치의 랜덤 샘플자료가 아래와 같다.

대응	표본 1	표본 2
1	7	4
2	3	1
3	9	7
4	6	2
5	4	4
6	8	7

(1) 표본 1에서 표본 2를 뺀 차이 값들을 계산하여라.

(2) 만약 μ_1과 μ_2가 모집단 1과 모집단 2의 평균이라면 μ_1과 μ_2를 이용하여 μ_D를 나타내어라.

(3) μ_D의 95% 신뢰구간을 나타내어라.

(4) 귀무가설 $H_0 : \mu_D = 0$과 대립가설 $H_1 : \mu_D \neq 0$을 유의수준 $\alpha = 0.05$를 이용하여 검정하여라.

23 10개의 대응 표본자료는 아래의 표와 같다.

대응	모집단 1	모집단 2
1	19	24
2	25	27
3	31	36
4	52	53
5	49	55
6	34	34
7	59	66
8	47	51
9	17	20
10	51	55

(1) 모평균 1보다 모평균 2가 더 크게 나타나기를 바란다면 적절한 귀무가설과 대립가설은 무엇인지 적절한 기호를 이용하여 정의하여라.

(2) 유의수준 $\alpha = 0.10$을 이용하여 검정을 수행하라. 결론은 무엇인가?

(3) μ_D에 대한 90% 신뢰구간을 구하고 해석하여라.

(4) 이러한 분석이 유효하기 위해 필요한 가정은 무엇인가?

24 대응차이 검정의 결과는 다음과 같다.

$$n_D = 40,\ \overline{x}_D = 11.7,\ s_D = 6.0$$

(1) $H_0 : \mu_D = 10$과 $H_1 : \mu_D \neq 10$를 $\alpha = 0.05$를 이용하여 검정하라.
단, $\mu_D = (\mu_1 - \mu_2)$이다.

(2) 문제 (1)을 수행한 결과를 유의확률을 이용하여 해석하여라.

25 각 배우들의 대응 짝에 대한 기대수명을 비교하였다. 조사자들은 762명의 아카데미 어워드 수상자들과 같은 시대에 태어난 같은 영화에 출연한 동일성별의 또 다른 배우들을 매칭하였다.

(1) 대응 차이 실험으로써, 위의 데이터가 사용될 수 있는 이유를 설명하여라.

(2) 아카데미 어워드에서 수상한 사람과 수상하지 않는 사람들의 기대수명의 평균비교를 위한 귀무가설을 정하라.

(3) 표본평균이 79.7과 75.8로 각각 보고되었다. 두 모평균을 비교한 유의확률이 0.003으로 나타났을 때, 이 문제에 대한 답을 표현하여라.

26 어느 연구 결과에 따르면 고통에 대한 효과적인 치료를 받고 있다는 순수한 믿음이 당신이 실제로 고통을 느끼는 것을 감소시킬 수 있다고 한다. 미시간 대학과 프린스턴 대학에서는 24명의 실험자원자들에 대해 플라시보 효과를 검정하였다. 각 실험자들은 두 번의 연속적인 MRI실험을 실시하였다. 첫 번째 실험에서는 전기충격을 그들의 팔에 실시하고, 혈류 속 산소 수치를 기록하였다. 두 번째 실험에서는 첫 번째와 동일하지만, 전기충격 이전에 자원자들의 팔에 크림을 발랐다. 자원자들은 그 크림이 고통을 멈춘다고 알고 있으나, 실제로는 보통의 스킨 로션(플라시보=위약)이다. 만약 플라시보가 고통을 줄이는데 효과가 있다면, 혈액 속 산소 수치는 평균보다 더 높아야 한다. 첫 번째 MRI실험이 두 번째 MRI실험보다 더 높아야한다.

(1) 이 연구에서 알고자 하는 모수를 결정하여라.

(2) 플라시보효과 이론을 검정하기 위한 귀무가설과 대립가설을 설정하여라.

(3) 첫 번째 실험과 두 번째 실험의 혈액수치 차이에 대한 결과는 다음과 같다.

$$n_D = 24,\ \overline{x}_D = 0.21,\ s_D = 0.47$$

위의 정보를 이용하여 검정통계량을 계산하여라.

(4) 유의확률이 0.02라고 할 때 유의수준 $\alpha = 0.05$에서 적절한 결론을 내려보아라.

27 한 임상실험에서 8명의 여성은 TBI환자이다. 6개월 동안 일주일에 한 번씩 치료를 받았다. 치료 전과 6개월 치료 기간 후에 각 환자들의 테스토스테론의 수

치는 다음과 같다.

환자	치료 전	6개월 치료 후
1	849	96
2	903	41
3	890	31
4	1,092	124
5	362	46
6	900	53
7	1,006	113
8	672	174

(1) 환자들의 치료 전과 치료 후의 차이에 대한 99% 신뢰구간을 구하여라.

(2) 문제 (1)에서 구간을 이용하여, TBI 환자들의 테스토스테론을 감소하는데에 치료제가 효과가 있는지 추론하여라.

28 알라바마 대학의 학생들의 아버지와 어머니에게 대하는 태도에 대해 조사하였다. 척도는

1: 아주 서툰, 2: 서툰, 3: 보통, 4: 좋은, 5: 아주 좋은

과 같다.

학생	아버지에 대한 태도	어머니에 대한 태도
1	2	3
2	5	5
3	4	3
4	4	5
5	3	4
6	5	4
7	4	5
8	2	4
9	4	5
10	5	4
11	4	5
12	5	4
13	3	3

(1) 평균적으로 학생들의 어머니와 아버지에게 대하는 태도의 차이에 대한 검정을 위해 적절한 가설을 세워라.

(2) 문제 (1)에서 유의수준 $\alpha = 0.05$를 이용하여 검정을 수행하여라. 문제의 결과를 해석하여라.

29 혀말이가 되는 사람들이 느리게 책을 읽는 데에 걸리는 시간에 효과가 있는가? 이 질문에 대답하기 위하여 42명의 심리학 전공 대학원생들이 실험에 참여하였다. 600 단어 각각을 혀말기와 대조군이 읽는 데에 걸린 시간을 기록하였다. 조사자들은 각 유형들의 평균적인 걸린시간을 비교하기를 원한다.

	반응 시간	
유형	평균	표준편차
혀말기	6.59	1.94
대조군	6.34	1.92
차이	0.25	0.78

(1) 귀무가설을 세워라.

(2) 유의확률과 검정통계량을 계산하여라.

(3) 적절한 결론을 내려라. $\alpha = 0.05$

30 물건을 살려고 할 때 보통 감각은 이전에 거절된 품목을 다시 검사하지 않을 것이다. 그러나 조사자들은 시각적인 검색은 기억에 남지 않다는 것을 알았다. 이 실험에서 9명의 학생들이 LETTERS 글자의 'L'과 'T'를 찾았다. 랜덤하고 통계적으로 실시하였으며, 글자의 위치는 변함이 없었다. 각 시도는 반응시간을 측정하였다.

(1) 조사자들의 한 가지 목표는 글자를 찾는데 걸리는 평균시간을 비교하는 것이다. 대응 차이실험으로써 위의 데이터가 분석될 수 있는지 설명하여라.

(2) 만약 시각적인 검색이 기억에 없다면, 두 가지 조건의 주된 반응시간은 다르지 않을 것이다. 이 이론에 대한 귀무가설과 대립가설을 설정하라.

(3) 검정통계량은 $t = 1.52$, 유의확률은 0.15로 계산되었다. 적절한 결론을 내려라.

31 알츠하이머 환자들의 동음이의어에 대한 연구가 보고되었다. 20명의 알츠하이머 환자들은 24개 동음이의어 짝을 랜덤하게 배열하고, 동음이의어 혼란을 일으키는 숫자를 셌다. 1년 후에 같은 실험을 같은 환자에게 실시하였다. 알츠하이머 환자들이 시간이 지난 후에 동음이의어 혼란에 대한 오류가 더 증가하는지 확인하기 위한 실험이다. 이 절차가 유효하기 위해 어떤 가정이 필요한가? 아래의 자료가 만족시키는가? 아래의 자료를 조사자들의 연구 목적을 수행하기 위해 분석하여라.

환자	첫 번째	두 번째	환자	첫 번째	두 번째
1	5	5	11	7	10
2	1	3	12	0	3
3	0	0	13	3	9
4	1	1	14	5	8
5	0	1	15	7	12
6	2	1	16	10	16
7	5	6	17	5	5
8	1	2	18	6	3
9	0	9	19	9	6
10	5	8	20	11	8

32 두 모집단에서 각각 독립표본을 추출하였다. 이 샘플들의 요약값은 아래와 같다.

표본 1	표본 2
$n_1 = 135$	$n_2 = 148$
$\overline{x}_1 = 12.2$	$\overline{x}_2 = 8.3$
$s_1^2 = 2.1$	$s_2^2 = 3.0$

(1) $\mu_1 - \mu_2$의 90% 신뢰구간을 찾아라.

(2) $H_0 : \mu_1 - \mu_2 = 0$과 $H_1 : \mu_1 - \mu_2 \neq 0$을 검정하라($\alpha = 0.01$).

(3) 만약 $\mu_1 - \mu_2$가 90% 신뢰도를 가지고 0.2보다 작기를 바란다면 샘플표본은 어떠해야 하는가? $n_1 = n_2$를 가정하여라.

33 5개의 대응 관측치를 모집단 1과 모집단 2에서 각각 선택하였다. 자료는 다음과 같다.

짝	모집단 1	모집단 2
1	28	22
2	31	27
3	24	20
4	30	27
5	22	20

(1) 귀무가설 $H_0 : \mu_D = 0$과 대립가설 $H_1 : \mu_D \neq 0$을 검정하여라.
$\mu_D = \mu_1 - \mu_2$ 유의수준은 0.05이다.

(2) μ_D의 95% 신뢰구간을 구하여라.

34 해양 소방수에게 요구되는 분투의 임무를 수행하는 능력에 대해 남성과 여성을 비교하기 위한 조사가 수행되었다. 소방수들은 각 체중에 대해 남성과 여성이 짝을 지었으며, 조종능력을 측정한 결과는 아래의 표와 같다.

대응	여성	남성
1	40.03	84.51
2	75.62	80.06
3	53.38	102.30
4	62.27	88.96
5	78.44	76.01

(1) 여성과 남성의 조종능력의 차이를 나타내기에 위의 자료가 충분한가? 유의수준 0.05를 이용하여 검정하여라.

(2) 여성과 남성의 조종능력 차이에 대한 95% 신뢰구간을 찾고 해석하여라.

(3) 적절한 비모수적방법을 이용하여 자료를 재분석하여라.

35 기본적인 간호 기술을 가르치는 전통적인 접근방식은 새로운 접근방식이 저널에 소개됨에 따라 비교해야 할 필요가 있다. 새로운 접근방식은 이론적인 개념과 전통적인 스킬을 잘 연결한 방법이다. 42명의 학생들이 간호과정에 참여하였다. 그 중 절반은 혁신적인 새로운 접근방식으로 수업을 받았고, 다른 절

반의 학생들은 기존의 방식을 유지하였다. 수업이 끝난 후에 모든 학생들은 단답형 질문을 받았다. 연구의 목적은 두 그룹의 학생들의 평균점수를 비교하는 것이다.

(1) 두 그룹을 비교하기 위해서 이용할 적절한 검정은 무엇인가?

(2) 이 검정을 위해서 필요한 가정은 무엇인가?

(3) 첫 번째 질문에 대한 점수의 평균은 전통방식이 3.28, 최근 방식이 3.40이다. 검정을 수행하기 위한 충분한 정보가 있는가?

(4) 문제 (3)의 유의확률은 0.79이다. 결과를 해석하여라.

(5) 두 번째 질문에 대한 점수의 평균은 전통방식이 2.55, 최근방식이 3.60이고, 유의확률은 0.02이다. 이 결과를 해석하여라.

36 동공크기 확장 검사기계를 이용하여 랜덤하게 선택된 15명의 소비자들에게 두 가지 다른 패턴을 보여주고 검사하였다.

소비자	패턴 1	패턴 2	소비자	패턴 1	패턴 2
1	1.00	0.80	9	0.98	0.91
2	0.97	0.66	10	1.46	1.10
3	1.45	1.22	11	1.85	1.60
4	1.21	1.00	12	0.33	0.21
5	0.77	0.81	13	1.77	1.50
6	1.32	1.11	14	0.85	0.65
7	1.81	1.30	15	0.15	0.05
8	0.91	0.32			

(1) 패턴 1과 패턴 2의 평균 차이에 대한 90% 신뢰구간을 이용하여 추정하여라.

(2) 유의수준 0.10을 이용하여 두 패턴의 평균차이에 대한 가설검정을 하여라. a번 문제의 답과 비교하여라.

(3) 문제 (1)과 (2)의 추론의 유효성을 보장하기 위해 필요한 가정은 무엇인가?

37 건강한 성인 남자에게 에어로빅 운동을 하는 동안 소비되는 산소의 크기와 시간에 대해 건강 수준의 효과를 조사하기로 했다. 5명은 운동하는 그룹이고 다른 5명은 특별히 운동이나 건강에 대해 노력하지 않는 그룹이다. 결과는 다음

표와 같다.

변수		운동하는 그룹 ($n=5$)	운동하지 않는 그룹 ($n=5$)	유의확률
크기	평균 표준편차	12.2 3.1	12.2 4.3	0.998
기간	평균 표준편차	16.6 3.1	20.4 7.8	0.344

(1) 운동하는 그룹과 그렇지 않는 그룹의 소비되는 산소의 크기가 다른지에 대한 가설을 설정하여라($\alpha = 0.1$).

(2) 문제 (1)에 대한 가설의 유의확률이 위의 표에 주어져 있다. 이 값을 해석하여라.

(3) 운동하는 그룹과 그렇지 않는 그룹의 소비되는 산소의 시간이 다른지에 대한 가설을 설정하여라($\alpha = 0.1$).

(4) 문제 (3)에 대한 유의확률이 위의 표에 제시되어 있다. 이 값을 해석하여라.

38 학생들이 텍사스 대학에 있는 음악 수업에 등록했다. 이 대학은 음악교육 전공과 비전공자들의 선생님 평가를 비교하기 위한 연구에 참여하고 있다. 100명의 전공자와 100명의 비전공자들의 독립표본을 척도 6을 이용하여 전반적인 수행능력에 대해 점수를 매겼다. 1은 가장 낮은 점수이고, 6은 가장 높은 점수이다. 아래의 두 그룹에 대한 정보를 이용하여 95% 신뢰구간에 대해 평균을 비교하고, 결과를 해석하여라.

	음악전공	음악 비전공
표본크기	100	100
평균	4.26	4.59
표준편차	0.81	0.78

제 8 장

범주형 자료분석

8.1 범주형 자료와 다항실험

예를 들어 교육의 수준은 고등학교 졸업, 대학교 졸업, 대학원 졸업 수준을 포함한 몇 개의 범주를 가진 질적 변수라고 한다. 또한 모든 프로농구선수들의 교육수준을 기록하고자 한다면 범주화의 결과는 각각의 교육수준 범주로 분류되는 선수들의 수를 도수화한 것이 된다.

관심이 있는 질적 변수가 두 응답(예 또는 아니오, 성공 또는 실패, 선호 여부 등) 중 하나의 값을 가질 때 이를 이항자료라고 하고, 이들 자료를 분석할 때 이항분포를 적용할 수 있다. 그러나 응답이 두 범주 이상을 따르는 교육 수준과 같은 질적인 변수는 더 자주 관측되며, 다른 분석 방법을 필요로 한다.

두 수준 이상의 질적 자료는 종종 다항실험에서 기인한다. k개의 결과를 가진 다항실험(multinomial experiment)에 대한 특성은 다음과 같이 설명된다. 5.1절의 이항실험은 $k=2$인 다항실험에 해당한다.

다항실험의 성질

1. 실험은 n번의 동일한 시행으로 구성된다.
2. 각 시행은 k개의 가능한 결과가 있다. 이 결과들은 때때로 분류(classification), 범주(category), 셀(cell)이라고 부른다.
3. k개의 결과들이 발생할 확률은 p_1, p_2, $\cdots$, p_k라 한다. 단, $p_1+p_2+\cdots+p_k$ $=1$이다.
4. 각 시행은 독립이다.
5. 해당 확률변수는 각 k개 범주의 관측 횟수인 n_1, n_2, $\cdots$, n_k이다.

예제 8.1 40명의 한국프로농구연맹(Korean Basketball League: KBL) 참가자 선수들로 이루어진 표본에서 교육수준을 살펴보자. 만약 교육수준이 중학교 졸업, 고등학교 졸업, 대학 졸업, 대학 이상의 졸업 네 종류로 분류되고 40명의 선수들이 하나의 교육수준으로 분류된다고 가정하자. 이것은 근사적으로 합리적인 다항실험인가?

풀이 다항실험의 다섯 가지 성질을 살펴보면 다음과 같다.

(1) 이 실험은 $n=40$번의 동일한 시행으로 구성되고, 각 시행은 KBL선수들의 교육수준을 정한다.

(2) 각 시행은 $k=4$개의 가능한 결과가 있고, 4개의 교육수준 범주들과 대응된다.

(3) $k=4$개 결과들의 확률들은 p_1, p_2, p_3, p_4이고 p_i는 KBL선수들이 교육수준 범주 i에 속할 확률을 나타내며, 매 시행에서 똑같이 적용된다.

(4) 시행들은 독립적이다. 즉 어떤 KBL선수의 교육수준이 다른 KBL선수의 교육수준에 영향을 주지 않는다.

(5) 우리는 각각의 교육수준의 범주에 속하는 프로농구선수들의 수에 관심이 있고, 이 4개의 셀 관측 횟수들은 n_1, n_2, n_3, n_4로 표시된다.

따라서 다항실험의 특성들을 만족한다. ▣

이 단원은 특히 다항실험의 각 범주의 도수로 표현되는 범주형 자료의 분석에 관한 것이다. 8.2절에서는 하나의 질적(또는 범주형) 변수에 따라 분류된 자료에 대한 범주들의 확률의 추론 문제를 다룬다. 8.3절에서는 두 개의 질적 변수들에 따라 분류된 자료에 대한 범주들의 확률의 추론을 공부한다. 이 추론에서 이용되는 통계량은 근사적으로 카이제곱 분포에 따른다.

8.2 이항자료 분석

8.2.1 모비율의 대표본 신뢰구간

여론조사는 최근 놀라운 속도로 성장했다. 거의 매일 뉴스 미디어는 어떤 여론 조사 결과를 발표한다. 여론 조사원들은 정기적으로 특정 후보 지지율, 와인의 특정브랜드를 좋아하는 고객들의 비율, 흡연자들의 비율, 대통령의 복지 개선 프로그램에 찬성하는 사람들의 비율을 결정한다. 각각의 경우, 특정한 성질을 가진 어떤 그룹의 퍼센트(또는 비율) p를 추정하는 것이 우리의 관심사이다. 이 절에서는 표본이 클 때 모집단 비율들에 대한 추론을 하는 방법들을 살펴보고자 한다. 먼저 표본비율 $\hat{p}$의 표본분포는 다음과 같은 성질들을 가진다.

표본비율 $\hat{p}$의 표본분포

1. $\hat{p}$의 표본분포의 평균은 p이다. 따라서 $\hat{p}$은 p의 불편 추정량이다.
2. $\hat{p}$의 표본분포의 표준편차는 $\sigma_{\hat{p}} = \sqrt{pq/n}$ 이다. 여기서 $q = 1 - p$이다.
3. 대표본에서 $\hat{p}$의 표본분포는 중심극한 정리에 의해서 근사적으로 정규분포를 따른다.

참고로 이 요구사항은 5.3절에서 이항분포를 정규분포에 근사시키는 조건과 거의 같다. 차이는 5.3절에서는 p가 알려졌다고 가정한 것이다. 이제 미지의 모수 p에 대한 추론을 하고자 하며, 정규 근사의 타당성을 검사할 때, p를 추정하기 위하여 $\hat{p}$를 이용한다. $\hat{p}$이 '성공 횟수의 표본비율'이라는 사실은 μ의 대표본 추정방법과 완전히 유사하게 p에 대한 신뢰구간을 구할 수 있게 허락한다. 이때 모비율 p의 유효한 대표본 신뢰구간을 유도하기 위해서 요구되는 조건들은 다음과 같다.

모비율 p의 유효한 대표본 신뢰구간의 요구조건

1. 확률 표본은 목표 모집단으로부터 선택되어야 한다.
2. 표본크기 n이 크다. ($n\hat{p} \geq 5$ 또는 $n(1-\hat{p}) \geq 5$가 모두 성립될 때, 이 가정은 만족될 것이다. $n\hat{p}$와 $n\hat{q}$가 각각 표본에서 성공의 수와 실패의 수임을 주의해야 한다.)

모비율 p의 대표본 신뢰구간

$$\hat{p} \pm z_{\alpha/2}\sigma_{\hat{p}} = \hat{p} \pm z_{\alpha/2}\sqrt{\frac{pq}{n}} \approx \hat{p} \pm z_{\alpha/2}\sqrt{\frac{\hat{p}\hat{q}}{n}}$$

단, x는 성공의 횟수, $\hat{p} = \frac{x}{n}$, $\hat{q} = 1 - \hat{p}$이다. 여기서 n이 클 때, $\hat{p}$은 $\sigma_{\hat{p}}$의 공식에서 p의 값을 근사할 수 있다.

예를 들어 만약 1,000명의 시민 중 637명이 현직 시장을 신뢰한다고 말한다면, 시장을 신뢰하는 전체 시민의 비율에 대한 95% 신뢰구간은 다음과 같다.

$$\hat{p} \pm z_{\alpha/2}\sigma_{\hat{p}} = 0.637 \pm 1.96\sqrt{\frac{pq}{1,000}}$$

단, $q = 1 - p$이다. μ에 대한 대표본 신뢰구간을 계산하기 위하여 σ에 대한 근사를 필요했기 때문에, 이제 p에 대한 근사를 구해야 하므로, $\hat{p}$을 이용하여 p를 근사한다. $\hat{q} = 1 - \hat{p}$을 염두에 두고, 신뢰구간의 공식에 이 값들을 대입해보면 다음과 같다.

$$\begin{aligned}\hat{p} \pm 1.96\sqrt{\frac{pq}{1,000}} &\approx \hat{p} \pm 1.96\sqrt{\frac{\hat{p}\hat{q}}{1,000}} \\ &= 0.637 \pm 1.96\sqrt{(0.637)(0.363)/1,000} = 0.637 \pm 0.030 \\ &= (0.607, 0.667).\end{aligned}$$

그러면, 60.7%부터 66.7%까지의 구간이 시장을 신뢰하는 전체 시민의 참비율을 포함한다고 95%의 신뢰도로 말할 수 있다. 즉 신뢰구간을 반복적으로 구하면, 근사적으로 모든 표본들의 95%는 참값 p를 포함하는 신뢰구간을 산출한다는 것이다. p는 이항실험에서 '성공 횟수의 모집단 비율'이기 때문에 μ에 대한 신뢰구간을 해석하는 것에 대한 지침은 또한 p에 대한 신뢰구간을 해석하는데도 적용된다.

예제 8.2 공공 여론조사 기관들은 경제 현황에 대한 현행 소비자 정서를 알아보기 위하여 여론조사를 한다. 예를 들면, 소비자 정서를 측정하기 위하여 A시는 랜덤하게 484명의 소비자를 선택하여 조사한 결과 그 중 257명은 경제 상태는 낙관적이라고 응답하였다고 하자. 이 도시의 모든 소비자들 중에서 경제 상태가 낙관적이라고 여기는 비율을 추정하기 위해서 90% 신뢰구간을 이용할 때, 신뢰구간에 기초하여, 이 도시의 소비자들의 대다수는 경제에 관하여 낙관적이라고 추론할 수 있는가?

풀이 만약 이 도시 전체 시민으로 이루어진 모집단으로부터 표본이 랜덤하게 선택되었고, 조사가 선택된 소비자들에게 동일하게 이루어졌다면, 표본 484명 중, 경제에 관하여 낙관적이라고 응답한 소비자들의 수 x는 이항확률변수이다.

경제에 관하여 낙관적인 소비자들 비율의 점추정치는 다음과 같다.

$$\hat{p} = \frac{x}{n} = \frac{257}{484} = 0.531$$

$\hat{p}$ 의 표본분포가 근사적으로 정규분포에 따르는지를 결정하기 위하여 표본의 크기가 충분히 큰지 먼저 살펴보자. 표본에서 성공 횟수 $n\hat{p}$와 실패 횟수 $n\hat{q}$ 는 최소한 5가 되어야 한다. 성공 횟수 $n\hat{p}=257$이고 실패 횟수 $n\hat{q}=227$이므로 근사적 정규분포가 적절하다고 결론내릴 수 있다.

경제에 관하여 낙관적인 A시의 소비자들의 실제 비율, p에 대한 90% 신뢰구간은 다음과 같이 주어진다.

$$\hat{p}\pm z_{\alpha/2}\sigma_{\hat{p}}=\hat{p}\pm z_{\alpha/2}\sqrt{\frac{pq}{n}}\approx \hat{p}\pm z_{\alpha/2}\sqrt{\frac{\hat{p}\hat{q}}{n}}$$

$$=0.531\pm 1.645\sqrt{\frac{(0.531)(0.469)}{484}}=0.531\pm 0.037=(0.494,\ 0.568)$$

따라서 경제에 관하여 낙관적인 A시 소비자들의 비율에 관한 신뢰구간은 90% 신뢰도로 0.494와 0.568 사이가 된다. 신뢰구간에 관하여 6.2절에서 다뤘듯이, 신뢰도 90%의 의미는 위의 특정한 신뢰구간에 관한 정보가 아니라, 이와 같은 비슷한 신뢰구간을 여러 번 구했을 때, 그중 90%는 참 모비율을 포함하리라는 확신이 90%라는 의미이다.

그렇다면, 신뢰구간에 기초하여, A시 소비자들의 대다수는 경제에 관하여 낙관적이라고 결론을 내릴 수 있는가? 대다수가 낙관적이라는 추론을 하고자 한다면, 그 구간은 p가 0.5보다 커야 할 (소비자들 50% 이상은 경제에 관하여 낙관적이다) 것이다. 이 구간은 0.5보다 작은 값 0.494뿐만 아니라 0.5보다 큰 값 0.568들도 포함한다. 그러므로 90% 신뢰구간에 기반을 두어 p의 참값은 0.5 이상이라고 결론을 내릴 수 없다.

만약 전체 신뢰구간이 0.5보다 큰 값(예를 들면, 0.52에서 0.54 사이의 구간)들로 이루어진다면 90% 신뢰구간에서 소비자들의 참비율은 0.5보다 크다고 결론을 내릴 수 있다. ▣

| 참고사항 | n이 극단적으로 큰 값이 아니라면, 이 단원에서 적용된 대표본 절차는 p가 0이나 1에 가까울 때 수행결과가 좋지 않다. 예를 들어, 벌에 쏘여 사망한 사람의 비율을 추정한다고 가정해보자. 이 비율은 거의 0에 가까워질 것이다($p\approx 0.001$). 표본크기 $n=50$에 근거한 p의 신뢰구간은 아마도 오도된 결과일 수 있다. 이 잠재적인 문제를 극복하기 위해서, 극단적으로 큰 표본크기가 요구된다. '극단적으로 큰' 표본크기를 만족하기 위해 요구된 n의 값을 결정하는데 어려움이 있기 때문에 통계학자들 (Agresti & Coull, 1998)은 윌슨(Wilson, 1927)이 제안한 p의 점 추정치에 근거한 대안을 제안했다. 윌슨의 p

추정시 조정은 다음과 같이 약술된다. 연구자들은 표본크기 n이 매우 작을 때도, 이 신뢰구간이 어떤 p에 대해서도 잘 적용된다는 것을 보였다.

모비율 p의 조정된 $(1-\alpha)100\%$ 신뢰구간

$$\tilde{p} \pm z_{\alpha/2}\sqrt{\frac{\tilde{p}(1-\tilde{p})}{n+4}}$$

단, $\tilde{p}=\frac{x+2}{n+4}$는 관심이 있는 특징을 가진 관측치들의 수정된 표본비율이고, x는 표본에서 성공의 수이다. 그리고 n은 표본크기이다.

예제 8.3 A시의 범죄에 관한 연간 보고서에 의하면, 강력범죄의 피해자가 될 확률은 0.01보다 작다고 한다. A시 시민 중에서 임의로 200명을 추출하였을 때, 그 중 3명이 강력 범죄에 희생되었다고 가정해보자. 강력범죄의 피해자가 될 비율을 95% 신뢰구간을 이용하여 추정해보자.

풀이 강력범죄의 피해자가 될 비율을 p라고 하자. p가 0.01로서 0에 가까운 값이므로 대표본에 의한 추론방법을 적용하기 위하여 매우 큰 표본이 필요하다. 표본크기가 200인데 충분히 큰지 확실하지 않다면, 위에 약술된 윌슨의 조정된 값을 적용한다. 표본에서 '성공'의 수(즉 강력범죄의 피해자들의 수)는 $x=3$이다. 그러므로 조정된 표본비율은 다음과 같다.

$$\tilde{p}=\frac{x+2}{n+4}=\frac{3+2}{200+4}=\frac{5}{204}=0.025$$

조정된 표본비율은 표본의 수에 4개의 관측치(2개 '성공'과 2개 '실패')를 더하여 얻어진다. $\tilde{p}=0.025$을 사용하여 95% 신뢰구간의 식에 대입하여 구하면

$$\tilde{p}\pm 1.96\sqrt{\frac{\tilde{p}(1-\tilde{p})}{n+4}}=0.025\pm 1.96\sqrt{\frac{(0.025)(0.975)}{204}}$$

$$=0.025\pm 0.021$$

또는 $(0.004, 0.046)$이다. 결론적으로 강력범죄의 피해자가 될 참 모비율은 0.004와 0.046사이임을 95% 신뢰할 수 있다. ▣

8.2.2 두 모비율의 비교: 독립표본

어느 도시의 시장 후보가 북동부 지역의 등록된 투표자들과 남동부 지역의 투표자들의 선호도를 비교하고자 한다고 가정하자. 이와 같은 비교는 어느 지역 캠페인에 전력을 다해야하는지 결정하는 데 도움이 될 것이다. 후보자는 전문적인 여론조사원을 고용하여, 후보 선호도를 알아보기 위해 임의로 북동부의 1,000명과 남동부의 1,000명의 등록된 투표자들을 선택하여 인터뷰했다. 시장 선출 투표를 계획하는 북동부 지역의 모든 등록된 투표자의 지지도 모비율 p_1과 남동부의 모든 등록된 투표자의 지지도 모비율 p_2 사이의 차이 $(p_1 - p_2)$에 대한 추론을 하기 위해, 우리는 이 표본 정보를 이용하고자 한다.

두 표본은 독립된 이항실험들로 나타낸다(이항실험들의 특징은 5.1절 참조). 이항확률변수는 각 지역에서 투표할 수 있는 1,000명의 표본 투표자들 중 이 후보자를 지지하는 투표자들의 수인 x_1과 x_2이다. 그 결과는 [표 8.1]에서 요약된다.

[표 8.1] 투표결과

북동부	남동부
n_1=1,000 x_1= 546	n_2=1,000 x_2= 475

이제 북동부와 남동부에서 후보자를 선호하는 투표자들의 표본 비율 $\widehat{p_1}$과 $\widehat{p_2}$를 계산할 수 있다. 각각 다음과 같다.

$$\widehat{p_1} = \frac{x_1}{n_1} = \frac{546}{1,000} = 0.546, \ \widehat{p_2} = \frac{x_2}{n_2} = \frac{475}{1,000} = 0.475$$

표본비율간의 차이 $\widehat{p_1} - \widehat{p_2}$는 직관적으로 두 모비율간 차이 $p_1 - p_2$의 점추정량으로 쓰일 수 있다. 예를 들어 그 추정치는 아래와 같다.

$$\widehat{p_1} - \widehat{p_2} = 0.546 - 0.475 = 0.071$$

추정량 $\widehat{p_1} - \widehat{p_2}$의 신뢰도를 판단하기 위해 $\widehat{p_1} - \widehat{p_2}$의 표본분포를 알아야 한다. 표본분포의 성질은 아래와 같다. $\widehat{p_1}$과 $\widehat{p_2}$는 각각의 표본에서 각 시행의 성공 횟수의 평균으로 표현된다는 것을 기억하자. 따라서 표본의 크기가 클 때 중심극한 정리가 적용된다.

두 표본비율의 차이 $\hat{p_1}-\hat{p_2}$의 표본분포의 성질

1. $\hat{p_1}-\hat{p_2}$의 표본분포의 평균은 p_1-p_2이다. 즉, $E(\hat{p_1}-\hat{p_2})=p_1-p_2$
2. $\hat{p_1}-\hat{p_2}$의 표본분포의 표준편차는 다음과 같다.

$$\sigma_{\hat{p_1}-\hat{p_2}}=\sqrt{\frac{p_1q_1}{n_1}+\frac{p_2q_2}{n_2}}$$

3. 표본크기 n_1과 n_2가 크다면, $\hat{p_1}-\hat{p_2}$의 표본분포는 근사적으로 정규분포를 따른다.

$\hat{p_1}-\hat{p_2}$의 모분포가 근사적으로 정규분포이기 때문에, $\hat{p_1}-\hat{p_2}$의 신뢰구간을 구하거나 가설검정을 하기 위해 Z-통계량을 이용할 수 있다.

투표자 예제에서 p_1-p_2의 95% 신뢰구간은 다음과 같다.

$$p_1-p_2\pm 1.96\,\sigma_{\hat{p_1}-\hat{p_2}} \quad \text{또는} \quad \hat{p_1}-\hat{p_2}\pm 1.96\sqrt{\frac{p_1q_1}{n_1}+\frac{p_2q_2}{n_2}}$$

p_1q_1, p_2q_2값은 표준편차 $\sigma_{\hat{p_1}-\hat{p_2}}$과 신뢰구간의 계산을 위하여 추정되어야 한다. 7.3절에서 pq의 값은 상대적으로 p값의 변화에 둔감한 것을 보였다. 그러므로 $\hat{p_1}\hat{q_1}$과 $\hat{p_2}\hat{q_2}$는 각각 p_1q_1, p_2q_2의 만족스러운 근사값을 제공할 것이다.

그러면 아래와 같다.

$$\sqrt{\frac{p_1q_1}{n_1}+\frac{p_2q_2}{n_2}}\approx\sqrt{\frac{\hat{p_1}\hat{q_1}}{n_1}+\frac{\hat{p_2}\hat{q_2}}{n_2}}$$

그리고 모비율차 p_1-p_2에 대한 95% 신뢰구간은 다음과 같이 근사할 수 있다.

$$(\hat{p_1}-\hat{p_2})\pm 1.96\sqrt{\frac{\hat{p_1}\hat{q_1}}{n_1}+\frac{\hat{p_2}\hat{q_2}}{n_2}}$$

이제 표본값들을 대입하여 산출하면 아래와 같다.

$$(0.546-0.475)\pm 1.96\sqrt{\frac{(0.546)(0.454)}{1,000}+\frac{(0.475)(0.525)}{1,000}} \text{ 또는 } 0.071\pm 0.044$$

그리하여 0.027에서 0.115의 구간이 (p_1-p_2)을 포함하는 것을 95% 확신할 수 있다.

북동부 지역에서 이 시장 후보자를 지지할 등록된 유권자들이 남동부에서보다 2.7%와 11.5% 사이 더 많이 있다고 추론할 수 있다. 이 후보자는 북동부보다 남동부 지역에서 더 캠페인 노력이 필요한 것으로 보인다.

두 모비율 사이의 차이 p_1-p_2의 신뢰구간에 대한 일반적인 형식은 아래와 같이 주어진다.

두 모비율의 차이 p_1-p_2의 $100(1-\alpha)\%$ 대표본 신뢰구간

$$\hat{p}_1-\hat{p}_2\pm z_{\alpha/2}\sigma_{\hat{p}_1-\hat{p}_2}=\hat{p}_1-\hat{p}_2\pm z_{\alpha/2}\sqrt{\frac{p_1q_1}{n_1}+\frac{p_2q_2}{n_2}}$$

$$\approx \hat{p}_1-\hat{p}_2\pm z_{\alpha/2}\sqrt{\frac{\hat{p}_1\hat{q}_1}{n_1}+\frac{\hat{p}_2\hat{q}_2}{n_2}}$$

모비율 차이 p_1-p_2이 어떤 특정한 차이 D_0와 같다는 귀무가설을 검정하는데 이용되는 Z-통계량은 다음과 같다.

$$Z=\frac{(\hat{p}_1-\hat{p}_2)-(p_1-p_2)}{\sigma_{(\hat{p}_1-\hat{p}_2)}}$$

$D_0=0$인 특별한 경우[H_0: $p_1-p_2=0$ (또는, H_0 : $p_1=p_2$)의 귀무가설을 검정하고자 한다]에 $p_1=p_2=p$의 최고의 추정치는 두 표본에 대한 성공의 총 횟수 x_1+x_2를 총 관측치의 수 n_1+n_2로 나누어 구하며, 다음과 같다.

$$\hat{p}=\frac{x_1+x_2}{n_1+n_2} \text{ 또는 } \hat{p}=\frac{n_1\hat{p}_1+n_2\hat{p}_2}{n_1+n_2}$$

두 번째 등식은 표본크기가 크면 더 큰 가중치를 갖는 $\hat{p}_1$과 $\hat{p}_2$의 가중평균임을 보여준다. 표본 크기가 같다면, $\hat{p}$은 두 표본 성공비율의 간단한 평균이다.

$\hat{p}_1-\hat{p}_2$의 표준편차 공식에서 p_1과 p_2 모두에 대해 가중평균 $\hat{p}$을 대입해보자.

$$\sigma_{\hat{p}_1-\hat{p}_2}=\sqrt{\frac{p_1q_1}{n_1}+\frac{p_2q_2}{n_2}}\approx\sqrt{\frac{\hat{p}_1\hat{q}_1}{n_1}+\frac{\hat{p}_2\hat{q}_2}{n_2}}=\sqrt{\hat{p}\hat{q}\left(\frac{1}{n_1}+\frac{1}{n_2}\right)},\ \text{여기서}\ \hat{q}=1-\hat{p}$$

이다.

두 모비율 차이에 대한 검정은 다음과 같이 요약된다.

두 모비율 차이 p_1-p_2의 유효한 대표본 추론의 요구조건

1. 두 표본은 두 목표 모집단으로부터 독립적으로 임의로 선택된다.
2. 표본크기 n_1과 n_2는 모두 크다. 그래서 p_1-p_2의 표본분포는 근사적으로 정규분포가 된다($n_1\hat{p}_1\geq 5$, $n_1\hat{q}_1\geq 5$ 그리고 $n_2\hat{p}_2\geq 5$, $n_2\hat{q}_2\geq 5$이 모두 성립될 때, 이 가정은 만족된다).

두 모비율 차이 p_1-p_2의 대표본 가설검정

① 귀무가설: $p_1-p_2=0$

대립가설: $H_1: p_1-p_2 \neq 0$

$H_1: p_1-p_2<0$ [또는 $H_1: p_1-p_2>0$]

② 검정 통계량: $Z=\dfrac{\hat{p}_1-\hat{p}_2}{\sigma_{\hat{p}_1-\hat{p}_2}}$

|주의| $\sigma_{\hat{p}_1-\hat{p}_2}=\sqrt{\dfrac{p_1q_1}{n_1}+\dfrac{p_2q_2}{n_2}}\approx\sqrt{\hat{p}\hat{q}(\dfrac{1}{n_1}+\dfrac{1}{n_2})}$, $\hat{p}=\dfrac{x_1+x_2}{n_1+n_2}$

③ 기각 영역: $H_1: p_1-p_2\neq 0$에 대한 기각역 $|Z|>z_{\alpha/2}$

$H_1: p_1-p_2<0$에 대한 기각역 $Z<-z_\alpha$

$H_1: p_1-p_2>0$에 대한 기각역 $Z>z_\alpha$

*$D_0\neq 0$인 차이에 대한 검정에도 검정은 적용될 수 있다. 대부분 응용은 $D_0=0$인 p_1과 p_2의 비교를 하기 때문에, 본 교재는 이 경우에 국한하기로 한다.

예제 8.4 지난 10년 동안, 흡연에 강하게 반대하는 캠페인들이 정부와 민간 기구들에 의해 후원되었다. 암 예방을 목적으로 하는 민간 기구에서 1998년에 무작위 표본 1,500명의 성인들과 2008년에 무작위 표본 1,750명의 성인들을 선택하여 흡연자 비율이 감소하였는지를 알아보고자 한다. 두 표본조사들의 결과는 [표 8.2]에서 볼 수 있고, x_1과 x_2는 1998년과 2008년 표본들에서 흡연자들의 수이다. 이 자료들은 흡연자 비율이 10년 주기 동안에 감소했는지를 나타내는가?

[표 8.2] 흡연조사결과

1998	2008
$n_1 = 1,500$	$n_2 = 1,750$
$x_1 = 555$	$x_2 = 578$

풀이 1998과 2008년 성인 흡연자 비율을 p_1과 p_2라고 정의하면, 가설은 다음과 같이 정의된다.

$$H_0:\ p_1 - p_2 = 0,\ H_1:\ p_1 - p_2 > 0$$

또한 검정통계량은 $Z = \dfrac{(\hat{p_1} - \hat{p_2}) - 0}{\sigma_{(\hat{p_1} - \hat{p_2})}}$ 이고, 유의수준 $\alpha = 0.05$에서 사용한 기각역은

$$z > z_\alpha = z_{0.05} = 1.645$$

이다.

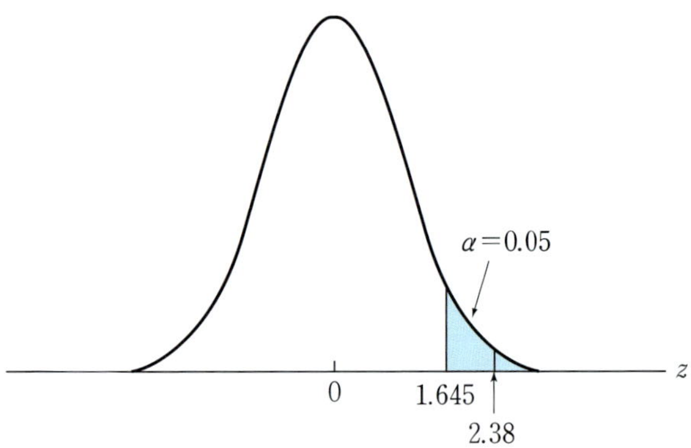

[그림 8.1] 예제 8.4의 기각역

흡연자들의 표본비율은 다음과 같다.

$$\hat{p}_1 = \frac{555}{1,500} = 0.37, \ \hat{p}_2 = \frac{578}{1,750} = 0.33$$

그러면

$$Z = \frac{(\hat{p}_1 - \hat{p}_2) - 0}{\sigma_{(\hat{p}_1 - \hat{p}_2)}} \approx \frac{(\hat{p}_1 - \hat{p}_2)}{\sqrt{\hat{p}\hat{q}\left(\frac{1}{n_1} + \frac{1}{n_2}\right)}}$$

이고, 여기서 $\hat{p} = \frac{x_1 + x_2}{n_1 + n_2} = \frac{555 + 578}{1,500 + 1,750} = 0.349$이다. 또한 $\hat{p}$는 $\hat{p}_1$과 $\hat{p}_2$의 가중평균이고, 표본크기가 더 큰 2008년 표본은 더 큰 가중치를 갖게 된다.

이때, 검정통계량값은 다음과 같이 계산된다.

$$z = \frac{0.37 - 0.33}{\sqrt{(0.349)(0.651)\left(\frac{1}{1,500} + \frac{1}{1,750}\right)}} = \frac{0.040}{0.0168} = 2.38$$

따라서 유의수준 $\alpha = 0.05$에서 1998~2008년 사이에 성인 흡연자 비율은 감소되었다고 결론을 내리기에 충분한 근거가 된다. ▣

8.3 다항자료 분석

8.3.1 범주형 자료의 확률에 대한 가설검정: 일원 분할표

이 절에서 하나의 질적 변수의 범주에 대응하는 k개의 결과를 가진 다항실험을 고려해보자. 실험의 결과는 일원 분할표(one-way table)로 요약된다. 오직 하나의 변수의 분류를 다루기 때문에 '일원'이라는 용어가 사용된다. 흔히, 일원 분할표에서 표본정보에 근거한 k개 범주의 관측비율에 대한 추론에 관심이 있다.

예를 들어, 세 정치 후보자가 A구 의원선거에 출마했다고 가정하자. 선거에 앞서 150명의 유권자를 임의로 선정하여 각 후보들에 대한 선호도를 조사하였다. 이 경우, 질적 변수는 후보자 1, 후보자 2, 후보자 3의 세 가지 가능한 결과가 있는 후보자 선호도이다. 각 후보자를 선호하는 투표자의 수는 표로 표시되고 [표 8.3]과 같이 도수로 나타낸다.

[표 8.3] 선거 후보자 선호도조사결과

선거 후보자	1	2	3
투표자 수	61표	53표	36표

투표자 선호도조사는 질적 변수에 대한 다항실험의 성질을 만족한다. 이 조사는 후보자 1을 선호하는 비율 p_1, 후보자 2를 선호하는 비율 p_2, 후보자 3을 선호하는 비율 p_3으로 구성된 아직 알려지지 않은 확률을 정의할 수 있으며, 모집단으로부터 임의로 추출된 $n=150$인 투표자들로 구성된다. 추출된 각 투표자는 세 가지 결과 중 하나를 가질 수 있는 단독 시행으로 표현된다. 투표자는 각각 p_1, p_2, p_3의 확률로 후보자 1, 2, 3을 선호할 것이다(모든 후보자들은 하나의 후보자만을 선호 한다고 가정하자). 표본에서 어느 투표자의 선호도는 다른 투표자의 선호도에 영향을 미치지 않는다. 따라서 시행들은 독립적이다. 마지막으로 [표 8.3]에 기록된 자료가 세 가지 선호 범주에서의 투표자들의 수임을 알 수 있다. 그러므로 투표자 선호도조사는 다항실험의 다섯 가지 성질을 만족한다.

이 조사와 다항실험의 대부분의 실제 응용에서 k개의 결과확률 p_1, p_2, $\cdots$, p_k는 알려지지 않아서 조사자료를 사용하여 이 확률들에 관한 추론을 하고자 한다. 미지의 후보자 선호 확률은 아래와 같다.

$p_1=$모든 투표자 중 후보자 1을 선호하는 비율

$p_2=$모든 투표자 중 후보자 2를 선호하는 비율

$p_3=$모든 투표자 중 후보자 3을 선호하는 비율

투표자들이 후보자 중 어느 한 명을 선호하는지 결정하기 위해서 p_1, p_2, p_3의 확률 중 적어도 하나는 $\frac{1}{3}$을 초과하는 확률로 선호되는 대립가설에 반하여 후보자들이 동등하게 선호된다는 귀무가설을 검정해야 한다. 따라서 다음의 가설검정을 한다.

H_0: $p_1=p_2=p_3=\frac{1}{3}$(특정 후보에 대한 선호도는 존재하지 않는다)

H_1: 확률 중 적어도 하나는 $\frac{1}{3}$을 초과한다. (특정 후보에 대한 선호도는 존재한다)

귀무가설이 사실이고 $p_1 = p_2 = p_3 = 1/3$이라면 후보자 1을 선호하는 투표자의 수에 대한 기대값(평균)은 다음과 같이 주어진다.

$$E_1 = np_1 = n\left(\frac{1}{3}\right) = 150\left(\frac{1}{3}\right) = 50$$

마찬가지로, 귀무가설이 사실이고 $p_1 = p_2 = p_3 = 1/3$이라면 $E_2 = E_3 = 50$이다.

다음의 카이제곱 검정통계량은 자료와 귀무가설 사이의 불일치의 정도를 측정한다.

$$\begin{aligned}\chi^2 &= \frac{(n_1 - E_1)^2}{E_1} + \frac{(n_2 - E_2)^2}{E_2} + \frac{(n_3 - E_3)^2}{E_3} \\ &= \frac{(n_1 - 50)^2}{50} + \frac{(n_2 - 50)^2}{50} + \frac{(n_2 - 50)^2}{50}\end{aligned}$$

이때 관측된 수 n_1, n_2, n_3와 기댓값 (50)과의 차이가 클수록 χ^2값도 커진다는 것을 유의하자. χ^2의 큰 값은 귀무가설이 거짓이라는 것을 의미한다.

조사자료가 선호도의 존재를 의미하는지 결정하기 위하여, 반복된 표본추출에서 χ^2의 표본분포를 알아야 한다. H_0가 사실일 때 χ^2-통계량은 (근사적으로) 자유도가 $k-1$인 $\chi^2(k-1)$분포를 따름을 보일 수 있다. $\alpha = 0.05$이고 $k-1 = 3-1 = 2$의 자유도 하에서, 후보자 선호도조사의 기각 영역은 아래와 같다.

$$\text{기각 영역: } \chi^2 > \chi^2_{.05}(2)$$

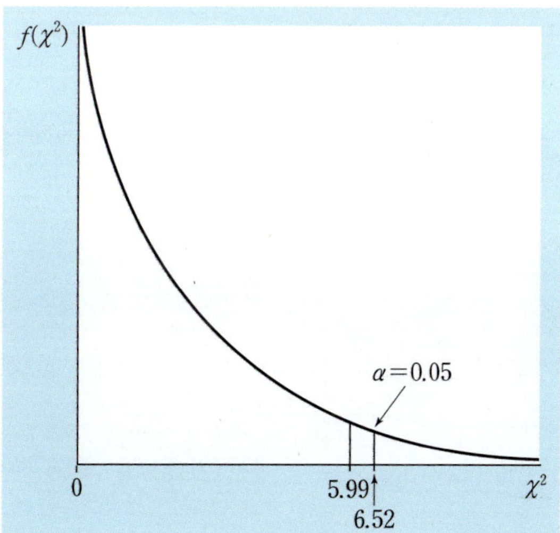

[그림 8.2] 선거 후보자 선호도조사에 대한 기각역

부록의 [표 4]에서 $\chi^2_{.05}(2) = 5.99147$이다([그림 8.2]를 참조). 검정통계량의 계산값은 아래와 같다.

$$\chi^2 = \frac{(n_1 - 50)^2}{50} + \frac{(n_2 - 50)^2}{50} + \frac{(n_2 - 50)^2}{50}$$
$$= \frac{(61 - 50)^2}{50} + \frac{(53 - 50)^2}{50} + \frac{(36 - 50)^2}{50} = 6.52$$

계산된 $\chi^2 = 6.52$는 기각값 5.99147을 초과하기 때문에 $\alpha = 0.05$ 유의수준에서 후보자들 중 하나 혹은 그 이상의 후보자에 대한 선호가 존재한다고 결론짓는다.

지금까지 다항확률에 관한 가설검정의 절차는 다음과 같다.

다항 확률의 가설검정: 일원 분할표-적합도 검정

① 귀무가설과 대립가설:

$$H_0 : p_1 = p_{1,0},\ p_2 = p_{2,0},\ \cdots,\ p_k = p_{k,0}$$

여기서 $p_{1,0}$, $p_{2,0}$, $\cdots$, $p_{k,0}$은 다항확률의 미리 주어진 값이다.

H_1: 다항확률 중 최소 하나는 미리 주어진 값과 동일하지 않다.

② 검정통계량: $\chi^2 = \sum \frac{(n_i - E_i)^2}{E_i}$

여기서 $E_i = np_{i,0}$는 기대도수이다. 즉 H_0가 사실이라고 가정할 때, 범주 i의 기대도수이다. 총 표본크기는 n이다.

③ 기각 영역: $\chi^2 > \chi^2_\alpha(k-1)$

유효한 카이제곱 χ^2 검정을 위한 조건: 일원 분할표

1. 다항실험이 시행되었다. 이것은 일반적으로 해당 모집단으로부터 확률표본을 추출함으로서 만족된다.
2. 표본크기 n이 충분히 커서, 모든 셀에서 기대도수 $E(n_i)$는 5 혹은 그 이상이다.

예제 8.5 교육 TV방송국이 마리화나 흡연의 생리적, 심리적 효과에 관한 일련의 프로그램을 방송한다고 가정하자. 지금 그 시리즈는 방송이 끝났고, 방송국은 시청 지역에 있는 시민들을 대상으로 하여 마리화나 소유에 관한 법적 의견이 변화가 있었는지를 알고 싶다. 이 시리즈들이 방영되기 전에는 시민들의 7%는 적법화 찬성, 18%는 비범죄화 찬성, 65%는 현행법 찬성(마리화나 소지자는 벌금을 물거나 감옥에 가야 한다.), 그리고 10%는 의견 없음으로 나타났다. 프로그램 방영 후, 시청 지역에 있는 랜덤 표본 500명의 의견 결과는 [표 8.4]에 주어졌다. 의견들의 분포가 교육적인 시리즈를 방송하기 전의 비율과 다른지를 5% 유의수준 하에서 검정하여라.

[표 8.4] 마리화나 소유에 관한 의견들의 분포

적법화	비범죄화	현행법	의견 없음
39	99	336	26

풀이 프로그램 방영 후 의견 비율을 아래와 같이 정의하자.

p_1 = 적법화에 찬성하는 시민의 비율,

p_2 = 비범죄화에 찬성하는 시민의 비율,

p_3 = 현행법에 찬성하는 시민의 비율,

p_4 = 의견이 없는 시민의 비율

비율의 분포에 변화가 없음을 나타내는 귀무가설은 아래와 같다.

$$H_0:\ p_1 = 0.07,\ p_2 = 0.18,\ p_3 = 0.65,\ p_4 = 0.10$$

그리고 대립가설은 아래와 같다.

H_1: 비율 중 최소 하나는 귀무가설의 값과 다르다.

그리하여 다음과 같은 검정통계량을 얻는다.

$$\text{검정통계량: } \chi^2 = \sum \frac{(n_i - E_i)^2}{E_i}$$

여기서, $E_1 = np_{1,0} = 500(0.07) = 35,$

$E_2 = np_{2,0} = 500(0.18) = 90,$

$$E_3 = np_{3,0} = 500(0.65) = 325,$$
$$E_4 = np_{4,0} = 500(0.10) = 50$$

위의 모든 값들은 5 이상이므로 χ^2근사는 적절하다. 또한 시민들이 임의로 선택되었다면 다항확률분포의 성질은 만족된다. $\alpha = 0.05$이고 $df = k-1 = 3$일 때, $\chi^2 > \chi^2_{0.05}(3) = 7.81473$이면 귀무가설은 기각된다. 이제 검정통계량을 아래와 같이 계산할 수 있다.

$$\chi^2 = \frac{(39-35)^2}{35} + \frac{(99-90)^2}{90} + \frac{(336-325)^2}{325} + \frac{(26-50)^2}{50} = 13.249$$

이 값이 $\chi^2_{0.05}(3) = 7.81473$를 초과하기 때문에 귀무가설은 기각되고 마리화나 법률화에 관한 의견이 시리즈가 방송된 이후로 변했다는 충분한 근거를 제시한다.

우리가 다항실험의 어느 특정한 범주의 결과에 초점을 둔다면 이항비율을 다룬 8.2.1절을 이용하여 다항실험 비율 중 어느 하나에 대한 신뢰구간을 구할 수 있다. 예를 들어 마리화나 소지에 관한 의견이 없는 사람의 비율에 대한 95% 신뢰구간을 구한다면 아래와 같이 계산한다.

$$\hat{p}_4 \pm 1.96\sigma_{\hat{p}_4}$$

여기서

$$\hat{p}_4 = \frac{n_4}{n} = \frac{26}{500} = 0.052\text{이고 } \sigma_{\hat{p}_4} \approx \sqrt{\frac{\hat{p}_4(1-\hat{p}_4)}{n}}$$

그리하여

$$0.052 \pm 1.96\sqrt{\frac{(0.052)(0.948)}{500}} = 0.052 \pm .019 \text{ 또는 } (0.033,\ 0.071)$$

결론적으로 3.3%와 7.1% 사이의 시민들이 마리화나의 법률화 논쟁에서 의견이 없다고 추정한다. 일련의 프로그램들을 이용한 홍보 후, '의견 없음'의 비율이 10%보다 작기 때문에, 홍보 효과가 있다고 할 수 있다. ▣

8.3.2 범주형 자료의 확률에 대한 가설검정: 이원 분할표

8.3.1절에서는 다항확률분포를 소개하고 하나의 기준에 따라 분류된 자료를 다루었다. 이제 자료가 두 기준에 따라 분류되는 다항실험을 다루어 보자. 즉 두 질적 요인에

따른 분류 문제를 다루어 보자.

어느 마케팅 회사에서는 텔레비전 광고에서 유명 인사를 이용하는 것이 제품의 인식 여부에 영향을 미치는가에 대한 연구를 실시하였다. 연구자는 시청자의 성별과 시청자의 브랜드 인식 사이의 관계를 조사했다. 300명의 TV시청자들에게 남성 유명 대변인에 의해 광고된 제품을 인식하는지를 물었다. 자료는 [표 8.5]와 같이 이원 분할표로 요약되었다. 이 표는 두 축척, 차원, 혹은 분류(시청자의 성별과 브랜드인식 여부)로 분류된 다항도수자료로 나타내어진 분할표라고 불려진다.

[표 8.5] 마케팅 예제의 분할표

		성별		
		남	여	합계
브랜드인식 여부	인식함	95	41	136
	인식하지 못함	55	109	164
	합계	150	150	300

[표 8.6]은 [표 8.5]에서의 다항실험에 대한 셀 도수를 표현하는 기호들이다. 그리고 셀, 행, 열에 대응하는 확률은 [표 8.7]에 있다. 따라서 n_{11}은 브랜드를 인식하는 남성 시청자의 수를 나타내며, p_{11}은 이에 대응하는 셀 확률이다. 행과 열의 각각의 합의 기호와 이 합의 기호에 대응하는 확률 기호들에 유의하자. 후자는 각 행과 열에 대한 주변 확률(marginal probability)이라 한다. 주변 확률 p_{r1}은 TV시청자가 제품을 인식하는 확률이다. 주변 확률 p_{c1}은 TV시청자가 남자일 확률이다. 따라서

$$p_{r1}=p_{11}+p_{12} \text{이고 } p_{c1}=p_{11}+p_{21}.$$

[표 8.6] 분할표의 관측도수

		성별		
		남	여	합계
브랜드인식 여부	인식함	n_{11}	n_{12}	R_1
	인식하지 못함	n_{21}	n_{22}	R_2
	합계	C_1	C_2	n

[표 8.7] 분할표에 대한 확률

		성별		
		남	여	합계
브랜드 인식여부	제품을 인식함	p_{11}	p_{12}	p_{r1}
	제품을 인식하지 못함	p_{21}	p_{22}	p_{r2}
	합계	p_{c1}	p_{c2}	1

이제 위의 실험은 (2)(2)=4개 셀의 결과들, [표 8.7]에서 보여주는 것과 같은 각 셀에 대한 확률 그리고 총 300 시행을 가진 다항실험임을 알 수 있다. 300명의 TV시청자들은 임의로 선택되었고 시행들은 독립이고 각각의 셀 확률들은 모든 시행에서 동일하다고 할 수 있다.

성별과 브랜드인식 여부로 이루어진 두 분류가 종속인지 아닌지 알아보자. TV시청자의 성별을 안다면 그 정보가 시청자의 브랜드인식에 관한 단서를 주는 것인가? 확률적 측면에서, 사건 A와 B의 독립성은 $P(A\cap B)=P(A)P(B)$임을 적용한다. 마찬가지로, 분할표 분석에서 두 분류가 독립이면, 한 항목이 표의 어느 특정한 셀에 분류되는 확률은 해당되는 주변 확률의 곱으로 나타낼 수 있다. 따라서 독립성 가정하에서, [표 8.5]에서 아래를 만족해야만 한다.

$$p_{11}=p_{r1}p_{c1},\ p_{12}=p_{r1}p_{c2},$$
$$p_{21}=p_{r2}p_{c1},\ p_{22}=p_{r2}p_{c2}$$

독립성 가설검정을 위해서 8.3.1절의 적합도 검정에서 사용한 추론을 마찬가지로 이용한다. 먼저 독립성의 귀무가설이 사실이라고 가정하여 각 셀에서 기대도수를 계산한다. 표의 셀에서 기대도수는 다항시행의 총 도수 n과 셀 확률의 곱으로 나타낸다. n_{ij}는 i번째 행과 j번째 열에 위치한 셀에서 관측도수이다. 그러면, 1행과 1열에 위치한 셀의 기대도수는 아래와 같다.

$$E_{11}=np_{11}$$

또는 귀무가설(분류들은 독립이다)이 사실일 때,

$$E_{11}=np_{r1}p_{c1}$$

이 두 확률 p_{r1}과 p_{c1}은 알려지지 않았기 때문에 $\hat{p}_{r1}=R_1/n$, $\hat{p}_{c1}=C_1/n$에 의해 p_{r1}과 p_{c1}은 추정된다. 그러므로 기대값 $E(n_{11})$은 아래와 같다.

$$E_{11} = n\left(\frac{R_1}{n}\right)\left(\frac{C_1}{n}\right) = \frac{R_1 C_1}{n} = \frac{(136)(150)}{300} = 68$$

유사하게 각 i와 j에 대해서

$$E_{ij} = \frac{(\text{행 합계})(\text{열 합계})}{\text{총 표본크기}}.$$

그러므로

$$E_{12} = \frac{R_1 C_2}{n} = \frac{(136)(150)}{300} = 68,$$

$$E_{21} = \frac{R_2 C_1}{n} = \frac{(164)(150)}{300} = 82,$$

$$E_{22} = \frac{R_2 C_2}{n} = \frac{(164)(150)}{300} = 82.$$

관측된 자료와 추정된 기대도수(괄호 안에서)는 [표 8.8]에 주어진다.

이제 분할표의 각 셀의 관측도수와 기대도수를 비교하기 위해서 χ^2 통계량을 계산한다.

$$\chi^2 = \frac{(n_{11} - E_{11})^2}{E_{11}} + \cdots + \frac{(n_{22} - E_{22})^2}{E_{22}} = \sum_{ij}^{rc} \frac{(n_{ij} - E_{ij})^2}{E_{ij}}$$

참고 분할표 분석에서 $\sum$의 이용은 표의 모든 셀에 걸친 합을 의미한다.

위 식에 [표 8.8]의 자료를 대입하여 다음을 얻을 수 있다.

$$\chi^2 = \frac{(95-68)^2}{68} + \frac{(41-68)^2}{68} + \frac{(55-82)^2}{82} + \frac{(109-82)^2}{82} = 39.22$$

χ^2의 큰 값은 관측도수들은 같지 않고, 따라서 독립성의 가설은 거짓임을 나타낸다. 우연에 의한 것이 아니라 실제로 큰 χ^2값으로 인하여 독립성이 성립하지 않음을 보이기 위하여 얼마나 큰 χ^2값을 가져야 하는지를 결정하기 위하여, 분류들이 독립이라는 귀무가설하에서 χ^2의 표본분포는 근사적으로 χ^2확률분포를 따른다는 사실을 이용한다.

[표 8.8] 성별 브랜드인식 여부에 관한 관측도수와 추정 기대도수(괄호 안)

		성별		
		남	여	합계
브랜드인식 여부	인식함	95 (68)	41 (68)	136
	인식하지 못함	55 (82)	109 (82)	164
	합계	150	150	300

이원 교차표의 독립성 검정에서 적절한 자유도는 표에서 r이 행의 수이고 c가 열의 수일 때 $(r-1)(c-1)$이 된다.

브랜드인식의 예에서 χ^2 의 자유도는 $(r-1)(c-1)=(2-1)(2-1)=1$이다. 그러면 $\alpha=0.05$에서 아래와 같을 때 독립성의 귀무가설을 기각한다.

$$\chi^2 > \chi^2_{.05}(1) = 3.84146$$

계산된 $\chi^2=39.22$는 3.84146을 초과하기 때문에 시청자 성별과 브랜드인식은 종속인 사건이라고 결론짓는다.

종속의 형태는 자료를 비율로 나타내면 좀더 명확히 알 수 있다. 먼저 두 분류 중 하나를 기본 분류로 선택한다. 앞 예제에서 기본 분류변수로서 TV시청자의 성별을 선택하자. 다음, 두 번째 분류변수(브랜드인식)의 각각의 수준에 대한 반응을 기본 변수의 부분합에 대한 비율로서 제시한다. 예를 들어 [표 8.6]에서 브랜드를 인식하는 남성(95)의 응답을 남성 시청자 (150)의 총 수에 대한 비율로 전환한다. 즉

$$\left(\frac{95}{150}\right)100 = 63.3\%.$$

[표 8.8]의 모든 성분들을 유사하게 전환할 수 있으며, 그 값들은 [표 8.9]에서 보여준다. 각 행의 오른쪽에 보이는 값은 응답자의 총수에 대한 비율로서 표현된 행 합계이다. 즉 제품을 인식하는 TV시청자의 비율은 $\left(\frac{136}{300}\right)100 = 45.3\%$이다.

성별과 브랜드인식변수가 독립이라면 표의 셀에서 비율은 대응하는 행의 비율에 대략 같을 것으로 기대한다. 따라서 두 변수가 독립이라면 브랜드를 인식하는 시청자의 성별 비율은 대략 45%로 기대된다. 이 값과 성별 비율의 차이 정도가 두 분류의 종속

성을 결정하며, 행 비율의 변이성이 크면, 두 변수의 종속성도 커진다. [그림 8.3]의 시청자의 성별을 x축으로 하고 브랜드를 인식하는 TV시청자의 비율을 y축으로 하는 SPSS 그래프에서 종속의 정도를 잘 요약하고 있다. 독립을 가정한 기대비율은 점선으로 된 수평선으로 되어 있다.

[그림 8.3]은 분할표의 두 분류가 독립이라는 검정결론에 이르게 되는 이유를 보여준다. 남성 유명인사에 의해 광고된 브랜드를 인식하는 남성 TV시청자의 비율은 브랜드를 인식하는 여성 TV시청자보다 두 배 이상 높았다. 독립성 정도를 측정하는 통계적인 척도와 두 분류에 대한 수준들로 이루어진 쌍들에 대한 비교는 이 본문의 범위를 벗어나지만 참고문헌을 살펴보기 바란다. 표본 자료에 나타난 종속성의 정도를 검사하기 위해 [그림 8.3]과 같은 기술적 요약을 이용할 것이다.

[표 8.9] 성별 브랜드인식 여부에 관한 TV시청자의 비율

		성별		
		남	여	합계
브랜드인식 여부	인식함	63.3	27.3	45.3
	인식하지 못함	36.7	72.7	54.7
	합계	100	100	100

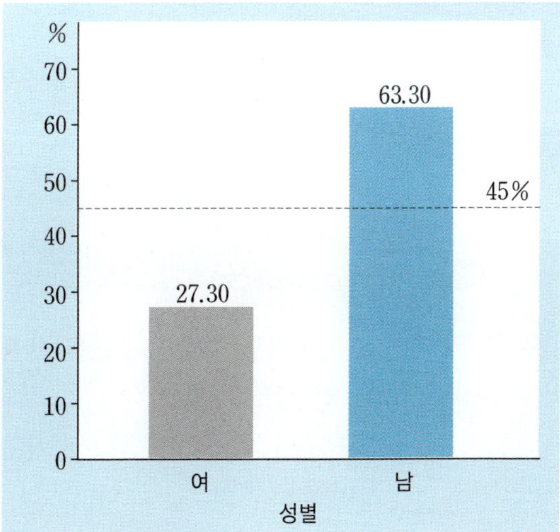

[그림 8.3] 브랜드를 인식하는 시청자들의 비율에 관한 막대그래프

일반적으로 r행과 c열($r \times c$ 분할표)을 갖는 이원 분할표의 일반적인 형태는 [표 8.10]에서 볼 수 있다. (i, j)셀의 관측도수는 n_{ij}, i행 합계는 R_i, j열 합계는 C_j 그리고 총 표본크기는 n으로 나타낸다.

[표 8.10] $r \times c$ 분할표

		열				
		1	2	$\cdots$	c	행 합계
행	1	n_{11}	n_{12}	$\cdots$	n_{1c}	R_1
	2	n_{21}	n_{22}	$\cdots$	n_{2c}	R_2
	$\vdots$	$\vdots$	$\vdots$		$\vdots$	$\vdots$
	r	n_{r1}	n_{r2}	$\cdots$	n_{rc}	R_r
열 합계		C_1	C_2	$\cdots$	C_c	n

위 표기를 이용하여 다음 상자에서 두 범주형 변수의 독립성을 검정하는 분할표의 일반적인 형태를 얻을 수 있다.

이원 분할표 분석의 일반적인 형태: 독립성 검정

① H_0: 두 범주가 독립이다.

H_1: 두 범주가 종속이다.

② **검정통계량:** $\chi^2 = \sum \frac{(n_{ij} - E_{ij})^2}{E_{ij}}$, 여기서 $E_{ij} = \frac{R_i C_j}{n}$

③ **기각 영역:** $\chi^2 > \chi^2_\alpha((r-1)(c-1))$

유효한 카이제곱 χ^2 검정을 위한 필요 조건: 분할표

1. n개의 관측된 도수들은 관심 모집단에서 임의로 추출된 표본이며, $r \times c$의 가능한 결과를 가진 다항실험으로 간주할 수 있다.
2. 표본크기 n은 충분히 큰 수여야 하며. 모든 셀에 대해 기대도수 $E(n_{ij})$는 5 이상이다.

예제 8.6 사회 과학자 A는 남성들의 결혼상태(이혼 또는 이혼하지 않음)와 그들의 종교 형태가 독립인지 여부에 관심이 있어서, 남성들로 이루어진 표본 500명을 조사하였고, 그 결과는 [표 8.11]과 같이 나타났다.

(1) 현재의 결혼 상태는 종교 형태와 독립적인지를 알아보기 위해서 충분한 근거가 되는지 검정하여라. 유의수준 $\alpha = 0.01$이다.

(2) 자료를 그래프로 나타내고 그래프의 형태를 기술하여라. 검정결과는 그래프에 의해 지지되는가?

[표 8.11] 조사결과(관측 빈도수)

		종교 상태					합계
		A	B	C	D	없음	
결혼 상태	이혼	39	19	12	28	18	116
	이혼한 적 없음	172	61	44	70	37	384
합계		211	80	56	98	55	500

풀이 (1) 먼저 결혼 상태와 종교가 서로 독립이라는 가정 하에서 각 셀의 기대 빈도수를 계산한다. 직접 계산하기보다는 컴퓨터로 계산한다. [표 8.11]에 주어진 자료를 분석한 SPSS결과는 [그림 8.4]에 주어지고, 각 셀의 관측빈도수(빈도)와 기대빈도수(기대빈도)를 볼 수 있다. 종교가 A인 이혼남으로 이루어진 셀의 기대도수는 $E_{11} = 49.0$으로 추정된다. 유사한 방법으로, 종교가 B인 이혼남으로 이루어진 셀의 기대도수는 $E_{12} = 18.6$이다. 추정된 모든 셀의 기대빈도수는 5보다 크므로 검정통계량은 점근적으로 χ^2분포에 따른다. 표본이 결혼했거나 이전에 결혼한 모든 남성들로부터 랜덤하게 선택되었다면 다항 확률분포가 만족된다.
귀무가설과 대립가설은 다음과 같다.

H_0 : 남성들의 결혼 상태와 종교 형태는 서로 독립이다.

H_1 : 남성들의 결혼 상태와 종교 형태는 종속이다.

검정통계량은 $\chi^2 = 7.135$이고, 유의수준 $\alpha = 0.01$는 유의확률 $p = 0.129$보다 작으므로 귀무가설 H_0을 기각하지 못한다. 즉 남성들의 결혼 상태는 그들의 종교 형태에 종속되지 않다고 결론을 내릴 수 있다.

교차분석

결혼과 종교 상태의 교차표								
			종교 상태					전체
			A	B	C	D	없음	
결혼 상태	이혼	빈도 기대빈도	39 49.0	19 18.6	12 13.0	28 22.7	18 12.8	116 116.0
	이혼 안 함	빈도 기대빈도	172 162.0	61 61.4	44 43.0	70 75.3	37 42.2	384 384.0
전체		빈도 기대빈도	211 211.0	80 80.0	56 56.0	98 98.0	55 55.0	500 500.0

카이제곱 검정			
	값	자유도	점근 유의확률(양측 검정)
Pearson 카이제곱	7.135a	4	0.129
우도비	6.985	4	0.137
선형 대 선형결합	6.494	1	0.011
유효 케이스 수	500		

a. 0 셀 (0.0%)은(는) 5보다 작은 기대빈도를 가지는 셀입니다. 최소 기대빈도는 12.76입니다.

[그림 8.4] 예제 8.6에 대한 SPSS 분할표와 χ^2 검정결과

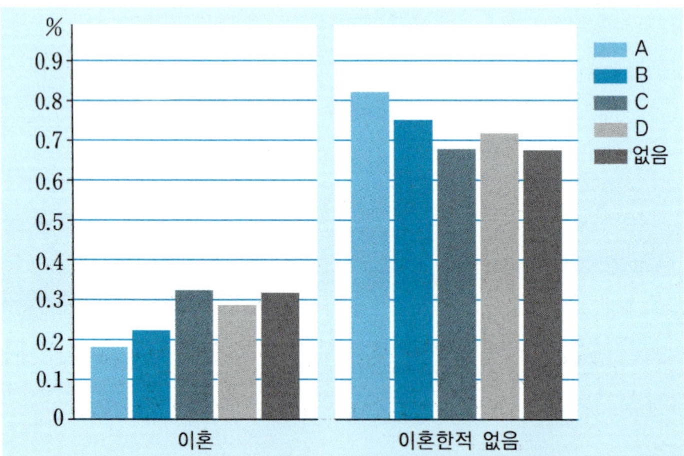

[그림 8.5] 종교 상태별 결혼 상태 퍼센트 그래프

(2) 종교 상태별로 결혼 상태 빈도수를 퍼센트로 표현할 수 있다. 독립이라는 가정 하에서 이혼 남성들의 기대되는 퍼센트는 $(116/500) \times 100\% = 23\%$ 이다. SPSS 막대그래프는 [그림 8.5]와 같이 표현된다. 이혼한 남성들의 비율은 그래프에서 기대 비율 23%에서 약간 벗어나므로, 문제 (1)의 독립이라는 검정결과를 지지한다. 즉 막대그래프와 통계적인 검정 모두 남성들의 결혼 상태와 종교 상태가 종속이라는 증거를 제시하지 못한다. ▣

8.3.3 카이제곱검정의 유의할 점

다항실험의 확률에 대한 가설검정을 할 때, χ^2통계량은 가장 광범위하게 쓰이는 통계적인 도구 중 하나이기 때문에, 또한 가장 남용되는 통계적인 절차 중 하나이기도 한다. 결과적으로 사용자는 항상 실험이 각 절차의 기본 가정들을 만족하는지 확인해야 한다. 더욱이, 사용자는 표본이 추론하고자 하는 올바른 모집단으로부터 추출된 것인지 확인해야 한다.

χ^2통계량의 표본분포의 근사로 χ^2확률분포를 이용하는 것은 기대도수가 매우 작을 때는 피해야 한다. 기대도수가 작을 때는 근사가 잘 안되기 때문이다. 그 결과, 실제 유의수준은 명목상 유의수준 α와 차이가 많을 수 있다. 어림잡아, 기대 셀 도수가 최소한 5가 되면 χ^2확률분포가 근사 기각값을 결정하는데 이용될 수 있다.

χ^2값이 사전에 정한 χ^2의 기각값을 초과하지 않는다면 독립성의 가설을 받아들여서는 안 된다. 제2종의 오류(Type II error: 귀무가설이 거짓일 때 채택하는 오류)를 범할 위험이 있고, 이 오류의 확률을 모르기 때문이다. 통상적인 대립가설은 두 분류들이 서로 종속이라는 것이다. 두 분류가 종속이 될 수 있는 방법의 수가 사실 무한대로 다양하기 때문에, 넓은 범위의 종속성을 표현하는 대립가설에 대한 제2종의 오류의 크기인 β를 하나 혹은 여러 개 계산하는 것은 어렵다. 그러므로 χ^2이 작을 때조차도 두 분류가 독립이라고 결론짓는 것은 피하는 것이 좋다.

마지막으로 분할표의 χ^2값이 기각값을 초과하면 두 분류 사이에 인과관계가 존재한다고 추론하는 것을 피하도록 주의해야 한다. 대립가설은 두 분류가 통계적으로 종속이라는 것이다. 통계적인 종속이 인과관계를 뜻하는 것은 아니다. 그러므로 인과관계의 존재는 분할표 분석에 의해 성립될 수 없다.

8.4 SPSS 실습

예제 8.7 SPSS를 이용한 일원 x^2검정(예제 8.5의 계속)

마리화나 소유에 관한 TV 프로그램의 방송 효과를 검정해 보고자 한다.

풀이 교육 방송국이 마리화나 흡연의 생리적, 심리적 효과에 관한 방송 후 마리화나 소유에 관한 의견 비율의 변화가 있었는지에 관한 x^2검정은 아래 같이 SPSS패키지를 이용할 수 있다.

① SPSS 데이터 편집기의 창에 입력한다. '의견'열에서 적법화를 1, 비범죄화를 2, 현행법을 3, 의견 없음을 4로 코딩한다.

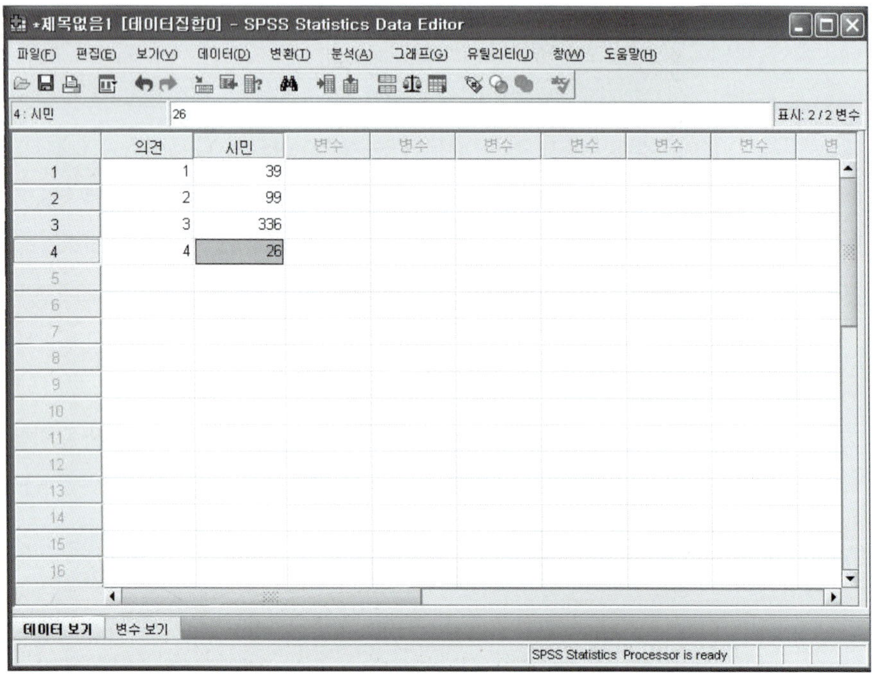

② SPSS에서는 모든 입력자료를 하나의 관측치로 인식하기 때문에 시민에 입력된 값이 하나의 관측치가 아닌 도수로 인식되도록 가중치를 부여해야 한다. 가중치를 부여하기 위해서는 '데이터→가중 케이스'와 같이 순서대로 실행명령을 지정한다.

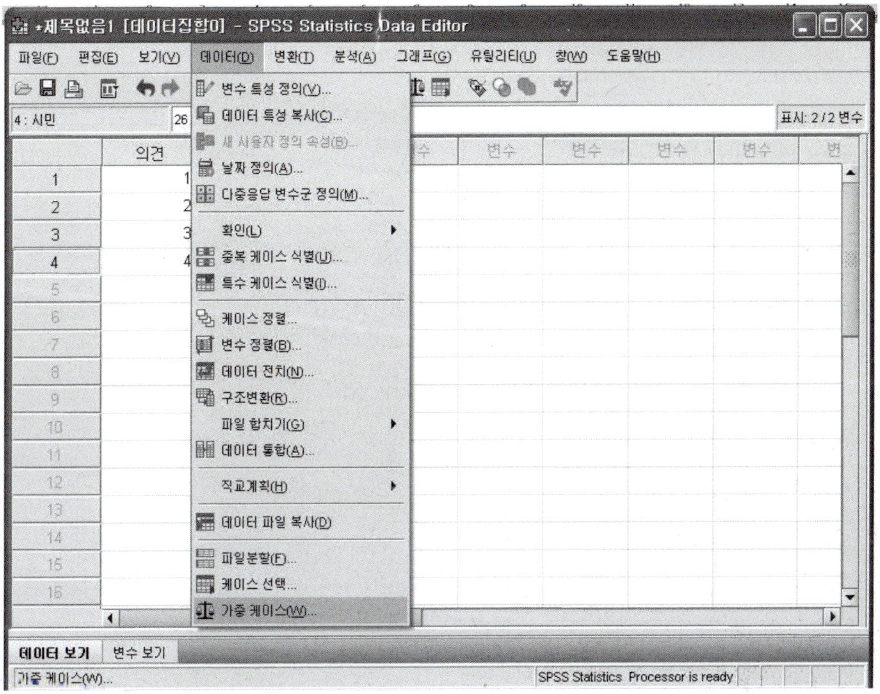

③ 가중 케이스 대화상자에서 '가중 케이스 지정(W)'를 선택하고 시민변수를 '빈도변수(F)'란으로 이동시킨다. 가중 케이스를 지정 후, '분석→비모수 검정→카이제곱 검정'과 같이 순서대로 실행명령을 지정한다.

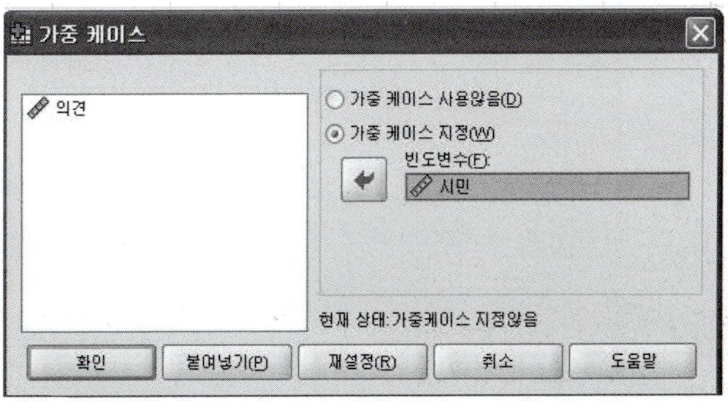

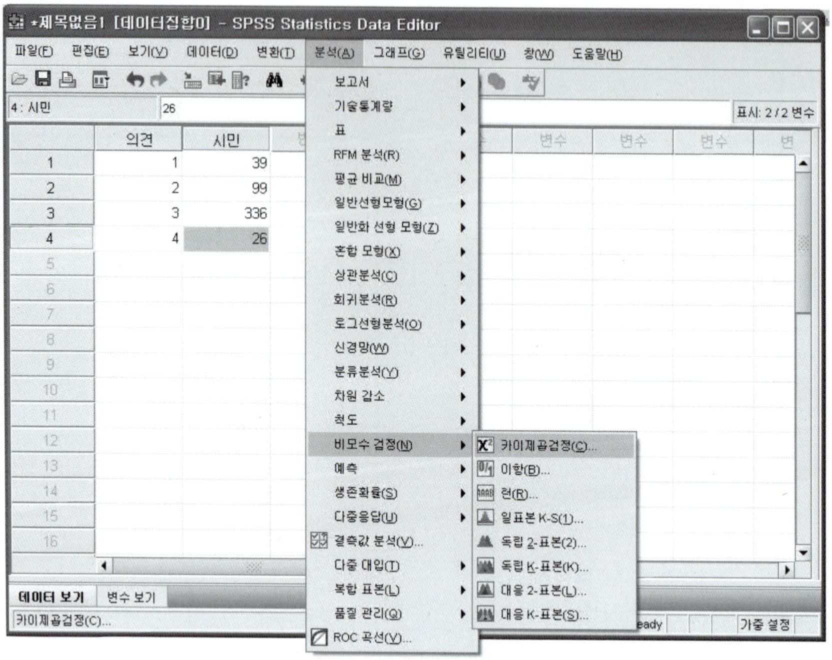

④ 카이제곱검정 대화상자에서 의견변수를 '검정변수(T)'란으로 이동시키고 하나의 기대값에서 '값(V)'란에 차례대로 0.07, 0.18, 0.65, 0.10를 입력하여 추가한다.

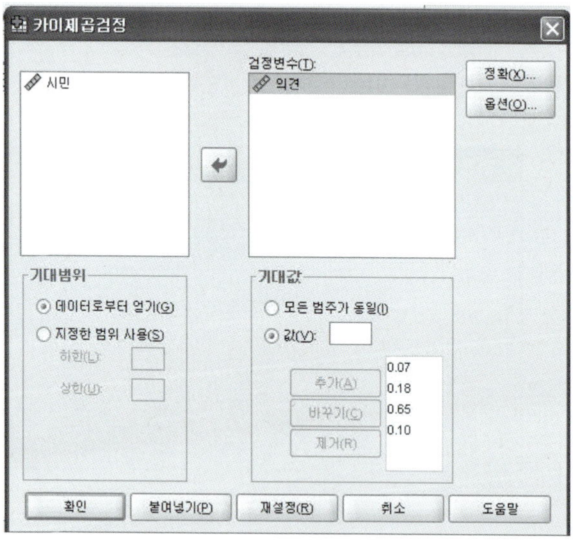

⑤ 필요한 부분을 모두 지정한 후 확인을 누르면 출력결과창에 다음과 같은 분석결과가 나타난다.

의견

	관측수	기대빈도	잔차
적법화	39	35.0	4.0
비범죄화	99	90.0	9.0
현행법	336	325.0	11.0
의견 없음	26	50.0	−24.0
합계	500		

검정통계량

	의견
카이제곱	13.249a
자유도	3
근사 유의확률	.004

a. 0 셀 (0.0%)은(는) 5보다 작은 기대빈도를 가집니다. 최소 셀 기대빈도는 35.0입니다.

검정결과를 보면 카이제곱값이 13.249이고 유의확률값이 0.004로서 유의수준 0.05보다 작으므로 귀무가설을 기각한다.

예제 8.8 마케팅 예제–SPSS를 이용한 이원 x^2검정(표 8.5의 계속)

성별과 브랜드인식의 두 분류가 종속인지 아닌지 알아보고자 한다.

풀이 ① SPSS 데이터 편집기의 창에 아래와 같이 입력한다. 브랜드를 인식함을 1, 브랜드를 인식하지 못함을 2로 코딩한다. 성별을 남자는 1, 여자는 2로 코딩한다.

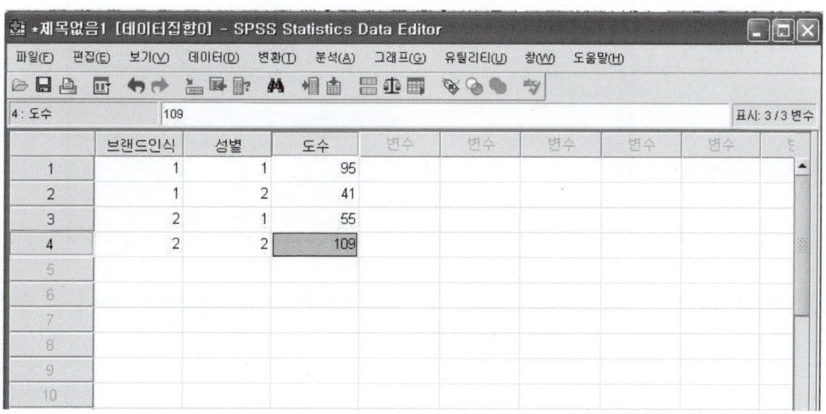

② 이와 같은 입력자료를 가지고 검정을 실시하기 위하여 도수변수에 대하여 가중치를 부여하기 위해서는 '데이터→가중 케이스'와 같이 순서대로 실행명령을 지정한다.

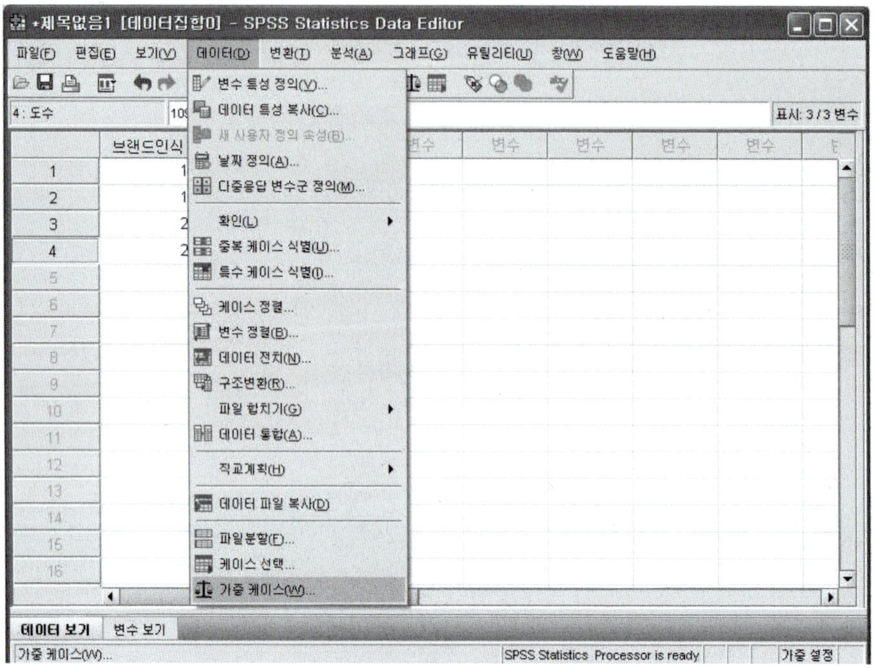

③ 가중 케이스 대화상자에서 '가중 케이스 지정(W)'를 선택하고 도수변수를 '빈도변수(F)'란으로 이동시킨다.

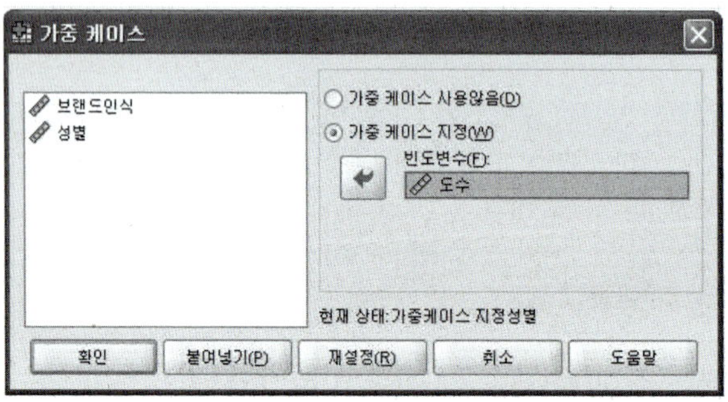

④ 가중케이스를 지정한 후, '분석 → 기술통계량 → 교차분석'과 같이 순서대로 실행명령을 지정한다.

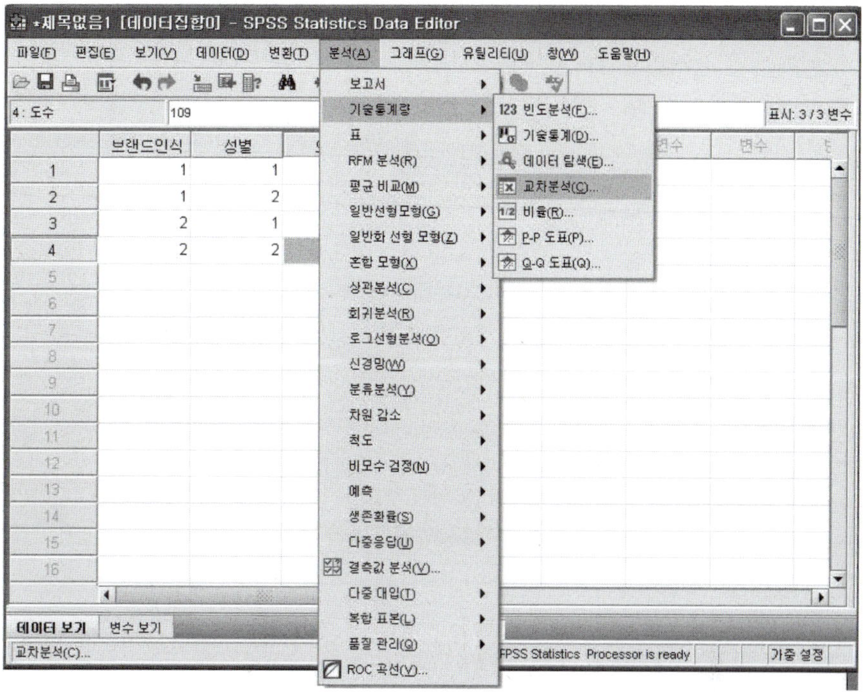

⑤ 교차분석 대화상자에서 브랜드인식을 '행(W)'란으로 이동시키고 성별 변수를 '열(C)'란으로 이동시킨다.

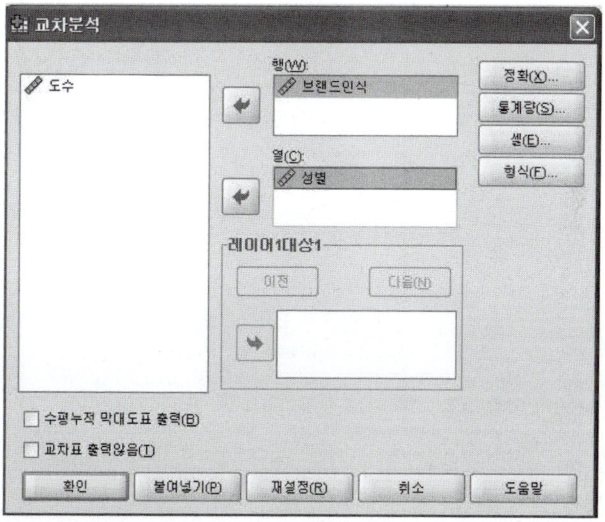

⑥ 교차분석 대화상자 하단에 있는 '통계량(S)'를 선택한 후 '카이제곱(H)'을 선택하고 계속을 누른다.

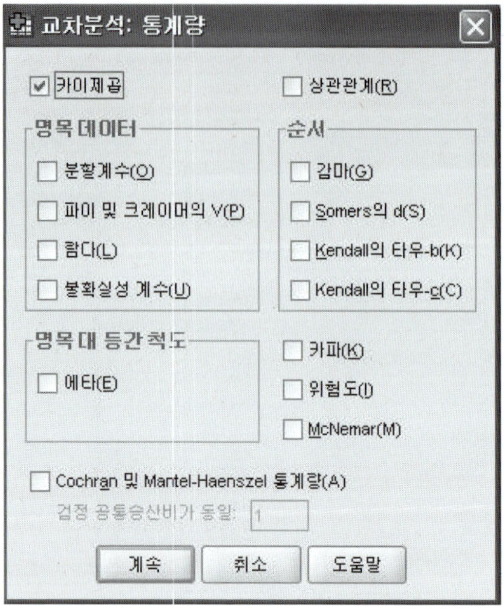

⑦ 교차분석 대화상자 하단에 있는 '셀(E)'를 선택한 후 관측빈도와 기대빈도를 각각 체크하고 계속을 누른다.

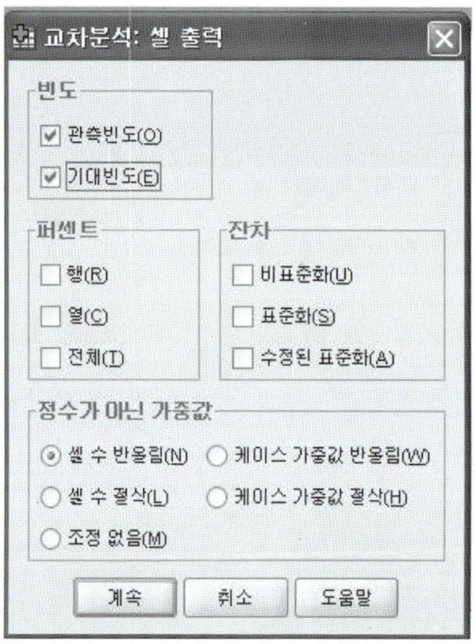

⑧ 필요한 부분을 모두 지정한 후 확인을 누르면 출력결과창에 다음과 같은 분석결과가 나타난다.

브랜드인식 * 성별 교차표

			성별		전체
			남	여	
브랜드인식 여부	인식함	빈도 기대빈도	95 68.0	41 68.0	136 136.0
	인식하지 못함	빈도 기대빈도	55 82.0	109 82.0	164 164.0
전체		빈도 기대빈도	150 150.0	150 150.0	300 300.0

카이제곱검정

	값	자유도	점근 유의확률 (양측검정)	정확한 유의확률 (양측검정)	정확한 유의확률 (단측검정)
피어슨 카이제곱	39.222a	1	0.000		
연속수정[b]	37.782	1	0.000		
우도비	40.160	1	0.000		
피셔의 정확한 검정				0.000	0.000
선형 대 선형결합	39.091	1	0.000		
유효 케이스 수	300				

a. 0 셀 (0.0%)은(는) 5보다 작은 기대 빈도를 가지는 셀입니다. 최소 기대빈도는 68.00입니다.
b. 2x2 표에 대해서만 계산됨

검정결과를 보면 피어슨 카이제곱값이 39.222이고 유의확률값이 0.000으로 유의수준 0.05보다 작으므로 귀무가설을 기각한다. 따라서 브랜드인식과 성별은 독립이 아니다. 즉 성별에 따라서 브랜드인식 비율이 다르다. ▣

제 8 장 연습문제

01 $k=3$이고 $n=320$인 다항실험이 아래의 자료와 같이 시행되었다. 이 자료는 $p_1=0.25$, $p_2=0.25$, $p_3=0.50$의 귀무가설을 기각하기에 충분한 근거를 제시하는지 $\alpha=0.05$에서 검정하여라.

	도수		
	1	2	3
n_i	78	60	182

02 $k=4$이고 $n=205$인 다항실험이 다음 자료와 같이 시행되었다.

	도수			
	1	2	3	4
n_i	43	56	59	47

(1) 이 자료는 다항 확률들이 다른 가를 기각하기에 충분한 근거를 제시하는지 $\alpha=0.05$에서 검정하여라.

(2) (1)의 검정에서 관련된 제1종과 제2종의 오류는 무엇인가?

(3) 범주 3과 관련된 다항 확률에 대한 95% 신뢰구간을 구하여라.

03 r행과 c열의 분할표에 대한 두 범주의 독립성 검정에 대한 기각 영역을 찾아라.

(1) $r=5$, $c=5$, $\alpha=0.05$

(2) $r=3$, $c=6$, $\alpha=0.10$

(3) $r=2$, $c=3$, $\alpha=0.01$

04 아래의 2×3 분할표($r=2,\ c=3$)를 고려하자.

		열		
		1	2	3
행	1	9	34	53
	2	16	30	25

(1) 행과 열의 범주의 독립성을 검정하는데 이용되는 귀무가설과 대립가설을 명시하여라.

(2) $\alpha=0.01$을 이용하여 (1)의 귀무가설 검정을 수행하는데 이용되는 검정통계량과 기각영역을 명시하라.

(3) 행 범주와 열 범주가 독립임을 가정하고 기대도수의 추정치를 찾아라.

(4) (1)의 귀무가설 검정을 수행하고 해석하여라.

05 $\alpha=0.01$을 이용하여 아래의 3×3 분할표의 A와 B의 두 범주의 독립성의 귀무가설을 검정하여라.

		B		
		B_1	B_2	B_3
A	A_1	40	72	42
	A_2	63	53	70
	A_3	31	38	30

06 정치와 종교에 관심이 있는 대학 교수 T는 전 세계 인종그룹에 의해 그들의 소수권리에 대한 투쟁에 이용된 정치적인 전략을 조사했다. 275인종그룹의 표본에서 각각은 지역과 조사된 정치적 행동의 가장 높은 수준에 따라 분류되었다. 자료는 아래 분할표와 같이 요약되었다. $\alpha=0.01$에서 인종그룹의 정치적 전략이 지역에 의존하는지 아닌지 검정하여라. 그래프와 같이 대답하여라.

		정치적 전략		
		정치적 행동 없음	다수 행동 동원	테러, 반란, 내란
지역	중남미	24	31	7
	공산주의	32	23	4
	남, 남동, 동 아시아	11	22	26
	아프리카, 중동	39	36	20

07 150 관측치의 확률 표본은 아래의 표의 범주로 분류되었다.

	범주				
	1	2	3	4	5
n_i	28	35	33	25	29

(1) 범주별 비율이 동등하지 않는다는 충분한 근거를 제시하는가? $\alpha = 0.01$을 이용하여라.

(2) 관측치가 범주 2로 분류될 확률 p_2의 90% 신뢰구간을 구하여라.

08 [인터넷 메시지 보기] A 회사는 328명의 인터넷 이용자들을 대상으로 자사의 소비자 보안 프로그램에 대한 설문조사를 실시하여, 아래의 진술에 대한 동의 정도를 제시한 결과를 발표했다. "사기와 다른 범죄를 예방하기 위하여 정부는 인터넷 메시지와 이용자 의사소통을 볼 수 있어야 한다." 각 범주에 응답한 이용자의 수는 아래와 같이 요약된다.

강한 동의	다소 동의	다소 반대	강한 반대
59	108	82	79

(1) 인터넷 이용자의 의견이 네 범주 사이에 공평히 분류되었는지 아닌지 결정하는데 이용되는 귀무가설과 대립가설을 명시하여라.

(2) $\alpha = 0.05$를 이용하여 (1)의 검정을 실행하여라.

(3) 이 문제의 배경에서 제1종과 제2종 오류는 무엇인가?

(4) (2)에서 실행된 검정의 타당성을 보장하기 위해 무슨 가정들이 필요한가?

09 [고섬유질 음식과 암] 암 전문 학술지에 발표된 연구에 따르면, 고 섬유질 음식을 먹는 것은 폐암을 예방하는데 도움을 줄 수도 있다. 연구자는 임의로 120 실험쥐를 각 30개씩 네 그룹으로 나누었다. 모든 쥐들은 폐암을 유발하는 약을 주입받았다. 그리고 각 쥐들은 15주 동안 지방과 섬유질의 식이요법을 네 그룹으로 나누어 실시하였다. 식이요법 실시 후, 실험쥐가 암 종양 발생 여부를 다음 표와 같이 결정하였다.

		식이요법				총계
		고지방/무섬유질	고지방/섬유질	저지방/무섬유질	저지방/섬유질	
암 종양	예	27	20	19	14	80
	아니오	3	10	11	16	40
총계		30	30	30	30	120

(1) 표본추출은 다항실험에 대한 가정을 만족하는가? 설명하여라.

(2) 분할표에서 기대도수를 계산하여라.

(3) χ^2통계량을 계산하여라.

(4) 식이요법과 암의 발생은 독립임을 나타내는 근거가 있는가? $\alpha=.05$에서 검정하여라.

(5) 95% 신뢰구간을 이용하여 암을 지닌 섬유질이 없는 고지방 쥐의 비율과 암을 지닌 섬유질이 있는 고지방 쥐의 비율을 비교하여라. 결과를 해석하여라.

10 [돼지 농부 연구] '사회적 방법 & 연구'에 발표된 기사는 다음 표에 제시된 자료를 분석했다. A 군에 거주하는 262 돼지 농부의 표본은 교육수준과 돼지 농장 크기에 따라 분류되었다. 돼지 사육 농부의 교육수준이 돼지 농장의 규모에 영향을 주는지 아닌지 검정하여라. $\alpha=0.05$를 이용하고 그래프와 함께 대답하여라.

		교육수준		총계
		대학 졸업 못함	대학 졸업	
농장 규모	<1000마리	42	53	95
	1000-2000마리	27	42	69
	2001-5000마리	22	20	42
	>5000마리	27	29	56
총계		118	144	262

11 $\hat{p}=0.64$ 산출된 표본크기 $n=196$인 확률표본

(1) 표본크기는 p의 신뢰구간을 산출하는데 이 절의 방법을 이용하기에 충분히 큰가? 설명하여라.

(2) p의 95% 신뢰구간을 구하여라.

(3) 95% 신뢰구간을 해석하여라.

(4) '95% 신뢰구간' 문구에 의해 무엇이 의미되는지 설명하여라.

12 각 부분에 요약된 이항 표본정보에서 표본크기가 p의 신뢰구간을 산출하는데 이 절의 방법을 이용하기에 충분히 큰지 아닌지 보여라.

(1) $n=500,\ \hat{p}=0.05$

(2) $n=100,\ \hat{p}=0.05$

(3) $n=10,\ \hat{p}=0.5$

(4) $n=10,\ \hat{p}=0.3$

13 50명의 소비자 확률표본을 이용하여 새 스낵음식을 검사했다. 그들의 응답은 (0: 좋아하지 않음, 1: 좋아함, 2: 무관심함)으로 코딩되었고 다음과 같이 기록되었다.

1	0	0	1	2	0	1	1	0	0
0	1	0	2	0	2	2	0	0	1
1	0	0	0	0	1	0	2	0	0
0	1	0	0	1	0	0	1	0	1
0	2	0	0	1	1	0	0	0	1

(1) 스낵음식을 좋아하는 소비자의 비율을 추정하기 위한 80% 신뢰구간을 이용하여라.

(2) (1)에서 구한 신뢰구간을 통계적으로 해석하여라.

14 [공포영화 연구] A 대학의 연극영화과에서 실시한 조사에 따르면 많은 성인들이 10대에 보았던 공포영화나 TV쇼를 본 후 남은 '공포'를 경험한 적이 있다. 150명의 대학생으로 이루어진 설문조사에서 39명은 그들이 공포영화나 TV쇼를 본 후 '남은 불안'이 여전히 있다고 말했다.

(1) 공포영화나 TV쇼로부터 '남은 불안'을 경험한 대학생의 비율에 대한 점 추정치 $\hat{p}$를 주어라.

(2) p에 관한 95% 신뢰구간을 구하여라.

(3) (2)에서 구한 신뢰구간을 해석하여라.

15 각 경우, 표본 크기가 $\hat{p_1}-\hat{p_2}$의 표본분포가 근사적으로 정규분포를 따른다고 결론짓기에 충분이 큰지 아닌지 결정하여라.

(1) $n_1=10$, $n_2=12$, $\hat{p_1}=0.50$, $\hat{p_2}=0.50$

(2) $n_1=10$, $n_2=12$, $\hat{p_1}=0.10$, $\hat{p_2}=0.08$

(3) $n_1=n_2=30$, $\hat{p_1}=0.20$, $\hat{p_2}=0.30$

(4) $n_1=100$, $n_2=200$, $\hat{p_1}=0.05$, $\hat{p_2}=0.09$

(5) $n_1=100$, $n_2=200$, $\hat{p_1}=0.95$, $\hat{p_2}=0.91$

16 다음 상황에서 $\hat{p_1}-\hat{p_2}$의 95% 신뢰구간을 구하여라.

(1) $n_1=400$, $\hat{p_1}=0.65$, $n_2=400$, $\hat{p_2}=0.58$

(2) $n_1=180$, $\hat{p_1}=0.31$, $n_2=250$, $\hat{p_2}=0.25$

(3) $n_1=100$, $\hat{p_1}=0.46$, $n_2=120$, $\hat{p_2}=0.61$

17 각각 800개의 관측치를 갖는 독립 확률표본들이 두 이항모집단으로부터 선택되었다. 모집단 1과 2로부터 표본은 각각 320과 400번의 성공 횟수를 가진다.

(1) $\alpha=0.05$를 이용하여 H_0: $\hat{p_1}-\hat{p_2}=0$, H_1: $\hat{p_1}-\hat{p_2}\neq 0$을 검정하여라.

(2) $\alpha=0.01$를 이용하여 H_0: $\hat{p_1}-\hat{p_2}=0$, H_1: $\hat{p_1}-\hat{p_2}\neq 0$을 검정하여라.

(3) $\hat{p_1}-\hat{p_2}$의 90% 신뢰구간을 구하여라.

18 $n_1=50$이고 $n_2=60$인 확률표본크기는 모집단 1과 2로부터 설계되었다. 표본은 $\hat{p_1}=0.4$, $\hat{p_2}=0.2$로 산출되었다. $\alpha=0.05$를 이용하여 H_0: $\hat{p_1}-\hat{p_2}=0.1$, H_1: $\hat{p_1}-\hat{p_2}>0.1$을 검정하여라.

19 [계획에 관한 습관 설문조사] 어느 인구통계조사에서 남자와 여자의 계획에 관한 습관에 관한 설문조사 결과를 발표했다. “회의, 약속, 마감기한을 계획하

고 지키는데 선호되는 방법이 무엇이냐?"는 질문에 응답하여 남자의 56%와 여자의 46%는 "내 머릿속에 기억한다."고 대답했다. 국가적으로 1000명의 성인 대표자 표본이 설문조사에 참여했다. 500명은 남자이고 500명은 여자라고 가정하자.

(1) 머릿속에 약속을 기억하길 선호하는 남자의 비율이 그에 대응하는 여자의 비율보다 크다는 것을 검정하기 위한 귀무가설과 대립가설을 명시하여라.
(2) 이 검정의 검정통계량을 계산하여라.
(3) $\alpha = 0.01$을 이용하여 검정의 기각 영역을 구하여라.
(4) 검정의 p-값을 계산하여라.
(5) 적절한 결론을 내려보아라.

제 9 장

분산분석

9.1 분산분석법이란

우리는 앞에서 독립표본 t검정 절차를 이용하여 등분산인 경우 두 정규모집단의 평균을 비교하였다. 이 장에서는 독립표본 t검정 절차를 일반화한 두 집단 이상의 정규모집단의 모평균을 비교하는 기법을 공부하고자한다. 여러 모집단들의 평균을 비교하는 통계적 기법으로 분산분석(Analysis of Variance: ANOVA)법을 사용한다.

여러 종류 담배의 니코틴 함량비교, 여러 종류 비료의 효능비교 등과 같이 두 집단 이상의 평균비교는 통계학의 응용이라는 면에서 실로 다양하게 이용된다. 호수의 오염도가 방향(동, 서 남, 북)에 따라서 다른지를 연구하려 한다. 이 경우 오염도에 영향을 주는 요인은 방향이고 요인의 조건은 동, 서, 남, 북으로 4수준(level) 혹은 그룹(group)이라 한다. 요인이 하나인 경우의 분석은 일원배치 분산분석(one-way ANOVA)이라 한다. 만약 호수 오염도에 영향을 주는 인자가 방향과 호수의 깊이(표면, 1m, 2m)라고 하면 이 경우 요인은 방향과 깊이가 된다. 따라서 요인이 둘이고 수준이 각각 4와 3인 이원배치 분산분석(two-way ANOVA)이 된다.

9.2 일원배치 분산분석

제7장의 독립표본 t검정에서는 두 집단의 분산이 동일한 등분산인 경우나 두 집단의 분산이 다른 경우로 나누어 t검정통계량을 계산할 수 있었다. 그러나 여러 모집단의 평균을 비교하는 분산분석법은 각 수준의 모평균이 동일하다는 등분산인 경우만 사용할 수 있다. 실험의 순서는 완전랜덤화하여야 한다.

예를 들어 네 종류 골프공의 비거리를 비교하기 위해 골퍼가 각 상표의 공에 대해 랜덤하게 각각 5번씩 친 거리를 조사하였다. 이 경우 랜덤화는 다음과 같이 한다. 4*5 형태인 20번의 실험을 1, 2, ⋯, 20의 번호를 매긴다. 다음 종이에 1, 2, ⋯, 20까지의 숫자를 적은 후 잘 섞은 다음 종이를 한 장 뽑아서 나온 번호대로 친 거리를 적는다.

두 번째 친 거리는 나머지 19장의 종이를 잘 섞은 다음 한 장을 뽑아 그 번호를 적는다. 이와 같은 실험을 20번하면 완전랜덤화법에 따르는 실험을 하게 된다.

[표 9.1] 네 가지 상표 골프공의 비거리

상표 1	상표 2	상표 3	상표 4
251.2(17)	264.5(5)	273.9(16)	252.3(2)
250.8(10)	262.4(19)	275.4(6)	251.8(20)
249.5(9)	265.7(1)	273.1(12)	249.3(8)
250.5(4)	265.3(18)	270.1(15)	250.6(13)
253.5(14)	267.2(11)	272.4(7)	249.5(3)

[표 9.1]에서 ( ) 속의 숫자는 실험의 순서를 완전랜덤화한 예임.

이 경우 각 상표별 골프공의 비거리는 근사적으로 정규분포를 따르고 분산은 동일하다는 등분산성을 만족한다. 만약 정규분포를 따르지 아니하거나, 등분산성을 만족하지 못하면 자료를 $\sqrt{x_{ij}}$ 나 $\log x_{ij}$와 같은 변수변환법을 사용하면 정규성 및 등분산성을 좀더 만족하게 되는 경우가 많다. 등분산성을 조사하는 대략적인 규칙은 각 수준의 표준편차 중에서 최대값과 최소값의 비가 2보다 작으면 등분산성을 만족한다고 한다. 그러나 분산분석 모형은 등분산성에 민감하지 못하므로 등분산성의 검정을 생략하는 경우가 많다.

일원배치 분산분석의 모형은 다음과 같다.

$$x_{ij} = \mu_i + \varepsilon_{ij}, \ \ i = 1, 2, \cdots, a, \ \ j = 1, 2, \cdots, n$$

여기서 x_{ij}는 i번째 수준의 j번째 측정치의 값, μ_i는 i번째 수준의 모평균, ε_{ij}는 실험의 오차항에 해당되는 확률변수로 평균이 0이고 분산이 σ^2인 정규분포 $N(0, \sigma^2)$을 따르고 서로 독립이다. 총 실험 횟수를 $N = a \cdot n$이라 한다.

$$\tau_i = \mu_i - \mu$$

라고 하면 τ_i는 i번째 처리(수준)효과이고 일원배치 분산분석 모형은 다음과 같이 쓸 수 있다.

$$x_{ij} = \mu + \tau_i + \varepsilon_{ij}, \ \ i = 1, 2, \cdots, a, \ \ j = 1, \cdots, n$$

일원배치 분산분석의 귀무가설과 대립가설은 다음과 같다.

$H_0 : \mu_1 = \mu_2 = \cdots = \mu_a$ H_1 : 적어도 하나의 μ_i는 다르다.

혹은

$H_0 : \tau_1 = \tau_2 = \cdots = \tau_a = 0$ H_1 : 적어도 하나의 τ_i는 0이 아니다.

이제 분산분석법의 과정을 소개해보자. 각 측정치의 편차 $(x_{ij} - \overline{x})$를 다음과 같이 분해할 수 있다.

$$x_{ij} - \overline{x} = (\overline{x_i} - \overline{x}) + (x_{ij} - \overline{x_i})$$

여기서 $\overline{x_i}$는 i번째 수준에서 측정치 평균, $\overline{x}$는 측정치 전체 평균을 나타낸다. 즉 전체 편차는 수준(집단)간 편차와 수준(집단)내 편차의 합으로 나누어진다. 따라서 양변을 제곱해서 합하면 두 편차의 곱의 합은 다음과 같이 영이 되므로

$$\sum_{i=1}^{a}\sum_{j=1}^{n}(\overline{x_i} - \overline{x})(x_{ij} - \overline{x_i}) = \sum_{i=1}^{a}(\overline{x_{i.}} - \overline{x})(\sum_{j=1}^{n}(x_{ij} - \overline{x_{i.}})) = \sum_{i=1}^{a}(\overline{x_{i.}} - \overline{x}) \times 0 = 0$$

총편차의 제곱합은 집단간 편차제곱합과 집단내 편차제곱합의 두 제곱합의 합으로 주어진다.

$$\sum_{i=1}^{a}\sum_{j=1}^{n}(x_{ij} - \overline{x})^2 = \sum_{i=1}^{a} n(\overline{x_i} - \overline{x})^2 + \sum_{i=1}^{a}\sum_{j=1}^{n}(x_{ij} - \overline{x_i})^2$$

총편차제곱합(SST) = 집단간 편차제곱합(SS_A) + 집단내 편차제곱합(SSE)

여기서 SS_A 및 SSE의 자유도는 각각 $a-1$과 $N-a$으로 주어지며 이것은 표본의 분산을 계산하는 것과 마찬가지로 생각하면 된다.

다음으로 SS_A와 SSE를 각각의 자유도인 $a-1$과 $N-a$로 나누어 주면 이를 각각 집단간 편차제곱합의 평균(MS_A)과 집단내 편차제곱의 평균(MSE)이라 한다. 그때 귀무가설 H_0가 참이면

$$F = \frac{MS_A}{MSE} \sim F(a-1,\ N-a)$$

가 성립한다. H_1이 참일 때 F통계량은 1보다 큰 값을 가지려는 경향이 있다. 따라서 $F > F_\alpha(a-1,\ N-a)$이면 H_0를 기각하고, 그렇지 않으면 H_0를 채택한다.

지금까지 유도한 결과를 다음과 같이 일원분산분석표(ANOVA Table)로 요약할 수 있다.

[표 9.2] 일요인 분산분석표

	제곱합	자유도	평균제곱	F
집단간	SS_A	$a-1$	MS_A	$F=\dfrac{MS_A}{MSE}$
집단내	SSE	$N-a$	MSE	
합계	SST	$N-1$		

또한 일원배치 분산분석문제에서 각 수준의 평균이 같은가에 대한 가설검정 절차는 다음과 같이 주어진다.

일원배치 분산분석 검정

① 통계적 가설

H_0 : $\mu_1 = \mu_2 = \cdots = \mu_a$

H_1 : 적어도 하나의 μ_i는 다르다.

② 검정통계량

일요인 분산분석에서 귀무가설을 검정하기 위한 F 통계량은

$$F=\frac{MS_A}{MSE}=\frac{SS_A/(a-1)}{SSE/(N-a)}$$

③ 기각 영역

$F > F_\alpha(a-1, N-a)$이면 H_1 을 채택한다. 아니면 H_1을 기각한다.

예제 9.1 앞의 예에서 네 종류 골프공의 비거리 비교를 분산분석 절차를 사용하여 실시해보자.

풀이 먼저 μ_1, μ_2, μ_3, μ_4를 각 골프공의 평균 비거리라 한다면 통계적 가설은 다음과 같이 주어진다.

H_0 : $\mu_1 = \mu_2 = \mu_3 = \mu_4$ 혹은 H_0 : $\tau_1 = \tau_2 = \tau_3 = \tau_4 = 0$

H_1 : 적어도 한 종류의 골프공 비거리는 다르다.

다음으로 주어진 자료를 사용하여 각 요인의 제곱합을 구하면 다음과 같다.

$$SST = \sum_{i=1}^{4}\sum_{j=1}^{5}(x_{ij} - \overline{x})^2 = 1840.590,\ SS_A = \sum_{i=1}^{4} 5(\overline{x_i} - \overline{x})^2 = 1796.85,$$

$$SSE = \sum_{i=1}^{4}\sum_{j=1}^{5}(x_{ij} - \overline{x_i})^2 = 43.73$$

그리고 각 제곱합을 해당되는 자유도로 나눠서 평균 제곱합을 얻게 된다.

$$MS_A = \frac{SS_A}{a-1} = 1796.85/3 = 598.95,\ MSE = \frac{SSE}{N-a} = 43.73/16 = 2.73$$

따라서 F통계량의 값은 $F = \frac{MS_A}{MSE} = 598.95/2.73 = 219.1$이고, 부록 [표 9.5]의 F-확률표에서 p값(유의확률)$= 0.00$이고 이를 표시 하면 $F_{0.00}(3,16) = 219.1$이다. 그러므로 유의확률 $p < 0.05$이므로 H_1을 채택한다.
따라서 네 가지 상표의 골프공 평균 비거리는 모두 동일한 것은 아니다라고 할 수 있다.

■

9.3 이원배치 분산분석

9.2절에서는 요인이 하나이고 수준이 여럿인 경우의 분산분석법을 공부하였다. 이 절에서는 요인이 둘이고, 각 요인의 수준이 여럿인 경우 사용하는 이원배치 분산분석을 공부하려 한다. 이원배치 분산분석에서 두 요인을 흔히 A와 B로 표시한다. 요인 A의 수준이 a이고, 요인 B의 수준이 b인 이원배치 분산분석의 모형은 다음과 같고 자료배치는 [표 9.3]과 같다.

$$X_{ijk} = \mu + \alpha_i + \beta_j + (\alpha\beta)_{ij} + \varepsilon_{ijk}$$

여기서 X_{ijk}는 요인 A의 i번째 수준, 요인 B의 j번째 수준조합에서 k번째 측정자료이고, μ는 전체 평균이고, α_i는 요인 A의 효과, $i = 1, 2, \cdots a$, β_j는 요인 B의 효과, $j = 1, 2, \ldots b$, $(\alpha\beta)_{ij}$는 요인 A와 B의 교호작용효과, ε_{ijk}는 $i = 1, 2, \cdots a$, $j = 1, 2, \cdots b$, $k = 1, 2, \cdots, n$는 $N(0, \sigma^2)$에 따르는 오차항으로 서로 독립인 확률변수이다.

교호작용효과(interaction effect)란 요인 A와 요인 B가 서로 영향을 주지 않는 경우라면 교호작용효과는 없다라고 한다. 반대로 요인 A와 요인 B가 서로 영향을 주는 경우면 교호작용의 효과는 있다라고 한다. 예를 들어 남자는 하루에 5단위, 여자는 하루에 3단위 일을 한다고 하자. 만일 둘이 같이 일을 해서 하루에 8단위 일을 했다면 교효작용의 효과는 없다. 그러나 둘이 같이 일을 했을 때 각자의 능력보다 실력을 더 발휘해서 11단위의 일을 하거나 반대로 4단위의 일을 했다면 이 경우는 교호작용의 효과가 있다 고 한다. 즉 교호작용이란 두 요인의 상승작용의 효과라고도 할 수 있다.

반복이 있는 이원배치법의 자료배열은 [표 9.3]과 같이 하면 편리하다.

[표 9.3] 반복이 있는 이원배치법의 자료배열

인자 B \ 인자 A	A_1	A_2	$\cdots$	A_a	평균
B_1	x_{111} x_{112} $\vdots$ x_{11n}	x_{211} x_{212} $\vdots$ x_{21n}	$\vdots$	x_{a11} x_{a12} $\vdots$ x_{a1n}	$\overline{x}_{.1.}$
B_2	x_{121} x_{122} $\vdots$ x_{12n}	x_{221} x_{222} $\vdots$ x_{22n}	$\vdots$	x_{a21} x_{a22} $\vdots$ x_{a2n}	$\overline{x}_{.2.}$
$\cdots$	$\vdots$	$\vdots$	$\vdots$	$\vdots$	$\vdots$
B_b	x_{1b1} x_{1b2} $\vdots$ x_{1bn}	x_{2b1} x_{2b2} $\vdots$ x_{2bn}	$\vdots$	x_{ab1} x_{ab2} $\vdots$ x_{abn}	$\overline{x}_{.b.}$
평균	$\overline{x}_{1..}$	$\overline{x}_{2..}$	$\cdots$	$\overline{x}_{a..}$	$\overline{x}$

각 자료의 편차 $(x_{ijk}-\overline{x})$를 다음과 같이 네 부분으로 분해할 수 있다.

$$(x_{ijk}-\overline{x}) = (\overline{x}_{i..}-\overline{x}) + (\overline{x}_{.j.}-\overline{x}) + (\overline{x}_{ij.}-\overline{x}_{i..}-\overline{x}_{.j.}+\overline{x}) + (x_{ijk}-\overline{x}_{ij.})$$

여기서 $\overline{x}_{i..}$는 A요인의 i번째 수준의 평균, $\overline{x}_{.j.}$는 요인 B의 j번째 수준의 평균, $\overline{x}_{ij.}$는

$(i,\ j)$ 수준 조합의 평균이다. 9.2절과 같이 편차 교적항의 합은 0이므로 양변을 제곱해 더하면 다음과 같다.

$$\sum_{i=1}^{a}\sum_{j=1}^{b}\sum_{k=1}^{n}(x_{ijk}-\overline{x})^2=\sum_{i=1}^{a}\sum_{j=1}^{b}\sum_{k=1}^{n}(\overline{x_{i..}}-\overline{x})^2+\sum_{i=1}^{a}\sum_{j=1}^{b}\sum_{k=1}^{n}(\overline{x_{.j.}}-\overline{x})^2$$
$$+\sum_{i=1}^{a}\sum_{j=1}^{b}\sum_{k=1}^{n}(\overline{x}_{ij.}-\overline{x}_{i..}-\overline{x}_{.j.}+\overline{x})^2$$
$$+\sum_{i=1}^{a}\sum_{j=1}^{b}\sum_{k=1}^{n}(x_{ijk}-\overline{x_{ij.}})^2$$

총편차제곱합(SST)= 요인 A 제곱합(SS_A)+ 요인 B 제곱합(SS_B)+ 요인 A와 B의 교호작용제곱합($SS_{A\times B}$)+ 오차제곱합(SSE)

이고, 각각의 자유도는 다음과 같다.

SST 자유도 $N-1=abn-1$, SS_A 자유도 $a-1$,
SS_B 자유도 $b-1$, $SS_{A\times B}$ 자유도 $(a-1)(b-1)$,
SSE 자유도 $ab(n-1)$

또한 각각의 제곱합 SS_A, SS_B, $SS_{A\times B}$, SSE를 이들의 자유도로 나눈 것들을 평균제곱합 MS_A, MS_B, $MS_{A\times B}$, MSE라 한다. 따라서 지금까지 유도한 결과들을 사용하여 검정통계량 F값을 구하는 과정을 정리한 표를 이요인 분산분석표라 한다. SPSS 이원배치 분산분석은 다음과 같이 주어진다.

[표 9.4] 이요인 분산분석표

요인	자유도	편차제곱합	평균제곱	F
A	$a-1$	SS_A	$MS_A=SS_A/(a-1)$	MSA/MSE
B	$b-1$	SS_B	$MS_B=SS_B/(b-1)$	MSB/MSE
$A\times B$	$(a-1)(b-1)$	$SS_{A\times B}$	$MS_{A\times B}=SS_{A\times B}/(a-1)(b-1)$	$MS_{A\times B}/MSE$
오차	$ab(n-1)$	SSE	MSE	
합	$abn-1$	SST		

그리고 이원 분산분석에서 각 효과에 대한 가설검정절차는 다음과 같이 요약할 수 있다.

이원배치 분산분석에서 각 효과의 유의성 검정

(1) 주효과 A를 검정하기 위한 귀무가설과 대립가설은 아래와 같다.

$$H_0 : \alpha_i = 0,\ \ i = 1, 2, \cdots,\ a$$
$$H_1 : \text{적어도 하나의 } \alpha_i \neq 0$$

다음과 같은 F검정통계량을 사용한다.

$$F = \frac{MS_A}{MSE}$$

$F > F_\alpha(a-1,\ ab(n-1))$이면 유의수준 α하에서 '요인 A의 각 수준에서 적어도 하나의 모평균은 다르다'라는 대립가설을 채택한다.

(2) 주효과 B를 검정하기 위한 귀무가설과 대립가설은 아래와 같다.

$$H_0 : \beta_j = 0,\ \ j = 1, 2, \cdots,\ b$$
$$H_i : \text{적어도 하나의 } \beta_j \neq 0$$

다음과 같은 F검정통계량을 사용한다.

$$F = \frac{MS_B}{MSE}$$

$F > F_\alpha(b-1,\ ab(n-1))$이면 유의수준 α하에서 '요인 B의 각 수준에서 적어도 하나의 모평균은 다르다'라는 대립가설을 채택한다.

(3) 교호작용 $A \times B$를 검정하기 위한 귀무가설과 대립가설은 아래와 같다.

$$H_0 : (\alpha\beta)_{ij} = 0,\ \ i = 1, 2, \cdots,\ a,\ \ j = 1, 2, \cdots,\ b$$
$$H_1 : \text{적어도 하나의 } (\alpha\beta)_{ij} \neq 0$$

다음과 같은 F검정통계량을 사용한다.

$$F = \frac{MS_{A \times B}}{MSE}$$

$F > F_\alpha((a-1)(b-1),\ ab(n-1))$이면 유의수준 α하에서 "요인 A와 B의 교호작용은 존재 한다"라는 대립가설을 채택한다.

9.4 SPSS 실습

예제 9.2 [표 9.1]의 자료를 SPSS을 이용하여 적어도 한 종류 골프공의 비거리는 다른지를 알기 위한 일원배치 분산분석을 해보자.

풀이 ① $\mu_1, \mu_2, \mu_3, \mu_4$를 각 골프공의 평균 비거리라 한다면 가설은 다음과 같다.

H_0 : $\mu_1 = \mu_2 = \mu_3 = \mu_4$

H_1 : 적어도 한 종류의 골프공 비거리는 다르다.

② 아래와 같이 SPSS 데이터 편집기창에 거리와 상표라는 변수명으로 다음과 같이 자료를 입력한다.

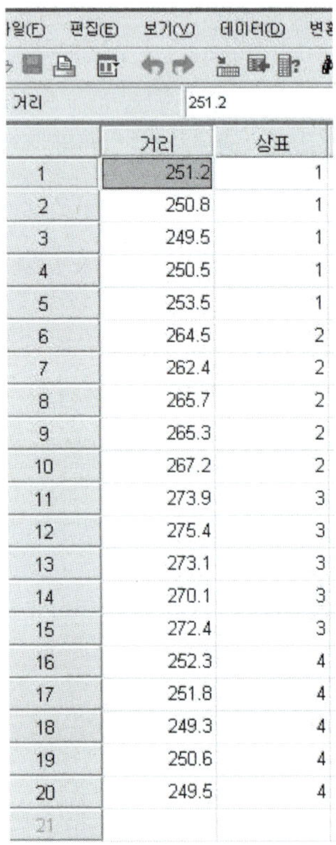

	거리	상표
1	251.2	1
2	250.8	1
3	249.5	1
4	250.5	1
5	253.5	1
6	264.5	2
7	262.4	2
8	265.7	2
9	265.3	2
10	267.2	2
11	273.9	3
12	275.4	3
13	273.1	3
14	270.1	3
15	272.4	3
16	252.3	4
17	251.8	4
18	249.3	4
19	250.6	4
20	249.5	4
21		

③ [표 9.1]의 자료가 등분산자료인지 확인해보기 위해 각 수준에서 평균과 표준편차를 구하기 위해 아래와 같이 실행한다. 메뉴 상단에서 '분석 → 기술통계량 → 데이터 탐색(E)'을 클릭하면 [그림 9.1]과 같은 대화상자가 나온다. '종속변수(D)'에 "거

리," '요인변수(F)'에 "상표"를 넣는다. 다음 '통계량(S)'를 클릭해서 '기술통계(D)'를 클릭한 후 '계속'를 클릭한 후 '확인'을 클릭한다.

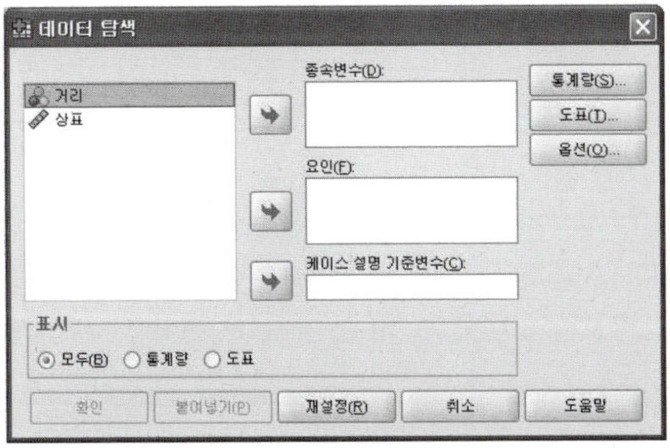

[그림 9.1] 각 수준의 평균과 표준편차 구하는 대화상자

그때 각 상표의 평균과 표준 편차는 아래와 같다. 가장 작은 표준편차 1.3과 제일 큰 표준편차 2.0의 비는 1.53으로 2보다 작기 때문에 등분산의 가정이 성립한다고 할 수 있다. 따라서 [표 9.1]의 자료는 등분산성을 만족한다고 할 수 있다.

상표	평균	표준편차
1	251.1	1.5
2	265.0	1.8
3	272.9	2.0
4	250.7	1.3

④ SPSS 일원배치 분산분석은 다음과 같이 한다. SPSS 메뉴에서 '분석→평균비교→일원배치 분산분석'을 클릭하면 [그림 9.2]와 같은 대화상자가 나온다. '종속변수(E)'에 "거리," '요인분석(F)'에 "상표"를 넣는 후 '확인'을 클릭하면 [표 9.5]와 같은 결과를 얻는다.

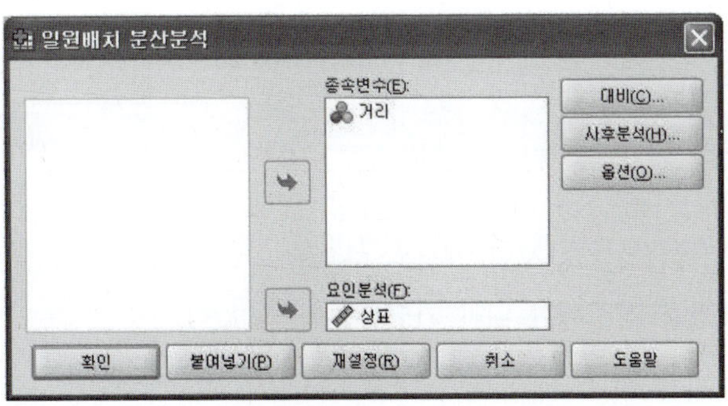

[그림 9.2] 일원배치 분산분석을 위한 대화상자

[표 9.5] 네 가지 상표 골프공의 비거리의 분산분석표

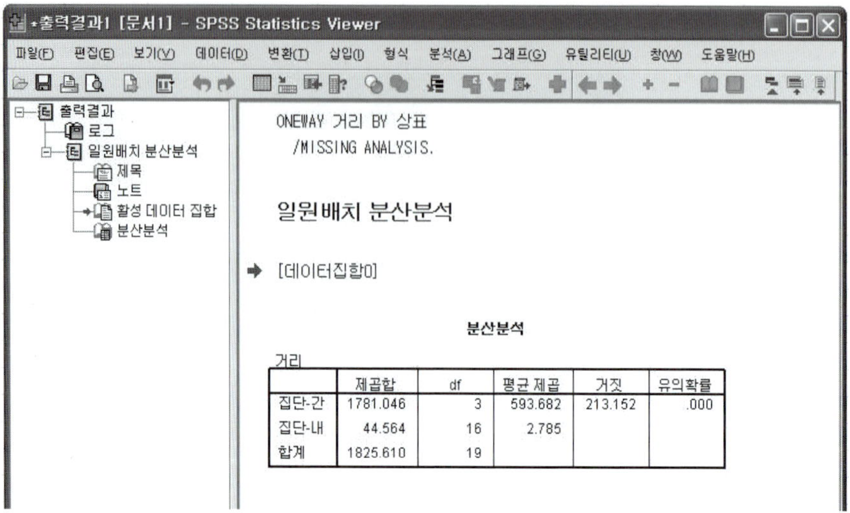

	제곱합	df	평균 제곱	거짓	유의확률
집단-간	1781.046	3	593.682	213.152	.000
집단-내	44.564	16	2.785		
합계	1825.610	19			

⑤ 분산분석표상의 각 수치는 예제 9.1과 같이 구해진다. 집단-간의 유의확률이 0.05 보다 작으므로 H_1을 채택한다. 따라서 적어도 한 종류의 골프공 비거리는 다르다고 할 수 있다. ▣

예제 9.3 사료별 암수별로 실험용 체중에 영향을 주는지 조사하기 위해 암수별로 네 종류의 사료로 일정한 기간 사육한 후 실험용 쥐의 체중(g)을 조사하였다. SPSS를 이용하여 이요인 분산분석을 해보자.

암수 \ 사료	A	B	C	D
암	88	101	74	80
	103	102	84	78
	85	98	84	88
수	90	88	78	79
	72	88	74	69
	80	100	72	72

풀이 이원배치 분산분석의 가설은 다음과 같다.

① 사료효과를 검정하기 위한 가설은 다음과 같다.

μ_a, μ_b, μ_c, μ_d를 각각 사료 A, B, C, D로 사육한 실험용 쥐 체중의 모평균이라 하면

$H_0 : \mu_a = \mu_b = \mu_c = \mu_d$

H_1 : 적어도 한 종류 사료의 체중 증가는 다르다.

② 암수 효과를 검정하기 위한 분산분석의 가설은 다음과 같다.

μ_1, μ_2를 사육 후 암쥐와 숫쥐의 체중의 모평균이라면

$H_0 : \mu_1 = \mu_2$

$H_1 : \mu_1 \neq \mu_2$.

③ 사료와 암수 효과의 교호작용을 검정하기 위한 분산분석은 다음과 같다.

H_0 : 사료와 암수 효과의 상호작용은 없다.

H_1 : 사료와 암수 효과의 상호작용은 있다.

④ 아래와 같이 SPSS 데이터 편집기창에 체중, 사료종류, 암수라는 변수명으로 다음과 같이 자료를 입력한다.

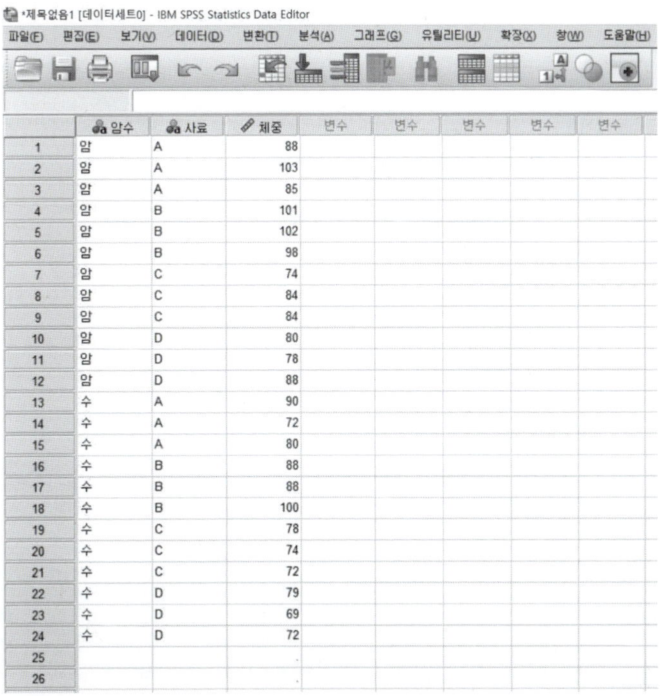

	암수	사료	체중	변수	변수	변수	변수	변수
1	암	A	88					
2	암	A	103					
3	암	A	85					
4	암	B	101					
5	암	B	102					
6	암	B	98					
7	암	C	74					
8	암	C	84					
9	암	C	84					
10	암	D	80					
11	암	D	78					
12	암	D	88					
13	수	A	90					
14	수	A	72					
15	수	A	80					
16	수	B	88					
17	수	B	88					
18	수	B	100					
19	수	C	78					
20	수	C	74					
21	수	C	72					
22	수	D	79					
23	수	D	69					
24	수	D	72					
25								
26								

⑤ SPSS 이원배치 분산분석은 다음과 같이 한다.

SPSS 메뉴에서 '분석→일반선형모형(G)→일변량(U)'을 클릭하면 [그림 9.3]과 같은 대화 창에서 '종속변수'에 "체중," '모수요인'에 "사료종류"와 "암수"를 옮긴다. 다음 우측상단의 '모형(M)'을 클릭후 [그림 9.4]에서 하단 '계속' 위의 '□

의 절편포함'에서 √을 지운 후 '계속'을 클릭한다. 클릭하면 [표 9.6]과 같은 분산분석표를 얻는다.

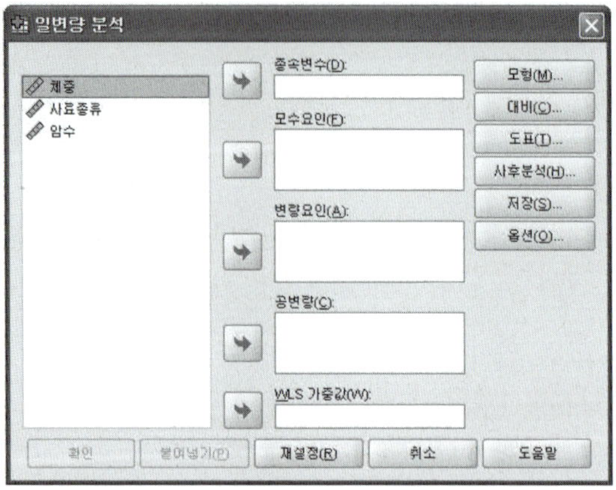

[그림 9.3] 이원배치 분산분석 대화창

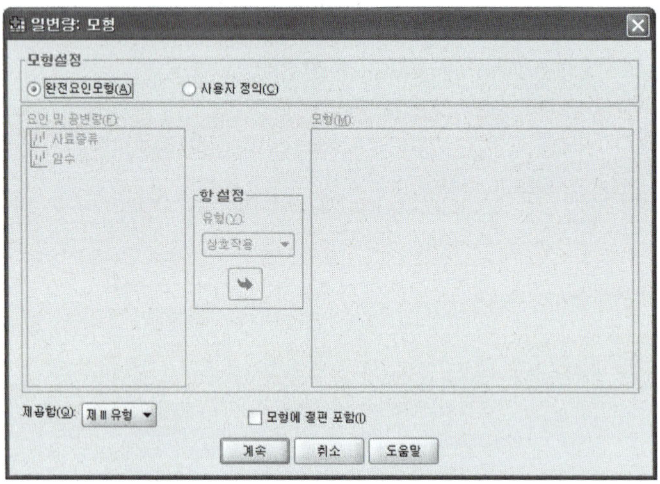

[그림 9.4] 모형에 절편 포함 대화창

⑥ 먼저 [표 9.6]에서 사료종류의 유의확률(0.00)이 0.05보다 작다. 따라서 '사료종류별로 실험용 쥐의 체중 증가는 모두 같은 것은 아니다'라고 할 수 있다. 두 번째로 [표 9.6]에서 암수별로도 유의확률(0.004)이 0.05보다 작다. 따라서 '암수별로 실험용 쥐의 체중 증가는 다르다'라고 할 수 있다. 세 번째로 [표 9.6]에서 사료종류*암수에서 유의확률이 0.05보다 크다. 따라서 사료종류와 암수별 교호작용은 없다고 할 수 있다. ▣

[표 9.6] 이원배치 분산분석표

개체-간 효과 검정

종속변수: 값

소스	제 III 유형 제곱합	자유도	평균제곱	F	유의확률	부분 에타 제곱
수정된 모형	1860.625[a]	7	265.804	6.570	.001	.742
절편	171197.042	1	171197.042	4231.441	.000	.996
➡ 암수	442.042	1	442.042	10.926	.004	.406
사료	1397.125	3	465.708	11.511	.000	.683
암수 * 사료	21.458	3	7.153	.177	.911	.032
오차	647.333	16	40.458			
전체	173705.000	24				
수정된 합계	2507.958	23				

a. R 제곱 = .742 (수정된 R 제곱 = .629)

제 9 장 연습문제

01 다음 분산분석표의 빈칸을 채워라.

소스	제곱합	자유도	평균제곱	F
B 오류	(　　) (　　)	5 (　　)	(　　) (40)	4.0
합계		19		

02 생산공정에서 반응온도가 원사의 강도에 영향을 주는지 알기 위해 네 가지 온도(30도, 40도, 50도, 60도)에서 각 3번씩 반복해 완전랜덤하게 실험하여 아래 결과를 얻었다. 분석해보아라.

온도	30	40	50	60
	18.55	18.68	18.25	19.25
	18.68	18.92	18.42	19.34
	18.27	19.00	18.23	19.92

03 네 종류의 페인트의 건조시간이 같다고 제조업자가 광고하였다. 제조업자의 주장이 맞는지 알아보기 위해 각 종류의 페인트에서 다섯 개씩 무작위로 뽑아 건조시간을 조사하였다. 제조업자의 주장이 타당한지를 분산분석해보아라.

페인트 1	페인트 2	페인트 3	페인트 4
128	145	130	155
132	131	147	140
130	152	136	132
123	140	131	140
128	145	140	152

04 네 종류의 사료에 의한 병아리 체중 증가 실험을 하였다. 각 사료를 주어 일정 기간 사육한 후 체중 증가를 측정한 것이다. 분산분석해보아라.

사료 종류	1	2	3	4
	54	60	84	42
	49	83	95	87
	52	63	98	81
	34	87	94	73
		94	88	81

05 다음은 새로 개발된 세 개의 품종을 세 개 지역에서 실험한 결과이다. 분산분석해보아라.

지역 \ 품종	1	2	3
1	38 49 45	35 45 45	53 48 55
2	54 48 44	48 44 42	53 47 55
3	46 45 50	52 44 42	57 50 51

06 4수준의 촉매량과 3수준의 반응온도의 영향을 알아보기 위해 다음의 실험을 완전확률화계획법으로 실시하였다. 분산분석해보아라.

촉매량 \ 온도	30도	50도	70도
2%	92, 89	97, 106	120, 118
4%	93, 105	118, 106	134, 117
6%	97, 100	125, 116	130, 130
8%	90, 93	105, 104	115, 123

제 10 장

회귀분석

10.1 상관분석

광고비와 판매량 사이에는 상관관계가 있을까? 혹은 겨울철의 평균온도와 난방비는 서로 관련이 있을까? 이와 같이 두 변수 사이의 상관이나 관련성의 측도를 추정하기 위한 몇 가지 방법이 있다. **상관분석**(correlation analysis)이란 두 변수 사이의 상관계수를 산출하여 두 변수 사이의 선형적 관계를 분석하는 방법이다. 피어슨의 상관계수는 다음과 같은 이론적 근거를 갖고 있다.

두 변수 사이에 선형관계가 있다고 할 때, 관련성의 측도는 두 변수의 편차의 곱으로 표현된다. 즉 두 변수의 평균과의 편차를 각각 $X-\mu_x$, $Y-\mu_y$라고 할 때, X의 큰 값에 대응하는 Y의 값이 크면 편차의 곱 $(X-\mu_x)(Y-\mu_y)$는 양의 값을 갖고, 반대로 X의 큰 값에 대응하는 Y의 값이 작으면 그 곱은 음$(-)$의 값을 갖게 된다.

따라서 X값과 Y값이 같은 방향으로 변하면 양의 값을 갖게 되나, 반대 방향이면 음의 값을 갖게 된다. 그러므로 $E(X-\mu_x)(Y-\mu_y)$의 크기와 부호는 X와 Y의 선형관계에 대한 강도의 정도와 방향을 나타내는 측도가 될 것이다. 이를 **공분산**(covariance)라고 하고 $Cov(X,Y)$로 나타낸다.

$$Cov(X,Y)=E(X-\mu_x)(Y-\mu_y)=E(XY)-\mu_x\mu_y$$

그러나 공분산의 값은 X와 Y의 측정단위에 의존하게 되어 서로 다른 측정단위를 갖는 표본이나 모집단에서는 이를 사용하는 것이 바람직하지 않다. 따라서 측정단위에 의존하지 않은 측정값이 필요하게 된다. 이를 위해 X의 표준편차와 Y의 표준편차로 공분산을 나누어 주면 목적을 달성할 수 있게 된다. 이것을 확률변수 X와 Y의 **상관계수**(correlation coefficient)라고 하고 $Corr(X,Y)$라고 표기한다.

$$Corr(X,Y)=Cov(X,Y)/\sigma_x\sigma_y=\rho_{xy}$$

위에서 정의된 상관계수 ρ_{xy}는 모수이므로 모상관계수의 추정값으로 **표본상관계수**(sample correlation coefficient)를 사용하게 된다. 표본상관계수 r은 다음과 같이 정의된다.

$$r = \frac{\sum_{i=1}^{n}(x_i - \overline{x})(y_i - \overline{y})}{\sqrt{\sum_{i=1}^{n}(x_i - \overline{x})^2}\sqrt{\sum_{i=1}^{n}(y_i - \overline{y})^2}} = \frac{S_{xy}}{\sqrt{S_{xx}}\sqrt{S_{yy}}}$$

다음으로 표본상관계수 r을 이용하여 모상관계수 ρ에 대한 가설검정방법에 대해 알아보자. 이때의 가설은

$$H_0: \ \rho = 0$$
$$H_1: \ \rho \neq 0$$

이고, 만일 모상관계수 $\rho = 0$이면

$$T = \sqrt{n-2} \cdot \frac{r}{\sqrt{1-r^2}}$$

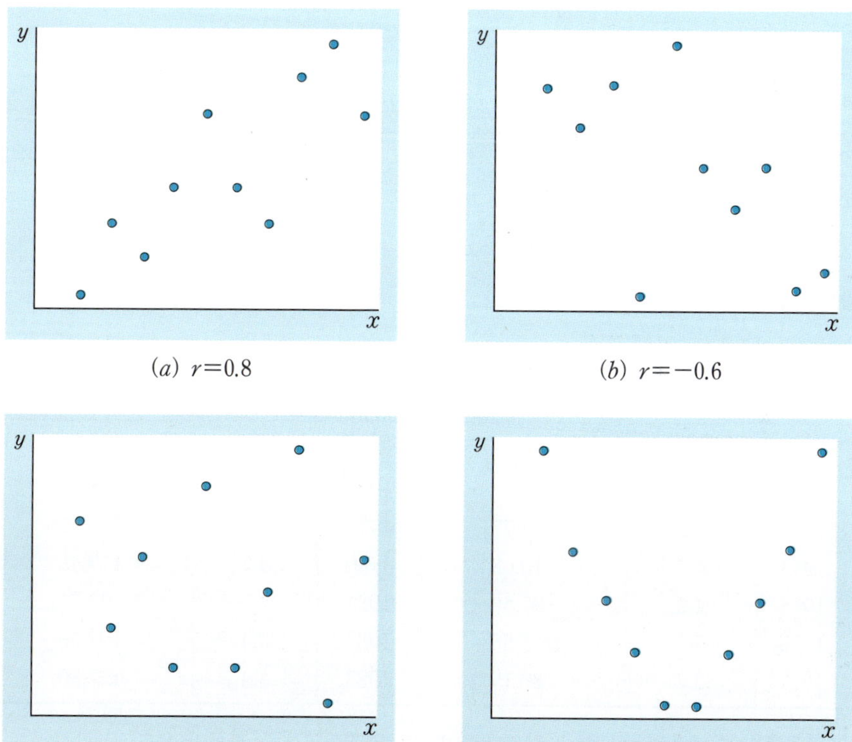

(a) r=0.8 (b) r=−0.6

(c) r=0 (d) r=0

[그림 10.1] 여러 가지 경우의 산점도와 상관계수

는 자유도가 $n-2$인 t분포를 따른다고 알려져 있다. 따라서 기각역은 $|T|>t(\alpha/2;\ n-2)$이다.

[그림 10.1]의 (a), (b)에서 알 수 있듯이 점들이 어떤 직선에 밀집되어 있을수록 상관계수값은 -1과 1에 가깝게 나타난다. (c)의 경우처럼 상관계수가 0에 가까운 것이 두 변수가 서로 무관하다는 것을 의미하는 것처럼 보이기도 한다. 하지만 (d)에서 볼 수 있듯이 상관계수가 0이라는 것은 정확히 말하면 두 변수간의 선형적 관계가 없다는 것을 의미한다.

표본상관계수

$$r=\frac{\sum_{i=1}^{n}(x_i-\overline{x})(y_i-\overline{y})}{\sqrt{\sum_{i=1}^{n}(x_i-\overline{x})^2}\sqrt{\sum_{i=1}^{n}(y_i-\overline{y})^2}}=\frac{S_{xy}}{\sqrt{S_{xx}}\sqrt{S_{yy}}}$$

예제 10.1 보통 7월 말에 포도나무 줄기에 포도송이가 열리기 시작하는데, 이 포도송이들의 개수를 이용하자. 다음 [표 10.1]에 제시된 포도수확 자료는 포도송이의 개수와 포도수확량을 연도별로 정리한 것이다. [표 10.1]의 포도송이 개수(x)와 포도수확량(y)의 자료에 대해 표본상관계수를 산출하고 $\rho=0$인지에 대해 유의수준 0.01에서 검정하여라.

[표 10.1] 포도송이 개수와 수확량 자료 (단위: 톤/acre)

연도	수확량(y)	포도송이 개수(x)	연도	수확량(y)	포도송이 개수(x)
1971	5.6	116.37	1978	4.8	125.24
1973	3.2	82.77	1979	4.9	116.15
1974	4.5	110.68	1980	4.7	117.36
1975	4.2	97.50	1981	4.1	93.31
1976	5.2	115.88	1982	4.4	107.46
1977	2.7	80.19	1983	5.4	122.30

자료출처: Casellar and Berger(1990), 1972년은 태풍피해로 자료가 없음.

풀이 $S_{xx}=2521.66$, $S_{yy}=7.98$, $S_{xy}=129.56$이므로, 표본상관계수는

$$r = \frac{S_{xy}}{\sqrt{S_{xx}}\sqrt{S_{yy}}} = \frac{(129.56)}{\sqrt{2521.66}\sqrt{7.98}} = 0.913$$

이다.

또한, $H_0 : \rho = 0$, $H_1 : \rho \neq 0$에 대해 $n = 12$, $r = 0.913$이므로

$$T = \sqrt{n-2} \cdot \frac{r}{\sqrt{1-r^2}} = \sqrt{10} \cdot \frac{0.913}{\sqrt{1-0.913^2}} = 7.08$$

이다. $t_{0.005}(10) = 3.169$이므로 유의수준 $\alpha = 0.01$에서 H_0는 기각된다. ▣

10.2 회귀분석

어느 농부가 새로 경작하게 된 논에 비료를 뿌리고자 한다. 그런데, 어느 정도의 비료 양이 필요할지를 예측할 수 있다면 적당한 양의 비료를 구입할 수 있을 것이다. 만약 이 농부가 과거 수년 동안 자기가 경작했던 논의 넓이와 그때 사용된 비료의 양을 알고 있다면 이를 바탕으로 새로 경작하게 된 논에 뿌릴 비료의 양을 예측할 수 있을 것이다. 또 다른 예로써, 어떤 제품의 수명이 이 제품을 만드는 기계의 온도와 연관성이 있다고 생각한다면 이들 변수 간의 함수관계를 밝힘으로써 제품의 수명향상에 도움을 받을 수도 있을 것이다. 이처럼 변수들 간의 함수적 관계성을 규명하는 통계적 분석방법을 **회귀분석**(regression analysis)이라 한다.

위의 예에서 비료의 양이나 제품의 수명처럼 서로 관계를 갖는 변수들 중에서 다른 변수에 영향을 받는 변수를 **종속변수**(dependent variable) 또는 **반응변수**(response variable)라고 부른다. 그리고 논의 넓이와 기계의 온도와 같이 종속변수에 영향을 주는 변수를 **독립변수**(independent variable) 또는 **설명변수**(explanatory variable)라고 부른다.

회귀(regression)라는 용어는 영국의 우생학자 프란시스 갈톤(F. Galton)이 처음으로 사용했다고 한다. 그는 아버지의 키와 아들의 키의 관계에 대해 연구한 결과, 아버지의 키가 크면 아들의 키도 평균 키보다는 크지만 아버지의 키보다는 작고, 반대로 아버지

의 키가 작으면 아들의 키는 평균 키보다는 작으나 아버지의 키보다는 커서, 결국 아들의 키는 인간 전체의 평균 키에 되돌아가려는 경향이 있다는 것이다. 이러한 유래로 통계학에서는 변수 간의 어떤 함수관계를 표현하는 식을 회귀식(regression equation)이라고 표현하게 되었다.

10.3 단순회귀모형

두 변수 간의 함수관계를 알아보는 첫 단계로 도표 상에 관측값들을 찍어서 그림으로 그려보는 것을 생각할 수 있는데, 이런 그림을 **산점도**(scatter plot)라고 한다. 우리는 산점도를 통해 개략적인 두 변수 간의 관계성을 짐작할 수 있게 되어 이를 통해 적절한 모형을 세울 수 있다.

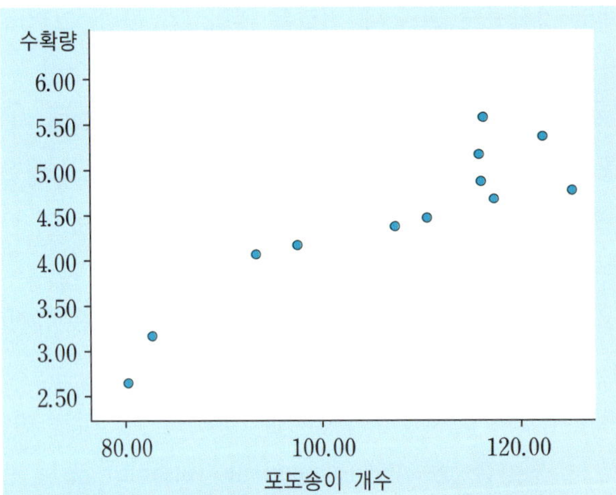

[그림 10.2] 포도송이 개수와 수확량 간의 산점도

[그림 10.2]는 [표 10.1]의 자료로부터 포도송이 개수를 설명변수 x로 하고 수확량을 반응변수 y로 한 산점도이다. 이 그림으로부터 포도송이의 개수가 증가하면 수확량도 대체로 증가한다는 것을 알 수 있다. 즉 어느 정도의 오차를 가정한다면, 포도송이(x)와 수확량(y) 사이에 선형관계($y=\beta_0+\beta_1 x$)가 있다고 볼 수 있다.

위의 [표 10.1]의 자료와 같이 x와 y와 간에 선형적 함수관계가 있다고 가정할 때

$$y_i = \beta_0 + \beta_1 x_i + \varepsilon_i,\ \ i = 1, \cdots, n \tag{10.1}$$

와 같은 모형을 고려할 수 있을 것이다.

이때 y_i는 i번째 반응변수값, β_0와 β_1는 회귀계수, x_i는 i번째 주어진 설명변수값, ε_i 들은 서로 독립이고 정규분포 $N(\mu, \sigma^2)$를 따른다.

모형 (10.1)을 단순회귀모형(simple regression model)이라고 하는데 여기서 단순이라는 것은 설명변수의 개수가 1개라는 것을 의미한다.

단순회귀모형

$$y_i = \beta_0 + \beta_1 x_i + \varepsilon_i,\ \ i = 1, \cdots, n$$

여기서,

$x_1, x_2, \cdots, x_n$: 설명변수(독립변수)

$y_1, y_2, \cdots, y_n$: 반응변수(종속변수)

β_0, β_1: 회귀계수

$\varepsilon_1, \varepsilon_2, \cdots, \varepsilon_n$: $N(0, \sigma^2)$을 따르는 서로 독립인 오차항

10.4 최소제곱법

단순회귀모형식으로부터 회귀계수 β_0와 β_1을 추정하는 방법을 생각해보자. 표본자료로부터 단순회귀모형을 가정하여 추정한 직선을 $\hat{y} = b_0 + b_1 x$라고 하면, b_0와 b_1을 회귀계수 β_0, β_1의 추정치라 하고 $\hat{y}$는 주어진 x에서의 y의 기대값 $E(y)$의 추정치를 의미하며 이 직선을 추정된 회귀직선이라고 한다.

n개의 관찰값의 쌍 $(x_1, y_1), (x_2, y_2), \cdots, (x_n, y_n)$에 대해 회귀계수 β_0와 β_1을 추정하는 방법으로 흔히 사용되는 방법이 **최소제곱법**(method of least squares)이다. 이

방법은 단순회귀모형에서 오차제곱들의 합

$$Q = \sum_{i=1}^{n} \varepsilon_i^2 = \sum_{i=1}^{n} (y_i - \beta_0 - \beta_1 x_i)^2$$

을 최소로 하는 β_0, β_1의 값들을 추정값 b_0와 b_1으로 하는 방법이다.

최소제곱법에 구해지는 추정량을 최소제곱추정량(least square estimator)이라고 한다.

먼저 이를 구하기 위하여

$$\begin{cases} \dfrac{\delta Q}{\delta \beta_0} = 2\sum_{i=1}^{n} (y_i - \beta_0 - \beta_1 x_i)(-1) = 0 \\ \dfrac{\delta Q}{\delta \beta_1} = 2\sum_{i=1}^{n} (y_i - \beta_0 - \beta_1 x_i)(-x_i) = 0 \end{cases}$$

으로 놓고, β_0, β_1을 추정값 b_0와 b_1으로 대체하여 정리하면,

$$\begin{cases} \sum_{i=1}^{n} y_i = nb_0 + b_1 \sum_{i=1}^{n} x_i \\ \sum_{i=1}^{n} x_i y_i = b_0 \sum_{i=1}^{n} x_i + b_1 \sum_{i=1}^{n} x_i^2 \end{cases}$$

이 된다. 이것을 정규방정식(normal equation)이라 하고 정규방정식을 연립으로 풀면,

$$\begin{cases} b_0 = \overline{y} - b_1 \overline{x} \\ b_1 = \dfrac{\sum_{i=1}^{n} (x_i - \overline{x})(y_i - \overline{y})}{\sum_{i=1}^{n} (x_i - \overline{x})^2} \end{cases}$$

이 되므로, 추정식은 $\hat{y} = b_0 + b_1 x$ 또는 $\hat{y} = \overline{y} + b_1 (x - \overline{x})$이 된다.

향후 표현을 더욱 간단히 하기 위해

$$S_{xx} = \sum_{i=1}^{n} (x_i - \overline{x})^2 = \sum_{i=1}^{n} x_i^2 - \left(\sum_{i=1}^{n} x_i \right)^2 / n$$

$$S_{yy} = \sum_{i=1}^{n} (y_i - \overline{y})^2 = \sum_{i=1}^{n} y_i^2 - \left(\sum_{i=1}^{n} y_i \right)^2 / n$$

$$S_{xy} = \sum_{i=1}^{n}(x_i - \overline{x})(y_i - \overline{y}) = \sum_{i=1}^{n} x_i y_i - \left(\sum_{i=1}^{n} x_i\right)\left(\sum_{i=1}^{n} y_i\right)/n$$

을 사용하면, $b_1 = \dfrac{S_{xy}}{S_{xx}}$과 같이 표현할 수 있다.

그러면, 주어진 x에서의 y의 추정값은 $\hat{y} = b_0 + b_1 x$이라고 할 수 있다.

단순회귀모형에서 최소제곱 추정량과 최소제곱 회귀직선

$$b_0 = \overline{y} - b_1 \overline{x}, \quad b_1 = \frac{\sum_{i=1}^{n}(x_i - \overline{x})(y_i - \overline{y})}{\sum_{i=1}^{n}(x_i - \overline{x})^2}$$

$$\hat{y} = b_0 + b_1 x \text{ 또는 } \hat{y} = \overline{y} + b_1 (x - \overline{x})$$

예제 10.2 [표 10.1]의 포도송이 개수(x)와 포도수확량(y)의 자료에 대해 최소제곱법에 의한 회귀직선을 구하고 산점도 위에 회귀직선을 그려보이라.

풀이 최소제곱 추정량 공식으로부터

$$b_1 = \frac{\sum_{i=1}^{n}(x_i - \overline{x})(y_i - \overline{y})}{\sum_{i=1}^{n}(x_i - \overline{x})^2} = \frac{\sum_{i=1}^{n} x_i y_i - \sum_{i=1}^{n} x_i \sum_{i=1}^{n} y_i / n}{\sum_{i=1}^{n} x_i^2 - \left(\sum_{i=1}^{n} x_i\right)^2 / n}$$

$$= \frac{5880.9 - (1285.2)(53.7)/12}{140168.7 - (1285.2)^2/12} = 0.051,$$

$$b_0 = \overline{y} - b_1 \overline{x} = 4.475 - 0.051 \times 107.1 = -1.028.$$

따라서 최소제곱회귀직선의 식은 $\hat{y} = -1.028 + 0.051x$과 같다. ▣

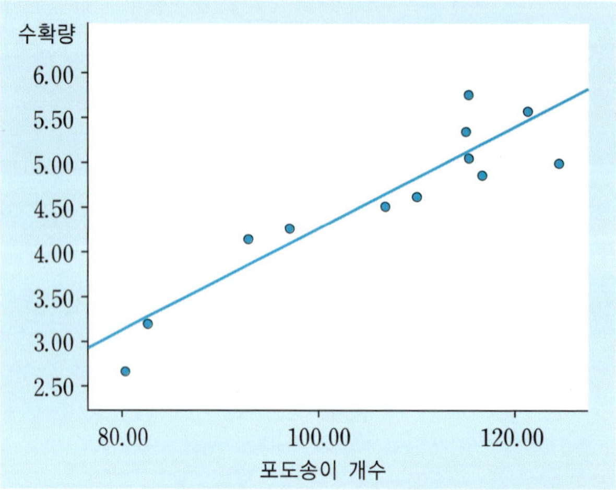

[그림 10.3] 최소제곱법에 의해 추정된 회귀직선이 포함된 산점도

10.5 총제곱합의 분해

반응변수 y_i와 평균 $\bar{y}$와의 차를 총편차라고 하는데, 이 총편차는 다음과 같이 두 편차의 합으로 나타낼 수 있다.

$$y_i - \bar{y} = (y_i - \hat{y}_i) + (\hat{y}_i - \bar{y})$$

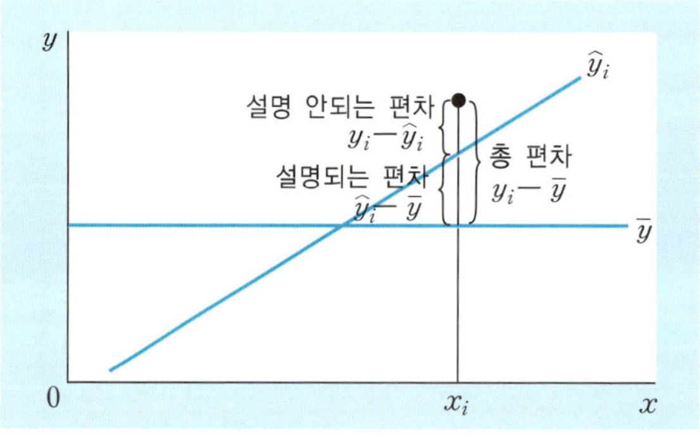

[그림 10.4] 모형에 의해 설명되는 부분과 모형으로 설명할 수 없는 부분에 대한 그림

[그림 10.4]에서 알 수 있듯이 $(y_i - \hat{y}_i)$는 모형으로 설명할 수 없는 부분이고 $(\hat{y}_i - \overline{y})$는 모형으로 설명되는 부분이다.

위의 총편차 식의 양변을 제곱하여 모든 i에 대해 총합하면

$$\sum_{i=1}^{n}(y_i - \overline{y})^2 = \sum_{i=1}^{n}(y_i - \hat{y}_i)^2 + \sum_{i=1}^{n}(\hat{y}_i - \overline{y})^2 + 2\sum_{i=1}^{n}(y_i - \hat{y}_i)(\hat{y}_i - \overline{y})$$

이 되는데,

$$\sum_{i=1}^{n}(y_i - \hat{y}_i)(\hat{y}_i - \overline{y}) = \sum_{i=1}^{n}e_i(\hat{y}_i - \overline{y}) = \sum_{i=1}^{n}\hat{y}_i e_i - \overline{y}\sum_{i=1}^{n}e_i = 0$$

이므로

$$\sum_{i=1}^{n}(y_i - \overline{y})^2 = \sum_{i=1}^{n}(y_i - \hat{y}_i)^2 + \sum_{i=1}^{n}(\hat{y}_i - \overline{y})^2$$

이 된다.

이 총편차의 제곱합 $\sum_{i=1}^{n}(y_i - \overline{y})^2$을 **총제곱합**(total sum of squares, SST) 또는 **총변동**(total variation)이라고 한다. $\sum_{i=1}^{n}(y_i - \hat{y}_i)^2$은 **잔차에 의한 제곱합**(residual of squares: SSE)라고 하고 $\sum_{i=1}^{n}(\hat{y}_i - \overline{y})^2$은 **회귀에 의한 제곱합**(regression sum of squares: SSR)이라고 한다.

총제곱합의 분해

제곱합: $\sum_{i=1}^{n}(y_i - \overline{y})^2 = \sum_{i=1}^{n}(y_i - \hat{y}_i)^2 + \sum_{i=1}^{n}(\hat{y}_i - \overline{y})^2$

$$SST \quad = \quad SSE \quad + \quad SSR$$

자유도: $(n-1) \quad = \quad (n-2) \quad + \quad 1$

[그림 10.4]에서 모형으로 설명할 수 없는 편차, 즉 적합한 회귀선 $\hat{y}_i = \beta_0 + \beta_1 x_i$으로부터 구한 $\hat{y}_i$와 실제 관측값 y_i와 차이

$$e_i = y_i - \hat{y}_i$$

를 잔차(residual)라고 한다. 이 잔차는 추정된 모형의 적합성 등 분석할 수 있는 다양

한 정보를 제공해준다. 직관적으로 생각하면, 회귀직선으로부터 관측값들이 멀리 떨어져있다면, 잔차들이 커질 것이라는 것은 쉽게 생각할 수 있다.

이 잔차들의 제곱합을 $SSE=\sum_{i=1}^{n}(y_i-\hat{y}_i)^2$로 나타내는데, 오차분산 σ^2은 잔차제곱합을 이용하여

$$\hat{\sigma}^2=\frac{SSE}{n-2}=MSE$$

로 추정될 수 있다. 여기서 $(n-2)$는 잔차제곱합의 자유도를 의미한다. 잔차제곱합 (SSE)을 그것의 자유도로 나눈 $\hat{\sigma}^2$을 잔차평균제곱이라고 부르며, MSE로 나타낸다.

단순회귀모형에서 잔차제곱합과 오차의 분산추정

$$SSE=\sum_{i=1}^{n}(y_i-\hat{y}_i)^2,\quad \hat{\sigma}^2=\frac{SSE}{n-2}=MSE$$

회귀계수를 최소제곱법으로 구한 후, 계산된 잔차들과 관련된 유용한 성질들은 아래와 같다.

$$\sum_{i=1}^{n}e_i=0,\ \sum_{i=1}^{n}y_i=\sum_{i=1}^{n}\hat{y}_i,\ \sum_{i=1}^{n}x_ie_i=0,\ \sum_{i=1}^{n}\hat{y}_ie_i=0$$

예제 10.3 [표 10.1]의 포도송이 개수(x)와 포도수확량(y)의 자료에서 단순회귀모형을 적용할 때, 오차의 분산을 추정하여라.

풀이 오차의 분산을 산출하기 위해 필요한 통계량을 계산하면 다음과 같다.

$$S_{xx}=2521.66,\ S_{yy}=7.98,\ S_{xy}=129.56$$

잔차제곱합 SSE를 계산하면,

$$\begin{aligned}SSE&=S_{yy}-\frac{S_{xy}^2}{S_{xx}}\\&=7.98-\frac{129.56^2}{2521.66}\\&=1.325\end{aligned}$$

잔차제곱합의 자유도가 10이므로 오차의 분산추정치(MSE)는

$$\hat{\sigma}^2 = MSE = \frac{1.325}{10} \approx 0.133.$$

■

10.6 분산분석을 통한 유의성 검정

10.5절에서 자료의 총변동을 총제곱합의 분해를 통해 회귀선에 의해 설명되는 부분과 그렇지 못한 부분으로 나누어 살펴보았다. 즉 SSR은 회귀선에 의하여 설명되는 제곱합이었고, SSE는 회귀선에 의해 설명이 안되는 제곱합이라는 것을 공부하였다. 여기서 주어진 자료를 적합하는데 회귀직선이 유의한지를, 즉 SSR이 상대적으로 SSE보다 얼마나 큰 지를 다음과 같은 **분산분석표**(ANOVA table: Analysis of variance table)를 통해 살펴볼 수 있다.

[표 10.2] 단순회귀모형의 분산분석표

요인	제곱합	자유도	평균제곱	F값	유의확률
회귀	SSR	1	$MSR = SSR$	$\frac{MSR}{MSE}$	$P(F > f)$
잔차	SSE	$n-2$	$MSE = \frac{SSE}{n-2}$		
계	SST	$n-1$			

$H_0 : \beta_1 = 0$, $H_1 : \beta_1 \neq 0$에 대해서, 귀무가설 H_0가 참이라면, 즉 단순회귀모형이 유의하지 않다면,

$$F = \frac{MSR}{MSE} \sim F(1,\, n-2)$$

라고 알려져 있다.

그러므로 자료로부터 구한 통계량 F의 값을 f라고 하면 유의확률 p는 $p = P(F > f)$라고 할 수 있다. 또한, 유의수준 α에서의 기각역은 $F \geq F_{\alpha}(1,\, n-2)$가 된다.

예제 10.4 [표 10.1]의 포도송이 개수(x)와 포도수확량(y)의 자료에서 단순회귀모형을 적용할 때 이 자료에 대해 분산분석표를 만들고 유의수준 5%에서 회귀직선이 유의한지 검정하여라.

풀이 $SSE = 1.325$, $SST = 7.983$임을 이용하여 $SSR = SST - SSE$이므로, $SSR = 6.657$을 산출할 수 있다.
F검정통계량값을 구하면,

$$f = \frac{SSR/1}{SSE/(n-2)} = \frac{6.657}{1.325/10} = 50.226$$

이고 $F_{0.05}(1, 10) = 4.96$이므로, $f = 50.226 > 4.96 = F_{0.05}(1, 10)$이다. 따라서 [표 10.1]의 자료에 대해 적용한 단순회귀모형의 분산분석표는 다음과 같다.

[표 10.3] 포도수확량 자료([표 10.1])에 대한 단순회귀모형의 분산분석표

요인	제곱합	자유도	평균제곱	F 값	유의확률
회귀	6.657	1	6.657	50.226	< 0.001
잔차	1.325	10	0.133		
계	7.983	11			

또한, SPSS를 이용하여 유의확률을 계산해보면 < 0.001임을 알 수 있다. 따라서 유의수준 0.05에서 회귀직선이 유의하다고 할 수 있고 이것으로, 포도송이 개수와 포도수확량은 선형적 관계가 뚜렷하다고 할 수 있다. ▣

10.7 단순회귀모형에서 추론

단순선형회귀모형에서 기울기 β_1에 대한 최소제곱 추정량

$$b_1 = \frac{\sum_{i=1}^{n}(x_i - \overline{x})(y_i - \overline{y})}{\sum_{i=1}^{n}(x_i - \overline{x})^2}$$

의 표본분포는 다음과 같다.

$$b_1 \sim N\left(\beta_1,\ \frac{\sigma^2}{\sum_{i=1}^{n}(x_i - \overline{x})^2}\right) \equiv N\left(\beta_1,\ \frac{\sigma^2}{S_{xx}}\right)$$

여기서 b_1을 표준화시키면 표준정규분포를 따르게 된다.

$$Z = \frac{b_1 - \beta_1}{\sigma / \sqrt{Sxx}} \sim N(0, 1^2)$$

위의 b_1의 표준화 식에서 분모의 σ를 최소제곱추정량 $\sqrt{MSE}$로 대체하면 자유도 $n-2$인 t-분포를 따른다는 사실이 알려져 있다.

$$T = \frac{b_1 - \beta_1}{\sqrt{MSE/S_{xx}}} \sim t(n-2)$$

따라서 기울기 β_1에 대한 $100 \times (1-\alpha)\%$ 신뢰구간은

$$b_1 \pm t(n-2;\ \alpha/2) \cdot \sqrt{MSE/S_{xx}}$$

으로 추정될 수 있다.

또한, 귀무가설 $H_0 : \beta_1 = \beta_{10}$에 대한 검정통계량은

$$T = \frac{b_1 - \beta_{10}}{\sqrt{MSE/S_{xx}}} \sim t(n-2)$$

가 된다.

단순회귀모형에서 기울기 β_1의 추론

(1) $100(1-\alpha)\%$ 신뢰구간

$$b_1 \pm t(n-2;\ \alpha/2) \cdot \sqrt{MSE/S_{xx}}$$

(2) 귀무가설 $H_0 :\ \beta_1 = \beta_{10}$에 대한 검정통계량

$$T = \frac{b_1 - \beta_{10}}{\sqrt{MSE/S_{xx}}} \sim t(n-2)$$

(3) 대립가설, $H_1 : \beta_1 \neq \beta_{10}$에 대한 기각역 $|T| > t_{\alpha/2}(n-2)$

$H_1 : \beta_1 > \beta_{10}$에 대한 기각역 $T > t_\alpha(n-2)$

$H_1 : \beta_1 < \beta_{10}$에 대한 기각역 $T < -t_\alpha(n-2)$

단순회귀모형에서 절편 β_0에 대한 추론을 위해 최소제곱 추정량 $b_0 = \overline{y} - b_1 \cdot \overline{x}$의 표본분포는 다음과 같다.

$$b_0 \sim N\left(\beta_0, \sigma^2\left(\frac{1}{n} + \frac{\overline{x}^2}{S_{xx}}\right)\right)$$

여기서, b_0를 표준화하면 표준정규분포를 따르게 된다.

$$Z = \frac{b_0 - \beta_0}{\sqrt{\sigma^2\left(\frac{1}{n} + \frac{\overline{x}^2}{S_{xx}}\right)}} \sim N(0, 1^2)$$

위의 b_0의 표준화 식에서 분모의 σ^2을 최소제곱추정량 MSE로 대체하면 자유도 $n-2$인 t-분포를 따른다는 사실이 알려져 있다.

$$T = \frac{b_0 - \beta_0}{\sqrt{MSE\left(\frac{1}{n} + \frac{\overline{x}^2}{S_{xx}}\right)}} \sim t(n-2)$$

따라서 β_0의 $100(1-\alpha)\%$ 신뢰구간은

$$b_0 \pm t(n-2\,;\,\alpha/2)\sqrt{MSE \cdot \left(\frac{1}{n} + \frac{\overline{x}^2}{S_{xx}}\right)}$$

와 같이 추정할 수 있다.

그러므로 귀무가설 $H_0 : \beta_0 = \beta_{00}$에 대한 검정통계량은

$$T = \frac{b_0 - \beta_{00}}{\sqrt{MSE\left(\frac{1}{n} + \frac{\overline{x}^2}{S_{xx}}\right)}} \sim t(n-2)$$

가 된다.

단순회귀모형에서 절편 β_0의 추론

① $100(1-\alpha)\%$ 신뢰구간

$$b_0 \pm t(n-2\,;\,\alpha/2)\sqrt{MSE \cdot \left(\frac{1}{n}+\frac{\overline{x}^2}{S_{xx}}\right)}$$

② 귀무가설 $H_0:\ \beta_0=\beta_{00}$에 대한 검정통계량

$$T=\frac{b_0-\beta_{00}}{\sqrt{MSE\left(\frac{1}{n}+\frac{\overline{x}^2}{S_{xx}}\right)}} \sim t(n-2)$$

③ 대립가설, $H_1:\ \beta_0 \neq \beta_{00}$에 대한 기각역 $|T| > t_{\alpha/2}(n-2)$

$H_1:\ \beta_0 > \beta_{00}$에 대한 기각역 $T > t_{\alpha}(n-2)$

$H_1:\ \beta_0 < \beta_{00}$에 대한 기각역 $T < -t_{\alpha}(n-2)$

주어진 x에서 y의 평균 $E(y)$는 $E(y)=\beta_0+\beta_1 x$으로 정의했고, 최소제곱 추정법에 의해 $E(y)$는

$$\hat{y}=b_0+b_1 x$$

로 추정된다.

$\hat{y}$의 표본분포는 다음과 같다.

$$\hat{y} \sim N\left(E(y),\ \sigma^2\left(\frac{1}{n}+\frac{(x-\overline{x})^2}{S_{xx}}\right)\right)$$

여기서 $\hat{y}$을 표준화하면 표준정규분포를 따르게 된다.

$$Z=\frac{\hat{y}-E(y)}{\sqrt{\sigma^2\left(\frac{1}{n}+\frac{(x-\overline{x})^2}{S_{xx}}\right)}} \sim N(0,\ 1^2)$$

분모의 σ^2을 그것의 최소제곱 추정량 MSE로 대체하면

$$T=\frac{\hat{y}-E(y)}{\sqrt{MSE \cdot \left(\frac{1}{n}+\frac{(x-\overline{x})^2}{S_{xx}}\right)}} \sim t(n-2)$$

가 된다.

따라서 $E(y)$의 $100(1-\alpha)\%$ 신뢰구간은

$$\hat{y} \pm t(n-2\,;\,\alpha/2)\sqrt{MSE \cdot \left(\frac{1}{n} + \frac{(x-\overline{x})^2}{S_{xx}}\right)}$$

이 되고, 귀무가설 $H_0:\ E(y)=\mu_0$에 대한 검정통계량은

$$T = \frac{\hat{y}-\mu_0}{\sqrt{MSE \cdot \left(\frac{1}{n} + \frac{(x-\overline{x})^2}{S_{xx}}\right)}} \sim t(n-2)$$

이 된다.

단순회귀모형에서 주어진 x에서의 기대값 $E(y)$에 대한 추론

① $100(1-\alpha)\%$ 신뢰구간

$$\hat{y} \pm t(n-2\,;\,\alpha/2)\sqrt{MSE \cdot \left(\frac{1}{n} + \frac{(x-\overline{x})^2}{S_{xx}}\right)}$$

② 귀무가설 $H_0:\ E(y)=\mu_0$에 대한 검정통계량

$$T = \frac{\hat{y}-\mu_0}{\sqrt{MSE \cdot \left(\frac{1}{n} + \frac{(x-\overline{x})^2}{S_{xx}}\right)}} \sim t(n-2)$$

③ 대립가설, $H_1:\ E(y) \neq \mu_0$에 대한 기각역 $|T| > t_{\alpha/2}(n-2)$

$H_1:\ E(y) > \mu_0$에 대한 기각역 $T > t_{\alpha}(n-2)$

$H_1:\ E(y) < \mu_0$에 대한 기각역 $T < -t_{\alpha}(n-2)$

예제 10.5 [표 10.1]의 포도송이 개수(x)와 포도수확량(y)의 자료에 대해 β_1, β_0 그리고 $x=100$에서의 $E(y)$의 95% 신뢰구간을 각각 구하여라.

풀이 앞에서 계산된 자료들을 사용하면,

$$b_1 = 0.051,$$

$$S_{xx} = \sum(x_i-\overline{x})^2 = 2521.66,$$

$$MSE = 0.133,$$
$$t(10\ ;\ 0.025) = 2.228$$

이므로, β_1의 $100 \times (1-\alpha)\%$ 신뢰구간은

$$\begin{aligned} b_1 \pm t(n-2;\ \alpha/2) \cdot \sqrt{MSE/S_{xx}} &= 0.051 \pm (2.228) \cdot \sqrt{0.133/2521.66} \\ &= 0.051 \pm 0.0162 \\ &= (0.0348,\ 0.0672). \end{aligned}$$

β_1의 신뢰구간에 계산된 자료에 추가로 아래의 자료를 사용하면,

$$b_0 = -1.028,$$
$$\bar{x}^2 = 107.1$$

β_0의 $100 \times (1-\alpha)\%$ 신뢰구간은

$$\begin{aligned} & b_0 \pm t(n-2\ ;\ \alpha/2)\sqrt{MSE \cdot \left(\frac{1}{n} + \frac{\bar{x}^2}{S_{xx}}\right)} \\ &= -1.028 \pm (2.228) \cdot \sqrt{0.133 \cdot \left(\frac{1}{12} + \frac{107.1^2}{2521.66}\right)} \\ &= -1.028 \pm 1.749 \\ &= (-2.777,\ 0.723). \end{aligned}$$

마지막으로, $x = 100$에서 $E(y)$의 $100 \times (1-\alpha)\%$ 신뢰구간을 산출해보면,

$$\hat{y} = b_0 + b_1 x = -1.028 + 0.051 \cdot 100 = 4.072$$

$$\begin{aligned} & \hat{y} \pm t(n-2\ ;\ \alpha/2)\sqrt{MSE \cdot \left(\frac{1}{n} + \frac{(x-\bar{x})^2}{S_{xx}}\right)} \\ &= 4.072 \pm (2.228) \cdot \sqrt{0.133 \cdot \left(\frac{1}{12} + \frac{(100-107.1)^2}{2521.66}\right)} \\ &= 4.072 \pm 0.0261 \\ &= (3.811,\ 4.333) \end{aligned}$$

이 됨을 알 수 있다. ▣

10.8 결정계수

앞에서 살펴본 바와 같이 총제곱합은 회귀에 의한 제곱합과 잔차에 의한 제곱합으로 나눌 수 있었다. 총제곱합에서 회귀에 의한 제곱합의 비중이 크다면, 이것은 자료가 회귀모형에 잘 적합하고 있다는 것을 의미한다. 총제곱합에 대한 회귀제곱합의 비율

$$R^2 = \frac{SSR}{SST} = 1 - \frac{SSE}{SST}$$

을 결정계수(coefficient of determination)라고 하는데, 관측값들의 대부분이 회귀선 근처에 위치한다면 이 값은 1에 가까울 것이며 그렇지 못하다면 1보다 작아지게 된다.

앞에서 소개한 계산 식에 의해

$$R^2 = \frac{SSR}{SST} = \frac{S_{xy}^2}{S_{xx}S_{yy}} = \left\{\frac{S_{xy}}{\sqrt{S_{xx}}\sqrt{S_{yy}}}\right\}^2 = \left\{\frac{\sum_{i=1}^{n}(x_i - \bar{x})(y_i - \bar{y})}{\sqrt{\sum_{i=1}^{n}(x_i - \bar{x})^2 \cdot \sum_{i=1}^{n}(y_i - \bar{y})^2}}\right\}^2$$

이 된다. 즉 결정계수는 10.1절에서 공부했던 상관계수의 제곱임을 알 수 있다. 그렇지만 꼭 기억해야 할 것은 단순회귀모형에서만 상관계수의 제곱이 결정계수가 되는 것일 뿐 나중에 배우는 중회귀모형에서 얻은 결정계수도 상관계수의 제곱이 되는 것은 아니라는 점이다. 이 결정계수는 자료가 모형에 잘 적합했는지를 알아보기 위해 사용되는 척도가 된다.

결정계수

$$R^2 = \frac{SSR}{SST} = \frac{S_{xy}^2}{S_{xx}S_{yy}}$$

예제 10.6 [표 10.1]의 포도송이 개수(x)와 포도수확량(y)의 자료에서 단순회귀모형을 적용할 때 결정계수를 구하여라.

풀이 $S_{xx}=2521.66$, $S_{yy}=7.98$, $S_{xy}=129.56$이므로, 결정계수는

$$R^2=\frac{SSR}{SST}=\frac{S_{xy}^2}{S_{xx}S_{yy}}=\frac{(129.56)^2}{(2521.66)(7.98)}=0.834$$

이다. 이것은 회귀직선에 의해 자료의 총변동의 약 84%를 설명할 수 있다는 의미이다. ▣

10.9 중회귀분석

지금까지 독립변수가 하나인 경우인 단순회귀분석에 대해 공부하였다. 하지만, 많은 경우에 종속변수는 두 개 이상의 독립변수에 의해 영향을 받을 수 있다. 이때 여러 개의 설명변수를 적절히 선택하여 회귀모형에 포함시키면 단순회귀모형보다 더 나은 분석을 할 수 있다. 반응변수의 변화를 설명하기 위하여 $k(\geq 2)$개의 설명변수를 고려하는 회귀모형을 중회귀모형(multiple regression model)이라 하고 다음과 같은 모형식을 가진다.

$$y_i=\beta_0+\beta_1x_{1i}+\cdots+\beta_kx_{ki}+\varepsilon_i,\ i=1,2,\cdots,n$$

여기서,

$x_{1i}, x_{2i}, \cdots, x_{ki}$: 설명변수(독립변수)

$y_1, y_2, \cdots, y_n$: 반응변수(종속변수)

$\beta_0, \beta_1, \cdots, \beta_k$: 회귀계수

$\varepsilon_1, \varepsilon_2, \cdots, \varepsilon_n$: $N(0, \sigma^2)$을 따르는 서로 독립인 오차항

먼저, $k=2$인 경우 최소제곱 추정법에 대하여 알아보자. 최소제곱 추정을 위한 오차의 제곱합은 다음과 같다.

$$S=\sum_{i=1}^{n}\varepsilon^2=\sum_{i=1}^{n}\{y_i-(\beta_0+\beta_1x_{1i}+\beta_2x_{2i})\}^2$$

단순선형회귀모형의 적합에서와 같이 최소제곱 추정량 b_0, b_1, b_2는 오차의 제곱합을 β_0, β_1, β_2에 대해 각각 편미분하여 얻은 식을 0으로 놓은 다음 연립방정식을 풀어서 구할 수 있다.

$$\frac{\delta S}{\delta \beta_0} = 2\sum_{i=1}^{n}(y_i - \beta_0 - \beta_1 x_{1i} - \beta_2 x_{2i})(-1) = 0,$$
$$\frac{\delta S}{\delta \beta_1} = 2\sum_{i=1}^{n}(y_i - \beta_0 - \beta_1 x_{1i} - \beta_2 x_{2i})(-x_{1i}) = 0,$$
$$\frac{\delta S}{\delta \beta_2} = 2\sum_{i=1}^{n}(y_i - \beta_0 - \beta_1 x_{1i} - \beta_2 x_{2i})(-x_{2i}) = 0$$

위의 세 식을 만족시키는 β_i의 값을 b_i라고 놓으면 아래와 같은 정규방정식을 얻는다.

$$\sum y_i = nb_0 + b_1\sum x_{1i} + b_2\sum x_{2i},$$
$$\sum x_{1i}y_i = b_0\sum x_{1i} + b_1\sum x_{1i}^2 + b_2\sum x_{1i}\, x_{2i},$$
$$\sum x_{2i}y_i = b_0\sum x_{2i} + b_1\sum x_{1i}x_{2i} + b_2\sum x_{2i}^2$$

위 식을 풀면 최소제곱추정량 b_0, b_1, b_2를 얻을 수 있고 회귀직선 $E(y) = \beta_0 + \beta_1 x_1 + \beta_2 x_2$는 아래와 같은 추정된다.

$$\hat{y} = b_0 + b_1 x_1 + b_2 x_2$$

독립변수가 세 개 이상이 되면 거의 모든 경우 행렬을 사용해서 계산해야 한다. 행렬을 사용하는 방법은 본 교재의 범위를 넘어가므로 이 책에서는 다루지 않는다.

중회귀분석의 모형

$$y_i = \beta_0 + \beta_1 x_{1i} + \cdots + \beta_k x_{ki} + \varepsilon_i,\ i = 1, 2, \cdots,\ n,$$

여기서,

x_{1i}, x_{2i}, $\cdots$, x_{ki}: 설명변수(독립변수)

y_1, y_2, $\cdots$, y_n: 반응변수(종속변수)

β_0, β_1, $\cdots$, β_k: 회귀계수

ε_1, ε_2, $\cdots$, ε_n: $N(0, \sigma^2)$을 따르는 서로 독립인 오차항

예제 10.7 다음은 22그루의 쓰러진 흑체리나무를 조사하여 나무의 높이, 지표면 4.5피트에서 나무의 지름 및 부피를 기록한 자료이다. 이 자료에 대해 지름(x_1), 높이(x_2), 부피(y)라고 하고 중회귀분석을 적용할 때, 최소제곱법에 의해 회귀계수를 계산하고 회귀직선을 추정하여라.

[표 10.4] 흑체리나무 자료

순서	지름	높이	부피	순서	지름	높이	부피
1	8.3	70	10.3	12	11.4	76	21.0
2	8.6	65	10.3	13	11.4	76	21.4
3	8.8	63	10.2	14	11.7	69	21.3
4	10.5	72	16.4	15	12.0	75	19.1
5	10.7	81	18.8	16	12.9	74	22.2
6	10.8	83	19.7	17	12.9	85	33.8
7	11.0	66	15.6	18	13.3	86	27.4
8	11.0	75	18.2	19	13.7	71	25.7
9	11.1	80	22.6	20	13.8	64	24.9
10	11.2	75	19.9	21	14.0	78	34.5
11	11.3	79	24.2	22	14.2	80	31.7

자료출처: Ryan 외 2인 Minitab 학생교본(1985)

풀이 회귀계수의 최소제곱 추정값을 구하기 위해 필요한 통계량을 다음과 같이 계산하였다.

$$n = 22,\ \sum y_i = 469.2,\ \sum x_{1i} = 254.6,$$
$$\sum x_{2i} = 1643,\ \sum x_{1i}^2 = 3006.3,\ \sum x_{1i}x_{2i} = 19104.1,$$
$$\sum x_{2i}^2 = 123631,\ \sum x_{1i}y_i = 5646.39,\ \sum x_{2i}y_i = 35620.8$$

이들을 정규방정식에 대입해보면 다음과 같다.

$$469.2 = 22 \cdot b_0 + 254.6 \cdot b_1 + 1643 \cdot b_2,$$
$$5646.39 = 254.6 \cdot b_0 + 3006.3 \cdot b_1 + 19104.1 \cdot b_2,$$
$$35620.8 = 1643 \cdot b_0 + 19104.1 \cdot b_1 + 123631 \cdot b_2$$

위의 연립방정식을 풀면 다음의 해를 얻는다.

$$b_0 = -38.8709,\ b_1 = 3.1322,\ b_2 = 0.3207$$

따라서 적합된 추정식은 다음과 같다.

$$\hat{y} = -38.8709 + 3.1322x_1 + 0.3207x_2$$ ▣

다음으로 중회귀모형의 유의성을 검정하기 위한 분산분석표와 F검정을 알아보자. 중회귀모형에서도 단순회귀분석에서와 마찬가지로 총제곱합을 아래와 같이 분해할 수 있다.

중회귀모형에서 총제곱합의 분해

$$\text{제곱합:}\quad \sum_{i=1}^{n}(y_i - \overline{y})^2 = \sum_{i=1}^{n}(y_i - \hat{y}_i)^2 + \sum_{i=1}^{n}(\hat{y}_i - \overline{y})^2$$

$$SST \quad = \quad SSE \quad + \quad SSR$$

$$\text{자유도:}\quad (n-1) \quad = \quad (n-k-1) \quad + \quad k$$

잔차평균제곱 회귀평균제곱 그리고 결정계수는 각각 다음과 같다.

$$MSE = SSE/(n-k-1),$$
$$MSR = SSR/k,$$
$$R^2 = SSR/SST$$

중회귀분석에서 유의성에 대한 가설은

$$H_0:\ \beta_1 = \beta_2 = \cdots = \beta_k = 0,\quad H_1:\ \beta_1, \beta_2, \cdots, \beta_k\text{가 모두 0은 아니다.}$$

로 주어지고, 귀무가설 H_0가 참이라면, 즉 회귀모형이 유의하지 않다면,

$$F = \frac{MSR}{MSE} \sim F(k, n-k-1)$$

이다.

그래서 자료로부터 구한 통계량 F의 값을 f라고 하면 유의확률 p는 $p = P(F > f)$라고 할 수 있다.

또한, 유의수준 α에서의 기각역은 $F \geq F_{\alpha}(k,\, n-k-1)$가 된다. [표 10.5]에는 중회귀분석에서 분산분석표가 제시되어 있다.

[표 10.5] 중회귀분석에서 분산분석표

요인	제곱합	자유도	평균제곱	F값	유의확률
회귀	SSR	k	$MSR=\dfrac{SSR}{k}$	$\dfrac{MSR}{MSE}$	$P(F>f)$
잔차	SSE	$n-k-1$	$MSE=\dfrac{SSE}{n-k-1}$		
계	SST	$n-1$			

예제 10.8 [표 10.4]의 흑체리나무 자료에 대해 중회귀모형을 적용한 경우, 분산분석표를 작성하고 유의수준 5%에서 중회귀모형의 유의성을 검정하여라. 또한 결정계수 R^2을 산출하여라.

풀이 검정하고자 하는 귀무가설과 대립가설은 각각 다음과 같다.

H_0 : $\beta_1 = \beta_2 = 0$, 즉 중회귀모형은 유의하지 않다.

H_1 : β_1, β_2가 모두 0은 아니다.

제곱합을 계산하면

$$SST = \sum_{i=1}^{n}(y_i - \overline{y})^2 = 966.104,$$

$$SSE = \sum_{i=1}^{n}(\hat{y}_i - \overline{y})^2 = 102.052,$$

$$SSR = SST - SSE = 864.052$$

이고, SST, SSR, SSE의 자유도는 각각 $n-1=21$, $k=2$, $n-k-1=19$이다. 이로부터 MSR, MSE와 F통계량을 계산하면 다음과 같다.

$$MSR = \frac{SSR}{2} = 432.026,$$

$$MSE = \frac{SSE}{19} = 5.371,$$

$$f = \frac{MSR}{MSE} = 80.435.$$

귀무가설 하에서 검정통계량은 $F(k,\ n-k-1) = F(2,\ 19)$를 따르는데, SPSS를 이용하여 유의확률을 계산해보면 유의확률 $p \approx 0.000$으로 산출된다. 이러한 결과를 바탕으로 분산분석표를 작성하면 [표 10.6]와 같다.

[표 10.6] 흑체리나무자료([표 10.4])에 대한 중회귀분석의 분산분석표

요인	제곱합	자유도	평균제곱	F 값	유의확률
회귀	864.052	2	432.026	80.435	0.000
잔차	102.052	19	5.371		
계	966.104	21			

또한, $F_{0.05}(2,\ 19) = 3.522$이므로 귀무가설 하에서의 검정통계량 80.435은 기각역에 속하게 된다. 그러므로 귀무가설 $H_0 : \beta_1 = \beta_2 = 0$은 유의수준 5%에서 기각되므로 적용된 중회귀모형은 유의하다고 할 수 있다. 한편, 결정계수 $R^2 = \frac{SSR}{SST} = \frac{864.052}{966.104} = 0.894$가 된다. 흑체리나무의 부피는 지름과 높이를 설명변수로 하는 중회귀모형에 의해 약 89.4%를 설명할 수 있다고 할 수 있다. ▣

10.10 SPSS 실습

예제 10.9 단순회귀분석 실습 [표 10.1]의 포도송이 개수(x)와 수확량(y) 자료에 대해 단순회귀모형을 적합하고자 한다. SPSS를 이용하여 분석을 수행하여라.

풀이 ① 아래와 같이 SPSS의 데이터 편집기창에 자료를 입력한다.

	수확량	포도송이개수	변수	변수
1	5.60	116.37		
2	3.20	82.77		
3	4.50	110.68		
4	4.20	97.50		
5	5.20	115.88		
6	2.70	80.19		
7	4.80	125.24		
8	4.90	116.15		
9	4.70	117.36		
10	4.10	93.31		
11	4.40	107.46		
12	5.40	122.30		

[그림 10.5] 자료 입력

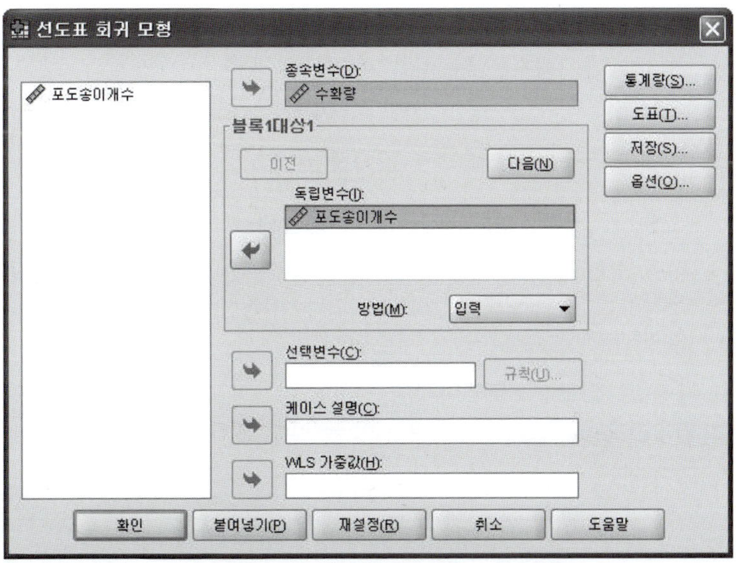

[그림 10.6] 회귀분석을 위한 대화상자

② 메뉴에서 '분석 → 회귀분석 → 선형'을 선택하고 [그림 10.6]과 같이 '종속변수'에 "수확량"을, '독립변수'에 "포도송이 개수"를 선택하고 '도표'버튼을 누르고 x축 변수에 DEPENDENT, y축 변수에 SRESID를 누르고 '표준화 잔차도표'에서 '정규확률도표'를 선택하고 '계속'버튼을 누른다. '확인'버튼을 누른다.

[그림 10.7]은 SPSS에 의한 회귀분석의 결과이고 각 도표의 설명은 다음과 같다.

[그림 10.7 (a)]는 모형요약으로 결정계수 $R^2 = 83.4\%$라는 것을 나타낸다. 즉 포도송이 개수는 포도수확량을 83.4% 설명할 수 있다는 뜻이다.

[그림 10.7 (b)]는 분산분석표로서 유의확률이 0.000으로 모형이 매우 유의함을 나타낸다.

[그림 10.7 (c)]는 추정된 회귀계수로서 추정된 회귀직선은 아래와 같다.

$$\hat{y} = -1.028 + 0.051x$$

포도송이 개수가 1단위 증가할 때 포도수확량은 0.051씩 증가한다는 것을 알 수 있다.

모형요약

모형	R	R 제곱	수정된 R 제곱	표준오차 추정값의 표준오차
1	0.913[a]	0.834	0.817	0.36406

a. 예측값: (상수), 포도송이 개수

(a) 모형요약

분산분석[a]

모형	제곱합	자유도	평균제곱	F	유의확률
1 회귀 모형	6.657	1	6.657	50.226	0.000[a]
잔차	1.325	10	0.133		
합계	7.983	11			

a. 예측값: (상수), 포도송이개수

b. 종속변수: 수확량

(b) 분산분석표

계수[a]

모형	비표준화 계수		표준화 계수	t	유의확률
	B	표준오차 오류	베타		
1 (상수)	−1.028	0.784		−1.312	0.219
포도송이 개수	0.051	0.007	0.913	7.087	0.000

a. 종족변수: 수확량

(c) 회귀계수의 추정값

[그림 10.7] 단순회귀분석의 SPSS 수행결과

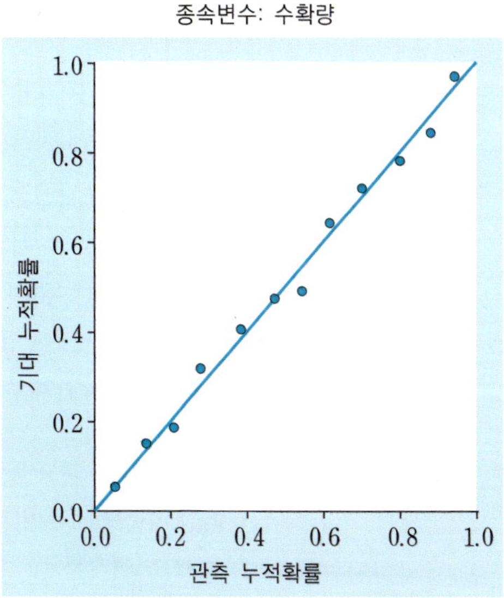

[그림 10.8] 표준화 잔차의 정규확률그림

[그림 10.8]의 표준화 잔차의 정규 Q-Q 도표로부터 잔차들이 직선에 매우 가까이 있음을 알 수 있다 즉 정규성을 가정해도 좋음을 의미한다.

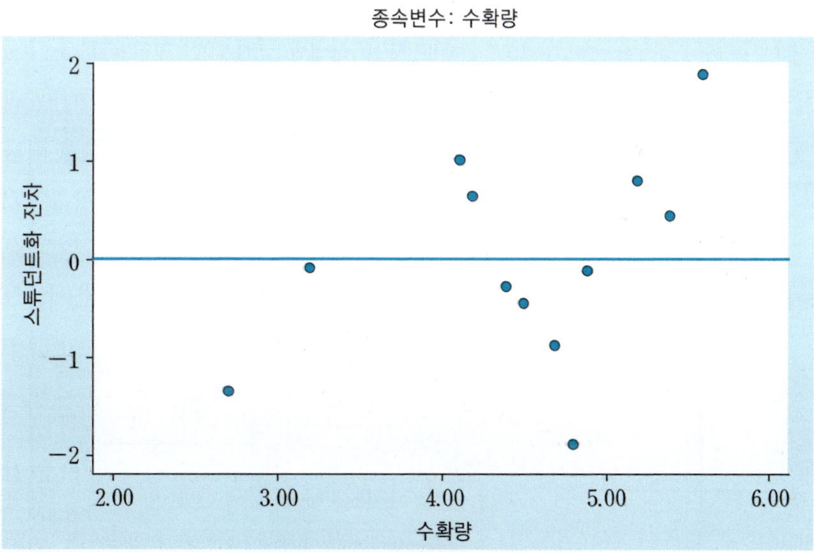

[그림 10.9] 스튜던트화 잔차 도표

[그림 10.9]의 종속변수 수확량에 대한 스튜던트화 잔차 도표에서 수확량이 커짐에 따라 잔차가 조금 커지는 경향은 있으나 크게 문제될 것은 없어 보인다. ▣

예제 10.10 중회귀분석 실습 [표 10.4]의 흑체리나무 자료에서 지름과 높이를 독립변수로 하고 부피를 종속변수로 하여 중회귀모형을 적용하였을 때, SPSS를 이용하여 분석을 수행하라.

풀이 ① 메뉴에서 '그래프 → 레거시 대화상자 → 산점도/점도표 → 단순산점도'를 선택하고 지름과 부피, 높이와 부피간의 산점도를 그려본다.

② 메뉴에서 '분석 → 회귀분석 →선형'을 선택하고 [그림 10.11]과 같이 '종속변수'에 "부피"를, '독립변수'에 "지름"과 "높이"를 선택하고 '확인'버튼을 누른다.

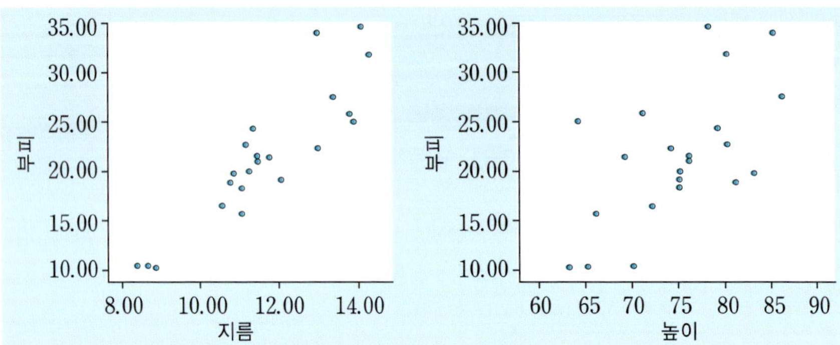

[그림 10.10] 지름과 부피, 높이와 부피 간의 산점도

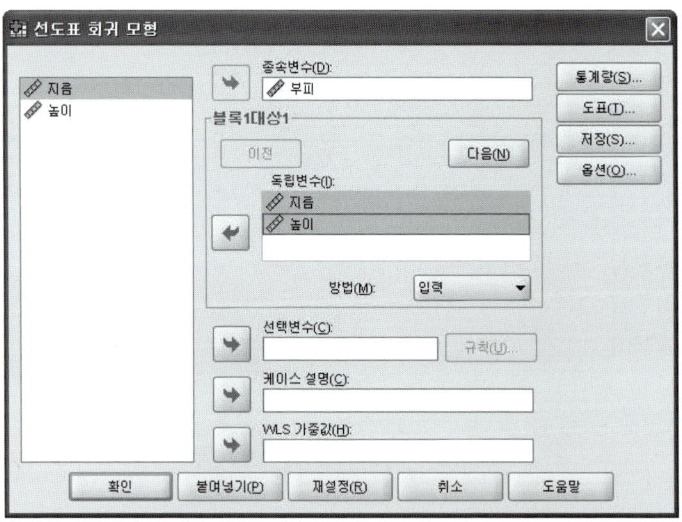

[그림 10.11] 회귀분석을 위한 대화상자

모형요약

모형	R	R 제곱	수정된 R 제곱	표준오차 추정값의 표준오차
1	0.946[a]	0.894	0.883	2.3176

a. 예측값: (상수), 높이, 지름

분산분석[a]

모형		제곱합	자유도	평균제곱	F	유의확률
1	회귀모형	864.052	2	432.026	80.435	0.000[a]
	잔차	102.052	19	5.371		
	합계	966.104	21			

a. 예측값: (상수), 높이, 지름

b. 종속변수: 부피

계수[a]

모형		비표준화 계수		표준화 계수	t	유의확률
		B	표준오차 오류	베타		
1	(상수)	−38.871	5.871		−6.621	0.000
	지름	3.132	0.324	0.780	9.665	0.000
	높이	0.321	0.082	0.314	3.897	0.001

a. 종족변수: 부피

[그림 10.12] 중회귀분석에 대한 SPSS 수행결과

풀이 [그림 10.10]의 지름과 부피, 높이와 부피 간의 산점도에서 모두 양의 선형관계가 있음을 알 수 있으며 지름이 높이에 비해 부피와 더 강한 양의 상관관계가 있는 것으로 보인다. 모형요약으로 결정계수 $R^2 = 0.894$이며 분산분석표는 모형이 유의함을 나타내고 있다. 추정된 회귀계수로부터 흑체리나무의 부피는 지름과 높이에 모두 유의함을 알 수 있으며 추정된 회귀식은 다음과 같다.

$$\hat{y} = -38.871 + 3.132x_1 + 0.321x_2$$

▣

제 10 장 연습문제

01 단순회귀모형

$$y_i = \beta_0 + \beta_1 x_i + \varepsilon_i,\ i = 1,\ \cdots,\ n$$

에서 $\varepsilon_i \sim N(0,\ \sigma^2)$는 무엇을 뜻하는가?

02 단순회귀모형에서

$$y_i \sim N(\beta_0 + \beta_1 x_i,\ \sigma^2)$$

은 무엇을 뜻하는가?

03 단순선형회귀모형에서 추정된 회귀계수가 다음과 같이 됨을 증명하여라.

(1) $\beta_0 = \overline{y} - \beta_1 \overline{x}$

(2) $\beta_1 = \dfrac{S_{xy}}{S_{xx}}$

04 회귀모형이

$$y_i = \beta_1 x_i + \varepsilon_i$$

일 때 원점을 지나는 회귀모형이라 한다. 추정된 회귀직선을

$$y_i = b_1 x_i$$

라고 할 때

$$b_1 = \frac{\sum x_i y_i}{\sum x_i^2}$$

임을 증명하여라.

05 x와 y 사이에 비선형인 모형

$$y = \beta_o + \beta_1\left(\frac{1}{x}\right) + \varepsilon$$

의 관계가 적합하다고 할 때, 어떻게 하면 선형모형으로 만들 수 있는가?

06 x와 y 사이에 비선형인 모형

$$y = e^{\beta_0 + \beta_1 x + \varepsilon}$$

의 관계가 적합하다고 할 때, 어떻게 하면 선형모형으로 만들 수 있는가?

07 단순회귀모형에서 추정된 회귀직선이

$$\hat{y} - \overline{y} = b_1 (x - \overline{x})$$

가 되어, 직선이 점 $(\overline{x}, \overline{y})$를 지남을 증명하라.

08 단순회귀모형에서 x의 각 수준에서 잔차를 ε_i라고 할 때 $\sum \varepsilon_i = 0$임을 증명하여라.

09 단순회귀모형에서 $\sum \varepsilon_i x_i = 0$임을 증명하여라.

10 단순회귀모형에서 $\sum \varepsilon_i \hat{y}_i = 0$임을 증명하여라.

11 단순회귀모형에서 $\sum y_i = \sum \hat{y}_i$임을 증명하여라.

12 이상점과 영향관측값의 차이에 대하여 설명하여라.

13 다음 식을 증명하라.

$$S_{xy} = \sum (x_i - \overline{x})(y_i - \overline{y}) = \sum (x_i - \overline{x}) y_i$$

14 단순회귀모형에서

$$Var(\hat{y}) = \left[\frac{1}{n} + \frac{(x - \overline{x})^2}{S_{xx}} \right] \sigma^2$$

임을 증명하여라.

15 총편차를

$$y_i - \overline{y} = (y_i - \hat{y_i}) + (\hat{y_i} - \overline{y})$$

로 분해할 때, $(y_i - \hat{y_i})$는 회귀선에 의해 설명되지 않는 편차, $(\hat{y_i} - \overline{y})$는 회귀선에 의해 설명되는 편차라고 하는 이유는 무엇인가?

16 결정계수가 의미하는 것은 무엇인가?

17 자료를 단순회귀모형에 적합시켰을 때 결정계수의 값이 작게 나왔으면 모형에 대한 어떤 조치를 취해야 하는가?

18 $S_{xx} = 64,\ S_{yy} = 49,\ r = 0.8$일 때 추정된 단순회귀직선의 기울기 b_1은 얼마인가?

19 상관계수는 $-1 \le r \le 1$의 범위에 있음을 증명하여라.

20 영이네 집은 겨울철에 액화천연가스(LNG)를 이용하여 난방을 한다. 난방에 필요한 가스의 양은 밖의 온도에 좌우되어 날씨가 추울수록 가스소비량이 증가한다. 영이는 밖의 온도로부터 가스소비량을 예측하기 위하여 난방시즌인 10월부터 이듬해 6월까지 월평균 온도와 가스소비량을 조사하였다. 실내 적정온도를

25℃로 보고, 적정온도와 밖의 온도의 차는 가스로 가열해야 할 온도이므로, 독립변수 x는 25℃에서 월평균 온도를 뺀 값이고, 종속변수 y는 월별 하루 평균 가스소비량(단위: kg)으로 하고 다음과 같은 표를 얻었다.

월별	10	11	12	1	2	3	4	5	6
x	15.6	26.8	37.8	36.4	35.5	18.6	15.3	7.9	0.0
y	5.2	6.1	8.7	8.5	8.8	4.9	4.5	2.5	1.1

(1) 산포도를 그려라.
(2) 산포도 위에 회귀직선을 그려라.
(3) 2월의 평균기온이 영하 15℃라고 할 때 독립변수 x값은 얼마인가?
(4) x값이 40일 때 예측 가스소비량은 얼마인가?
(5) 집에 단열장치를 한 후 $x=40$, $y=8.7$kg이었다면 감소된 가스소비량은 하루에 얼마 정도인가?

21 어떤 소아과 의사가 순이의 키를 기록한 결과는 다음과 같다.

나이(개월 수)	36	48	51	54	57	60
키(cm)	86	90	91	93	94	95

(1) 나이(x)에 대한 키(y)의 최소제곱회귀직선을 구하여라.
(2) 회귀직선에 의하면 순이는 월평균 몇 cm씩 자라는가?
(3) 정상적인 소녀는 48개월에서 60개월 사이에 평균 6cm씩 자란다고 할 때 기울기는 얼마인가?
(4) 순이는 정상적인 소녀보다 빨리 자라는가, 늦게 자라는가?
(5) 순이가 40개월일 때와 65개월일 때의 예상되는 키는 얼마인가?

22 연습문제 21번의 자료를 이용하여 다음 물음에 답하라.

(1) 상관계수 r을 구하여라.
(2) 가설 $H_0 : \rho = 0.9$, $H_1 : \rho \neq 0.9$를 유의수준 $\alpha = 0.05$로 검정하여라.
(3) 만약 순이의 키가 모든 나이에서 4cm씩 컸다면 상관계수 r는 얼마나 변하는가?

23 미국 플로리다 연안을 따라 얕은 물에는 해우(海牛)들이 살고 있다. 많은 해우들이 매년 모터보트에 치여 죽거나 상처를 입는다. 다음 표는 1977년부터 1990년까지 플로리다에 등록된 모터보트의 수(단위: 1,000)와 죽은 해우의 수이다. (Moore and McCabe의 Intro. to the Practice of Statistics, 1993 참조)

연도	보트 수	죽은 해우 수
1977	447	13
1978	460	21
1979	481	24
1980	498	16
1981	513	24
1982	512	20
1983	526	15
1984	559	34
1985	585	33
1986	614	33
1987	645	39
1988	675	43
1989	711	50
1990	719	47

(1) 산포도를 그리고, 직선형이 타당한가 말하여라.

(2) 결정계수는 얼마인가?

(3) 잔차가 큰 것은 몇 년도 자료인가?

(4) 최소제곱회귀선의 방정식을 써라.

(5) $H_0: \beta_1 = 0$, $H_1: \beta_1 > 0$에 대한 t검정의 결과를 말하여라.

24 연습문제 23번의 SPSS 출력결과를 보고 다음 물음에 답하여라.

(1) y의 분산의 추정값 $\widehat{VAR}(y)$는 얼마인가?

(2) $s = 4.276$은 무엇을 의미하는가?

(3) 가설 $H_0: \beta_1 = 0$, $H_1: \beta_1 \neq 0$에 대한 F값은 얼마인가? 그리고 검정의 결과는 어떠한가?

(4) Fit 45.97은 $\hat{y} = 45.97$을 의미한다. 이때 독립변수 x값은 얼마인가?

25 어떤 경제학자가 조사한 8가구의 1년간 수입총액(단위: 100만 원)과 식료품지출액(단위: 10만 원)은 다음 표와 같다.

연간수입총액(단위: 100만 원)x	30	36	27	20	16	24	19	25
식료품지출액(단위: 10만 원)y	55	60	42	40	37	26	39	43

(1) 산포도를 그려라.

(2) 단순선형회귀모형의 회귀계수를 구하여라.

(3) 연간수입총액이 2,200만원인 사람의 예상 식료품 지출액을 구하여라.

(4) 결정계수와 상관계수를 구하여라.

(5) 분산분석표를 작성하고 모형의 단순회귀모형에 대한 유의성검정을 보여라.

26 연령과 최대 심장 박동수와의 관계를 알아보기 위하여 10명을 조사한 결과는 다음과 같다.

연령(x)	10	20	20	25	30	30	30	40	45	50
최대심장박동수(y)	210	200	195	195	190	180	185	180	170	165

(1) 단순선형회귀직선을 구하여라.

(2) 상관계수 r을 구하여라.

(3) $H_0: \beta_1 = 0$, $H_1: \beta_1 \neq 0$를 유의수준 $\alpha = 0.05$로 검정하고 그 결과를 해석하여라.

(4) β_1의 95% 신뢰구간을 구하라.

(5) $H_0: \rho = 0$, $H_1: \rho \neq 0$를 유의수준 $\alpha = 0.05$로 검정하여라.

(6) 분산분석표를 작성하여라.

27 12명의 고리포단백혈증 환자의 체중(kg) x_1, 나이(년) x_2 그리고 총 콜레스테롤량(mg/100ml) y에 대한 표는 아래와 같다.

x_1	84	73	65	70	76	69	63	72	79	75	27	89
x_2	46	20	52	30	57	25	28	36	57	44	24	31
y	354	190	405	263	451	302	288	385	402	365	209	290

SPSS를 이용하여 회귀분석결과를 출력하여라.

부록

[표 1] 이항확률표
[표 2] 표준정규확률표
[표 3] t–확률표
[표 4] χ^2–확률표
[표 5] F–확률표($\alpha = 0.10$)
[표 6] F–확률표($\alpha = 0.05$)
[표 7] F–확률표($\alpha = 0.025$)
[표 8] F–확률표($\alpha = 0.01$)

[표 1] 이항확률표

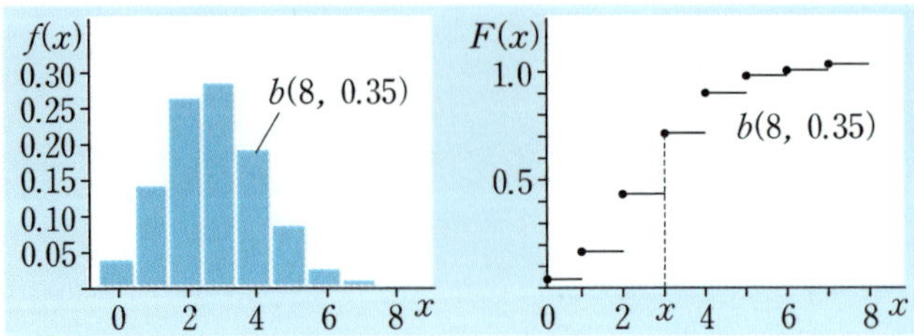

$$F(x) = P(X \le x) = \sum_{k=0}^{x} \frac{n!}{k!(n-k)!} p^k (1-p)^{n-k}$$

		p									
n	x	0.05	0.10	0.15	0.20	0.25	0.30	0.35	0.40	0.45	0.50
2	0	0.9025	0.8100	0.7225	0.6400	0.5625	0.4900	0.4225	0.3600	0.3025	0.2500
	1	0.9975	0.9900	0.9775	0.9600	0.9375	0.9100	0.8775	0.8400	0.7975	0.7500
	2	1.0000	1.0000	1.0000	1.0000	1.0000	1.0000	1.0000	1.0000	1.0000	1.0000
3	0	0.8574	0.7290	0.6141	0.5120	0.4219	0.3430	0.2746	0.2160	0.1664	0.1250
	1	0.9928	0.9720	0.9392	0.8960	0.8438	0.7840	0.7182	0.6480	0.5748	0.5000
	2	0.9999	0.9990	0.9966	0.9920	0.9844	0.9730	0.9571	0.9360	0.9089	0.8750
	3	1.0000	1.0000	1.0000	10000	1.0000	1.0000	1.0000	1.0000	1.0000	1.0000
4	0	0.8145	0.6561	0.5220	0.4096	0.3164	0.2401	0.1785	0.1296	0.0915	0.0625
	1	0.9860	0.9477	0.8905	0.8192	0.7383	0.6517	0.5630	0.4752	0.3910	0.3125
	2	0.9995	0.9963	0.9880	0.9728	0.9492	0.9163	0.8735	0.8208	0.7585	0.6875
	3	1.0000	0.9999	0.9995	0.9984	0.9961	0.9919	0.9850	0.9744	0.9590	0.9375
	4	1.0000	1.0000	1.0000	1.0000	1.0000	1.0000	1.0000	1.0000	1.0000	1.0000
5	0	0.7738	0.5905	0.4437	0.3277	0.2373	0.1681	0.1160	0.0778	0.0503	0.0312
	1	0.9774	0.9185	0.8352	0.7373	0.6328	0.5282	0.4284	0.3370	0.2562	0.1875
	2	0.9988	0.9914	0.9734	0.9421	0.8965	0.8369	0.7648	0.6826	0.5931	0.5000
	3	1.0000	0.9995	0.9978	0.9933	0.9844	0.9692	0.9460	0.9130	0.8688	0.8125
	4	1.0000	1.0000	0.9999	0.9997	0.9990	0.9976	0.9947	0.9898	0.9815	0.9688
	5	1.0000	1.0000	1.0000	1.0000	1.0000	1.0000	1.0000	1.0000	1.0000	1.0000
6	0	0.7351	0.5314	0.3771	0.2621	0.1780	0.1176	0.0754	0.0467	0.0277	0.0156
	1	0.9672	0.8857	0.7765	0.6553	0.5339	0.4202	0.3191	0.2333	0.1636	0.1094
	2	0.9978	0.9842	0.9527	0.9011	0.8306	0.7443	0.6471	0.5443	0.4415	0.3438
	3	0.9999	0.9987	0.9941	0.9830	0.9624	0.9295	0.8826	0.8208	0.7447	0.6562
	4	1.0000	0.9999	0.9996	0.9984	0.9954	0.9891	0.9777	0.9590	0.9308	0.8906
	5	1.0000	1.0000	1.0000	0.9999	0.9998	0.9993	0.9982	0.9959	0.9917	0.9844
	6	1.0000	1.0000	1.0000	1.0000	1.0000	1.0000	1.0000	1.0000	1.0000	1.0000
7	0	0.6983	0.4783	0.3206	0.2097	0.1335	0.0824	0.0490	0.0280	0.0152	0.0078
	1	0.9556	0.8503	0.7166	0.5767	0.4449	0.3294	0.2338	0.1586	0.1024	0.0625

[표 1] 이항확률표(계속)

n	x	0.05	0.10	0.15	0.20	0.25	0.30	0.35	0.40	0.45	0.50
		p									
	2	0.9962	0.9743	0.9262	0.8520	0.7564	0.6471	0.5323	0.4199	0.3164	0.2266
	3	0.9998	0.9973	0.9879	0.9667	0.9294	0.8740	0.8002	0.7102	0.6083	0.5000
	4	1.0000	0.9998	0.9988	0.9953	0.9871	0.9712	0.9444	0.9037	0.8471	0.7734
	5	1.0000	1.0000	0.9999	0.9996	0.9987	0.9962	0.9910	0.9812	0.9643	0.9375
	6	1.0000	1.0000	1.0000	1.0000	0.9999	0.9998	0.9994	0.9984	0.9963	0.9922
	7	1.0000	1.0000	1.0000	1.0000	1.0000	1.0000	1.0000	1.0000	1.0000	1.0000
8	0	0.6634	0.4305	0.2725	0.1678	0.1001	0.0576	0.0319	0.0168	0.0084	0.0039
	1	0.9428	0.8131	0.6572	0.5033	0.3671	0.2553	0.1691	0.1064	0.0632	0.0352
	2	0.9942	0.9619	0.8948	0.7969	0.6785	0.5518	0.4278	0.3154	0.2201	0.1445
	3	0.9996	0.9950	0.9786	0.9437	0.8862	0.8059	0.7064	0.5941	0.4770	0.3633
	4	1.0000	0.9996	0.9971	0.9896	0.9727	0.9420	0.8939	0.8263	0.7396	0.6367
	5	1.0000	1.0000	0.9998	0.9988	0.9958	0.9887	0.9747	0.9502	0.9115	0.8555
	6	1.0000	1.0000	1.0000	0.9999	0.9996	0.9987	0.9964	0.9915	0.9819	0.9648
	7	1.0000	1.0000	1.0000	1.0000	1.0000	0.9999	0.9998	0.9993	0.9983	0.9961
	8	1.0000	1.0000	1.0000	1.0000	1.0000	1.0000	1.0000	1.0000	1.0000	1.0000
9	0	0.6302	0.3874	0.2316	0.1342	0.0751	0.0404	0.0207	0.0101	0.0046	0.0020
	1	0.9288	0.7748	0.5995	0.4362	0.3003	0.1960	0.1211	0.0705	0.0385	0.0195
	2	0.9916	0.9470	0.8591	0.7382	0.6007	0.4628	0.3373	0.2318	0.1495	0.0898
	3	0.9994	0.9917	0.9661	0.9144	0.8343	0.7297	0.6089	0.4826	0.3614	0.2539
	4	1.0000	0.9991	0.9944	0.9804	0.9511	0.9012	0.8283	0.7334	0.6214	0.5000
	5	1.0000	0.9999	0.9994	0.9969	0.9900	0.9747	0.9464	0.9006	0.8342	0.7461
	6	1.0000	1.0000	1.0000	0.9997	0.9987	0.9957	0.9888	0.9750	0.9502	0.9102
	7	1.0000	1.0000	1.0000	1.0000	0.9999	0.9996	0.9986	0.9962	0.9909	0.9805
	8	1.0000	1.0000	1.0000	1.0000	1.0000	1.0000	0.9999	0.9997	0.9992	0.9980
	9	1.0000	1.0000	1.0000	1.0000	1.0000	1.0000	1.0000	1.0000	1.0000	1.0000
10	0	0.5987	0.3487	0.1969	0.1074	0.0563	0.0282	0.0135	0.0060	0.0025	0.0010
	1	0.9139	0.7361	0.5443	0.3758	0.2440	0.1493	0.0860	0.0464	0.0233	0.0107
	2	0.9885	0.9298	0.8202	0.6778	0.5256	0.3828	0.2616	0.1673	0.0996	0.0547
	3	0.9990	0.9872	0.9500	0.8791	0.7759	0.6496	0.5138	0.3823	0.2660	0.1719
	4	0.9999	0.9984	0.9901	0.9672	0.9219	0.8497	0.7515	0.6331	0.5044	0.3770
	5	1.0000	0.9999	0.9986	0.9936	0.9803	0.9527	0.9051	0.8338	0.7384	0.6230
	6	1.0000	1.0000	0.9999	0.9991	0.9965	0.9894	0.9740	0.9452	0.8980	0.8281
	7	1.0000	1.0000	1.0000	0.9999	0.9996	0.9984	0.9952	0.9877	0.9726	0.9453
	8	1.0000	1.0000	1.0000	1.0000	1.0000	0.9999	0.9995	0.9983	0.9955	0.9893
	9	1.0000	1.0000	1.0000	1.0000	1.0000	1.0000	1.0000	0.9999	0.9997	0.9990
	10	1.0000	1.0000	1.0000	1.0000	1.0000	1.0000	1.0000	1.0000	1.0000	1.0000

[표 1] 이항확률표(계속)

n	x	p									
		0.05	0.10	0.15	0.20	0.25	0.30	0.35	0.40	0.45	0.50
11	0	0.5688	0.3138	0.1673	0.0859	0.0422	0.0198	0.0088	0.0036	0.0014	0.0005
	1	0.8981	0.6974	0.4922	0.3221	0.1971	0.1130	0.0606	0.0302	0.0139	0.0059
	2	0.9848	0.9104	0.7788	0.6174	0.4552	0.3127	0.2001	0.1189	0.0652	0.0327
	3	0.9984	0.9815	0.9306	0.8389	0.7133	0.5696	0.4256	0.2963	0.1911	0.1133
	4	0.9999	0.9972	0.9841	0.9496	0.8854	0.7897	0.6683	0.5328	0.3971	0.2744
	5	1.0000	0.9997	0.9973	0.9883	0.9657	0.9218	0.8513	0.7535	0.6331	0.5000
	6	1.0000	1.0000	0.9997	0.9980	0.9924	0.9784	0.9499	0.9006	0.8262	0.7256
	7	1.0000	1.0000	1.0000	0.9998	0.9988	0.9957	0.9878	0.9707	0.9390	0.8867
	8	1.0000	1.0000	1.0000	1.0000	0.9999	0.9994	0.9980	0.9941	0.9852	0.9673
	9	1.0000	1.0000	1.0000	1.0000	1.0000	1.0000	0.9998	0.9993	0.9978	0.9941
	10	1.0000	1.0000	1.0000	1.0000	1.0000	1.0000	1.0000	1.0000	0.9998	0.9995
	11	1.0000	1.0000	1.0000	1.0000	1.0000	1.0000	1.0000	1.0000	1.0000	1.0000
12	0	0.5404	0.2824	0.1422	0.0687	0.0317	0.0138	0.0057	0.0022	0.0008	0.0002
	1	0.8816	0.6590	0.4435	0.2749	0.1584	0.0850	0.0424	0.0196	0.0083	0.0032
	2	0.9804	0.8891	0.7358	0.5583	0.3907	0.2528	0.1513	0.0834	0.0421	0.0193
	3	0.9978	0.9744	0.9078	0.7946	0.6488	0.4925	0.3467	0.2253	0.1345	0.0730
	4	0.9998	0.9957	0.9761	0.9274	0.8424	0.7237	0.5833	0.4382	0.3044	0.1938
	5	1.0000	0.9995	0.9954	0.9806	0.9456	0.8822	0.7873	0.6652	0.5269	0.3872
	6	1.0000	0.9999	0.9993	0.9961	0.9857	0.9614	0.9154	0.8418	0.7393	0.6128
	7	1.0000	1.0000	0.9999	0.9994	0.9972	0.9905	0.9745	0.9427	0.8883	0.8062
	8	1.0000	1.0000	1.0000	0.9999	0.9996	0.9983	0.9944	0.9847	0.9644	0.9270
	9	1.0000	1.0000	1.0000	1.0000	1.0000	0.9998	0.9992	0.9972	0.9921	0.9807
	10	1.0000	1.0000	1.0000	1.0000	1.0000	1.0000	0.9999	0.9997	0.9989	0.9968
	11	1.0000	1.0000	1.0000	1.0000	1.0000	1.0000	1.0000	1.0000	0.9999	0.9998
	12	1.0000	1.0000	1.0000	1.0000	1.0000	1.0000	1.0000	1.0000	1.0000	1.0000
13	0	0.5133	0.2542	0.1209	0.0550	0.0238	0.0097	0.0037	0.0013	0.0004	0.0001
	1	0.8646	0.6213	0.3983	0.2336	0.1267	0.0637	0.0296	0.0126	0.0049	0.0017
	2	0.9755	0.8661	0.6920	0.5017	0.3326	0.2025	0.1132	0.0579	0.0269	0.0112
	3	0.9969	0.9658	0.8820	0.7473	0.5843	0.4206	0.2783	0.1686	0.0929	0.0461
	4	0.9997	0.9935	0.9658	0.9009	0.7940	0.6543	0.5005	0.3530	0.2279	0.1334
	5	1.0000	0.9991	0.9924	0.9700	0.9198	0.8346	0.7159	0.5744	0.4268	0.2905
	6	1.0000	0.9999	0.9987	0.9930	0.9757	0.9376	0.8705	0.7712	0.6437	0.5000
	7	1.0000	1.0000	0.9998	0.9988	0.9944	0.9818	0.9538	0.9023	0.8212	0.7095
	8	1.0000	1.0000	1.0000	0.9998	0.9990	0.9960	0.9874	0.9679	0.9302	0.8666
	9	1.0000	1.0000	1.0000	1.0000	0.9999	0.9993	0.9975	0.9922	0.9797	0.9539
	10	1.0000	1.0000	1.0000	1.0000	1.0000	0.9999	0.9997	0.9987	0.9959	0.9888

[표 1] 이항확률표(계속)

n	x	0.05	0.10	0.15	0.20	0.25	0.30	0.35	0.40	0.45	0.50
		p									
13	11	1.0000	1.0000	1.0000	1.0000	1.0000	1.0000	1.0000	0.9999	0.9995	0.9983
	12	1.0000	1.0000	1.0000	1.0000	1.0000	1.0000	1.0000	1.0000	1.0000	0.9999
	13	1.0000	1.0000	1.0000	1.0000	1.0000	1.0000	1.0000	1.0000	1.0000	1.0000
14	0	0.4877	0.2288	0.1028	0.0440	0.0178	0.0068	0.0024	0.0008	0.0002	0.0001
	1	0.8470	0.5846	0.3567	0.1979	0.1010	0.0475	0.0205	0.0081	0.0029	0.0009
	2	0.9699	0.8416	0.6479	0.4481	0.2811	0.1608	0.0839	0.0398	0.0170	0.0065
	3	0.9958	0.9559	0.8535	0.6982	0.5213	0.3552	0.2205	0.1243	0.0632	0.0287
	4	0.9996	0.9908	0.9533	0.8702	0.7415	0.5842	0.4227	0.2793	0.1672	0.0898
	5	1.0000	0.9985	0.9885	0.9561	0.8883	0.7805	0.6405	0.4859	0.3373	0.2120
	6	1.0000	0.9998	0.9978	0.9884	0.9617	0.9067	0.8164	0.6925	0.5461	0.3953
	7	1.0000	1.0000	0.9997	0.9976	0.9897	0.9685	0.9247	0.8499	0.7414	0.6047
	8	1.0000	1.0000	1.0000	0.9996	0.9978	0.9917	0.9757	0.9417	0.8811	0.7880
	9	1.0000	1.0000	1.0000	1.0000	0.9997	0.9983	0.9940	0.9825	0.9574	0.9102
	10	1.0000	1.0000	1.0000	1.0000	1.0000	0.9998	0.9989	0.9961	0.9886	0.9713
	11	1.0000	1.0000	1.0000	1.0000	1.0000	1.0000	0.9999	0.9994	0.9978	0.9935
	12	1.0000	1.0000	1.0000	1.0000	1.0000	1.0000	1.0000	0.9999	0.9997	0.9991
	13	1.0000	1.0000	1.0000	1.0000	1.0000	1.0000	1.0000	1.0000	1.0000	0.9999
	14	1.0000	1.0000	1.0000	1.0000	1.0000	1.0000	1.0000	1.0000	1.0000	1.0000
15	0	0.4633	0.2059	0.0874	0.0352	0.0134	0.0047	0.0016	0.0005	0.0001	0.0000
	1	0.8290	0.5490	0.3186	0.1671	0.0802	0.0353	0.0142	0.0052	0.0017	0.0005
	2	0.9638	0.8159	0.6042	0.3980	0.2361	0.1268	0.0617	0.0271	0.0107	0.0037
	3	0.9945	0.9444	0.8227	0.6482	0.4613	0.2969	0.1727	0.0905	0.0424	0.0176
	4	0.9994	0.9873	0.9383	0.8358	0.6865	0.5155	0.3519	0.2173	0.1204	0.0592
	5	0.9999	0.9978	0.9832	0.9389	0.8516	0.7216	0.5643	0.4032	0.2608	0.1509
	6	1.0000	0.9997	0.9964	0.9819	0.9434	0.8689	0.7548	0.6098	0.4522	0.3036
	7	1.0000	1.0000	0.9994	0.9958	0.9827	0.9500	0.8868	0.7869	0.6535	0.5000
	8	1.0000	1.0000	0.9999	0.9992	0.9958	0.9848	0.9578	0.9050	0.8182	0.6964
	9	1.0000	1.0000	1.0000	0.9999	0.9992	0.9963	0.9876	0.9662	0.9231	0.8491
	10	1.0000	1.0000	1.0000	1.0000	0.9999	0.9993	0.9972	0.9907	0.9745	0.9408
	11	1.0000	1.0000	1.0000	1.0000	1.0000	0.9999	0.9995	0.9981	0.9937	0.9824
	12	1.0000	1.0000	1.0000	1.0000	1.0000	1.0000	0.9999	0.9987	0.9989	0.9963
	13	1.0000	1.0000	1.0000	1.0000	1.0000	1.0000	1.0000	1.0000	0.9999	0.9995
	14	1.0000	1.0000	1.0000	1.0000	1.0000	1.0000	1.0000	1.0000	1.0000	1.0000
	15	1.0000	1.0000	1.0000	1.0000	1.0000	1.0000	1.0000	1.0000	1.0000	1.0000
16	0	0.4401	0.1853	0.0743	0.0281	0.0100	0.0033	0.0010	0.0003	0.0001	0.0000
	1	0.8108	0.5147	0.2839	0.1407	0.0635	0.0261	0.0098	0.0033	0.0010	0.0003

[표 1] 이항확률표(계속)

n	x	0.05	0.10	0.15	0.20	0.25	0.30	0.35	0.40	0.45	0.50
16	2	0.9571	0.7892	0.5614	0.3518	0.1971	0.0994	0.0451	0.0183	0.0066	0.0021
	3	0.9930	0.9316	0.7899	0.5981	0.4050	0.2459	0.1339	0.0651	0.0281	0.0106
	4	0.9991	0.9830	0.9209	0.7982	0.6302	0.4499	0.2892	0.1666	0.0853	0.0384
	5	0.9999	0.9967	0.9765	0.9183	0.8103	0.6598	0.4900	0.3288	0.1976	0.1051
	6	1.0000	0.9995	0.9944	0.9733	0.9204	0.8247	0.6881	0.5272	0.3660	0.2272
	7	1.0000	0.9999	0.9989	0.9930	0.9729	0.9256	0.8406	0.7161	0.5629	0.4018
	8	1.0000	1.0000	0.9998	0.9985	0.9925	0.9743	0.9329	0.8577	0.7441	0.5982
	9	1.0000	1.0000	1.0000	0.9998	0.9984	0.9929	0.9771	0.9417	0.8759	0.7728
	10	1.0000	1.0000	1.0000	1.0000	0.9997	0.9984	0.9938	0.9809	0.9514	0.8949
	11	1.0000	1.0000	1.0000	1.0000	1.0000	0.9997	0.9987	0.9951	0.9851	0.9616
	12	1.0000	1.0000	1.0000	1.0000	1.0000	1.0000	0.9998	0.9991	0.9965	0.9894
	13	1.0000	1.0000	1.0000	1.0000	1.0000	1.0000	1.0000	0.9999	0.9994	0.9979
	14	1.0000	1.0000	1.0000	1.0000	1.0000	1.0000	1.0000	1.0000	0.9999	0.9997
	15	1.0000	1.0000	1.0000	1.0000	1.0000	1.0000	1.0000	1.0000	1.0000	1.0000
	16	1.0000	1.0000	1.0000	1.0000	1.0000	1.0000	1.0000	1.0000	1.0000	1.0000
20	0	0.3585	0.1216	0.0388	0.0115	0.0032	0.0008	0.0002	0.0000	0.0000	0.0000
	1	0.7358	0.3917	0.1756	0.0692	0.0243	0.0076	0.0021	0.0005	0.0001	0.0000
	2	0.9245	0.6769	0.4049	0.2061	0.0913	0.0355	0.0121	0.0036	0.0009	0.0002
	3	0.9841	0.8670	0.6477	0.4114	0.2252	0.1071	0.0444	0.0160	0.0049	0.0013
	4	0.9974	0.9568	0.8298	0.6296	0.4148	0.2375	0.1182	0.0510	0.0189	0.0059
	5	0.9997	0.9887	0.9327	0.8042	0.6172	0.4164	0.2454	0.1256	0.0553	0.0207
	6	1.0000	0.9976	0.9781	0.9133	0.7858	0.6080	0.4166	0.2500	0.1299	0.0577
	7	1.0000	0.9996	0.9941	0.9679	0.8982	0.7723	0.6010	0.4159	0.2520	0.1316
	8	1.0000	0.9999	0.9987	0.9900	0.9591	0.8867	0.7624	0.5956	0.4143	0.2517
	9	1.0000	1.0000	0.9998	0.9974	0.9861	0.9520	0.8782	0.7553	0.5914	0.4119
	10	1.0000	1.0000	1.0000	0.9994	0.9961	0.9829	0.9468	0.8725	0.7507	0.5881
	11	1.0000	1.0000	1.0000	0.9999	0.9991	0.9949	0.9804	0.9435	0.8692	0.7483
	12	1.0000	1.0000	1.0000	1.0000	0.9998	0.9987	0.9940	0.9790	0.9420	0.8684
	13	1.0000	1.0000	1.0000	1.0000	1.0000	0.9997	0.9985	0.9935	0.9786	0.9423
	14	1.0000	1.0000	1.0000	1.0000	1.0000	1.0000	0.9997	0.9984	0.9936	0.9793
	15	1.0000	1.0000	1.0000	1.0000	1.0000	1.0000	1.0000	0.9997	0.9985	0.9941
	16	1.0000	1.0000	1.0000	1.0000	1.0000	1.0000	1.0000	1.0000	0.9997	0.9987
	17	1.0000	1.0000	1.0000	1.0000	1.0000	1.0000	1.0000	1.0000	1.0000	0.9998
	18	1.0000	1.0000	1.0000	1.0000	1.0000	1.0000	1.0000	1.0000	1.0000	1.0000
	19	1.0000	1.0000	1.0000	1.0000	1.0000	1.0000	1.0000	1.0000	1.0000	1.0000
	20	1.0000	1.0000	1.0000	1.0000	1.0000	1.0000	1.0000	1.0000	1.0000	1.0000

[표 1] 이항확률표(계속)

n	x	p = 0.05	0.10	0.15	0.20	0.25	0.30	0.35	0.40	0.45	0.50
25	0	0.2774	0.0718	0.0172	0.0038	0.0008	0.0001	0.0000	0.0000	0.0000	0.0000
	1	0.6424	0.2712	0.0931	0.0274	0.0070	0.0016	0.0003	0.0001	0.0000	0.0000
	2	0.8729	0.5371	0.2537	0.0982	0.0321	0.0090	0.0021	0.0004	0.0001	0.0000
	3	0.9659	0.7636	0.4711	0.2340	0.0962	0.0332	0.0097	0.0024	0.0005	0.0001
	4	0.9928	0.9020	0.6821	0.4207	0.2137	0.0905	0.0320	0.0095	0.0023	0.0005
	5	0.9988	0.9666	0.8385	0.6167	0.3783	0.1935	0.0826	0.0294	0.0086	0.0020
	6	0.9998	0.9905	0.9305	0.7800	0.5611	0.3407	0.1734	0.0736	0.0258	0.0073
	7	1.0000	0.9977	0.9745	0.8909	0.7265	0.5118	0.3061	0.1536	0.0639	0.0216
	8	1.0000	0.9995	0.9920	0.9532	0.8506	0.6769	0.4668	0.2735	0.1340	0.0539
	9	1.0000	0.9999	0.9979	0.9827	0.9287	0.8106	0.6303	0.4246	0.2424	0.1148
	10	1.0000	1.0000	0.9995	0.9944	0.9703	0.9022	0.7712	0.5858	0.3843	0.2122
	11	1.0000	1.0000	0.9999	0.9985	0.9893	0.9558	0.8746	0.7323	0.5426	0.3450
	12	1.0000	1.0000	1.0000	0.9996	0.9966	0.9825	0.9396	0.8462	0.6937	0.5000
	13	1.0000	1.0000	1.0000	0.9999	0.9991	0.9940	0.9745	0.9222	0.8173	0.6550
	14	1.0000	1.0000	1.0000	1.0000	0.9998	0.9982	0.9907	0.9656	0.9040	0.7878
	15	1.0000	1.0000	1.0000	1.0000	1.0000	0.9995	0.9971	0.9868	0.9560	0.8852
	16	1.0000	1.0000	1.0000	1.0000	1.0000	0.9999	0.9992	0.9957	0.9826	0.9461
	17	1.0000	1.0000	1.0000	1.0000	1.0000	1.0000	0.9998	0.9988	0.9942	0.9784
	18	1.0000	1.0000	1.0000	1.0000	1.0000	1.0000	1.0000	0.9997	0.9984	0.9927
	19	1.0000	1.0000	1.0000	1.0000	1.0000	1.0000	1.0000	0.9999	0.9996	0.9980
	20	1.0000	1.0000	1.0000	1.0000	1.0000	1.0000	1.0000	1.0000	0.9999	0.9995
	21	1.0000	1.0000	1.0000	1.0000	1.0000	1.0000	1.0000	1.0000	1.0000	0.9999
	22	1.0000	1.0000	1.0000	1.0000	1.0000	1.0000	1.0000	1.0000	1.0000	1.0000
	23	1.0000	1.0000	1.0000	1.0000	1.0000	1.0000	1.0000	1.0000	1.0000	1.0000
	24	1.0000	1.0000	1.0000	1.0000	1.0000	1.0000	1.0000	1.0000	1.0000	1.0000
	25	1.0000	1.0000	1.0000	1.0000	1.0000	1.0000	1.0000	1.0000	1.0000	1.0000

[표 2] 표준정규확률표

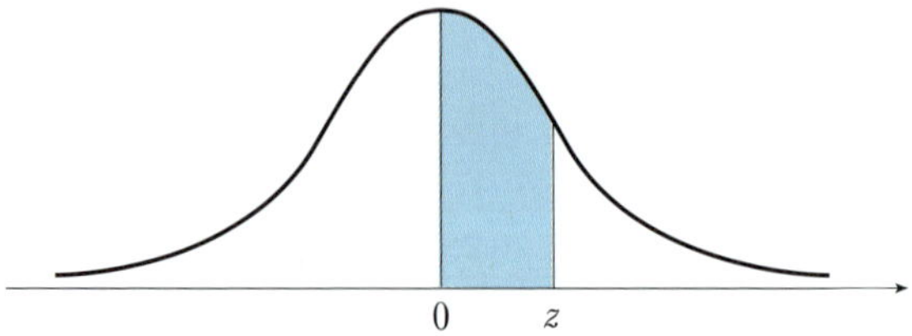

z	.00	.01	.02	.03	.04	.05	.06	.07	.08	.09
.0	.0000	.0040	.0080	.0120	.0160	.0199	.0239	.0279	.0319	.0359
.1	.0398	.0438	.0478	.0517	.0557	.0596	.0636	.0675	.0714	.0753
.2	.0793	.0832	.0871	.0910	.0948	.0987	.1026	.1064	.1103	.1141
.3	.1179	.1217	.1255	.1293	.1331	.1368	.1406	.1443	.1480	.1517
.4	.1554	.1591	.1628	.1664	.1700	.1736	.1772	.1808	.1844	.1879
.5	.1915	.1950	.1985	.2019	.2054	.2088	.2123	.2157	.2190	.2224
.6	.2257	.2291	.2324	.2357	.2389	.2422	.2454	.2486	.2517	.2549
.7	.2580	.2611	.2642	.2673	.2704	.2734	.2764	.2794	.2823	.2852
.8	.2881	.2910	.2939	.2967	.2995	.3023	.3051	.3078	.3106	.3133
.9	.3159	.3186	.3212	.3238	.3264	.3289	.3315	.3340	.3365	.3389
1.0	.3413	.3438	.3461	.3485	.3508	.3531	.3554	.3577	.3599	.3621
1.1	.3643	.3665	.3686	.3708	.3729	.3749	.3770	.3790	.3810	.3830
1.2	.3849	.3869	.3888	.3907	.3925	.3944	.3962	.3980	.3997	.4015
1.3	.4032	.4049	.4066	.4082	.4099	.4115	.4131	.4147	.4162	.4177
1.4	.4192	.4207	.4222	.4236	.4251	.4265	.4279	.4292	.4306	.4319
1.5	.4332	.4345	.4357	.4370	.4382	.4394	.4406	.4418	.4429	.4441
1.6	.4452	.4463	.4474	.4484	.4495	.4505	.4515	.4525	.4535	.4545
1.7	.4554	.4564	.4573	.4582	.4591	.4599	.4608	.4616	.4625	.4633
1.8	.4641	.4649	.4656	.4664	.4671	.4678	.4686	.4693	.4699	.4706
1.9	.4713	.4719	.4726	.4732	.4738	.4744	.4750	.4756	.4761	.4767
2.0	.4772	.4778	.4783	.4788	.4793	.4798	.4803	.4808	.4812	.4817
2.1	.4821	.4826	.4830	.4834	.4838	.4842	.4846	.4850	.4854	.4857
2.2	.4861	.4864	.4868	.4871	.4875	.4878	.4881	.4884	.4887	.4890
2.3	.4893	.4896	.4898	.4901	.4904	.4906	.4909	.4911	.4913	.4916
2.4	.4918	.4920	.4922	.4925	.4927	.4929	.4931	.4932	.4934	.4936
2.5	.4938	.4940	.4941	.4943	.4945	.4946	.4948	.4949	.4951	.4952
2.6	.4953	.4955	.4956	.4957	.4959	.4960	.4961	.4962	.4963	.4964
2.7	.4965	.4966	.4967	.4968	.4969	.4970	.4971	.4972	.4973	.4974
2.8	.4974	.4975	.4976	.4977	.4977	.4978	.4979	.4979	.4980	.4981
2.9	.4981	.4982	.4982	.4983	.4984	.4984	.4985	.4985	.4986	.4986
3.0	.4987	.4987	.4987	.4988	.4988	.4989	.4989	.4989	.4990	.4990

[표 3] t–확률표

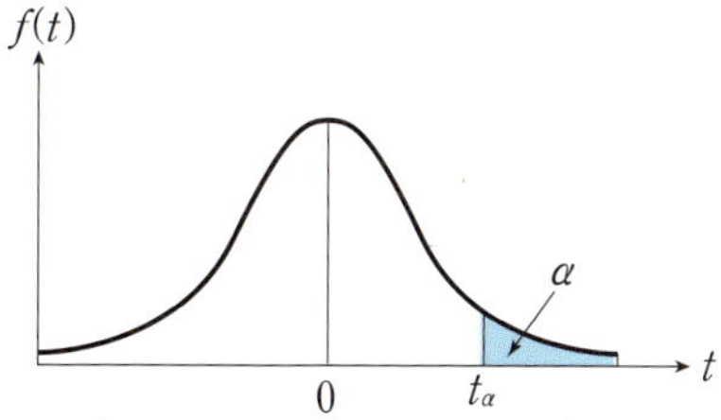

자유도	$t_{.100}$	$t_{.050}$	$t_{.025}$	$t_{.010}$	$t_{.005}$	$t_{.001}$	$t_{.0005}$
1	3.078	6.314	12.706	31.821	63.657	318.31	636.62
2	1.886	2.920	4.303	6.965	9.925	22.326	31.598
3	1.638	2.353	3.182	4.541	5.841	10.213	12.924
4	1.533	2.132	2.776	3.747	4.604	7.173	8.610
5	1.476	2.015	2.571	3.365	4.032	5.893	6.869
6	1.440	1.943	2.447	3.143	3.707	5.208	5.959
7	1.415	1.895	2.365	2.998	3.499	4.785	5.408
8	1.397	1.860	2.306	2.896	3.355	4.501	5.041
9	1.383	1.833	2.262	2.821	3.250	4.297	4.781
10	1.372	1.812	2.228	2.764	3.169	4.144	4.587
11	1.363	1.796	2.201	2.718	3.106	4.025	4.437
12	1.356	1.782	2.179	2.681	3.055	3.930	4.318
13	1.350	1.771	2.160	2.650	3.012	3.852	4.221
14	1.345	1.761	2.145	2.624	2.977	3.787	4.140
15	1.341	1.753	2.131	2.602	2.947	3.733	4.073
16	1.337	1.746	2.120	2.583	2.921	3.686	4.015
17	1.333	1.740	2.110	2.567	2.898	3.646	3.965
18	1.330	1.734	2.101	2.552	2.878	3.610	3.922
19	1.328	1.729	2.093	2.539	2.861	3.579	3.883
20	1.325	1.725	2.086	2.528	2.845	3.552	3.850
21	1.323	1.721	2.080	2.518	2.831	3.527	3.819
22	1.321	1.717	2.074	2.508	2.819	3.505	3.792
23	1.319	1.714	2.069	2.500	2.807	3.485	3.767
24	1.318	1.711	2.064	2.492	2.797	3.467	3.745
25	1.316	1.708	2.060	2.485	2.787	3.450	3.725
26	1.315	1.706	2.056	2.479	2.779	3.435	3.707
27	1.314	1.703	2.052	2.473	2.771	3.421	3.690
28	1.313	1.701	2.048	2.467	2.763	3.408	3.674
29	1.311	1.699	2.045	2.462	2.756	3.396	3.659
30	1.310	1.697	2.042	2.457	2.750	3.385	3.646
40	1.303	1.684	2.021	2.423	2.704	3.307	3.551
60	1.296	1.671	2.000	2.390	2.660	3.232	3.460
120	1.289	1.658	1.980	2.358	2.617	3.160	3.373
∞	1.282	1.645	1.960	2.326	2.576	3.090	3.291

[표 4] χ^2-확률표

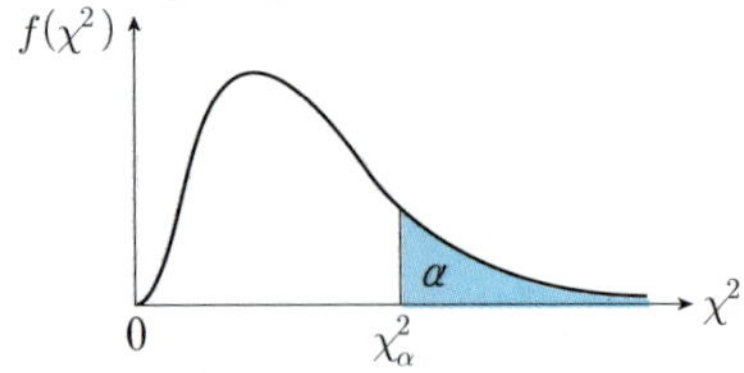

자유도	$\chi^2_{.995}$	$\chi^2_{.990}$	$\chi^2_{.975}$	$\chi^2_{.950}$	$\chi^2_{.900}$
1	.0000393	.0001571	.0009821	.0039321	.0157908
2	.0100251	.0201007	.0506356	.102587	.210720
3	.0717212	.114832	.215795	.351846	.584375
4	.206990	.297110	.484419	.710721	1.063623
5	.411740	.554300	.831211	1.145476	1.61031
6	.675727	.872085	1.237347	1.63539	2.20413
7	.989265	1.239043	1.68987	2.16735	2.83311
8	1.344419	1.646482	2.17973	2.73264	3.48954
9	1.734926	2.087912	2.70039	3.32511	4.16816
10	2.15585	2.55821	3.24697	3.94030	4.86518
11	2.60321	3.05347	3.81575	4.57481	5.57779
12	3.07382	3.57056	4.40379	5.22603	6.30380
13	3.56503	4.10691	5.00874	5.89186	7.04150
14	4.07468	4.66043	5.62872	6.57063	7.78953
15	4.60094	5.22935	6.26214	7.26094	8.54675
16	5.14224	5.81221	6.90766	7.96164	9.31223
17	5.69724	6.40776	7.56418	8.67176	10.0852
18	6.26481	7.01491	8.23075	9.39046	10.8649
19	6.84398	7.63273	8.90655	10.1170	11.6509
20	7.43386	8.26040	9.59083	10.8508	12.4426
21	8.03366	8.89720	10.28293	11.5913	13.2396
22	8.64272	9.54249	10.9823	12.3380	14.0415
23	9.26042	10.19567	11.6885	13.0905	14.8479
24	9.88623	10.8564	12.4011	13.8484	15.6587
25	10.5197	11.5240	13.1197	14.6114	16.4734
26	11.1603	12.1981	13.8439	15.3791	17.2919
27	11.8076	12.8786	14.5733	16.1513	18.1138
28	12.4613	13.5648	15.3079	16.9279	18.9392
29	13.1211	14.2565	16.0471	17.7083	19.7677
30	13.7867	14.9535	16.7908	18.4926	20.5992
40	20.7065	22.1643	24.4331	26.5093	29.0505
50	27.9907	29.7067	32.3574	34.7642	37.6886
60	35.5346	37.4848	40.4817	43.1879	46.4589
70	43.2752	45.4418	48.7576	51.7393	55.3290
80	51.1720	53.5400	57.1532	60.3915	64.2778
90	59.1963	61.7541	65.6466	69.1260	73.2912
100	67.3276	70.0648	74.2219	77.9295	82.3581

[표 4] χ^2–확률표(계속)

자유도	$\chi^2_{.100}$	$\chi^2_{.050}$	$\chi^2_{.025}$	$\chi^2_{.010}$	$\chi^2_{.005}$
1	2.70554	3.84146	5.02389	6.63490	7.87944
2	4.60517	5.99147	7.37776	9.21034	10.5966
3	6.25139	7.81473	9.34840	11.3449	12.8381
4	7.77944	9.48773	11.1433	13.2767	14.8602
5	9.23635	11.0705	12.8325	15.0863	16.7496
6	10.6446	12.5916	14.4494	16.8119	18.5476
7	12.0170	14.0671	16.0128	18.4753	20.2777
8	13.3616	15.5073	17.5346	20.0902	21.9550
9	14.6837	16.9190	19.0228	21.6660	23.5893
10	15.9871	18.3070	20.4831	23.2093	25.1882
11	17.2750	19.6751	21.9200	24.7250	26.7569
12	18.5494	21.0261	23.3367	26.2170	28.2995
13	19.8119	22.3621	24.7356	27.6883	29.8194
14	21.0642	23.6848	26.1190	29.1413	31.3193
15	22.3072	24.9958	27.4884	30.5779	32.8013
16	23.5418	26.2962	28.8454	31.9999	34.2672
17	24.7690	27.5871	30.1910	33.4087	35.7185
18	25.9894	28.8693	31.5264	34.8053	37.1564
19	27.2036	30.1435	32.8523	36.1908	38.5822
20	28.4120	31.4104	34.1696	37.5662	39.9968
21	29.6151	32.6705	35.4789	38.9321	41.4010
22	30.8133	33.9244	36.7807	40.2894	42.7956
23	32.0069	35.1725	38.0757	41.6384	44.1813
24	33.1963	36.4151	39.3641	42.9798	45.5585
25	34.3816	37.6525	40.6465	44.3141	46.9278
26	35.5631	38.8852	41.9232	45.6417	48.2899
27	36.7412	40.1133	43.1944	46.9630	49.6449
28	37.9159	41.3372	44.4607	48.2782	50.9933
29	39.0875	42.5569	45.7222	49.5879	52.3356
30	40.2560	43.7729	46.9792	50.8922	53.6720
40	51.8050	55.7585	59.3417	63.6907	66.7659
50	63.1671	67.5048	71.4202	76.1539	79.4900
60	74.3970	79.0819	83.2976	88.3794	91.9517
70	85.5271	90.5312	95.0231	100.425	104.215
80	96.5782	101.879	106.629	112.329	116.321
90	107.565	113.145	118.136	124.116	128.299
100	118.498	124.342	129.561	135.807	140.169

[표 5] F-확률표($\alpha = 0.10$)

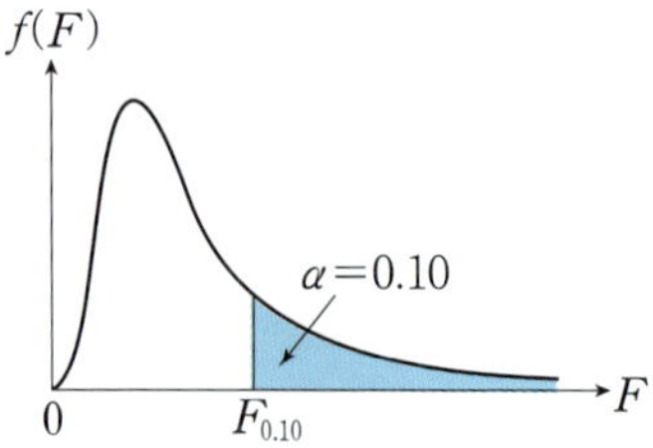

v_2 \ v_1	분자의 자유도								
	1	2	3	4	5	6	7	8	9
1	39.86	49.50	53.59	55.83	57.24	58.20	58.91	59.44	59.86
2	8.53	9.00	9.16	9.24	9.29	9.33	9.35	9.37	9.38
3	5.54	5.46	5.39	5.34	5.31	5.28	5.27	5.25	5.24
4	4.54	4.32	4.19	4.11	4.05	4.01	3.98	3.95	3.94
5	4.06	3.78	3.62	3.52	3.45	3.40	3.37	3.34	3.32
6	3.78	3.46	3.29	3.18	3.11	3.05	3.01	2.98	2.96
7	3.59	3.26	3.07	2.96	2.88	2.83	2.78	2.75	2.72
8	3.46	3.11	2.92	2.81	2.73	2.67	2.62	2.59	2.56
9	3.36	3.01	2.81	2.69	2.61	2.55	2.51	2.47	2.44
10	3.29	2.92	2.73	2.61	2.52	2.46	2.41	2.38	2.35
11	3.23	2.86	2.66	2.54	2.45	2.39	2.34	2.30	2.27
12	3.18	2.81	2.61	2.48	2.39	2.33	2.28	2.24	2.21
13	3.14	2.76	2.56	2.43	2.35	2.28	2.23	2.20	2.16
분모의 자유도 14	3.10	2.73	2.52	2.39	2.31	2.24	2.19	2.15	2.12
15	3.07	2.70	2.49	2.36	2.27	2.21	2.16	2.12	2.09
16	3.05	2.67	2.46	2.33	2.24	2.18	2.13	2.09	2.06
17	3.03	2.64	2.44	2.31	2.22	2.15	2.10	2.06	2.03
18	3.01	2.62	2.42	2.29	2.20	2.13	2.08	2.04	2.00
19	2.99	2.61	2.40	2.27	2.18	2.11	2.06	2.02	1.98
20	2.97	2.59	2.38	2.25	2.16	2.09	2.04	2.00	1.96
21	2.96	2.57	2.36	2.23	2.14	2.08	2.02	1.98	1.95
22	2.95	2.56	2.35	2.22	2.13	2.06	2.01	1.97	1.93
23	2.94	2.55	2.34	2.21	2.11	2.05	1.99	1.95	1.92
24	2.93	2.54	2.33	2.19	2.10	2.04	1.98	1.94	1.91
25	2.92	2.53	2.32	2.18	2.09	2.02	1.97	1.93	1.89
26	2.91	2.52	2.31	2.17	2.08	2.01	1.96	1.92	1.88
27	2.90	2.51	2.30	2.17	2.07	2.00	1.95	1.91	1.87
28	2.89	2.50	2.29	2.16	2.06	2.00	1.94	1.90	1.87
29	2.89	2.50	2.28	2.15	2.06	1.99	1.93	1.89	1.86
30	2.88	2.49	2.28	2.14	2.05	1.98	1.93	1.88	1.85
40	2.84	2.44	2.23	2.09	2.00	1.93	1.87	1.83	1.79
60	2.79	2.39	2.18	2.04	1.95	1.87	1.82	1.77	1.74
120	2.75	2.35	2.13	1.99	1.90	1.82	1.77	1.72	1.68
∞	2.71	2.30	2.08	1.94	1.85	1.77	1.72	1.67	1.63

[표 5] F-확률표($\alpha = 0.10$) (계속)

v_2 \ v_1	분자의 자유도									
	10	12	15	20	24	30	40	60	120	∞
1	60.19	60.71	61.22	61.74	62.00	62.26	62.53	62.79	63.06	63.33
2	9.39	9.41	9.42	9.44	9.45	9.46	9.47	9.47	9.48	9.49
3	5.23	5.22	5.20	5.18	5.18	5.17	5.16	5.15	5.14	5.13
4	3.92	3.90	3.87	3.84	3.83	3.82	3.80	3.79	3.78	3.76
5	3.30	3.27	3.24	3.21	3.19	3.17	3.16	3.14	3.12	3.10
6	2.94	2.90	2.87	2.84	2.82	2.80	2.78	2.76	2.74	2.72
7	2.70	2.67	2.63	2.59	2.58	2.56	2.54	2.51	2.49	2.47
8	2.54	2.50	2.46	2.42	2.40	2.38	2.36	2.34	2.32	2.29
9	2.42	2.38	2.34	2.30	2.28	2.25	2.23	2.21	2.18	2.16
10	2.32	2.28	2.24	2.20	2.18	2.16	2.13	2.11	2.08	2.06
11	2.25	2.21	2.17	2.12	2.10	2.08	2.05	2.03	2.00	1.97
12	2.19	2.15	2.10	2.06	2.04	2.01	1.99	1.96	1.93	1.90
13	2.14	2.10	2.05	2.01	1.98	1.96	1.93	1.90	1.88	1.85
분모의 자유도 14	2.10	2.05	2.01	1.96	1.94	1.91	1.89	1.86	1.83	1.80
15	2.06	2.02	1.97	1.92	1.90	1.87	1.85	1.82	1.79	1.76
16	2.03	1.99	1.94	1.89	1.87	1.84	1.81	1.78	1.75	1.72
17	2.00	1.96	1.91	1.86	1.84	1.81	1.78	1.75	1.72	1.69
18	1.98	1.93	1.89	1.84	1.81	1.78	1.75	1.72	1.69	1.66
19	1.96	1.91	1.86	1.81	1.79	1.76	1.73	1.70	1.67	1.63
20	1.94	1.89	1.84	1.79	1.77	1.74	1.71	1.68	1.64	1.61
21	1.92	1.87	1.83	1.78	1.75	1.72	1.69	1.66	1.62	1.59
22	1.90	1.86	1.81	1.76	1.73	1.70	1.67	1.64	1.60	1.57
23	1.89	1.84	1.80	1.74	1.72	1.69	1.66	1.62	1.59	1.55
24	1.88	1.83	1.78	1.73	1.70	1.67	1.64	1.61	1.57	1.53
25	1.87	1.82	1.77	1.72	1.69	1.66	1.63	1.59	1.56	1.52
26	1.86	1.81	1.76	1.71	1.68	1.65	1.61	1.58	1.54	1.50
27	1.85	1.80	1.75	1.70	1.67	1.64	1.60	1.57	1.53	1.49
28	1.84	1.79	1.74	1.69	1.66	1.63	1.59	1.56	1.52	1.48
29	1.83	1.78	1.73	1.68	1.65	1.62	1.58	1.55	1.51	1.47
30	1.82	1.77	1.72	1.67	1.64	1.61	1.57	1.54	1.50	1.46
40	1.76	1.71	1.66	1.61	1.57	1.54	1.51	1.47	1.42	1.38
60	1.71	1.66	1.60	1.54	1.51	1.48	1.44	1.40	1.35	1.29
120	1.65	1.60	1.55	1.48	1.45	1.41	1.37	1.32	1.26	1.19
∞	1.60	1.55	1.49	1.42	1.38	1.34	1.30	1.24	1.17	1.00

[표 6] F–확률표($\alpha = 0.05$)

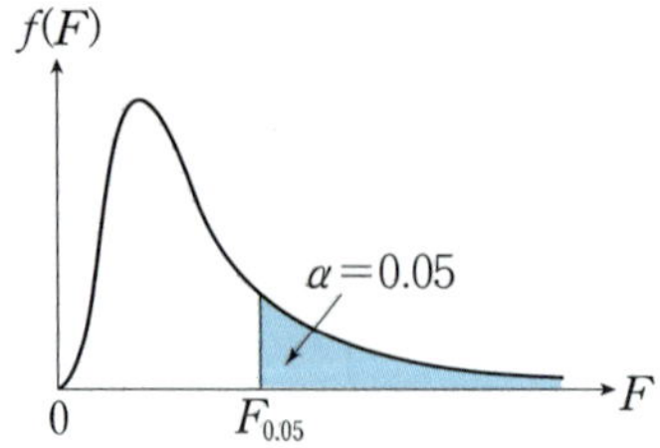

v_2 \ v_1 (분모의 자유도 \ 분자의 자유도)	1	2	3	4	5	6	7	8	9
1	161.4	199.5	215.7	224.6	230.2	234.0	236.8	238.9	240.5
2	18.51	19.00	19.16	19.25	19.30	19.33	19.35	19.37	19.38
3	10.13	9.55	9.28	9.12	9.01	8.94	8.89	8.85	8.81
4	7.71	6.94	6.59	6.39	6.26	6.16	6.09	6.04	6.00
5	6.61	5.79	5.41	5.19	5.05	4.95	4.88	4.82	4.77
6	5.99	5.14	4.76	4.53	4.39	4.28	4.21	4.15	4.10
7	5.59	4.74	4.35	4.12	3.97	3.87	3.79	3.73	3.68
8	5.32	4.46	4.07	3.84	3.69	3.58	3.50	3.44	3.39
9	5.12	4.26	3.86	3.63	3.48	3.37	3.29	3.23	3.18
10	4.96	4.10	3.71	3.48	3.33	3.22	3.14	3.07	3.02
11	4.84	3.98	3.59	3.36	3.20	3.09	3.01	2.95	2.90
12	4.75	3.89	3.49	3.26	3.11	3.00	2.91	2.85	2.80
13	4.67	3.81	3.41	3.18	3.03	2.92	2.83	2.77	2.71
14	4.60	3.74	3.34	3.11	2.96	2.85	2.76	2.70	2.65
15	4.54	3.68	3.29	3.06	2.90	2.79	2.71	2.64	2.59
16	4.49	3.63	3.24	3.01	2.85	2.74	2.66	2.59	2.54
17	4.45	3.59	3.20	2.96	2.81	2.70	2.61	2.55	2.49
18	4.41	3.55	3.16	2.93	2.77	2.66	2.58	2.51	2.46
19	4.38	3.52	3.13	2.90	2.74	2.63	2.54	2.48	2.42
20	4.35	3.49	3.10	2.87	2.71	2.60	2.51	2.45	2.39
21	4.32	3.47	3.07	2.84	2.68	2.57	2.49	2.42	2.37
22	4.30	3.44	3.05	2.82	2.66	2.55	2.46	2.40	2.34
23	4.28	3.42	3.03	2.80	2.64	2.53	2.44	2.37	2.32
24	4.26	3.40	3.01	2.78	2.62	2.51	2.42	2.36	2.30
25	4.24	3.39	2.99	2.76	2.60	2.49	2.40	2.34	2.28
26	4.23	3.37	2.98	2.74	2.59	2.47	2.39	2.32	2.77
27	4.21	3.35	2.96	2.73	2.57	2.46	2.37	2.31	2.25
28	4.20	3.34	2.95	2.71	2.56	2.45	2.36	2.29	2.24
29	4.18	3.33	2.93	2.70	2.55	2.43	2.35	2.28	2.22
30	4.17	3.32	2.92	2.69	2.53	2.42	2.33	2.27	2.21
40	4.08	3.23	2.84	2.61	2.45	2.34	2.25	2.18	2.12
60	4.00	3.15	2.76	2.53	2.37	2.25	2.17	2.10	2.04
120	3.92	3.07	2.68	2.45	2.29	2.17	2.09	2.02	1.96
∞	3.84	3.00	2.60	2.37	2.21	2.10	2.01	1.94	1.88

v_2 \ v_1	분자의 자유도									
분모의 자유도	10	12	15	20	24	30	40	60	120	∞
1	241.9	243.9	245.9	248.0	249.1	250.1	251.1	252.2	253.3	254.3
2	19.40	19.41	19.43	19.45	19.45	19.46	19.47	19.48	19.49	19.50
3	8.79	8.74	8.70	8.66	8.64	8.62	8.59	8.57	8.55	8.53
4	5.96	5.91	5.86	5.80	5.77	5.75	5.72	5.69	5.66	5.63
5	4.74	4.68	4.62	4.56	4.53	4.50	4.46	4.43	4.40	4.36
6	4.06	4.00	3.94	3.87	3.84	3.81	3.77	3.74	3.70	3.67
7	3.64	3.57	3.51	3.44	3.41	3.38	3.34	3.30	3.27	3.23
8	3.35	3.28	3.22	3.15	3.12	3.08	3.04	3.01	2.97	2.93
9	3.14	3.07	3.01	2.94	2.90	2.86	2.83	2.79	2.75	2.71
10	2.98	2.91	2.85	2.77	2.74	2.70	2.66	2.62	2.58	2.54
11	2.85	2.79	2.72	2.65	2.61	2.57	2.53	2.49	2.45	2.40
12	2.75	2.69	2.62	2.54	2.51	2.47	2.43	2.38	2.34	2.30
13	2.67	2.60	2.53	2.46	2.42	2.38	2.34	2.30	2.25	2.21
14	2.60	2.53	2.46	2.39	2.35	2.31	2.27	2.22	2.18	2.13
15	2.54	2.48	2.40	2.33	2.29	2.25	2.20	2.16	2.11	2.07
16	2.49	2.42	2.35	2.28	2.24	2.19	2.15	2.11	2.06	2.01
17	2.45	2.38	2.31	2.23	2.19	2.15	2.10	2.06	2.01	1.96
18	2.41	2.34	2.27	2.19	2.15	2.11	2.06	2.02	1.97	1.92
19	2.38	2.31	2.23	2.16	2.11	2.07	2.03	1.98	1.93	1.88
20	2.35	2.28	2.20	2.12	2.08	2.04	1.99	1.95	1.90	1.84
21	2.32	2.25	2.18	2.10	2.05	2.01	1.96	1.92	1.87	1.81
22	2.30	2.23	2.15	2.07	2.03	1.98	1.94	1.89	1.84	1.78
23	2.27	2.20	2.13	2.05	2.01	1.96	1.91	1.86	1.81	1.76
24	2.25	2.18	2.11	2.03	1.98	1.94	1.89	1.84	1.79	1.73
25	2.24	2.16	2.09	2.01	1.96	1.92	1.87	1.82	1.77	1.71
26	2.22	2.15	2.07	1.99	1.95	1.90	1.85	1.80	1.75	1.69
27	2.20	2.13	2.06	1.97	1.93	1.88	1.84	1.79	1.73	1.67
28	2.19	2.12	2.04	1.96	1.91	1.87	1.82	1.77	1.71	1.65
29	2.18	2.10	2.03	1.94	1.90	1.85	1.81	1.75	1.70	1.64
30	2.16	2.09	2.01	1.93	1.89	1.84	1.79	1.74	1.68	1.62
40	2.08	2.00	1.92	1.84	1.79	1.74	1.69	1.64	1.58	1.51
60	1.99	1.92	1.84	1.75	1.70	1.65	1.59	1.53	1.47	1.39
120	1.91	1.83	1.75	1.66	1.61	1.55	1.50	1.43	1.35	1.25
∞	1.83	1.75	1.67	1.57	1.52	1.46	1.39	1.32	1.22	1.00

[표 7] F–확률표($\alpha = 0.025$)

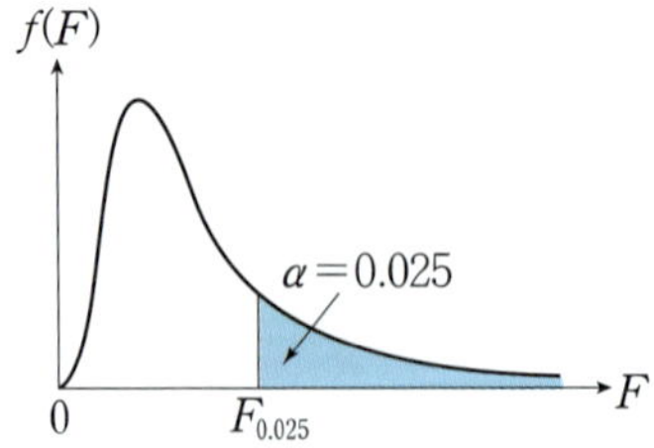

v_2 \ v_1	분자의 자유도								
	1	2	3	4	5	6	7	8	9
1	647.8	799.5	864.2	899.6	921.8	937.1	948.2	956.7	963.3
2	38.51	39.00	39.17	39.25	39.30	39.33	39.36	39.37	39.39
3	17.44	16.04	15.44	15.10	14.88	14.73	14.62	14.54	14.47
4	12.22	10.65	9.98	9.60	9.36	9.20	9.07	8.98	8.90
5	10.01	8.43	7.76	7.39	7.15	6.98	6.85	6.76	6.68
6	8.81	7.26	6.60	6.23	5.99	5.82	5.70	5.60	5.52
7	8.07	6.54	5.89	5.52	5.29	5.12	4.99	4.90	4.82
8	7.57	6.06	5.42	5.05	4.82	4.65	4.53	4.43	4.36
9	7.21	5.71	5.08	4.72	4.48	4.32	4.20	4.10	4.03
10	6.94	5.46	4.83	4.47	4.24	4.07	3.95	3.85	3.78
11	6.72	5.26	4.63	4.28	4.04	3.88	3.76	3.66	3.59
12	6.55	5.10	4.47	4.12	3.89	3.73	3.61	3.51	3.44
13	6.41	4.97	4.35	4.00	3.77	3.60	3.48	3.39	3.31
분모의 자유도 14	6.30	4.86	4.24	3.89	3.66	3.50	3.38	3.29	3.21
15	6.20	4.77	4.15	3.80	3.58	3.41	3.29	3.20	3.12
16	6.12	4.69	4.08	3.73	3.50	3.34	3.22	3.12	3.05
17	6.04	4.62	4.01	3.66	3.44	3.28	3.16	3.06	2.98
18	5.98	4.56	3.95	3.61	3.38	3.22	3.10	3.01	2.93
19	5.92	4.51	3.90	3.56	3.33	3.17	3.05	2.96	2.88
20	5.87	4.46	3.86	3.51	3.29	3.13	3.01	2.91	2.84
21	5.83	4.42	3.82	3.48	3.25	3.09	2.97	2.87	2.80
22	5.79	4.38	3.78	3.44	3.22	3.05	2.93	2.84	2.76
23	5.75	4.35	3.75	3.41	3.18	3.02	2.90	2.81	2.73
24	5.72	4.32	3.72	3.38	3.15	2.99	2.87	2.78	2.70
25	5.69	4.29	3.69	3.35	3.13	2.97	2.85	2.75	2.68
26	5.66	4.27	3.67	3.33	3.10	2.94	2.82	2.73	2.65
27	5.63	4.24	3.65	3.31	3.08	2.92	2.80	2.71	2.63
28	5.61	4.22	3.63	3.29	3.06	2.90	2.78	2.69	2.61
29	5.59	4.20	3.61	3.27	3.04	2.88	2.76	2.67	2.59
30	5.57	4.18	3.59	3.25	3.03	2.87	2.75	2.65	2.57
40	5.42	4.05	3.46	3.13	2.90	2.74	2.62	2.53	2.45
60	5.29	3.93	3.34	3.01	2.79	2.63	2.51	2.41	2.33
120	5.15	3.80	3.23	2.89	2.67	2.52	2.39	2.30	2.22
∞	5.02	3.69	3.12	2.79	2.57	2.41	2.29	2.19	2.11

[표 7] F-확률표($\alpha = 0.025$) (계속)

v_2 \ v_1 분자의 자유도	10	12	15	20	24	30	40	60	120	∞
1	968.6	976.7	984.9	993.1	997.2	1,001	1,006	1,010	1,014	1,018
2	39.40	39.41	39.43	39.45	39.46	39.46	39.47	39.48	39.49	39.50
3	14.42	14.34	14.25	14.17	14.12	14.08	14.04	13.99	13.95	13.90
4	8.84	8.75	8.66	8.56	8.51	8.46	8.41	8.36	8.31	8.26
5	6.62	6.52	6.43	6.33	6.28	6.23	6.18	6.12	6.07	6.02
6	5.46	5.37	5.27	5.17	5.12	5.07	5.01	4.96	4.90	4.85
7	4.76	4.67	4.57	4.47	4.42	4.36	4.31	4.25	4.20	4.14
8	4.30	4.20	4.10	4.00	3.95	3.89	3.84	3.78	3.73	3.67
9	3.96	3.87	3.77	3.67	3.61	3.56	3.51	3.45	3.39	3.33
10	3.72	3.62	3.52	3.42	3.37	3.31	3.26	3.20	3.14	3.08
11	3.53	3.43	3.33	3.23	3.17	3.12	3.06	3.00	2.94	2.88
12	3.37	3.28	3.18	3.07	3.02	2.96	2.91	2.85	2.79	2.72
13	3.25	3.15	3.05	2.95	2.89	2.84	2.78	2.72	2.66	2.60
14	3.15	3.05	2.95	2.84	2.79	2.73	2.67	2.61	2.55	2.49
15	3.06	2.96	2.86	2.76	2.70	2.64	2.59	2.52	2.46	2.40
16	2.99	2.89	2.79	2.68	2.63	2.57	2.51	2.45	2.38	2.32
17	2.92	2.82	2.72	2.62	2.56	2.50	2.44	2.38	2.32	2.25
18	2.87	2.77	2.67	2.56	2.50	2.44	2.38	2.32	2.26	2.19
19	2.82	2.72	2.62	2.51	2.45	2.39	2.33	2.27	2.20	2.13
20	2.77	2.68	2.57	2.46	2.41	2.35	2.29	2.22	2.16	2.09
21	2.73	2.64	2.53	2.42	2.37	2.31	2.25	2.18	2.11	2.04
22	2.70	2.60	2.50	2.39	2.33	2.27	2.21	2.14	2.08	2.00
23	2.67	2.57	2.47	2.36	2.30	2.24	2.18	2.11	2.04	1.97
24	2.64	2.54	2.44	2.33	2.27	2.21	2.15	2.08	2.01	1.94
25	2.61	2.51	2.41	2.30	2.24	2.18	2.12	2.05	1.98	1.91
26	2.59	2.49	2.39	2.28	2.22	2.16	2.09	2.03	1.95	1.88
27	2.57	2.47	2.36	2.25	2.19	2.13	2.07	2.00	1.93	1.85
28	2.55	2.45	2.34	2.23	2.17	2.11	2.05	1.98	1.91	1.83
29	2.53	2.43	2.32	2.21	2.15	2.09	2.03	1.96	1.89	1.81
30	2.51	2.41	2.31	2.20	2.14	2.07	2.01	1.94	1.87	1.79
40	2.39	2.29	2.18	2.07	2.01	1.94	1.88	1.80	1.72	1.64
60	2.27	2.17	2.06	1.94	1.88	1.82	1.74	1.67	1.58	1.48
120	2.16	2.05	1.94	1.82	1.76	1.69	1.61	1.53	1.43	1.31
∞	2.05	1.94	1.83	1.71	1.64	1.57	1.48	1.39	1.27	1.00

(세로: 분모의 자유도)

[표 8] F-확률표($\alpha=0.01$)

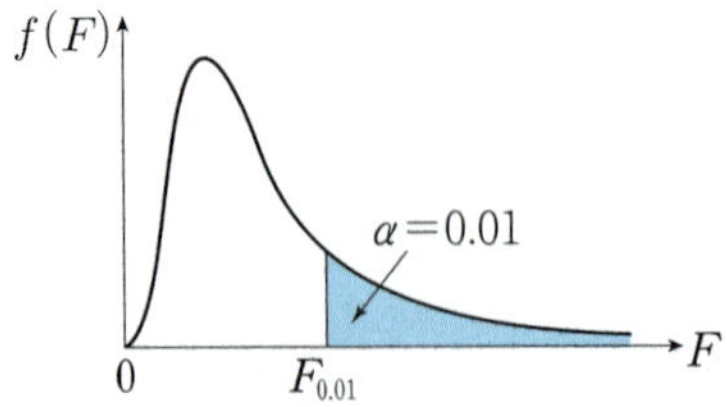

v_2 \ v_1	분자의 자유도								
	1	2	3	4	5	6	7	8	9
1	4,052	4,999.5	5,403	5,625	5,764	5,859	5,928	5,982	6,022
2	98.50	99.00	99.17	99.25	99.30	99.33	99.36	99.37	99.39
3	34.12	30.82	29.46	28.71	28.24	27.91	27.67	27.49	27.35
4	21.20	18.00	16.69	15.98	15.52	15.21	14.98	14.80	14.66
5	16.26	13.27	12.06	11.39	10.97	10.67	10.46	10.29	10.16
6	13.75	10.92	9.78	9.15	8.75	8.47	8.26	8.10	7.98
7	12.25	9.55	8.45	7.85	7.46	7.19	6.99	6.84	6.72
8	11.26	8.65	7.59	7.01	6.63	6.37	6.18	6.03	5.91
9	10.56	8.02	6.99	6.42	6.06	5.80	5.61	5.47	5.35
10	10.04	7.56	6.55	5.99	5.64	5.39	5.20	5.06	4.94
11	9.65	7.21	6.22	5.67	5.32	5.07	4.89	4.74	4.63
12	9.33	6.93	5.95	5.41	5.06	4.82	4.64	4.50	4.39
13	9.07	6.70	5.74	5.21	4.86	4.62	4.44	4.30	4.19
분모의 자유도 14	8.86	6.51	5.56	5.04	4.69	4.46	4.28	4.14	4.03
15	8.68	6.36	5.42	4.89	4.56	4.32	4.14	4.00	3.89
16	8.53	6.23	5.29	4.77	4.44	4.20	4.03	3.89	3.78
17	8.40	6.11	5.18	4.67	4.34	4.10	3.93	3.79	3.68
18	8.29	6.01	5.09	4.58	4.25	4.01	3.84	3.71	3.60
19	8.18	5.93	5.01	4.50	4.17	3.94	3.77	3.63	3.52
20	8.10	5.85	4.94	4.43	4.10	3.87	3.70	3.56	3.46
21	8.02	5.78	4.87	4.37	4.04	3.81	3.64	3.51	3.40
22	7.95	5.72	4.82	4.31	3.99	3.76	3.59	3.45	3.35
23	7.88	5.66	4.76	4.26	3.94	3.71	3.54	3.41	3.30
24	7.82	5.61	4.72	4.22	3.90	3.67	3.50	3.36	3.26
25	7.77	5.57	4.68	4.18	3.85	3.63	3.46	3.32	3.22
26	7.72	5.53	4.64	4.14	3.82	3.59	3.42	3.29	3.18
27	7.68	5.49	4.60	4.11	3.78	3.56	3.39	3.26	3.15
28	7.64	5.45	4.57	4.07	3.75	3.53	3.36	3.23	3.12
29	7.60	5.42	4.54	4.04	3.73	3.50	3.33	3.20	3.09
30	7.56	5.39	4.51	4.02	3.70	3.47	3.30	3.17	3.07
40	7.31	5.18	4.31	3.83	3.51	3.29	3.12	2.99	2.89
60	7.08	4.98	4.13	3.65	3.34	3.12	2.95	2.82	2.72
120	6.85	4.79	3.95	3.48	3.17	2.96	2.79	2.66	2.56
∞	6.63	4.61	3.78	3.32	3.02	2.80	2.64	2.51	2.41

[표 8] F–확률표($\alpha = 0.01$) (계속)

v_2 (분모의 자유도) \ v_1 (분자의 자유도)	10	12	15	20	24	30	40	60	120	∞
1	6,056	6,106	6,157	6,209	6,235	6,261	6,287	6,313	6,339	6,366
2	99.40	99.42	99.43	99.45	99.46	99.47	99.47	99.48	99.49	99.50
3	27.23	27.05	26.87	26.69	26.60	26.50	26.41	26.32	26.22	26.13
4	14.55	14.37	14.20	14.02	13.93	13.84	13.75	13.65	13.56	13.46
5	10.05	9.89	9.72	9.55	9.47	9.38	9.29	9.20	9.11	9.02
6	7.87	7.72	7.56	7.40	7.31	7.23	7.14	7.06	6.97	6.88
7	6.62	6.47	6.31	6.16	6.07	5.99	5.91	5.82	5.74	5.65
8	5.81	5.67	5.52	5.36	5.28	5.20	5.12	5.03	4.95	4.86
9	5.26	5.11	4.96	4.81	4.73	4.65	4.57	4.48	4.40	4.31
10	4.85	4.71	4.56	4.41	4.33	4.25	4.17	4.08	4.00	3.91
11	4.54	4.40	4.25	4.10	4.02	3.94	3.86	3.78	3.69	3.60
12	4.30	4.16	4.01	3.86	3.78	3.70	3.62	3.54	3.45	3.36
13	4.10	3.96	3.82	3.66	3.59	3.51	3.43	3.34	3.25	3.17
14	3.94	3.80	3.66	3.51	3.43	3.35	3.27	3.18	3.09	3.00
15	3.80	3.67	3.52	3.37	3.29	3.21	3.13	3.05	2.96	2.87
16	3.69	3.55	3.41	3.26	3.18	3.10	3.02	2.93	2.84	2.75
17	3.59	3.46	3.31	3.16	3.08	3.00	2.92	2.83	2.75	2.65
18	3.51	3.37	3.23	3.08	3.00	2.92	2.84	2.75	2.66	2.57
19	3.43	3.30	3.15	3.00	2.92	2.84	2.76	2.67	2.58	2.49
20	3.37	3.23	3.09	2.94	2.86	2.78	2.69	2.61	2.52	2.42
21	3.31	3.17	3.03	2.88	2.80	2.72	2.64	2.55	2.46	2.36
22	3.26	3.12	2.98	2.83	2.75	2.67	2.58	2.50	2.40	2.31
23	3.21	3.07	2.93	2.78	2.70	2.62	2.54	2.45	2.35	2.26
24	3.17	3.03	2.89	2.74	2.66	2.58	2.49	2.40	2.31	2.21
25	3.13	2.99	2.85	2.70	2.62	2.54	2.45	2.36	2.27	2.17
26	3.09	2.96	2.81	2.66	2.58	2.50	2.42	2.33	2.23	2.13
27	3.06	2.93	2.78	2.63	2.55	2.47	2.38	2.29	2.20	2.10
28	3.03	2.90	2.75	2.60	2.52	2.44	2.35	2.26	2.17	2.06
29	3.00	2.87	2.73	2.57	2.49	2.41	2.33	2.23	2.14	2.03
30	2.98	2.84	2.70	2.55	2.47	2.39	2.30	2.21	2.11	2.01
40	2.80	2.66	2.52	2.37	2.29	2.20	2.11	2.02	1.92	1.80
60	2.63	2.50	2.35	2.20	2.12	2.03	1.94	1.84	1.73	1.60
120	2.47	2.34	2.19	2.03	1.95	1.86	1.76	1.66	1.53	1.38
∞	2.32	2.18	2.04	1.88	1.79	1.70	1.59	1.47	1.32	1.00

찾 | 아 | 보 | 기

■ 조완현
전남대학교 사범대학 수학교육과(이학사)
전남대학교 대학원 수학과(이학석사)
고려대학교 대학원 통계학과(통계학박사)
현재 전남대학교 통계학과 교수

■ 손영숙
전남대학교 자연과학대학 계산통계학과(이학사)
서울대학교 대학원 계산통계학과(이학석사)
서울대학교 대학원 계산통계학과(통계학박사)
현재 전남대학교 통계학과 교수

■ 박정수
전남대학교 사범대학 수학교육과(이학사)
서울대학교 대학원 계산통계학과(이학석사)
미국 일리노이 대학교 대학원(통계학박사)
현재 전남대학교 통계학과 교수

■ 백장선
연세대학교 상경대학 응용통계학과(학사)
연세대학교 대학원 응용통계학과(석사)
미국 Texas A&M 대학교 통계학과(통계학박사)
미국 S.M.U.Postdoctoral Fellow
현재 전남대학교 통계학과 교수

■ 나명환
서울대학교 사범대학 수학교육학과(이학사)
서울대학교 대학원 계산통계학과(이학석사)
서울대학교 대학원 계산통계학과(이학박사)
현재 전남대학교 통계학과 교수

■ 박은식
서울대학교 자연과학대학 계산통계학과(이학사)
서울대학교 대학원 계산통계학과(이학석사)
서울대학교 대학원 계산통계학과(이학박사)
현재 전남대학교 통계학과 교수

■ 김민수
전남대학교 자연과학대학 전산통계학과(이학사)
전남대학교 대학원 전산통계학과(이학석사)
전남대학교 대학원 통계학과(이학박사)
현재 전남대학교 통계학과 교수

■ 김희정
전남대학교 자연과학대학 수학과(이학사)
전남대학교 대학원 통계학과(이학석사)
전남대학교 대학원 통계학과(이학박사)
현재 전남대학교 통계학과 강사

저자와의 협의하에 인지를 생략합니다

SPSS를 이용한 **통계학** 제2판

지은이 조완현 · 손영숙 · 박정수 · 백장선
나명환 · 박은식 · 김민수 · 김희정
펴낸이 조경희
펴낸곳 경문사
펴낸날 2010년 3월 5일 1판 1쇄
2021년 3월 2일 2판 2쇄
등 록 1979년 11월 9일 제1979-000023호
주 소 04057, 서울특별시 마포구 와우산로 174
전 화 (02)332-2004 팩스 (02)336-5193
이메일 kyungmoon@kyungmoon.com

값 25,000원

ISBN 979-11-6073-376-1